施会计

业财合一 · 流程管控系列

中央高校教育教学改革项目研究成果

2022年度
全国会计专业技术资格考试辅导教材

初级会计实务

施先旺 向 俊 主 编
张道路 余 珍 副主编

Chuji Kuaiji Shiwu

东北财经大学出版社
Dongbei University of Finance & Economics Press
大连

图书在版编目（CIP）数据

初级会计实务 / 施先旺，向俊主编．—大连：东北财经大学出版社，2020.11（2022.2重印）
（业财合一·流程管控系列）
ISBN 978-7-5654-3981-0

Ⅰ．初…　Ⅱ．①施…②向…　Ⅲ．会计实务–资格考试–自学参考资料　Ⅳ．F233

中国版本图书馆CIP数据核字（2020）第177713号

东北财经大学出版社出版
（大连市黑石礁尖山街217号　邮政编码　116025）
网　　址：http：//www.dufep.cn
读者信箱：dufep@dufe.edu.cn
大连图腾彩色印刷有限公司印刷　　东北财经大学出版社发行

幅面尺寸：185mm×260mm　字数：492千字　印张：20.5　插页：1
2020年11月第1版　　2022年2月第3次印刷

责任编辑：李　栋　周　慧　王　丽　　责任校对：何　莉
封面设计：冀贵收　　版式设计：钟福建

定价：49.00元

教学支持　售后服务　联系电话：（0411）84710309

如有印装质量问题，请联系营销部：（0411）84710711

前　言

数字经济时代已经来到，以大数据、人工智能、移动互联网、云计算、区块链等为代表的信息技术正颠覆性地改变着会计学科的发展方向。移动互联网技术和人工智能技术下的移动支付、移动办公、云会计和财务共享中心可以使证、账、表自动生成；大数据的环境更易于业务与财务之间的对接，使得会计能更加实时、精准而全程地服务于业务；区块链技术的去中心化、分布式记账使得业务数据在各个节点相互自动验证，任何记录都无法篡改。这些新技术的广泛应用，正在引发会计核算对象、成本核算方法、会计管理方式、会计报告要求、会计考核评价等发生颠覆性的变化。新技术在给会计实务带来冲击的同时，也深刻地影响了会计理论研究和会计实践教学，促使会计教学内容和会计教材的创新。

如何应对信息技术的挑战，是我们每一位会计教育工作者必须交出的答卷。通过十多年的不懈努力，中南财经政法大学会计学院“财务会计学”课程组提出了“业财合一·流程管控”的会计教学改革新方法。该教学方法的特点主要体现在以下两个方面：

1. 业财合一

“业财合一”的核心思想就是“业务即会计，会计即业务”。在该思想的指导下，会计学习的重心发生了根本性的变革，即从对传统会计处理的学习全面转向对企业的经济业务及其所引发的资金运动的把控。

传统的会计教学主要围绕着“凭证—账簿—报表”展开，它关注的是会计本身的技术处理，关注的是会计自身的“一亩三分地”。这看起来好像无可非议，但问题是在这个“大智移云”的时代，会计“一亩三分地”中的技术处理部分完全可以由人工智能来完成。

在这种新的形式下，会计教与学的重心就转变为：企业发生了什么样的经济业务，这笔经济业务会引发什么样的资金运动，资金为什么会发生这样的运动。换言之，新的教学方法将会计关注的重心引向业务，引向企业的资金运动。虽然传统的会计技术处理依然要学习，但它不是会计学习的重点，只是一个“营业外收入”而已。会计自始至终都在分析企业的经济业务及其所引发的资金运动。

如何实现业财合一，使会计学习的重心转向企业的经济业务？首先，我们提出了“会计沙盘模型”，并通过该模型来全程、实体地模拟企业经济业务所引发的资金运动。该模型的提出，使抽象的企业资金运动全部变成有形实体运动，使会计对象、会计要素全部变成看得见、摸得着的有形实体。其次，我们在可视化的资金运动与会计信息处理之间建立起一一对应的逻辑关系。该逻辑关系就是：“资金运动，终点记‘借’，起点记‘贷’”的记账规则。这样，新的教学方法的逻辑思路就是：经济业务—资金运动—会计处理。由于这种逻辑关系的存在，只要弄清楚了企业发生的经济业务，以及该业务所引发的资金运动，我们就自然而然地知道该如何进行会计处理了。因此，会计教学的重心就从传统的关注会计本身的技术处理转向关注对企业的经济业务及其所引发的资金运动的把控。这样，懂业务，懂资金运动，就自然懂会计，“业”“财”因此而“合一”。

2.流程管控

“流程管控”的核心思想就是按照业务流程来分析企业的资金运动，并进行相应的会计处理。而传统的会计核算都是按照会计报表项目展开的，尤其是教学体系和教材体系更是如此。

这种新的教学方法将企业经济活动过程引入对业务、对资金运动、对会计处理的分析之中。一般而言，企业的经济活动按流程可以分为筹资、供应、生产、销售和投资等五大环节。流程管控就是按企业这五大环节重构企业的业务流程，并在此基础上分析各环节的基本资金运动，从而形成企业整体基本资金流程框架，最终在此框架基础上构建新的基于资金运动视角的会计核算理论体系、教学体系和教材体系。

按五大环节构建的基本资金运动流程为分析企业经济业务提供了一个基本的逻辑分析框架，企业所有的经济业务及其所引起的资金运动都可以在这个框架之下进行分析与推演。企业经济业务及其资金运动的分析过程实际上就是沙盘的推演过程。在这个分析过程中，我们将各种财务管理与控制思想、会计原则和会计假设等融入对资金运动的分析与推演之中。通过这种分析与推演，读者不仅知道经济业务引发的资金运动是怎样的，还知道资金为什么要这样运动，从而能更好地提升自身的综合素质和对企业的全面把控，提高分析问题和解决问题的能力。

正因为如此，我们在教材中除了传统的会计技术处理外，还可以看到大量的资金运动流程及其分析。我们认为，在这个“大智移云”的时代，对这些资金运动流程及其分析的把握远比会计的技术处理重要得多。

为了推广“业财合一·流程管控”的会计改革新方法，中南财经政法大学会计学院“财务会计学”课程组联合国内部分高校会计专业老师一起出版了这套教材。

本书由施先旺（中南财经政法大学）和向俊（武汉学院）任主编，张道路（浙江农业商贸职业学院）和余珍（武汉学院）任副主编。本书共十一章，编写分工如下：施先旺编写第一章；杨捷（武汉学院）编写第二章；向俊编写第三章、第四章；张道路编写第五章；邵爱英（浙江农业商贸职业学院）编写第六章；郭子芸（武汉学院）编写第七章；余珍编写第八章；张娇姝（武汉学院）编写第九章；盖卫东（武汉学院）编写第十章。

本书是中南财经政法大学2018年中央高校教育教学改革项目“基于综合素质培养的会计课程体系建设与会计教育方法研究”（2020年持续资助）的重要成果，是2015年湖北省高等学校省级教学研究项目“基于职业判断能力培养的会计课程体系建设与会计教育方法研究”（项目编号2015160）的重要成果。

本书所使用的“会计沙盘模型”名称及其模型本身已申请专利保护，未经施会计团队授权，不得用于盈利性活动。

本书在编写的过程中得到很多专家、学者的帮助，在此一并表示感谢。同时还要感谢东北财经大学出版社的李栋及其他编辑、校对人员，他们为本书的出版付出了大量的时间和精力。

由于编者水平所限，本书的疏漏之处在所难免，期待广大读者批评指正，以助其不断完善。请将您宝贵的意见和建议告知施会计团队联系人（微信号：shixw2000）。

编　者

2020年10月

欢迎观注施教授会计大讲堂微信公众号：

施教授会计

大讲堂

目　　录

第一章　会计概述

知识点自测

第一节　会计的概念、职能与目标

一、会计的概念

会计是以货币为主要计量单位，采用专门方法和程序，对企业和行政、事业单位的经济活动进行完整的、连续的、系统的核算和监督，以提供经济信息和反映受托责任履行情况为主要目的的经济管理活动。一般情况下，我们都以企业会计为对象进行讲授。

二、会计的职能

会计概念、职能与目标

（一）基本职能

会计具有核算和监督两项基本职能，同时还具有预测经济前景、参与经济决策、评价经营业绩等拓展性职能。

1.核算职能

会计的核算职能，又被称为反映职能，它是指会计以货币作为主要计量单位，对特定主体的经济活动进行确认、计量、记录与报告。会计的核算职能贯穿于经济活动的全过程，是会计最基本的职能。

2.会计监督

会计的监督职能，是指对特定主体的经济活动和相关会计核算的真实性、合法性和合理性进行审查。真实性审查，是指检查各项会计核算是否根据实际发生的经济业务进行。合法性审查，是指检查各项经济业务是否符合国家有关法律法规，遵守财经纪律，执行国家的各项方针政策，以杜绝违法乱纪行为。合理性审查，是指检查各项财务收支是否符合宏观经济规律及经营管理方面的要求，保证各项财务收支符合特定的财务收支计划，实现预算目标。

会计的核算职能与监督职能是相辅相成、辩证统一的。会计核算是会计监督的基础，没有核算提供的各种信息，监督就会失去意义；同样，会计监督是会计核算的保障，没有监督的核算难以保障核算所提供信息的质量。

（二）拓展职能

拓展职能主要包括预测经济前景、参与经济决策和评价经营业绩。

预测经济前景是指根据财务报告等所提供的信息，定量或定性地判断和推测经济活动的发展规律，以指导和调节经济活动，提高经济效益。

参与经济决策是指根据财务报告等所提供的信息，运用定量或定性相结合的方法，对备选方案进行经济可行性分析，为企业经营管理等提供决策有用的信息。

评价经营业绩是指利用财务报告等所提供的信息，采用适当的方法，对企业一定经营期间的资产运营、经济效益等经营成果，对照相应的评价标准，进行定量或定性对比分析，作出客观、真实、公正的综合评判。

三、会计的目标

会计的目标，是向财务报告使用者提供与企业财务状况、经营成果和现金流量等有关的信息，反映企业管理层受托责任履行情况，有助于财务报告的使用者作出经济决策。

财务报告的使用者（外部使用者）主要包括投资者、债权人、政府及有关部门和社会公众等。满足投资者的信息需求是企业财务报告编制的首要出发点，企业编制财务报告，提供的财务会计信息必须与投资者的经济决策密切相关。因此，财务报告提供的信息应当如实反映企业所拥有或者控制的经济资源、对经济资源的要求权，以及经济资源及其要求权的变化情况；如实反映企业的各项收入、费用和利润的金额及其变动情况；如实反映企业各项经营活动、投资活动和筹资活动等形成的现金流入和现金流出情况等，从而有助于现在的或潜在的投资者恰当、合理地评价企业的资产质量、偿债能力、盈利能力和营运效率等；有助于投资者根据相关的财务会计信息作出理性的投资决策；有助于投资者评估与投资有关的未来现金流量的金额、时间和风险等。除投资者外，企业财务报告的使用者还有债权人、政府及有关部门、社会公众等。由于投资者是企业资本的主要提供者，如果企业的财务报告能够满足这一群体的会计信息需求，通常情况下也可以满足其他使用者的大部分信息需求。除了满足外部使用者的需要外，财务报告也可以满足企业内部管理者的需要。

知识点自测

第二节　会计基本假设、会计核算基础和会计信息质量要求

一、会计基本假设

会计基本假设是企业会计确认、计量和报告的基本前提，是指为了保证会计工作的正常进行和会计信息的质量，对会计核算所处时间、空间环境所做的合理假定。会计基本假设包括会计主体假设、持续经营假设、会计分期假设、货币计量假设。

（一）会计主体假设

会计主体，是指企业会计确认、计量和报告的空间范围，是会计工作为其服务的特定单位或组织。会计核算应当集中于反映特定对象的活动，并将其与其他经济实体区别开来。在会计主体假设下，企业应当对其本身发生的交易或者事项进行会计确认、计量和报告，反映企业本身所从事的各项生产经营活动。明确界定会计主体是开展会计确认、计量和报告工作的重要前提。

（二）持续经营假设

持续经营，是指在可以预见的将来，企业将会按当前的规模和状态继续经营下去，不会停业，也不会大规模削减业务。在持续经营假设下，会计的确认、计量和报告应当以企业持续、正常的生产经营活动为前提，而不考虑企业是否破产清算等，在此前提下选择会计程序及会计处理方法，进行会计核算。

会计假设

（三）会计分期假设

会计分期，是指将一个企业持续不断的生产经营活动划分为一个个较短的、连续的、长短相同的期间。会计分期的目的在于通过会计期间的划分，将持续经营的生产经营活动划分成连续、相等的期间，据以分期结算账目，按期编报财务会计报告，从而及时向财务会计报告使用者提供有关企业财务状况、经营成果和现金流量的信息，满足有关方面的需要。我国以日历年度作为会计年度，即每年的1月1日至12月31日为一个会计年度。

（四）货币计量假设

货币计量，是指会计主体在财务会计确认、计量和报告过程中应采用货币作为计量单位，反映会计主体的生产经营情况。货币作为商品的一般等价物，是衡量一般商品价值的共同尺度，具有价值尺度、流通手段、贮藏手段和支付手段等职能，能用以计量一切资产、负债和所有者权益，以及收入、费用和利润，也便于综合反映企业的生产经营情况。

二、会计核算基础

会计核算基础，是指会计确认、计量、记录和报告的基础，具体包括权责发生制和收付实现制。

会计基础

（一）权责发生制

权责发生制，亦称应收应付制或应计制，是指以取得收取款项的权利或支付款项的义务作为标志来确定本期收入和费用的会计核算基础。

在权责发生制下，凡是属于本期已经实现的收入或者应当负担的费用，不论款项是否实际收到或实际付出，都应作为本期的收入和费用处理，计入本期的利润表；凡是不属于本期的收入或者费用的，即使款项在本期收到或付出，也不作为本期的收入和费用处理，不能计入本期的利润表。

（二）收付实现制

收付实现制，亦称现金收付制或现金制，是以现金的实际收付作为标志来确定本期收入和费用的会计核算基础。

在我国，政府会计由预算会计和财务会计构成。其中，预算会计采用收付实现制，国务院另有规定的，从其规定；财务会计采用权责发生制。

三、会计信息质量要求

会计信息质量要求主要包括可靠性、相关性、可理解性（清晰性）、可比性、实质重于形式、重要性、谨慎性、及时性等。

（一）可靠性

可靠性要求企业应当以实际发生的交易或事项为依据进行确认、计量和报告，如实反映符合确认和计量要求的各项会计要素，保证会计信息真实、可靠，内容完整。可靠性应包括三个方面，即可核性、反映真实性和中立性。其中，可核性指的是不同的人依据相同的信息和程序方法应能得出相同或相似的结果；反映真实性指的是会计信息应能反映企业实际的经营活动，无虚假、伪造信息；中立性指的是会计人员在处理会计信息时态度要不偏不倚，避免倾向于某一特定的结果或者某一特定的利益集团。

（二）相关性

相关性要求企业提供的会计信息应当与财务会计报告使用者的经济决策需要相关，有助于财务会计报告使用者对企业过去、现在或者未来的情况做出评价或者预测。相关性必须具有预测价值、反馈价值和及时性三个基本质量特征。

相关的会计信息应当能够有助于使用者评价企业过去的决策，证实或者修正过去的有关预测，因为具有反馈价值。相关的会计信息还应该具有预测价值，有助于会计信息使用者根据财务报告提供的会计信息预测企业未来的财务状况、经营成果和现金流量。

（三）可理解性（清晰性）

可理解性是指企业提供的会计信息应当清晰明了，便于财务报告使用者理解和使用。

会计信息质量特征

（四）可比性

可比性指的是企业通过会计信息系统提供的会计信息应当相互可比，便于分析和比较。可比性不仅包括横向可比性，即不同企业同一会计期间的会计信息可比，而且包括纵向可比性，即同一企业不同会计期间的会计信息可比。

纵向可比性是指同一企业不同时期发生的相同或者相似的交易或者事项，应当采用一致的会计政策，不得随意变更。这样规定的目的一方面是促使企业能够提供有意义的关于其经营发展趋势的会计信息，便于会计信息使用者了解企业不同时期财务状况、经营成果和现金流量的变动趋势，以作出正确的决策；另一方面则可以有效地避免企业利用随意的会计政策变更行为在会计核算上弄虚作假，操纵会计数据，误导投资者。但是，如果按照规定或者在会计政策变更后能够提供更可靠、更相关的会计信息，企业可以变更会计政策。有关会计政策变更的情况，企业应当在附注中予以说明。

横向可比性是指不同企业发生的相同或者相似的交易或者事项，应当采用规定的会计政策，确保会计信息口径一致、相互可比，以便于会计信息使用者能够比较和评价不同企业的会计信息，从而进行相关决策。

（五）实质重于形式

实质重于形式要求企业应当按照交易或者事项的经济实质进行确认、计量和报告，不应仅以交易或者事项的法律形式为依据。

在会计实务中，多数情况下企业发生的交易或事项的法律形式与经济实质是一致的，但在少数情况下也会出现交易或事项的法律形式与经济实质不一致的现象，此时就需要仔细分析，依据交易或事项的经济实质进行会计处理。如企业租入的资产（短期租赁和低价值资产租赁除外），虽然从法律形式上看，企业不拥有其所有权，但由于租期往往接近于该资产的使用寿命，而且承租企业有优先购买权等，在租赁期内企业有权支配该资产并从中受益，从其经济实质上讲，企业能够控制该租入资产并从中受益。因此，承租企业应将其确认为使用权资产，并在资产负债表中予以反映。企业提供的会计信息遵循实质重于形式，能够更为有效地保证会计核算信息符合客观存在的经济事实，从而提高会计信息对于会计信息使用者的决策相关性。

（六）重要性

重要性要求企业提供的会计信息应当反映与企业财务状况、经营成果和现金流量有关的所有重要事项或者交易。

在会计实务中，如果一项经济业务会计信息的省略或错报将会影响到会计信息使用者的经济决策行为，那么该项信息就是重要的。重要性的应用需要依赖职业判断，企业应当根据其所处环境和实际情况，从项目的性质和金额大小两个方面加以判断。

会计实务中可能会出现一项交易或者事项的金额并不大，但性质较为恶劣的情况，如会计舞弊行为，即使涉及的金额较小，后果也较为严重，它往往表明该企业内部控制制度存在缺陷或者管理上具有重大问题等，这时就需要判定该行为所导致的结果是重要的，需要单独进行会计反映和列示。即通过一项交易或事项的金额大小并不能绝对判定其是否具有重要性，应结合项目的性质来判断。又如，企业发生的某些支出金额较小，从支出的收益期来看，可能需要在若干期内进行分摊，但根据重要性原则，可以一次性计入当期损益。在实际工作中，不管是从质上还是从量上判断一项交易或事项是否具有重要性，在一定程度上都依赖于职业判断，带有一定的主观性。

（七）谨慎性

谨慎性又称“稳健性”，它要求企业对交易或者事项进行确认、计量和报告时应当保持应有的谨慎，不应高估资产或者收益、低估负债或者费用。

在市场经济环境中，企业的经营活动面临着许多风险和不确定性，根据会计信息质量的谨慎性原则要求，需要企业在面临不确定性因素的情况下作出职业判断时，应当保持应有的谨慎，充分考虑到各种风险和损失，既不高估收益或者资产，也不低估负债或者费用。如企业对售出商品很可能发生的保修义务确认预计负债、对很可能存在的环保责任确认预计负债、对可能无法收回的应收款确认减值等，都体现了对会计信息质量的谨慎性要求。

（八）及时性

及时性要求企业对于已经发生的交易或者事项，应当及时进行确认、计量和报告，不得提前或者延后。

在会计确认、计量、记录和报告过程中贯彻及时性要求，应做到以下三点：(1) 及时收集会计信息，即在交易或者事项发生后，应当及时地收集和整理相关的原始数据信息；(2) 及时处理会计信息，即要按照相关会计规范的要求，及时地将所发生的交易或者事项对企业经济状况的影响记录下来，编制会计凭证，登记会计账簿，编制财务报告；(3) 及时传递会计信息，即交易或事项经过确认、计量、记录和报告的会计处理程序之后，应按照相关法规规定的时限及时传递给会计信息使用者，以便其及时使用和决策。

知识点自测

第三节 会计要素及其确认与计量

资金运动与
会计沙盘模拟

一、会计对象与资金运动模拟

（一）会计对象

会计对象是指会计核算和监督的内容。具体而言，会计的一般对象是社会再生产过程中的资金运动。对特定会计主体而言，如企业、行政事业单位，会计对象则是每一独立核算单位的资金运动。资金是以货币表现，用来进行周转，以满足人们创造社会物质财富和进行经济行为需要的价值。资金运动是指特定会计主体由于经济活动所引起的相关价值运动。资金运动具体表现为资金的投入、分配、耗费、收回（包括补偿与增值）以及退出等形式。本书主要论述企业的资金运动。

（二）“会计沙盘模型”假设的提出

为了使抽象的资金运动具体化，以便更好地研究资金运动及其规律，本书提出了“会计沙盘模型”假设。“会计沙盘模型”假设如图1-1所示。

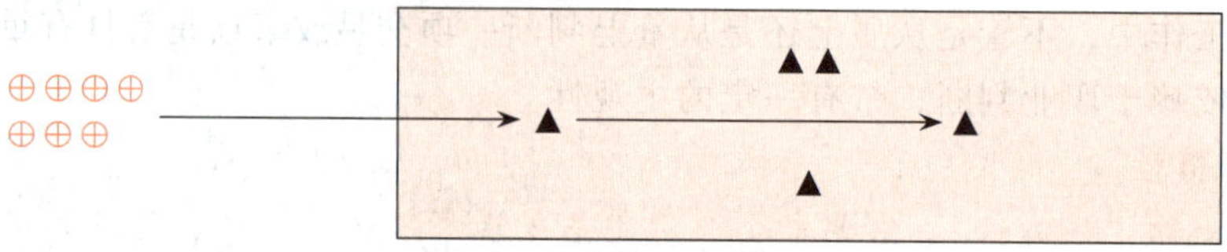

图1-1 会计沙盘模型图

注：在模型中我们用“⊕”代表在平面之外的沙坑，用“▲”表示平面之上的沙堆，用“沙”代表资金，用箭头表示沙的流向。

“会计沙盘模型”源于小孩玩沙子的游戏。我们把企业经济活动的空间范围想象为一个平面及其周边，借助“小孩之手”，该模型可以将企业经济业务所引起的资金运动通过挖沙游戏模拟出来。在企业成立之前，该模型中的平面上没有沙堆，平面周围也没有沙坑。企业成立运作需要有初始的资本金，就像在平面上玩游戏需要沙一样，小孩需要从平面之外挖取一把沙，并将其放在平面上。企业整个经营过程中的资金流动，就像游戏中沙子在沙坑、沙堆之间流动与转换的过程。企业终止经营，就像游戏之中的沙子又流回到原来的沙坑之中，平面里外又恢复到最初的平复状态，即平面及其周边沙堆和沙坑都没有了。这样，把深奥的会计理论和复杂的会计实务操作用通俗易懂的语言与图形形象生动地描绘出来，体现了会计理论和实务操作不仅仅是一种观念上的活动，更是一种实体性运动。

（三）企业主要生产经营活动资金运动分析及其沙盘模拟的简要介绍

本部分的内容在“业财合一·流程管控”系列教材《会计学原理》中有详细分析。本处只进行简要介绍。本部分的分析均不考虑增值税业务。

1.企业基本资金运动综合分析及其沙盘模拟

按照经营活动流程和环节，企业的经济活动可以划分为筹资环节、供应环节（采购环节）、生产环节、销售环节和投资环节等五大环节。每一环节都有其基本的经济业务及资金运动。每一环节的具体业务都围绕着其基本的经济业务展开；相应的，其所引起的具体资金运动也都是在其基本资金运动的基础上推演而来的。

将企业各个环节的基本资金运动串联在一起，就构成了一个完整的企业基本资金运动流程图。该整体流程如图 1-2 所示。

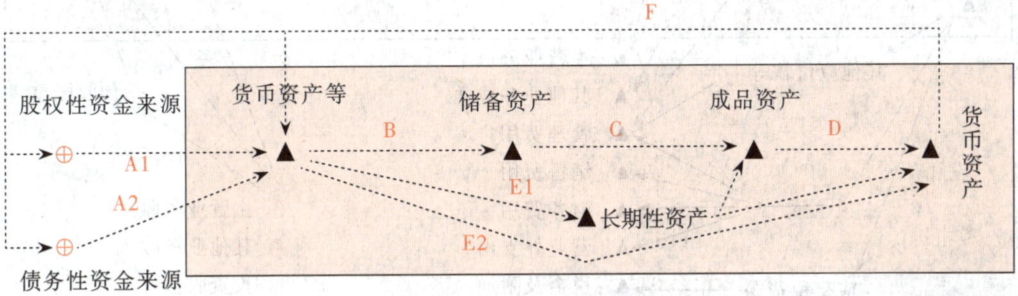

图 1-2　企业基本资金运动综合流程图

注：A：筹资环节基本资金运动；B：供应环节基本资金运动；C：生产环节基本资金运动；D：销售环节基本资金运动；E：投资环节基本资金运动；F：重新投入再生产或退出企业。

企业所有的业务都是在这个基本流程图的基础上推演出来的。每一笔业务对应一段资金运动，资金运动环环相扣，从而构成企业资金运动的全貌。

企业主要经营活动资金运动分析

2.供应、生产和销售环节资金运动分析及其沙盘模拟

供应环节资金运动分析及其沙盘模拟如图 1-3 所示。

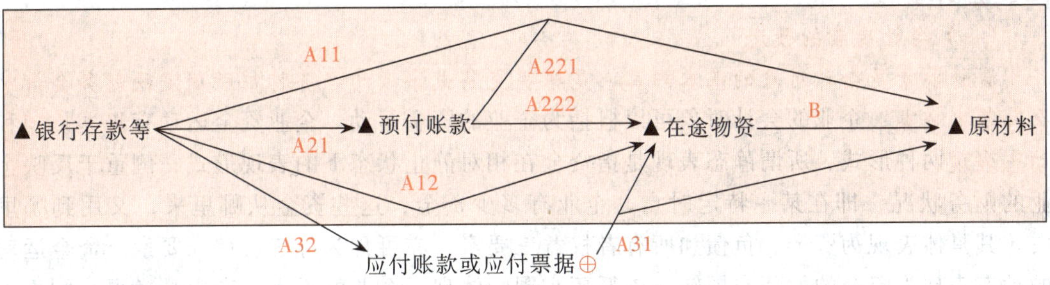

图 1-3　供应环节资金运动分析图

生产环节资金运动分析及其沙盘模拟如图 1-4 所示。

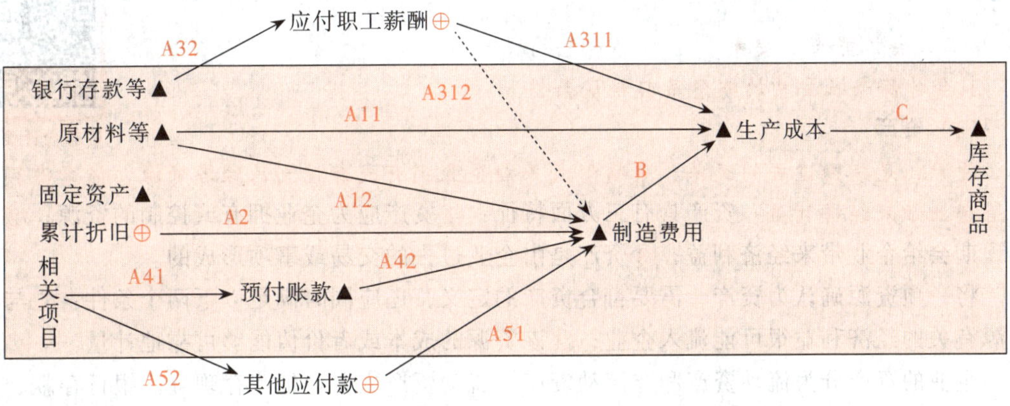

图 1-4　企业生产环节资金运动分析图

销售环节资金运动分析及其在沙盘模型上的模拟如图1-5所示。

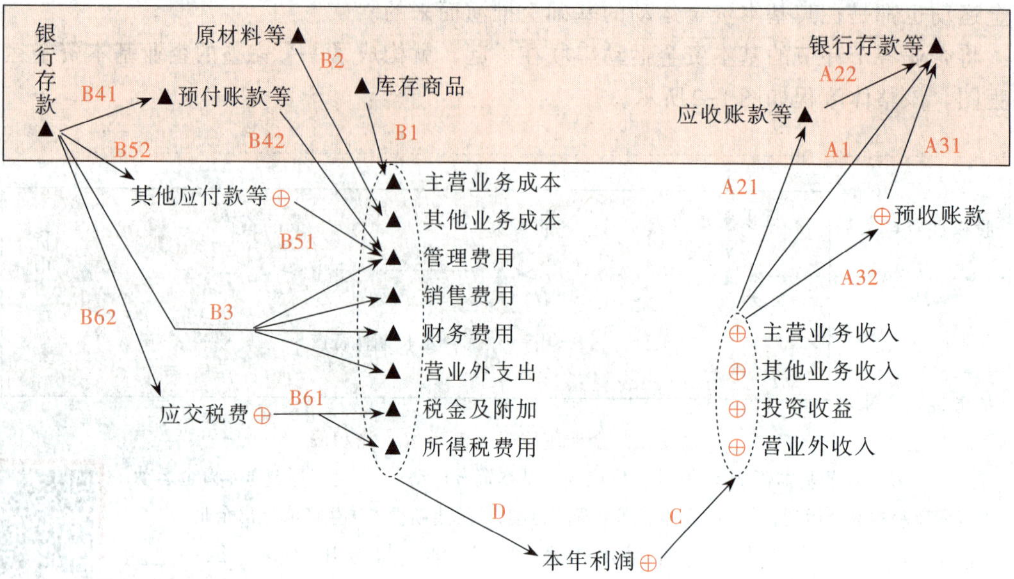

图1-5 销售环节资金运动分析图

二、会计要素

（一）会计要素的概念

会计要素是会计对象的基本内容，是根据交易或事项的经济特征所确定的财务会计对象和基本分类。企业的会计对象可以概括为企业的资金运动。企业资金运动有静态表现和动态表现两种形式，所谓静态表现是指资金在相对静止状态下的表现形式，侧重于反映企业的财务状况，即在某一特定时点，企业有多少资金，这些资金从哪里来，又用到哪里去。其具体表现为资产、负债和所有者权益三要素，亦可称为静态会计三要素。资金运动的动态表现为资金的循环与周转，该循环与周转体现了企业的投入、产出与净得，侧重于反映企业的经营成果，其具体表现为收入、费用和利润三要素，亦可称为动态会计三要素。

（二）会计静态三要素

静态会计要素

1.会计静态三要素的概念及其确认条件

（1）资产

资产，是指由过去的交易、事项形成并由企业拥有或者控制的经济资源，该资源预期会给企业带来经济利益。资产具有三方面特征：①资产应为企业拥有或控制的资源；②资产预期会给企业带来经济利益；③资产是由企业过去的交易或事项形成的。

将一项资源确认为资产，需要符合资产的定义，还应同时满足以下两个条件：①与该资源有关的经济利益很可能流入企业；②该资源的成本或者价值能够可靠地计量。

企业的资产分为流动资产和非流动资产。流动资产主要包括库存现金、银行存款、其他货币资金、交易性金融资产、应收票据、应收账款、应收账款融资、预付账款、其他应收款、存货、合同资产、持有待售资产、一年内到期的非流动资产，其他流动资产等。非流动资产主要包括债权投资、长期应收款、长期股权投资、固定资产、无形资产、在建工程、开发支出、商誉、递延所得税资产等。

（2）负债

负债，是指过去的交易、事项形成的现时义务，履行该义务预期会导致经济利益流出企业。负债的实质是将会导致企业未来经济利益减少的经济义务。负债具有三方面特征：①负债是企业承担的现时义务；②负债预期将会导致企业经济利益的流出。企业目前所承担的负债必须在将来某一时日以转移资产或者提供劳务的方式来偿付，也可以将债务转为所有者权益。③负债是企业过去的交易或事项形成的。

将一项现时义务确认为负债，需要符合负债的定义，还需要同时具备以下两个条件：①与该义务有关的经济利益很可能流出企业；②未来流出的经济利益的金额能够可靠地计量。

企业负债分为流动负债和非流动负债。流动负债主要包括短期借款、交易性金融负债、衍生金融负债、应付票据、应付账款、预收账款、合同负债、应付职工薪酬、应交税费、其他应付款、持有待售负债、一年内到期的非流动负债、其他流动负债。非流动负债主要包括长期借款、应付债券、租赁负债、长期应付款、预计负债、递延收益、递延所得税负债、其他非流动负债等。

（3）所有者权益

所有者权益，是指企业的资产扣除负债（即净资产）后，由所有者享有的剩余权益，即所有者对企业净资产的要求权。所有者权益的来源主要包括所有者投入的资本、其他综合收益和留存收益等，通常由股本（或实收资本）、资本公积（含股本溢价或资本溢价、其他资本公积）、其他综合收益、盈余公积和未分配利润等构成。

2.会计静态三要素在"会计沙盘模型"上的反映

资产、负债和所有者权益三要素是资金运动的静态表现形式。这种静态表现形式可以在模型上被模拟出来，其在模型上的反映如图1-6所示。

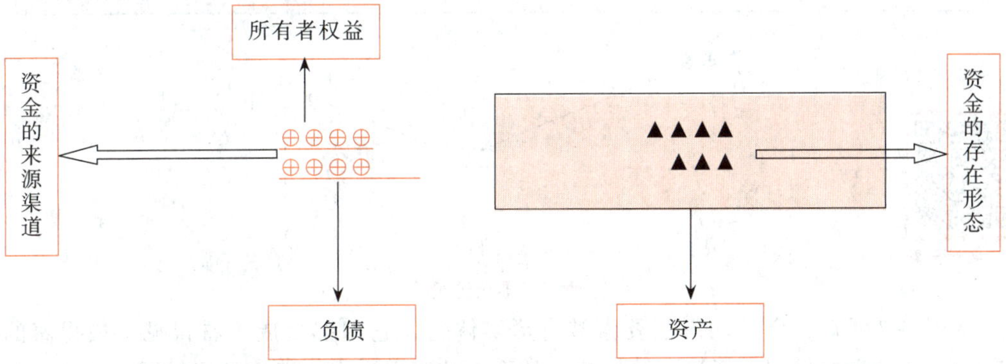

图1-6　会计静态三要素在模型上的模拟图

从"会计沙盘模型"中可以看到，会计静态三要素被实体化了，它们都变成了看得见、摸得着的实体。资产在模型上通过"沙堆▲"的形态被模拟出来，债权人权益（简称负债）和所有者权益则通过“沙坑⊕”的形态被模拟出来。

（三）会计动态三要素

1.会计动态三要素的概念及特征

（1）收入

收入，是指企业日常活动中形成的、或导致所有者权益增加的、与所有者投入资本无关的经济利益的总流入。收入具有三方面的特征：①收入是企业在日常活动中形成的；②收入是与所有者投入资本无关的经济利益的总流入；③收入会导致所有者权益的增加。

（2）费用

费用，是企业在日常经营活动中发生的、会导致所有者权益减少的、与向所有者分配利润无关的经济利益的总流出。费用具有三方面特征：①费用是企业在日常活动中形成的；②费用是与向所有者分配利润无关的经济利益的总流出；③费用会导致所有者权益的减少。

费用的确认除了应当符合定义外，至少应当符合以下条件：①与费用相关的经济利益很可能流出企业；②经济利益的流出会导致企业资产的减少或者负债的增加；③经济利益的流出额能够可靠计量。

（3）利润

利润，是指企业在一定会计期间的经营成果。利润包括收入减去费用后的净额、直接计入当期利润的利得和损失等。

利润的确认主要依赖收入和费用以及对利得和损失的确认，其金额的确定也主要取决于对收入、费用、利得和损失金额的计量。

2.会计动态三要素在“会计沙盘模型”上的模拟

会计动态三要素收入、费用和利润在模型上的实体模拟如图1-7所示。

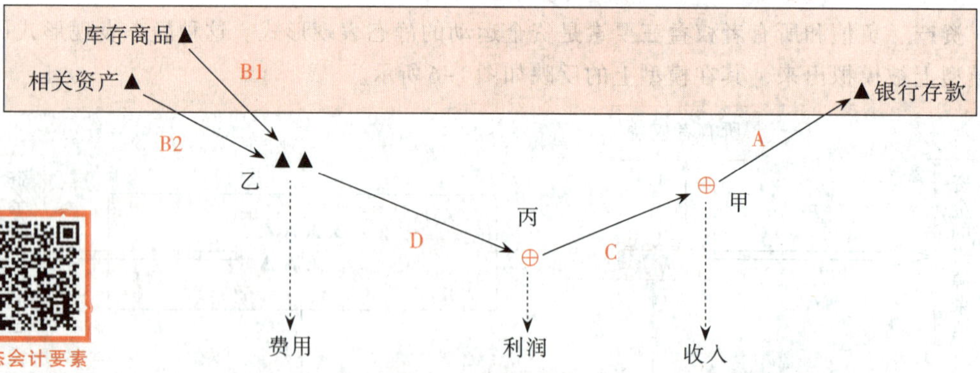

动态会计要素

图1-7　会计动态三要素在模型上的模拟图

从图1-7可知，会计动态三要素被有形实体化，它们都变成了看得见、摸得着的实体。收入和利润在模型上通过“沙坑⊕”的形态被模拟出来，费用则通过平面之外“沙堆▲”的形态被模拟出来。

三、会计计量属性

会计要素计量属性

会计计量属性主要包括历史成本、重置成本、可变现净值、现值和公允价值等。

（一）历史成本

历史成本又称“实际成本”，是指企业为了取得或制造某项财产物资所实际支付的现金或现金等价物。采用历史成本计量时，资产按照其购置时支付的现金或现金等价物的金额，或者按照购置时所付出对价的公允价值计量。负债按照其因承担现时义务而实际收到的款项或者资产的金额，或者承担现时义务的合同金额，或者按照日常活动中为偿还负债预期需要支付的现金或者现金等价物的金额计量。

（二）重置成本

重置成本又称“现行成本”，是指按照当前市场条件，重新取得同样一项资产所需支付的现金或现金等价物的金额。在重置成本下，资产按照现在购买相同或相似资产所需支付的现金或现金等价物的金额计量。负债按照现在偿付该项负债所需支付的现金或现金等价物的金额计量。

（三）可变现净值

可变现净值，是指在生产经营的过程中，以预计售价减去进一步加工的成本和销售所必需的预计税金、费用后的净值。在可变现净值计量下，资产按照其正常对外销售所能收到的现金或现金等价物的金额扣减该资产至完工时估计将要发生的成本、估计的销售费用以及相关税费后的金额计量。

（四）现值

现值是“未来现金流量的现在价值”的简称，是指对未来现金流量以恰当的折现率进行折现后的价值，是考虑货币时间价值等因素的一种计量属性。在按现值计量的模式下，资产按照预计从其持续使用和最终处置中所产生的未来净现金流入量的折现金额计量。负债按照预计期限内需要偿还的未来净现金流出量的折现金额计量。

（五）公允价值

公允价值，是指市场参与者在计量日发生的有序交易中，出售一项资产所能收到或者转移一项负债所需支付的价格。

四、会计等式

会计等式，又称会计恒等式、会计方程式或会计平衡公式，是表明会计要素之间基本关系的等式。

（一）会计等式的表现形式

企业要从事经济活动，必须拥有一定数量和质量的能给企业带来经济利益的经济资源，即资产。企业的资产最初来源于两个方面：一是由企业的所有者投入；二是由企业向债权人借入。所有者和债权人将其所拥有的资产提供给企业使用，就相应地对企业的资产享有一种要求权。前者就是所有者权益，后者则称为债权人权益，即负债。在企业经营过程中，资产增加还可能来源于企业利润的产生，该利润应该由企业的所有者享有，属于所有者权益的一部分。

资产表明企业拥有什么经济资源和拥有多少经济资源，负债和所有者权益表明经济资源的来源渠道，即谁提供了这些经济资源和谁提供了多少经济资源。因此，资产、负债和所有者权益三者之间在数量上存在下列恒等关系，用公式表示为：

资产=负债+所有者权益

从“会计平面模型”上看，该等式可以表示为：

$\sum$ 沙堆体积=$\sum$ 沙坑容积

这一等式反映了企业在某一特定时点资产、负债和所有者权益三者之间的平衡关系，因此，该等式被称为财务状况等式、会计基本等式或静态会计等式，它是复式记账法的理论基础，也是编制资产负债表的依据。

企业进行生产经营的目的就是为了获取收入，实现盈利。企业在取得收入的同时，必然要发生相应的费用。通过收入与费用的比较，才能确定一定期间的盈利水平，从而确定企业实现的利润总额。在不考虑利得和损失的情况下，它们之间的关系用公式表示为：

收入-费用=利润

这一等式反映了企业利润的实现过程，称为经营成果等式或动态会计等式。收入、费用和利润之间的上述关系，是编制利润表的依据。

（二）交易或事项对会计等式的影响

企业的经济交易与事项虽然千差万别，但归纳起来，其所引起的资金运动类型只有以下四种：资金进入企业（资产增加负债增加、资产增加所有者权益增加）、资金在企业内部循环与周转（资产内部一个增加一个减少）、资金退出企业（资产减少负债减少、资产减少所有者权益减少，或者兼而有之）和资金来源渠道之间的相互转换（负债内部一个增加一个减少、所有者权益内部一个增加一个减少、负债增加所有者权益减少、负债减少所有者权益增加，或者兼而有之）。这些经济交易与事项反映资金运动的具体经济活动，它必然会引起会计要素的有关项目发生增减变化，会计方程式则概括地反映了会计要素之间存在的内在联系。因此，经济业务、资金运动与会计要素、会计方程式存在着密切的关系。这里以反映财务状况的等式“资产=负债+所有者权益”为例进行讲解。

假设企业在某一时刻的财务状况为：

资产（1 000 000元）=负债（400 000元）+所有者权益（600 000元）

交易或事项对会计等式的影响

在此基础上，企业依次发生了以下经济业务。

1.资金进入企业

【例1-1】企业向银行借入长期性贷款500 000元，款项已存入银行。其资金运动如图1-8所示。

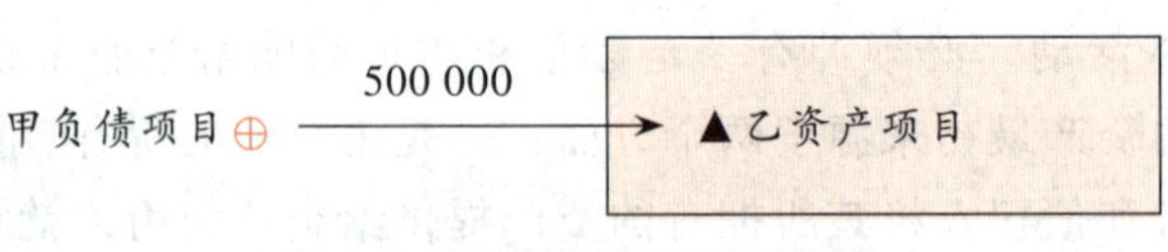

图1-8 资金进入企业流程图

资金运动前的状态：资产（1 000 000元）=负债（400 000元）+所有者权益（600 000元）

资金运动过程中的状态：资产（1 000 000元）+乙资产项目（500 000元）=负债（400 000元）+甲负债项目（500 000元）+所有者权益（600 000元）

资金运动结果状态：资产（1 500 000元）=负债（900 000元）+所有者权益（600 000元）

从以上分析可知，该笔经济业务所引起的资金运动同时影响会计等式的左右两边，使等式左右两边同时增加500 000元。其结果是造成企业资金来源渠道的增加（即平面之外的沙坑的容积增加），企业资产的增加（即平面上可用的沙堆体积增加），企业生产经营规模扩大（在其他条件都不变的情况下）。

2.资金在企业内部循环与周转

【例1-2】生产车间领用材料250 000元投入产品的生产，其资金运动如图1-9所示。

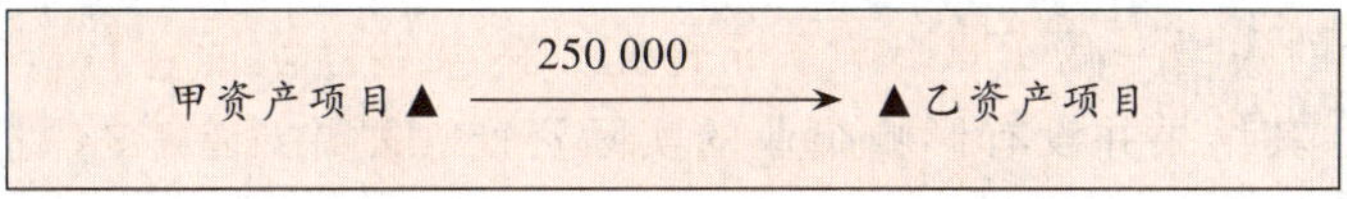

图1-9 资金内部周转流程图

资金运动前的状态：资产（1 500 000元）=负债（900 000元）+所有者权益（600 000元）

资金运动过程中的状态：资产（1 500 000元）-甲资产项目（250 000元）+乙资产项目（250 000元）=负债（900 000元）+所有者权益（600 000元）

资金运动结果状态：资产（1 500 000元）=负债（900 000元）+所有者权益（600 000元）

从上面的分析可知，该笔经济业务所引起的资金运动实际上只影响了会计等式的左边，只影响资产要素内部某些资金量的变化，但并没有引起企业总的资产的增减（即资金只是在几个沙堆之间发生相互转化，平面上沙堆总的体积不变）。在其他条件不变的情况下，企业资金总量未变，企业的生产经营规模没有变化。

3.资金退出企业

【例1-3】用银行存款去偿付以前的赊购款80 000元，其资金运动如图1-10所示。

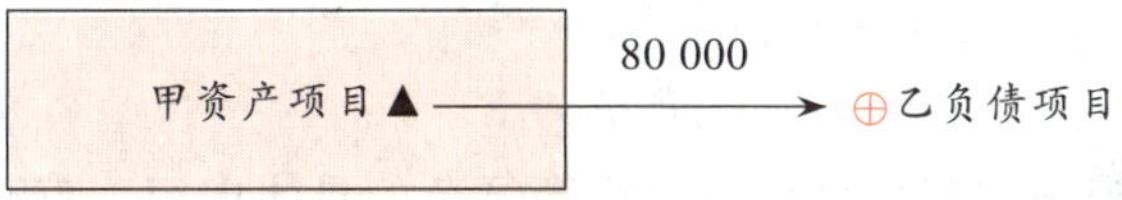

图1-10 资金退出企业流程图

资金运动前的状态：资产（1 500 000元）=负债（900 000元）+所有者权益（600 000元）

资金运动过程中的状态：资产（1 500 000元）-甲资产项目（80 000元）=负债（900 000元）-乙负债项目（80 000元）+所有者权益（600 000元）

资金运动结果状态：资产（1 420 000元）=负债（820 000元）+所有者权益（600 000元）

从以上分析可知，该经济业务所引起的资金运动同时影响会计等式的左右两边，致使左右两边资金量同时等额减少。其结果是，造成企业资产的减少（平面之上可用沙堆总量减少），企业资金来源渠道减少（平面之外沙坑的容积等量减少），企业生产经营规模缩小（在其他条件不变的情况下）。

4.资金来源渠道的相互转化

【例1-4】企业将所欠中国银行的长期借款500 000元转换为本企业的股份，其资金运动如图1-11所示。

乙所有者权益项目⊕ —— 500 000 ——→ ⊕甲负债项目

图 1-11　资金来源渠道相互转化流程图

资金运动前的状态：资产（1 420 000元）＝负债（820 000元）＋所有者权益（600 000元）

资金运动过程中的状态：资产（1 420 000元）＝负债（820 000元）－甲负债项目（500 000元）＋所有者权益（600 000元）＋乙所有者权益项目（500 000元）

资金运动结果状态：资产（1 420 000元）＝负债（320 000元）＋所有者权益（1 100 000元）

从上面的分析可知，该经济业务所引起的资金运动只影响会计等式的右边，即只影响负债和所有者权益，只影响资金的各种来源渠道，只影响平面之外资产的归属权，而且是等量的一增一减（即影响了平面之外的某些沙坑的容积，但总的沙坑容积没有发生变化）。其结果并没有影响企业的实际资产（即并没有影响平面之上可用沙堆总量的增加或减少），企业的生产经营规模并没有受到任何影响（在其他条件不变的情况下）。

观察并分析上述经济业务所引起的资金运动，可以得出如下结论：（1）每一项经济业务发生，至少要影响会计要素的两个具体项目发生增减变化；（2）任何经济业务的发生都不会破坏会计等式的平衡关系；（3）只有涉及会计等式左右两边的经济业务，才会引起资金总额的变化；（4）只涉及会计等式一边的经济业务，不会引起资金总额的变化，只是会计等式一边的会计要素内部项目的转化。

知识点自测

第四节　会计科目、会计账户和借贷记账法

一、会计科目和账户

（一）会计科目

为了系统反映、控制和监督会计要素纷繁复杂的具体内容，就必须采用一定的形式，对会计要素进行具体的分类。会计科目，简称科目，是对会计要素的具体内容进行分类的项目，是进行会计核算和提供会计信息的基础。会计科目实际上包括两层含义：一方面是对会计要素进行分类，涉及分类的标准和分类的详细程度；另一方面是给分类的项目赋予一个规范的称呼。从“会计沙盘模型”上看，所谓会计科目就是给模型上的沙堆和沙坑进行分类并分别赋予其恰当的名称。如企业生产完工可以对外销售的产成品，其会计科目为“库存商品”；企业购买的、可以使用的机器设备，其会计科目为“固定资产”；存放在企业的现钞，其会计科目为“库存现金”；存放在银行的、用于往来结算的活期存款，其会计科目为“银行存款”等。

会计科目按照其所反映的经济内容不同，可分为资产类科目、负债类科目、共同类科目、所有者权益类科目、成本类科目和损益类科目。每一类会计科目可按一定标准再分为若干具体科目。

会计科目按其提供信息的详细程度及其统驭关系，可分为总分类科目和明细分类科

目。总分类科目，又称总账科目或一级科目，是对会计要素的具体内容进行总括分类，提供总括信息的会计科目。明细分类科目，又称明细科目，是对总账科目做进一步分类，提供更为详细和具体会计信息的科目。如果某一总分类科目所辖的明细分类科目较多，可在总分类科目下设置二级明细科目，在二级明细科目下可设置三级明细科目，以此类推。二级明细科目是对总分类科目进一步分类的科目，三级明细科目是对二级明细科目进一步分类的科目。

（二）会计账户

会计账户是根据会计科目设置，具有一定的格式和结构，用于分类反映、控制和监督会计要素具体内容增减变动情况及其结果的载体。

会计科目与会计账户

会计账户与会计科目的关系非常密切，会计账户是根据会计科目设置的，但会计账户的内容比会计科目要丰富，它不仅是对会计要素的分类，而且要对所有特定分类的数量增减变化进行反映、控制和监督。换个角度来看，会计科目就是一个名称，会计账户就是一个档案。

与会计科目分类相对应，账户可以根据其核算的经济内容、提供信息的详细程度及其统驭关系进行分类。根据核算的经济内容，账户可分为资产类账户、负债类账户、共同类账户、所有者权益类账户、成本类账户和损益类账户。根据提供信息的详细程度及其统驭关系，账户可以分类为总分类账户和明细分类账户。

为了记录各项经济业务，账户需要有一定的结构。由于经济业务发生所引起的各项会计要素的变动，从数量上看有增加和减少两种情况。因此，账户的结构相应地分为两个基本部分，以分别用来记录会计要素的增加和减少。这样，账户的基本结果就分为左右两方，一方登记增加，另一方登记减少。至于账户左右两边的名称，用哪一方登记增加，哪一方登记减少，要取决于企业所采用的记账方法和账户所记录的经济内容。

账户的期初余额、期末余额、本期增加发生额、本期减少发生额统称为账户的四个金额要素。四个金额要素的关系如下：

期末余额=期初余额+本期增加发生额−本期减少发生额

二、借贷记账法

借贷记账法，是以“借”和“贷”作为记账符号（账户的左方称为借方，账户的右方称为贷方）的一种复式记账方法。复式记账法，是指对于每一笔经济业务，都必须用相等的金额在两个或两个以上相互联系的账户中进行登记，全面、系统地反映会计要素增减变化的一种记账方法。复式记账法分为借贷记账法、增减记账法、收付记账法等。我国会计准则规定，企业、行政单位和事业单位会计核算采用借贷记账法记账。

（一）借贷记账法的账户结构

1.会计账户结构与资金运动的关系分析

以“原材料”为例，在“会计沙盘模型”上，与原材料有关的资金运动如图1-12所示。

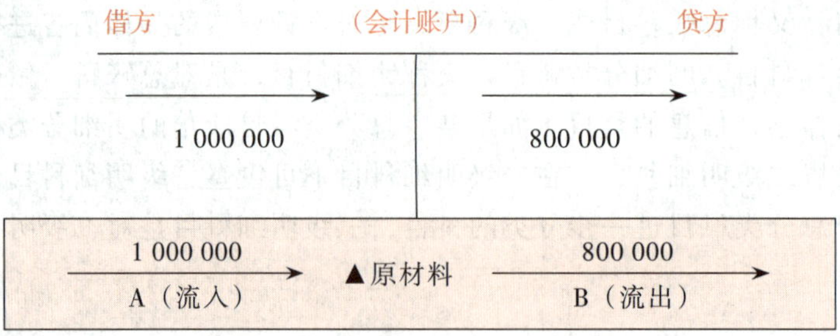

图 1-12　账户与资金运动的关系图

从资金运动的角度看，与“原材料”项目有关的资金运动只有两种情况：一种是资金流入到本项目中；另一种就是资金从本项目流出。正是由于资金流入和资金流出，才引起本项目资金的增减变化，并由此而产生余额（资金流入量与流出量之差）。

因此，从资金运动的角度来看，账户就是要记录资金流入量和资金流出量两个方面。在此，将账户的结构与其对应项目的资金运动关联起来：参照从左到右的习惯，账户的左边部分（即借方）记录对应项目的资金流入量，账户的右边部分（即贷方）记录对应项目的资金流出量。

以图 1-12 为例，如有 100 万元的资金流入“原材料”项目，相应的，就应该打开“原材料”项目所对应的账户，在其借方登记 100 万元。如有 80 万元的资金从“原材料”项目流出，相应的，就应该打开“原材料”项目所对应的账户，在其贷方登记 80 万元。

2. 资产、负债和所有者权益账户结构分析

从资金运动的角度来看，会计账户的“借方”（左边）登记对应项目的资金流入量，“贷方”（右边）登记对应项目的资金流出量。但是，从资金数量增减变化的角度看，会计账户借方和贷方所登记的金额代表什么含义呢？

（1）资产类账户资金增减与资金运动的关系分析（如图 1-13 所示）。

账户结构与资金运动——静态要素

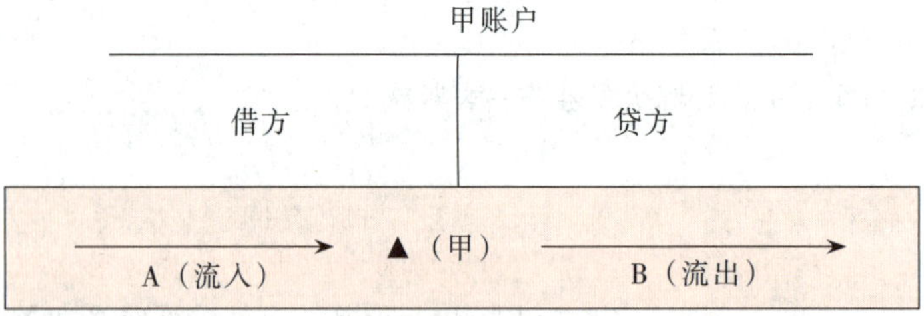

图 1-13　资产类账户的结构与资金运动的关系图

发生 A 段资金运动，资产项目甲位于该资金运动的终点，因此应在甲账户的“借方”登记相关资金流量金额。同时，该资金运动导致模型中甲的体积增加，而该体积代表资产的金额，甲的体积增加即为资产的增加，所以资产类账户借方反映增加额。

发生 B 段资金运动，甲位于资金运动的起点，因此相关资金流量金额应在甲账户的“贷方”登记；同时，该资金运动导致模型中甲的体积减小，甲的体积减小即代表资产减少，所以资产类账户贷方反映减少额。

甲项目如有余额的话，在“会计沙盘模型”上就体现为沙堆，该余额一般是由流入量

超出流出量所引起的；从账户上看，这说明登记在借方的金额大于登记在贷方的金额，即资产类账户的期末余额一般在“借方”。

（2）负债类账户资金增减与资金运动的关系分析（如图1-14所示）。

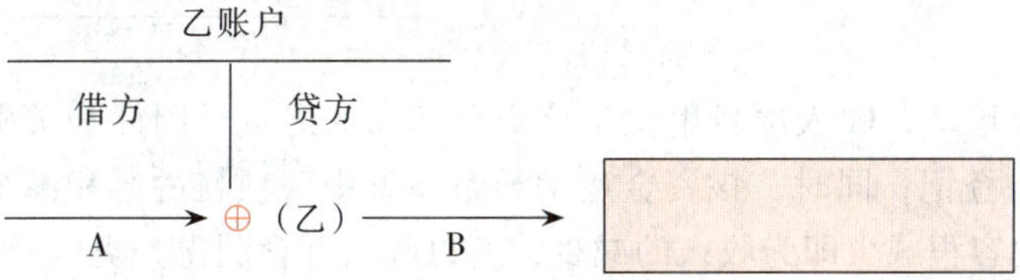

图1-14　负债类账户的结构与资金运动的关系图

发生A段资金运动，负债项目乙位于该资金运动的终点，因此相关资金流量金额应在乙账户的“借方”登记。同时，该资金运动导致模型中乙的容积减小，而该容积代表负债的金额，乙的容积减小即为负债的减少，所以负债类账户借方反映减少额。

发生B段资金运动，乙位于资金运动的起点，因此相关资金流量金额应在乙账户的“贷方”登记；同时，该资金运动导致模型中乙的容积增加，乙的容积增加即为负债的增加，所以负债类账户贷方反映增加额。

乙项目如有余额的话，在模型上就体现为沙坑，该余额一般是由流出量大于流入量所引起的；从账户上看，这说明登记在贷方的金额大于登记在借方的金额，即负债类账户的期末余额一般在“贷方”。

（3）所有者权益类账户资金增减与资金运动的关系分析（如图1-15所示）。

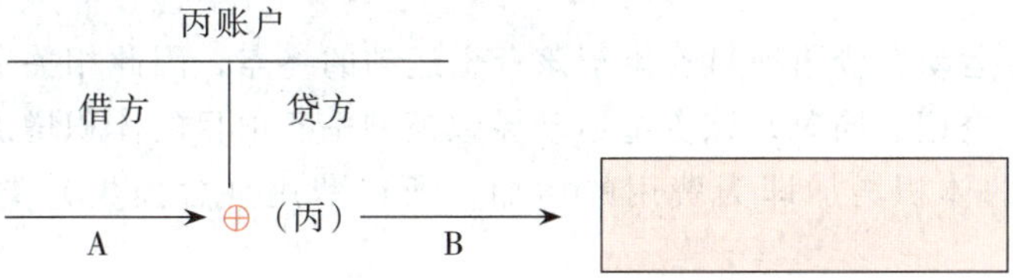

图1-15　所有者权益类账户的结构与资金运动关系图

发生A段资金运动，所有者权益项目丙位于该资金运动的终点，因此相关资金流量金额应在丙账户的“借方”登记。同时，该资金运动导致模型中丙的容积减小，而该容积代表所有者权益的金额，丙的容积减小即为所有者权益减少，所以所有者权益类账户借方反映减少额。

发生B段资金运动，丙位于资金运动的起点，因此相关资金流量金额应在丙账户的“贷方”登记；同时，该资金运动导致模型中丙的容积增加，丙的容积增加即为所有者权益的增加，所以所有者权益类账户贷方反映增加额。

丙项目如有余额，在模型上就体现为沙坑，该余额一般是由流出量大于流入量所引起的；从账户上看，这说明登记在贷方的金额大于登记在借方的金额，即所有者权益类账户的期末余额一般在“贷方”。

3.收入、费用和利润三要素账户的结构分析

（1）收入类（广义的，含利得）账户资金增减与资金运动关系分析（如图1-16所示）

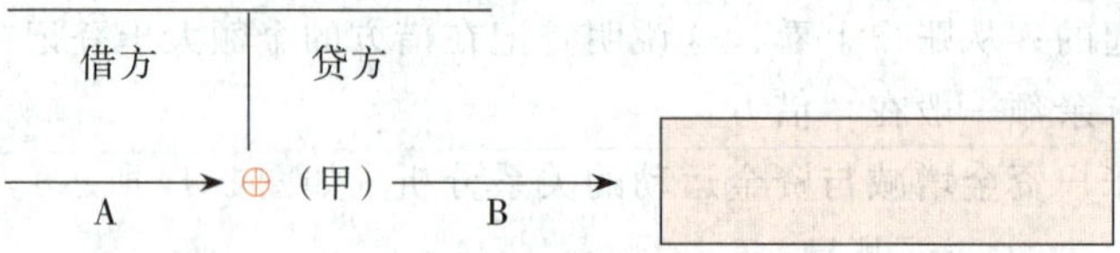

图 1-16　收入类账户结构分析

发生A段资金运动，收入项目甲位于该资金运动的终点，因此相关资金流量金额应在甲账户的“借方”登记；同时，该资金运动导致模型中甲项目的容积减少，而该容积代表收入的金额，甲的容积减少即为收入的减少，所以收入（含利得）类账户借方反映减少额。

发生B段资金运动，甲位于资金运动的起点，因此相关资金流量金额应在甲账户的“贷方”登记；同时，该资金运动导致模型中甲项目的容积增加，甲的容积增加即为收入的增加，所以收入（含利得）类账户贷方反映增加额。

收入类项目期末必须全部转入“本年利润”项目，从而导致收入类项目的容积为零；相应的，收入类账户的期末余额也为零。

（2）费用类（广义的，含损失）账户资金增减与资金运动关系分析（如图 1-17 所示）

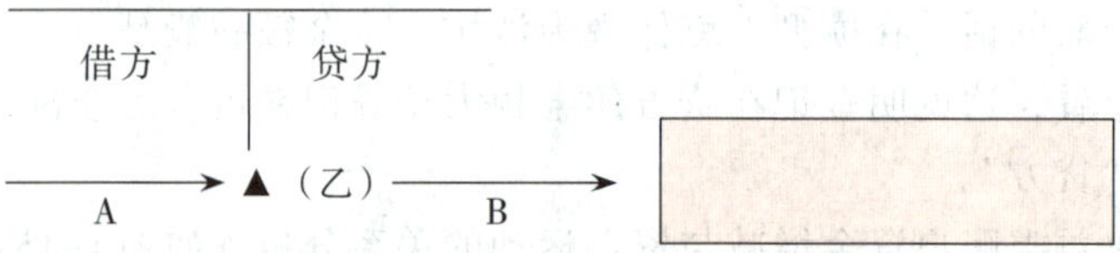

图 1-17　费用类账户结构分析

账户结构与资金运动——动态要素

发生A段资金运动，费用项目乙位于该资金运动的终点，因此相关资金流量金额应在乙账户的“借方”登记。同时，该资金运动导致模型中乙项目的体积增加，而该体积代表费用的金额，乙的体积增加即为费用的增加，所以费用（含损失）类账户借方反映增加额。

发生B段资金运动，乙位于资金运动的起点，因此相关资金流量金额应在乙账户的“贷方”登记；同时，该资金运动导致模型中乙的体积减小，乙的体积减小即为费用的减少，所以费用（含损失）类账户贷方反映减少额。

费用类项目期末必须转入“本年利润”项目，从而导致费用类项目体积为零；相应的，费用类账户的期末余额为零。

（3）利润类账户资金增减与资金运动的关系分析（如图 1-18 所示）

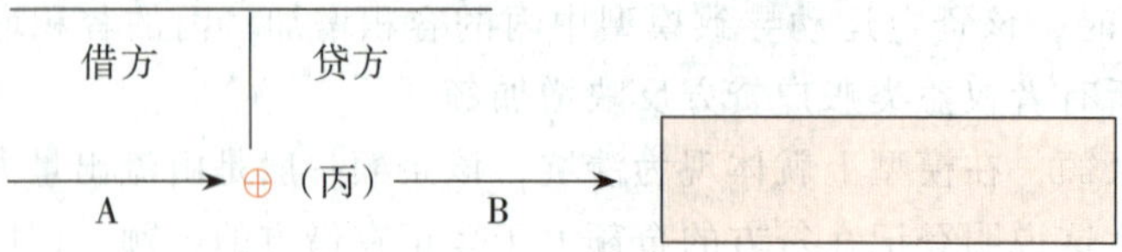

图 1-18　利润类账户结构分析

发生A段资金运动，利润类项目丙位于该资金运动的终点，因此相关资金流量金额应在丙账户的“借方”登记；同时，该资金运动导致模型中丙项目的容积减少，而该容积代表利润的金额，丙的容积减少即为利润的减少，所以利润类账户借方反映减少额。

发生B段资金运动，丙位于资金运动的起点，因此相关资金流量金额应在丙账户的“贷方”登记；同时，该资金运动导致模型中丙项目的容积增加，丙的容积增加即为利润的增加，所以利润类账户贷方反映增加额。

利润类项目期末必须转入所有者权益项目，从而导致利润类项目的容积为零；相应的，利润类账户的期末余额为零。

（二）借贷记账法的基本内容

借贷记账法的基本内容包括概念、记账符号、账户设置、记账规则和试算平衡方法等。

1.借贷记账法的记账规则

企业的经济业务可能纷繁复杂，但其所引起的资金运动归纳起来只有四种类型：第一种是资金进入企业；第二种是资金在企业内部循环与周转；第三种是资金退出企业；第四种是资金来源渠道之间发生相互转化。为了弄清楚借贷记账法的记账规则，就必须分析这四种资金运动，从中找出资金运动的规律，揭示借贷记账法的本质。

（1）资金进入企业。这类资金运动，其起点表明资金从外部流入企业而形成的资金来源渠道的增加；终点表明资金流入企业后以某种资金形态存在，是企业资产的增加。

【例 1-5】企业向银行申请短期借款 100 000 元，款项已存入银行。其资金运动如图 1-19 所示。

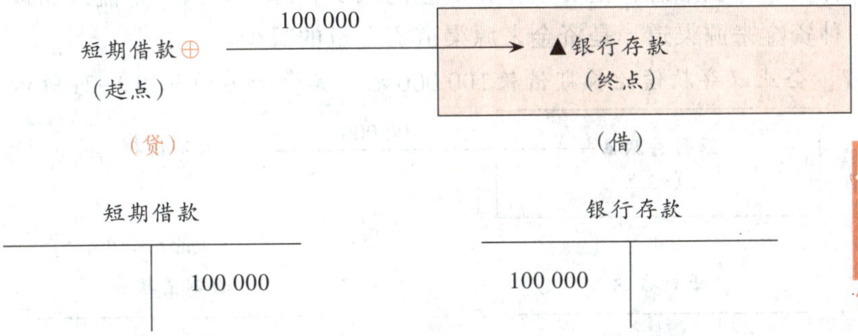

图 1-19　资金进入企业与账户的关系

借贷记账法的记账思路与规则

该笔业务引起的资金运动在模型上表现为沙从平面之外流入到平面之上；从而在平面之外形成一个沙坑，在平面之上形成一个沙堆。该平面之外的沙坑反映向银行借入短期借款所产生的资金来源渠道，即“短期借款”；该平面之上的沙堆反映资金进入企业之后的存在形态，即“银行存款”。在这笔经济业务所引起的资金运动中，“短期借款”项目位于资金运动的起点，资金从本项目流出，应该在其对应的“短期借款”账户的贷方登记 10 万元；“银行存款”项目位于资金运动的终点，资金流入本项目，应该在其对应的“银行存款”账户的借方登记 10 万元。

（2）资金在企业内部循环与周转。这类经济业务表明，资金从某一种存在形态转化为另一种存在形态。起点反映因资金流出而减少的资金存在形态，终点反映因资金流入而增加的资金存在形态。

【例 1-6】企业从银行提取 10 000 元的现金备用，其所引起的资金运动如图 1-20 所示。

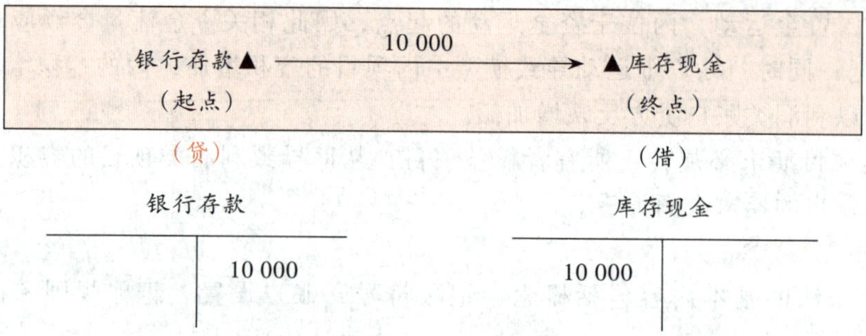

图 1-20　资金内部循环与账户的关系

该笔业务引起的资金运动在模型上表现为沙从平面之上的一个沙堆流动到另一个沙堆；从而导致流出沙堆的体积减小，流入沙堆的体积增大。该资金流出的沙堆即为“银行存款”，该资金流入的沙堆即为“库存现金”。在这笔经济业务所引起的资金运动中，“银行存款”项目位于该资金运动的起点，资金从本项目流出，应该在其对应的“银行存款”账户的贷方登记1万元；“库存现金”项目位于该资金运动的终点，资金流入到本项目，应该在其对应的“库存现金”账户的借方登记1万元。

（3）资金退出企业。这类经济业务表明资金以某一种存在形态流出企业，冲抵原有的某一种资金来源渠道，是企业资金来源渠道的减少。起点反映的是因资金流出而减少了资金量的某一种资金存在形态，是资金存在形态的减少；终点是因资金流入而被冲抵（或冲减）的某一种资金来源渠道，是资金来源渠道资金量的减少。

【例 1-7】企业以存款偿还长期借款100 000元。其资金运动如图1-21所示。

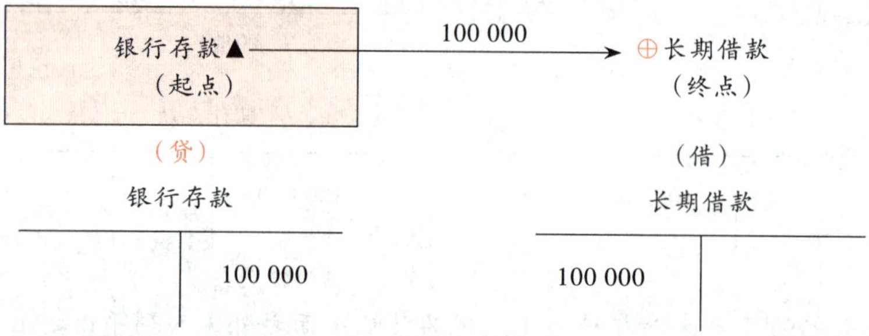

图 1-21　资金退出与账户的关系

该笔业务引起的资金运动在模型上表现为沙从平面之内流到平面之外；从而导致平面之上沙堆体积减小，平面之外的沙坑容积等量减小。该体积减小的沙堆即为“银行存款”，该容积减小的沙坑即为“长期借款”。在这笔经济业务所引起的资金运动中，“银行存款”项目位于该资金运动的起点，资金从本项目流出，应该在其对应的“银行存款”账户的贷方登记10万元；“长期借款”项目位于该资金运动的终点，资金流入本项目，应该在其对应的“长期借款”账户的借方登记10万元。

（4）企业资金来源渠道的相互转化。这类经济业务引起的资金运动表明，企业资金的来源渠道发生了变化，旧的资金来源渠道被新的资金来源渠道所取代，但并没有引起企业现有资产发生变化，即企业的资产总额和资金来源渠道资金量之和都没有变化。

【例1-8】企业将向银行借入的长期借款200 000元转换为企业的股权。其资金运动如图1-22所示。

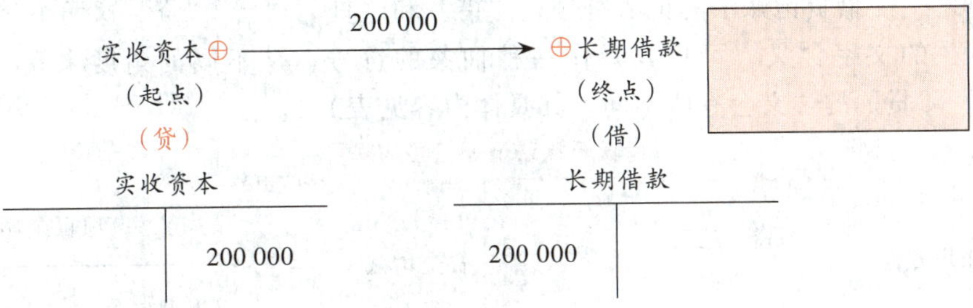

图1-22 资金来源渠道的相互转化与账户的关系

该笔业务引起的资金运动在模型上表现为沙从平面之外的一个沙坑流入另一个沙坑，从而导致平面之外一个沙坑的容积增大，而另一个沙坑的容积等量减小。该容积增大的沙坑即为“实收资本”，该容积减小的沙坑即为“长期借款”。在这笔经济业务所引起的资金运动中，“实收资本”项目位于该资金运动的起点，资金从本项目流出，应该在其对应的“实收资本”账户的贷方登记20万元；“长期借款”项目位于该资金运动的终点，资金流入本项目，应该在其对应的“长期借款”账户的借方登记20万元。

综上所述，可以得出以下结论：

（1）借贷记账法的概念

所谓借贷记账法，就是以“借”和“贷”作为记账符号，运用复式记账原理，对每一笔经济业务所引起的资金运动从其终点和起点两个方面，同时地、相互联系地在相应的会计账户中进行记录、反映和控制的一种记账方法。

（2）借贷记账法的基本思路

从上述的分析可知，在经济业务所引发的资金运动中，谁位于资金运动的终点，就应该打开其对应账户，在其借方进行登记；谁位于资金运动的起点，就应该打开其对应的账户，在其贷方进行登记。简言之，借贷记账法的记账思路就是：资金运动，终点记借，起点记贷。

（3）借贷记账法的记账规则

一笔资金运动，不可能只有起点而没有终点（即只有“贷”而没有“借”），也不可能只有终点而没有起点（即只有“借”而没有“贷”）。资金运动起点与终点的关系，从符号上看，就是“借”与“贷”的关系，即“有借必有贷，有贷必有借”。由于终点和起点至少有一个项目，因此从资金运动涉及的账户数来看，复式记账是指对每一笔经济业务，都在两个或两个以上账户中相互联系地进行记录的记账方法。

在一笔资金运动中，起点项目资金的流出量一定全额等于终点项目资金的接收量。从符号上看，资金金额就是“借方金额”与“贷方金额”之间的关系，即“借贷必相等”。

由此可见，“有借必有贷，借贷必相等”的记账规则只是一个表象，其本质上反映的是资金运动流向与流量的关系。

借贷记账法的记账符号

2.借贷记账法的记账符号

借贷记账法的记账符号是“借”和“贷”。“借”“贷”这两个字没有确切的文字含义，可将其看作一种抽象的符号。从不同的角度来看，“借”和“贷”的含义会有所不同。其具体内容见表1-1。

表1-1 借贷记账法记账符号的解释

记账符号	账户方向	资金运动方向	资金增减	项目余额	
				模型形态	性质
借	账户的左边	资金运动的终点	资产类项目增加；负债、所有者权益类项目减少	沙堆（▲）	资产类
贷	账户的右边	资金运动的起点	资产类项目减少；负债、所有者权益类项目增加	沙坑（⊕）	负债、所有者权益类

3.借贷记账法的账户设置

借贷记账法作为一种科学的复式记账法，其账户设置必须具有一整套完整的账户体系。企业不仅要设置反映资金运动静态表现的资产、负债和所有者权益类账户，而且要设置反映资金运动动态表现的收入、费用和利润类账户。此外，有的具体会计对象性质是不确定的，在某一时刻是负债性质的（即该账户的余额在贷方），而在另一时刻又成为资产性质的（即该账户的余额在借方）。为了客观地反映这类经济业务，在借贷记账法下，还需要设置一类共同性账户，比如“其他往来”等账户。

“会计沙盘模型”推演：以“其他应付款”为例，其具体情况如图1-23所示。

借贷记账法的账户设置

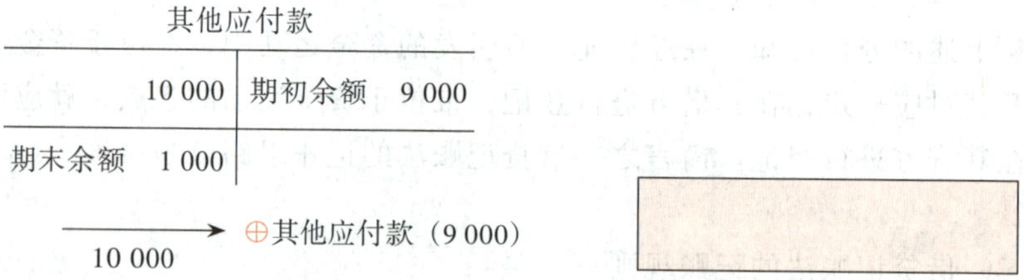

图1-23 账户设置分析

在图1-23中，“其他应付款”账户期初为贷方余额9 000元，其对应项目在“会计沙盘模型”中是一个沙坑。假设本期企业以10 000元的银行存款偿还该债务，多出的1 000元作为预付款项。该笔业务引起资金10 000元流入到“其他应付款”项目之中，并导致其形态由沙坑转换为沙堆；此时的“其他应付款”项目代表了一种预付款项，是一种权利，属于资产。相应的，“其他应付款”账户的余额由期初的贷方余额9 000元转为现在的借方余额1 000元。这说明，“其他应付款”项目在“会计沙盘模型”中的形态会发生转化；相应的，其他应付款账户的余额方向也会发生变化。

由此可见，“其他应付款”项目在模型上的呈现形态是变化的，既可能是一个沙坑（反映债务），也可能是一个沙堆（反映债权），还可能是平的（反映两不相欠）。

为了统一、规范，“会计沙盘模型”约定，每一个资金运动项目都应该以一个恰当的、唯一的、固定的形态在模型中出现，即使其形态在模型中可能会发生变化也应该如此。所谓恰当性，是指该形态最能反映该资金运动项目的经济含义，是该资金运动项目最常见、最主要的表现形式。以“其他应付款“项目为例，当其反映债务时其以沙坑（⊕）的形态呈现，当其反映债权时其以沙堆（▲）的形态呈现，但要从沙坑和沙堆中选择一个形态来模拟“其他应付款”，沙坑（⊕）比沙堆（▲）更为恰当。所谓唯一性，是指每一个资金运动项目在模型中只能选择沙堆和沙堆中一个形态来模拟。所谓固定性，是指每一个资金运动项目在模型中一旦选择某一个形态模拟后，就不再发生改变，以保持其稳定性。以“其他应付款”项目为例，该项目在模型上选择沙坑（⊕）作为唯一的呈现形式，而且不再更改。

对于绝大多数的资金运动项目而言，其在“会计沙盘模型”上的形态都是很好把握与确定的，但对于那些在“会计沙盘模型”上形态会发生变化的资金运动项目，其选择、理解与把握会有一定难度，需要特别注意。以“其他应付款”项目为例，当其反映债权时，虽然“其他应付款”项目在模型上是以沙坑（⊕）的形态呈现（这时，其金额应该是用负数来表示），但其实质却是一个沙堆（▲），其沙堆（▲）体积的大小就代表债权的金额。

因此，对于这些在“会计沙盘模型”上形态会变化的资金运动项目的理解，应该遵循“实质重于形式”的原则，即不能只看该项目在模型中是以沙堆还是沙坑的形态呈现，这只是一个表象、一个形式而已，而应该看其所反映的经济业务实质。

4.借贷记账法的试算平衡方法

试算平衡，是指根据借贷记账法的记账规则以及资产、负债和所有者权益的恒等关系，通过对所有账户的发生额和余额的汇总、计算和比较，来检查账户记录是否正确的一种方法。

借贷记账法的试算平衡

(1) 试算平衡的分类

试算平衡分为发生额试算平衡和余额试算平衡两种。

①发生额试算平衡。发生额试算平衡，是指全部账户的借方发生额合计等于全部账户的贷方发生额合计，即：

全部账户本期借方发生额合计=全部账户本期贷方发生额合计

发生额试算平衡的依据是借贷记账法的记账规则，即“有借必有贷，借贷必相等”。

②余额试算平衡。余额试算平衡是指全部账户期末（初）借方余额合计等于全部账户期末（初）贷方余额合计，即：

全部账户借方期末（初）余额合计=全部账户贷方期末（初）余额合计

余额试算平衡的依据是财务状况等式，即：

资产=负债+所有者权益

(2) 试算平衡表的编制

试算平衡是通过编制试算平衡表进行的。试算平衡表通常是在期末结算出各账户的本期发生额合计和期末余额后编制的。试算平衡表一般应设置“期初余额”“本期发生额”

"期末余额"三大栏目，其下分设"借方"和"贷方"两个小栏目，其具体情况见表1-2。各大栏目中的借方合计和贷方合计应该相等，否则便存在记账错误。

试算平衡只是通过借贷金额是否平衡来检查账户记录是否正确的一种方法。如果借贷双方发生额或余额相等，则表明账户记录基本正确，但有些错误并不影响借贷双方的平衡。因此，试算不平衡表示记账一定有问题，但试算平衡时不能表明记账一定正确。

不影响借贷双方平衡关系的错误通常有：(1) 漏记某项经济业务，使本期借贷双方的发生额等额减少，借贷依然平衡；(2) 重记某项经济业务，使本期借贷双方的发生额出现等额虚增，借贷依然平衡；(3) 某项经济业务的应借、应贷科目正确，但借贷金额同时多记或少记，且金额一致，借贷依然平衡；(4) 发生某项经济业务时，记错有关账户，借贷依然平衡；(5) 发生某项经济业务时，记账过程中颠倒了借贷方向，借贷依然平衡；(6) 某借方或贷方发生额中，偶然发生多记和少记并相互抵销，借贷依然平衡。

三、借贷记账法的应用举例

(一) 会计分录

企业发生的各项经济交易与事项，都必须记入会计账户之中。为了确保会计账户记录的正确性，这笔业务在记入会计账户之前，应首先对其进行会计确认与计量，以确定应该记录的账户名称和金额，并按照借贷记账法编制会计分录。会计分录是指针对每笔经济交易与事项确定其应当登记的会计账户名称、借贷方向及其金额的书面记录。在实际工作中，会计分录是通过编制记账凭证来完成的。会计分录是记账凭证的核心内容。【例1-5】至【例1-8】中所列示的四项经济业务，其会计分录如下：

(1) 借：银行存款	100 000	
贷：短期借款		100 000
(2) 借：库存现金	10 000	
贷：银行存款		10 000
(3) 借：长期借款	100 000	
贷：银行存款		100 000
(4) 借：长期借款	200 000	
贷：实收资本		200 000

会计分录

会计分录有简单分录和复合分录两种。简单分录只有一借一贷（即资金运动只有一个起点和一个终点），复合会计分录指一借多贷（即资金运动有一个终点和多个起点）、一贷多借（即资金运动有一个起点和多个终点）和多借多贷（即资金运动有多个起点和多个终点）的会计分录。

企业可能会编制多借多贷（即资金运动同时有多个起点和多个终点）的会计分录。在编制多借多贷的会计分录的情况下，一定要保证账户明确的对应关系，以便清晰反映资金运动的来龙去脉。

（二）借贷记账法的应用举例

借贷记账法的应用举例

为了更好地理解借贷记账法的基本要点，现举例说明如下：

【例 1-9】假设企业期初余额：银行存款余额 100 000 元，库存现金余额 3 500 元，固定资产余额 37 000 元，库存商品余额 25 000 元，应付账款余额 40 500 元，实收资本 125 000 元。

（1）企业发生的业务如下：

①企业将现金 2 300 元存入银行。

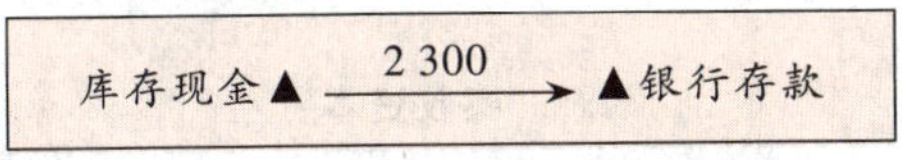

借：银行存款　　2 300
　贷：库存现金　　2 300

②企业接受甲公司的投资 10 万元，其中银行存款 4 万元，新机器一台 3.5 万元，专利权一项作价 2.5 万元。

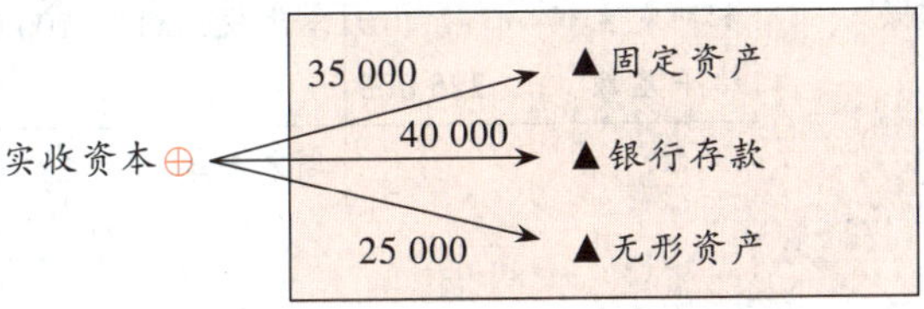

借：银行存款　　40 000
　　固定资产　　35 000
　　无形资产　　25 000
　贷：实收资本　　100 000

③企业购买新机器一台，已用存款支付 8 万元，余款 2 万元尚未支付。

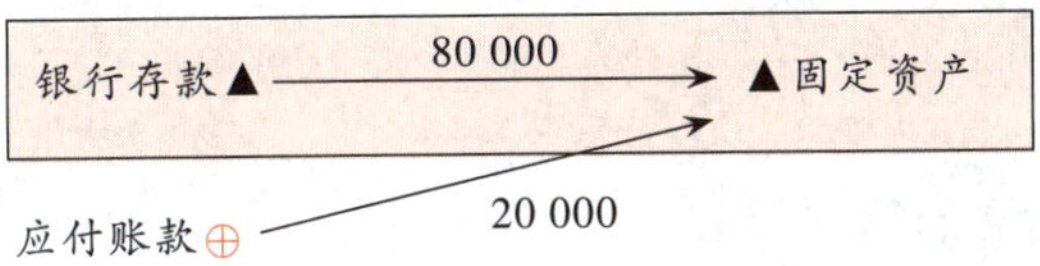

借：固定资产　　100 000
　贷：银行存款　　80 000
　　　应付账款　　20 000

④企业用存款 43 000 元购买专利技术一项。

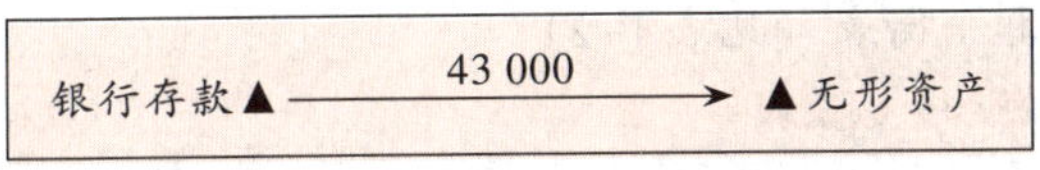

借：无形资产　　43 000
　贷：银行存款　　43 000

⑤企业以存款 1 万元支付以前的赊购款。

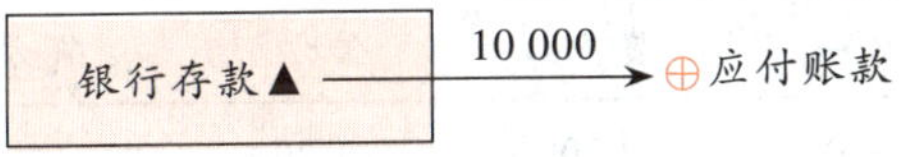

借：应付账款　　10 000
　贷：银行存款　　10 000

（2）登记会计账户：

银行存款

期初余额	100 000	（3）	80 000
（1）	2 300	（4）	43 000
（2）	40 000	（5）	10 000
本期发生额	42 300	本期发生额	133 000
		结平差额	9 300
期末余额	9 300		

库存现金

期初余额	3 500	（1）	2 300
本期发生额	0	本期发生额	2 300
		结平差额	1 200
期末余额	1 200		

固定资产

期初余额	37 000		
(2)	35 000		
(3)	100 000		
本期发生额	135 000	本期发生额	0
		结平差额	172 000
期末余额	172 000		

无形资产

期初余额	0		
(2)	25 000		
(4)	43 000		
本期发生额	68 000	本期发生额	0
		结平差额	68 000
期末余额	68 000		

应付账款

(5)	10 000	期初余额	40 500
		(3)	20 000
本期发生额	10 000	本期发生额	20 000
结平差额	50 500		
		期末余额	50 500

实收资本

		期初余额	125 000
		(2)	100 000
本期发生额	0	本期发生额	100 000
结平差额	225 000		
		期末余额	225 000

库存商品

期初余额	25 000		
本期发生额	0	本期发生额	0
		结平差额	25 000
期末余额	25 000		

（3）编制该企业账户发生额和余额试算平衡表（见表1-2）。

表1-2　　会计账户发生额和余额试算平衡表　　单位：元

账户名称	期初余额		本期发生额		期末余额	
	借方	贷方	借方	贷方	借方	贷方
库存现金	3 500		0	2 300	1 200	
银行存款	100 000		42 300	133 000	9 300	
固定资产	37 000		135 000	0	172 000	
无形资产	0		68 000	0	68 000	
库存商品	25 000		0	0	25 000	
应付账款		40 500	10 000	20 000		50 500
实收资本		125 000	0	100 000		225 000
合计	165 500	165 500	255 300	255 300	275 500	275 500

通过【例1-9】我们可以大致了解会计处理的基本程序：首先是分析经济业务引起的资金运动，其次是编制会计分录，再次是根据会计分录登记会计账户，最后是编制试算平

衡表和会计报表。这其中，资金运动处于一个非常重要的位置。一般来说，只要资金运动的分析没有错误，那会计分录一般也不会错，后面的登记账户、编制报表的错误也会大大降低。正因为如此，为了方便教学，本书后面的业务处理以分析资金运动、编写会计分录为主，并且作者对其他内容做了简化。

知识点自测

第五节　会计凭证、会计账簿与账务处理程序

一、会计凭证

（一）会计凭证概述

会计凭证，是指记录经济业务发生或者完成情况的书面证明，是登记账簿的依据。会计凭证按照填制程序与用途可以分为原始凭证和记账凭证。

（二）原始凭证

原始凭证，是指在经济业务发生或者完成时取得或填制的，用以记录或证明经济业务的发生或完成情况的原始凭据或原始单据。原始凭证的作用主要是记载经济业务的发生过程和具体内容。

会计凭证

1.原始凭证的种类

原始凭证可以按照来源、格式、填制的手续和内容进行分类。

（1）原始凭证按取得来源分类。

原始凭证按照取得来源，可分为外来原始凭证和自制原始凭证。外来原始凭证，是指在经济业务发生或完成时，从其他单位或个人直接取得的原始凭证，如购买原材料取得的增值税普通发票（如图1-24所示）、职工出差报销的火车票、餐饮费发票、飞机票等。

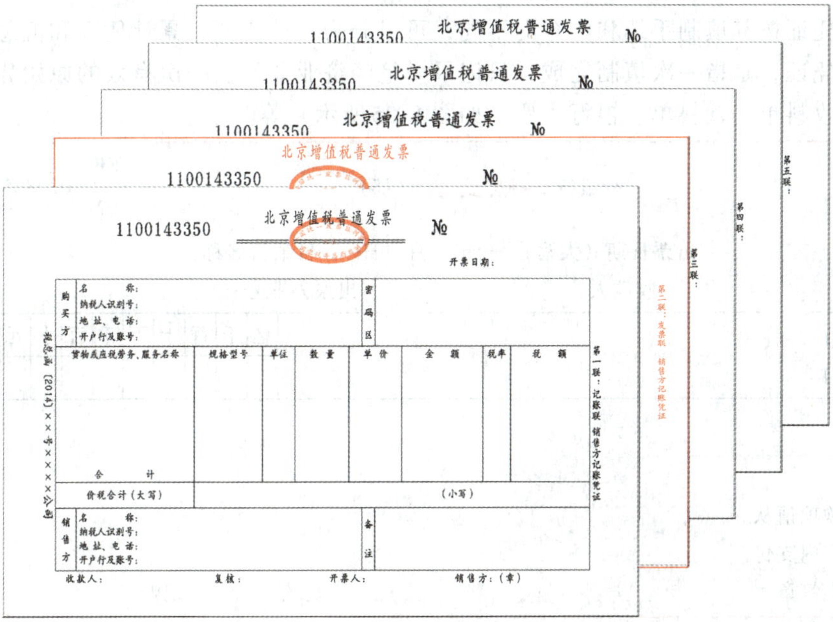

图1-24　增值税普通发票票样

自制原始凭证，是指由本单位有关部门和人员，在执行或完成某项经济业务时填制的原始凭证，如领料单（见表1-3）、产品入库单、借款单等。

表1-3 领料单

领料部门： 字第 号

用途： 年 月 日 发料仓库：

材料			单位	数量		成本								材料账页
编号	名称	规格		请领	实发	单价	总价							
							万	千	百	十	元	角	分	

第二联：会计部门记账

主管： 会计： 记账： 保管： 发料： 领料：

（2）原始凭证按格式分类。

原始凭证按照格式的不同，可分为通用凭证和专用凭证。

通用凭证，是指由有关部门统一印制、在一定范围内使用的具有统一格式和使用方法的原始凭证。通用凭证的使用范围因制作部门的不同而有所差异，可以分地区、分行业使用，也可以全国通用。如某省印制的在该省通用的发票、收据等；由某银行制作的在全国范围内通用的银行转账结算凭证、由国家税务总局制作的全国通用的增值税专用发票等。

专用凭证，是指由单位自行印刷、仅在本单位内部使用的原始凭证，如领料单、差旅费报销单、折旧计算表、工资费用分配表等。

（3）原始凭证按填制手续和内容分类

原始凭证按其填制手续和内容的不同，可以分为一次凭证、累计凭证和汇总凭证。

一次凭证，是指一次填制完成，只记录一笔经济业务且仅一次有效的原始凭证，如销货发票、收料单、领料单、银行支票（如图1-25所示）等。

××银行 转账支票 （鄂） $\frac{EB}{02}$ 02086583

出票日期（大写） 年 月 日 付款行名称：

收款人： 出票人账号：

人民币（大写）	亿	千	百	十	万	千	百	十	元	角	分

本支票付款期限十天

用途__________

上列款项请从

我账户内支付

出票人签章 复核 记账

图1-25 银行支票

累计凭证，是指在一定时期内多次记录所发生的同类型经济业务，且多次有效的原始凭证，如限额领料单（见表1–4）。累计凭证的特点是在一张凭证内可以连续登记相同性质的经济业务，随时结出累计数和结余数，并按照数量限额进行控制，并与定额、计划数或预算数相比较，从而起到考核定额完成情况、促进增收节支的作用。

表1–4　　限额领料单

领料部门：　　　　　　　　　　　　　　　　凭证编号：

领料用途：　　　　　　年　月　　　　　　发料仓库：

材料编号	材料名称	规格	计量单位	领用限额	实际领用			备注
					数量	单价	金额	

日期	申领		实发			退回			限额结余
	数量	负责人	数量	发料人	领料人	数量	发料人	领料人	
合　计									

汇总凭证，是指对一定时期内反映经济业务内容相同的若干张原始凭证，按照一定标准综合填制的原始凭证。汇总原始凭证合并了同类型的经济业务，简化了记账工作。发料凭证汇总表（见表1–5）就是一种常用的汇总原始凭证。

表1–5　　发出材料汇总表

编制人：　　　　　　年　月

审核人：　　　　　　　　　　　　　　单位：元

用料单位	原材料		辅助材料		合计金额
	橡胶	钢锭	煤炭	润滑剂	
生产车间					
——甲产品					
——乙产品					
——一般耗用					
供暖车间					
厂部					
合　计					

2.原始凭证的基本内容

原始凭证应当具备的基本内容包括：(1) 凭证的名称；(2) 凭证的填制日期；(3) 填制凭证的单位名称和填制人姓名；(4) 经办人员的签名或者盖章；(5) 接受凭证单位；(6) 经济业务内容；(7) 数量、单价和金额。

3.原始凭证的填制要求

(1) 填制原始凭证的基本要求。

①记录真实。原始凭证所填写的经济业务的内容和数字，必须真实、可靠，符合实际情况。

②内容完整。原始凭证所要求填列的项目必须填列齐全，不得遗漏或省略。原始凭证中的年、月、日要按照填制原始凭证的实际日期填写；原始凭证中的名称要齐全，不能简化；原始凭证中的品名或用途要填写清楚，不能含糊不清；原始凭证中的有关人员的签章或签字必须齐全。

③手续完备。单位自制的原始凭证必须有经办单位相关负责人的签名、盖章；对外开出的原始凭证必须加盖本单位公章或者财务专用章；从外部取得的原始凭证，必须盖有填制单位的公章或者财务专用章；从个人处取得的原始凭证，必须有填制人员的签名或盖章。

④书写清楚、规范。原始凭证要按规定填写，文字要简洁，字迹要清楚，易于辨认，不得使用未经国务院公布的简化汉字。大小写金额必须符合填写规范，小写金额用阿拉伯数字逐个书写，不得写连笔字。在金额前要填写人民币符号“¥”，而且与阿拉伯数字之间不得留有空白。金额数字一律填写到角、分，无角无分的，写“00”或者符号“-”；有角无分的，分位写“0”，不得用符号“-”。大写金额用汉字零、壹、贰、叁、肆、伍、陆、柒、捌、玖、拾、佰、仟、万、亿、元、角、分、整（或正）等，一律用正楷或者行书字体书写。大写金额前未印有“人民币”字样的，应加写“人民币”三个字且和大写金额之间不得留有空白。大写金额写到元或角为止的，后面要写“整”或“正”字；有分的，不写“整”或“正”字。

⑤连续编号。各种凭证要连续编号，以便检查。如果凭证已预先印制编号，如发票、支票等重要凭证，在因错作废时，应加盖“作废”戳记，妥善保管，不得撕毁。

⑥不得涂改、刮擦、挖补。原始凭证金额有错误的，应当由出具单位重开，不得在原始凭证上更正。原始凭证有其他错误的，应该由出具单位重开或更正，更正处应加盖出具单位公章或财务专用章。

⑦填制及时。各种原始凭证一定要及时填写，并按照规定的程序及时送交会计机构审核。

(2) 自制原始凭证填制的基本要求。

一次凭证，应在经济业务发生或完成时，由相关业务人员一次性填制完成。该凭证往往只能反映一项经济业务，或者同时反映若干项同一性质的经济业务。一次凭证有些是自制的原始凭证，如收料单、领料单、入库单、工资结算表、制造费用分配表等；有些是外来的原始凭证，如增值税专用发票、税收缴款书、各种银行结算凭证等。

累计凭证，应在每次经济业务发生后，由相关人员在同一张凭证上重复填制完成。该凭证能在一定时期内不断重复地反映同类经济业务的完成情况，典型的累计凭证是限额领料单。

汇总凭证，应由相关人员在汇总一定时期内反映同类经济业务的原始凭证后填制完成。该凭证只能将相同类型的经济业务进行汇总，不能汇总两类或两类以上的经济业务。

4.原始凭证的审核

为了如实反映经济业务的发生和完成情况，充分发挥会计的监督职能，保证会计信息的真实、完整，会计人员必须对原始凭证进行严格审核。审核的内容主要包括：

（1）审核原始凭证的真实性。

对原始凭证真实性的审核包括凭证日期是否真实，业务内容是否真实，数据是否真实等。对于外来原始凭证，必须有填制单位公章或财务专用章和填制人员签章；对于自制原始凭证，必须有经办部门和经办人员的签名或盖章。此外，对于通用原始凭证，还应审核凭证本身的真实性，以防作假。

（2）审核原始凭证的合法性和合理性。

审核原始凭证所记录的经济业务是否符合国家法律法规，是否履行了规定的凭证传递和审核程序；审核原始凭证所记录的经济业务是否符合企业经济活动的需要，是否符合有关的计划和预算等。

（3）审核原始凭证的完整性。

审核原始凭证各项基本要素是否齐全，是否有遗漏，日期是否完整，数字是否清晰，文字是否工整，有关人员签章是否齐全，凭证联次是否正确等。

（4）审核原始凭证的正确性。

审核原始凭证记载的各项内容是否正确，包括：①接受原始凭证单位的名称是否正确。②金额的填写和计算是否正确。阿拉伯数字分位填写，不得连写。小写金额前要标明“￥”字样，中间不能留有空白。大写金额前要加“人民币”字样，大写金额与小写金额要相符。③更正是否正确。原始凭证记载的各项内容均不得涂改。原始凭证有金额错误的，应当由出具单位重开，不得在原始凭证上更正。原始凭证有其他错误的，应当由出具单位重开或更正，更正处应加盖出具单位公章或财务专用章。

（三）记账凭证

记账凭证，又称为记账单据，是指会计人员根据审核无误的原始凭证，按照经济业务的内容加以归类，并据以确定会计分录后填制的会计凭证，作为登记会计账簿的直接依据。

1.记账凭证的种类

记账凭证按照其反映经济业务的内容划分，通常可分为收款凭证、付款凭证和转账凭证。

（1）收款凭证。

收款凭证，是指用于记录库存现金和银行存款收款业务的记账凭证。收款凭证根据有关库存现金和银行存款收入业务的原始凭证填制，是登记库存现金日记账、银行存款日记账以及有关明细分类账和总分类账等账簿的依据，也是出纳人员收讫款项的依据。

（2）付款凭证。

付款凭证，是指用于记录库存现金和银行存款付款业务的记账凭证。付款凭证根据有关库存现金和银行存款支付业务的原始凭证填制，是登记库存现金日记账、银行存款日记账以及有关明细分类账和总分类账等账簿的依据，也是出纳人员支付款项的依据。

（3）转账凭证。

转账凭证，是指用于记录不涉及库存现金和银行存款业务的记账凭证。转账凭证根据有关转账业务的原始凭证填制，是登记有关明细分类账和总分类账等账簿的依据。

2.记账凭证的基本内容

记账凭证应当具备的基本内容包括：（1）填制凭证的日期；（2）凭证编号；（3）经济业务摘要；（4）会计科目；（5）金额；（6）所附原始凭证张数；（7）填制凭证人员、稽核人员、记账人员、会计机构负责人、会计主管人员签名或盖章。收款凭证和付款凭证还应当由出纳人员签名或盖章。

3.记账凭证的填制要求

（1）记账凭证填制的基本要求。

记账凭证的填制除了要做到内容完整、书写清楚和规范外，还必须符合以下要求：

①除结账和更正错账可以不附原始凭证外，其他记账凭证必须附有原始凭证。

②记账凭证可以根据每一张原始凭证填制，或者根据若干张同类原始凭证汇总填制，也可根据原始凭证汇总表填制，但不得将不同内容和类别的原始凭证汇总填制在一张记账凭证上。

③记账凭证应连续编号。凭证应由主管该项业务的会计人员，按照业务发生的先后顺序并按不同种类的记账凭证采用“字号编号法”连续编号，如“银收字第1号”“现收字第1号”“现付字第1号”“转字第1号”。如果一笔经济业务需要填制两张以上（含两张）记账凭证的，可以采用“分数编号法”编号，如“转字第$27\frac{1}{4}$号”、“转字第$27\frac{2}{4}$号”、“转字第$27\frac{3}{4}$号”和“转字第$27\frac{4}{4}$号”。为便于监督，反映付款业务的记账凭证不得由出纳人员编号。

④填制记账凭证时如发生错误，应当重新填制。已经登记入账的记账凭证在当年内发现填写错误时，可以用红字填写一张与原内容相同的记账凭证，在“摘要”栏注明“注销某月某日某号凭证”字样；同时，再用蓝字重新填制一张正确的记账凭证，注明“订正某月某日某号凭证”字样。如果会计科目没有错误，只是金额错误，也可以根据正确的数字与错误数字之间的差额另编一张调整用的记账凭证，调增金额用蓝字，调减金额用红字。发现以前年度记账凭证有错误的，应当用蓝字填制一张更正的记账凭证。

⑤记账凭证填制完成后，如有空行，应当自金额栏最后一笔金额数字下的空行处至合计数上的空行处划线注销。

（2）收款凭证的填制要求。

收款凭证左上角的“借方科目”按收款的性质填写“库存现金”或“银行存款”；日

期填写的是填制本凭证的日期；右上角填写收款凭证的顺序号；“摘要”栏填写本凭证所记录的经济业务的简要说明；“贷方科目”填写与收入“库存现金”或“银行存款”相对应的会计科目；“记账（或记账符号）”是指凭证已登记账簿的标记，防止经济业务重记或漏记；“金额”是指该项经济业务的发生额；该凭证右边“附件×张”是指该记账凭证所附原始凭证的张数；最下边分别由有关人员签章，以明确经济责任。

【例1-10】春风公司于20×9年11月8日从硕丰公司处收回上月销售商品款230 000元，由于该项经济业务导致企业银行存款的增加，所以春风公司应采用收款凭证进行处理，见表1-6。

表1-6　　收款凭证

借方科目：银行存款　　20×9年11月8日　　收字第8号

摘要	贷方科目		金额										记账符号
	总账科目	明细科目	千	百	十	万	千	百	十	元	角	分	
收回赊销款	应收账款	硕丰公司			2	3	0	0	0	0	0	0	
合计				¥	2	3	0	0	0	0	0	0	

附件2张

会计主管：王娜　　记账：郝梦　　出纳：喻涛　　审核：钱城　　制单：胡旭

（3）付款凭证的填写。

付款凭证是根据审核无误的有关库存现金和银行存款的付款业务的原始凭证填制的。付款凭证的填制方法与收款凭证基本相同，不同的是在付款凭证的左上角应填列贷方科目，即“库存现金”或“银行存款”科目，“借方科目”栏应填写与“库存现金”或“银行存款”相对应的一级（总账）科目和二级（明细）科目。

对于现金与银行存款之间相互转化的经济业务，包括企业从银行提取现金备用和将现金存入开户银行，为避免重复记账，只需填制付款凭证而不需同时填制收款凭证。

出纳人员在办理收款或付款业务后，应在原始凭证上加盖“收讫”或“付讫”的戳记，以免重收重付。

【例1-11】春风公司于20×9年9月5日支付赊购款50 000元。该项经济业务导致企业银行存款减少，所以春风公司应通过付款凭证进行处理，见表1-7。

表1-7　　付款凭证

贷方科目：银行存款　　20×9年9月5日　　付字第6号

摘要	借方科目		金额										记账符号
	总账科目	明细科目	千	百	十	万	千	百	十	元	角	分	
归还赊购款	应付账款	光华公司				5	0	0	0	0	0	0	
合计					¥	5	0	0	0	0	0	0	

附件3张

会计主管：王娜　　记账：郝梦　　出纳：喻涛　　审核：钱城　　制单：胡旭

（4）转账凭证的填制要求。

转账凭证通常是根据有关转账业务的原始凭证填制的。转账凭证中“总账科目”和“明细科目”栏应填写应借应贷的总账科目和明细科目，借方科目应记金额应在同一行的“借方金额”栏填写，贷方科目应记金额应在同一行的“贷方金额”栏填写，“借方金额”栏合计数与“贷方金额”栏合计数应相等。

【例1-12】春风公司于20×9年8月20日向光华公司赊购乙商品60 000元。由于这项经济业务没有导致企业货币资金发生增减变化，所以春风公司应通过转账凭证进行处理，见表1-8。

表1-8 转账凭证

20×9年8月20日 转字第57号

摘要	总账科目	明细科目	√	借方金额										√	贷方金额									附件2张
				千	百	十	万	千	百	十	元	角	分		千	百	十	万	千	百	十	元	角	分
赊购商品	库存商品	乙商品					5	0	0	0	0	0	0											
	应付账款	光华公司																5	0	0	0	0	0	0
合计						¥	5	0	0	0	0	0	0				¥	5	0	0	0	0	0	0

会计主管：王娜　　记账：郝梦　　审核：钱城　　制单：胡旭

在实际工作中，特别是在实现会计电算化的企业中，也可以不区分收、付、转记账凭证，而采用通用格式的记账凭证。其基本格式见表1-9。

表1-9 记账凭证

年　月　日　　第　号

摘要	总账科目	明细科目	√	借方金额										√	贷方金额									附件　张
				千	百	十	万	千	百	十	元	角	分		千	百	十	万	千	百	十	元	角	分
合计																								

会计主管：　　记账：　　出纳：　　审核：　　制单：

4.记账凭证的审核

为了保证会计信息的质量，在记账之前应由有关稽核人员对记账凭证进行严格的审核，其审核的主要内容包括：记账凭证是否有原始凭证为依据，所附原始凭证或原始凭证汇总表的内容与记账凭证的内容是否一致；记账凭证各项目的填写是否齐全，如日期、凭证编号、摘要、会计科目、金额、所附原始凭证张数及有关人员签章等；记账凭证的应借、应贷科目及其对应关系是否正确；记账凭证所记录的金额与原始凭证的有关金额是否一致，计算是否正确；记账凭证中的记录是否文字工整、数字清晰，是否按规定进行更正等；出纳人员在办理收款或付款业务后，是否已在原始凭证上加盖“收讫”或“付讫”的戳记。

（四）会计凭证的保管

会计凭证的保管，是指会计凭证记账后的整理、装订、归档和存查工作。会计凭证作为记账的依据，是重要的会计档案和经济资料。任何单位在完成经济业务手续和记账工作后，必须将会计凭证按规定的立卷归档制度形成会计档案资料，妥善保管，防止丢失，不得任意销毁，以便日后随时查阅。

会计凭证的保管要求主要有：

（1）会计机构在根据会计凭证记账以后，应定期（每天、每旬或每月）对各种会计凭证进行分类整理，将各种记账凭证按照编号顺序，连同所附的原始凭证一起加具封面和封底，装订成册，并在装订线上加贴封签。会计凭证封面应注明单位名称、凭证种类、凭证张数、起止号数、年度、月份、会计主管人员和装订人员等有关事项，会计主管人员和保管人员等应在封面上签章。

从外单位取得的原始凭证遗失的，应取得原签发单位盖有公章的证明，并注明原始凭证的号码、金额和内容等，由经办单位会计机构负责人、会计主管人员和单位负责人批准后，才能代作原始凭证。确实无法取得原始凭证的（如车票丢失），则应由当事人写明详细情况，由经办单位会计机构负责人、会计主管和单位负责人批准后，代作原始凭证。

（2）会计凭证应加封条，防止抽取凭证。原始凭证不得外借，其他单位如有特殊原因确实需要使用时，经本单位会计机构负责人和会计主管批准，可以复制。向外单位提供的原始凭证复印件，应在专设的登记簿上登记，并由提供人员和收取人员共同签名或盖章。

（3）原始凭证较多时，可以单独装订，但应在凭证封面注明所属记账凭证的日期、编号和种类，同时在所属的记账凭证上应注明“附件另订”及原始凭证的名称和编号，以便查阅。对各种重要的原始凭证，如押金收据、提货单等，以及各种需要随时查阅和退回的单据，应另编目录，单独保管，并在有关的记账凭证和原始凭证上分别注明日期和编号。

（4）每年装订成册的会计凭证，在年度终了时可暂由单位会计机构保管一年，期满后应移交给本单位档案机构统一保管；未设立档案机构的，应在会计机构内部指定专人保管。出纳人员不得兼管会计档案。

（5）严格遵守会计凭证的保管期限要求，期满前不得任意销毁。

二、会计账簿

（一）会计账簿概述

会计账簿，简称账簿，是指由一定格式的账页组成的，以经过审核的会计凭证为依据，全面、系统、连续地记录各项经济业务和会计事项的簿籍。

1.会计账簿的基本内容

会计账簿的基本内容主要包括：

（1）封面，主要用来标明账簿的名称，如总分类账、各种明细分类账、库存现金日记账、银行存款日记账等。

（2）扉页，主要用来列明会计账簿的使用信息，如科目索引、账簿启用和经管人员一览表。“账簿启用登记和经管人员一览表”的格式，见表1-10。

表 1-10　　账簿启用登记和经管人员一览表

账簿名称：________　　单位名称：________

账簿编号：________　　账簿册数：________

账簿页数：________　　启用日期：________

会计主管：________　　记账人员：________

账簿概述、启用与格式

移交日期			移交人		接管日期			接管人		会计主管	
年	月	日	签名	签章	年	月	日	签名	签章	签名	签章

（3）账页，是账簿用来记录经济业务的主要载体，包括账户的名称、日期栏、凭证种类和编号栏、摘要栏、金额栏，以及总页次和分户页次等基本内容。

2. 会计账簿的种类

（1）按用途分类。会计账簿按用途可以分为序时账簿、分类账簿和备查账簿。

序时账簿，又称日记账，是按照经济业务发生时间的先后顺序逐日、逐笔登记的账簿。库存现金日记账和银行存款日记账是应用比较广泛的日记账。其格式见表 1-11 和表 1-12。

表 1-11　　库存现金日记账

第　页

年		凭证		摘要	借方										贷方										余额									
月	日	字	号		千	百	十	万	千	百	十	元	角	分	千	百	十	万	千	百	十	元	角	分	千	百	十	万	千	百	十	元	角	分

表 1-12　　银行存款日记账

第　页

年		凭证		支票		摘要	借方									贷方									余额								
月	日	字	号	种类	号数		百	十	万	千	百	十	元	角	分	百	十	万	千	百	十	元	角	分	百	十	万	千	百	十	元	角	分

分类账簿，是指按照分类账户设置登记的账簿。分类账簿是会计账簿的主体，也是编制财务报表的主要依据。分类账簿按其反映经济业务的详略程度，可分为总分类账簿和明细分类账簿。其中，总分类账簿，简称总账，是根据总分类账户设置的，它用来总括地反映某类经济活动。总分类账簿主要为编制财务报表提供直接数据资料，通常采用三栏式的形式，其格式见表 1-13。明细分类账簿，简称明细账，是根据明细分类账户设

置的，用来提供明细的核算资料。明细分类账簿可采用的格式主要有三栏式明细分类账（格式与总分类账相同，见表1-13）、多栏式明细账（见表1-14）、数量金额式明细账（见表1-15）等。

表1-13 总分类账

会计科目：应交税费 第28页

20×9年		凭证		摘要	借方										贷方										借或贷	余额									
月	日	字	号		千	百	十	万	千	百	十	元	角	分	千	百	十	万	千	百	十	元	角	分		千	百	十	万	千	百	十	元	角	分
12	1			月初余额																					贷					5	0	0	0	0	0
12	31	转	32	计提税费														3	0	0	0	0	0	0	贷				3	5	0	0	0	0	0

备查账簿，又称为辅助登记簿或补充登记簿，是对某些在序时账和分类账中未能记载或记载不全的经济业务进行补充登记的账簿。例如，反映企业租入固定资产的“租入固定资产登记簿”，反映为其他企业代管商品的“代管商品物资登记簿”等。备查账簿只是对其他账簿记录的一种补充，与其他账簿之间不存在严密的依存或勾稽关系。备查账簿根据企业的实际需要设置，没有固定的格式要求。

(2) 按账页格式分类。会计账簿按账页格式主要分为三栏式账簿、多栏式账簿、数量金额式账簿。

三栏式账簿，是设有借方、贷方和余额三个金额栏目的账簿。各种日记账、总账以及资本、债权、债务明细账都可采用三栏式账簿。三栏式账簿又分为设对方科目和不设对方科目两种类型。区别是在“摘要”栏和“借方金额”栏之间是否有“对方科目”一栏。设有“对方科目”栏的，称为“设对方科目栏的三栏式账簿”，不设有“对方科目”栏的，称为“不设对方科目栏的三栏式账簿”。其格式与总账的格式基本相同。

多栏式账簿，是指账簿的借方和贷方两个金额栏目按需要分设若干专栏的账簿。这种账簿可以按“借方”或“贷方”分设专栏，也可只设“借方”或“贷方”专栏，设多少栏目则根据需要确定。收入、费用、成本明细账一般采用多栏式账簿（见表1-14）。

表1-14 明细分类账（多栏式）

总 页 分 页

总账科目：

明细科目：

年		凭证		摘要	借方																								余额					
																							合计											
月	日	字	号		千	百	十	元	角	分	千	百	十	元	角	分	千	百	十	元	角	分	千	百	十	元	角	分	千	百	十	元	角	分

数量金额式账簿，是在账簿的借方、贷方和余额三个栏目内，每个栏目再分设数量、单价和金额三小栏，以反映财产、物资的实际数量和价值量的账簿。原材料、库存商品等存货类明细账一般采用数量金额式账簿（见表1-15）。

表1-15　　明细分类账（数量金额式）

总　页　分　页

总账科目：　　　　计量单位：

明细科目：　　　　存放地点：

年		凭证		摘要	借方													贷方													余额												
月	日	字	号		数量	单价						金额						数量	单价						金额						数量	单价						金额					
						千	百	十	元	角	分	千	百	十	元	角	分		千	百	十	元	角	分	千	百	十	元	角	分		千	百	十	元	角	分	千	百	十	元	角	分

（3）按外形特征分类。会计账簿按外形特征，可以分为订本式账簿、活页式账簿和卡片式账簿。

订本式账簿，简称订本账，是在启用前将编有顺序号码的一定数量账页装订成册的账簿。订本账的优点是能够避免账页散失，防止抽换账页；缺点是不能准确为各账户预留账页。订本式账簿一般适用于重要和具有统驭性的总分类账、库存现金日记账和银行存款日记账。

活页式账簿，简称活页账，是将一定数量的账页置于活页夹内，可根据记账内容的变化随时增加或减少部分账页的账簿。活页账簿的优点是记账时可以根据实际需要，随时将空白账页装入账簿，或者抽去不需要的账页，便于分工记账；缺点是如果管理不善，则可能出现账页散失或故意抽换账页等问题。活页式账簿主要适用于明细分类账。

卡片式账簿，简称卡片账，是将一定数量的卡片式账页存放于专设的卡片箱中，可以根据需要随时增添账页的账簿。在我国，企业一般对固定资产的明细核算采用卡片式账簿，也有少数企业在材料明细核算中使用材料卡片。

（二）会计账簿的启用与登记要求

启用会计账簿时，应当在账簿封面上写明单位名称和账簿名称，并在账簿扉页上附启用表。启用订本式账簿时应当从第一页到最后一页按顺序编定页数，不得跳页、缺号。使用活页式账簿时应当按照账户顺序编号，并须定期装订成册，装订后再按实际使用的账页顺序编定页码，另加目录以便于记明每个账户的名称和页次。

为了保证账簿记录的正确性，必须根据审核无误的会计凭证登记会计账簿，并符合有关法律、行政法规和国家统一的会计制度的规定。

（1）登记会计账簿时，应当将会计凭证日期、编号、业务内容摘要、金额和其他有关资料逐项记入账簿内。账簿记录的日期，应该填写记账凭证上的日期；以自制原始凭证作为记账依据的，账簿记录中的日期应按有关自制凭证上的日期填写。

（2）为了保证账簿记录的永久性，防止涂改，登记账簿必须使用蓝黑墨水笔或碳素墨水笔书写，不得使用圆珠笔（银行的复写账簿外）或者铅笔书写。以下情况可以使用红墨水记账：①按照红字冲账的记账凭证，冲销错误记录；②在不设借贷等栏的多栏式账页中，登记减少数；③在三栏式账户的余额栏前，未印明余额方向的，在余额栏内登记负数余额；④根据国家规定可以用红字登记的其他会计记录。除上述情况外，不得使用红色墨水笔登记账簿。

（3）会计账簿应当按照连续编号的页码顺序登记。记账时发生错误或者隔页、缺号、跳行的，应在空页、空行处用红色墨水笔画对角线注销，或者注明“此页空白”或“此行空白”字样，并由记账人员和会计机构负责人（会计主管人员）在更正处签章。

（4）凡需要结出余额的账户，结出余额后，应当在“借或贷”栏目内注明“借”或“贷”字样，以示余额的方向；对于没有余额的账户，应在“借或贷”栏内写“平”字，并在余额栏中的“元”位处用“0”中画一横线表示。库存现金日记账和银行存款日记账必须逐日结出余额。

（5）每一账页登记完毕时，应当结出本页发生额合计及余额，在该账页最末一行的“摘要”栏注明“转次页”或“过此页”，并将这一金额记入下一页的第一行有关金额栏内，在该行的“摘要”栏注明“承前页”，以保持账簿记录的连续性，便于对账和结账。

（6）账簿记录发生错误时，不得刮擦、挖补或用褪色药水更改字迹，而应采用规定的方法更正。

（三）会计账簿的格式与登记方法

1.日记账的格式与登记方法

日记账，是按照经济业务发生或完成的时间先后顺序逐日、逐笔进行登记的账簿。设置日记账的目的，是为了将经济业务发生的时间按顺序清晰地反映在账簿记录之中。在我国，大多数企业一般只设库存现金日记账和银行存款日记账。

（1）库存现金日记账的格式与登记方法。

库存现金日记账，是用来核算和监督库存现金日常收、付和结存情况的序时账簿。库存现金日记账的格式主要是三栏式，其格式见表1-11。库存现金日记账必须使用订本账。

三栏式库存现金日记账，是用来登记库存现金的增减变动及其结果的日记账，设有借方、贷方和余额三个金额栏目，人们一般将其分别称为“收入”、“支出”和“结余”三个基本栏目。三栏式库存现金日记账由出纳人员根据库存现金收款凭证、库存现金付款凭证和银行存款付款凭证，按照库存现金收、付业务和银行存款付款业务发生时间的先后顺序逐日、逐笔登记。

三栏式库存现金日记账的登记方法如下：①日期栏，填列记账凭证的日期，应与库存现金实际收、付日期一致。②凭证栏，填列登记入账的凭证的种类和编号，如“库存现金收（付）款凭证”，简写为“现收（付）”；“银行存款收（付）款凭证”，简称“银收（付）”。凭证栏还应该登记凭证的编号数，以便于查账和核对。③摘要栏，用以简要说明登记入账的经济业务的内容。④对方科目栏，填列库存现金收入的来源科目或支出的用途科目。如从银行提取现金，其来源科目（即对方科目）为“银行存款”。⑤收入、支出栏（或借方、贷方），填列库存现金实际收、付的金额。每日终了，应分别计算库存现金收入和付出的合计数，并结出余额，同时将余额与出纳人员的库存现金核对。如账款不符，则应查明原因，记录备案。月终，同样要计算库存现金收、付和结存的合计数。

（2）银行存款日记账的格式与登记方法。

银行存款日记账，是用来核算和监督银行存款每日的收入、支出和结余情况的账簿。银行存款日记账应按企业在银行开立的账户和币种分别设置，每个银行账户设置一本日记账。由出纳人员根据与银行存款收、付业务有关的记账凭证，按时间先后顺序逐日、逐笔进行登记。根据银行存款收款凭证和有关的库存现金付款凭证（如现金存入银行的业务）登记银行存款收入栏，根据银行存款付款凭证登记其支出栏，每日结出存款余额。

银行存款日记账的格式与库存现金日记账的格式相同，可以采用三栏式，也可以采用多栏式。多栏式可以将收入和支出的核算在一本账上进行，也可以分设“银行存款收入日记账”和“银行存款支出日记账”两本账，其格式及登记方法与“库存现金收入日记账”和“库存现金支出日记账”基本相同。三栏式银行存款日记账的格式，见表1-12。

银行存款日记账的登记方法与库存现金日记账的登记方法基本相同。

2.总分类账的格式与登记方法

总分类账簿是按照总分类账户分类登记，以提供总括会计信息的账簿。总分类账最常见的格式为三栏式，设有借方、贷方和余额三个金额栏目，其格式见表1-13。

总分类账的登记方法因登记的依据不同而有所不同。经济业务较少的小型单位的总分类账，可以根据记账凭证逐笔登记；经济业务较多的大中型单位的总分类账，可以根据记账凭证汇总表（又称为科目汇总表）或汇总记账凭证等定期登记。

3.明细分类账的格式与登记方法

明细分类账是根据有关明细分类账户设置并登记的账簿。它能提供有关交易或事项的比较详细、具体的核算资料，以弥补总账所提供核算资料的不足。因此，各单位在设置总账的同时，还应设置必要的明细账。明细分类账一般采用活页式账簿、卡片式账簿。明细分类账一般根据记账凭证和相应的原始凭证进行登记。

根据各种明细分类账所记录经济业务的特点，明细分类账的格式常用的主要有：

（1）三栏式。三栏式账页设有借方、贷方和余额三个金额栏目，用于分类核算各项经济业务，提供详细核算资料的账簿，其格式与三栏式总账相同。三栏式明细分类账主要适用于对资本、债权、债务等的明细核算。

（2）多栏式。多栏式账页将属于同一个总账科目的各明细科目合并在一张账页上进行登记，即在这种格式账页的借方或贷方金额栏内按照明细项目设若干专栏。这种格式适用于对收入、费用和成本等科目的明细核算。多栏式明细分类账格式见表1-16。

表 1-16　　制造费用明细分类账

明细科目：一车间　　第1页

2×19年		凭证号码	摘要	借方					贷方	余额
月	日			职工薪酬	折旧费	机物料消耗	办公费	水电费		
4	5	（略）	分配工资	3 500						3 500
4	8	（略）	领用材料			500				4 000
4	10	（略）	支付办公费				350			4 350
4	15	（略）	支付水电费					400		4 750
4	30	（略）	计提折旧		2 000					6 750
4	30	（略）	转入生产成本						6 750	0

（3）数量金额式。数量金额式账页适用于既要进行金额核算又要进行数量核算的账户，如原材料、库存商品等存货账户，其借方（收入）、贷方（发出）和余额（结存）都分别设置“数量”、“单价”和“金额”三个栏目。数量金额式账页提供了企业有关财产、物资数量和金额收、发、存的详细资料，有助于企业加强对财产物资的实物管理和使用监督，保证财产物资的安全、完整。数量金额式账页的格式见表1-17。

表 1-17　　原材料明细分类账

会计科目：原材料　　第1页

类别：钢材　　品名及规格：普通圆钢　　计量单位：千克　　存放地点：2号库

2×19年		凭证号码	摘要	收入			发出			结存		
月	日			数量	单价	金额	数量	单价	金额	数量	单价	金额
4	1	（略）	月初结存							1 000	100	100 000
4	2	（略）	购入	2 000	100	200 000				3 000	100	300 000
4	3	（略）	领用				500	100	50 000	2 500	100	250 000

4. 总分类账与明细分类账的平行登记

平行登记，是指对发生的每项经济业务都要以会计凭证为依据，一方面记入有关总分类账户，另一方面记入所辖明细分类账户的方法。总分类账户与明细分类账户平行登记的要点如下：

（1）方向相同。在总分类账户及其所辖明细分类账户中登记同一经济业务时，方向应该相同。即在总分类账户中记入借方，在其所辖明细分类账户中也应该记入借方；在总分类账户中记入贷方，在其所辖明细分类账户中也应该记入贷方。

（2）期间相同。发生的经济业务，记入总分类账户和所辖明细分类账户的具体时间可以有先后，但应该在同一个会计期间记入总分类账户和明细分类账户。

（3）金额相等。记入总分类账户的金额必须与记入其所辖的一个或几个明细分类账户的合计金额相等。

（四）对账和结账

1. 对账

对账，是对账簿记录所进行的核对，也就是核对账目。对账工作一般在记账之后，结账之前，即在月末进行。对账一般分为账证核对、账账核对、

对账、结账与错账更正

账实核对。

（1）账证核对。账证核对是指将账簿记录与记账凭证相核对，核对账簿记录与原始凭证、记账凭证的时间、凭证字号、内容、金额等是否一致，记账方向是否相符，做到账证相符。

（2）账账核对。账账核对的主要内容包括：

①总分类账簿之间的核对。按照“资产=负债+所有者权益”这一会计等式和“有借必有贷、借贷必相等”的记账规则，总分类账簿各账户的期初余额、本期发生额和期末余额之间存在对应的平衡关系，各账户的期末借方余额合计和贷方余额合计也存在平衡关系，通过这种等式和平衡关系，可以检查总账记录是否正确与完整。

②总分类账簿与所辖明细分类账簿之间的核对，总分类账簿各账户的期初余额、期末余额、本期发生额应与其所辖明细分类账户的相应项目之和核对相符。

③总分类账簿与序时账簿之间的核对。主要是库存现金总账和银行存款总账的期末余额，与库存现金日记账和银行存款日记账的期末余额核对相符。

④明细分类账簿之间的核对。例如，会计机构有关实物资产的明细账与财产物资保管部门或使用部门的明细账定期核对，以检查余额是否相符。核对方法一般是由财产物资保管部门或使用部门定期编制收发结存汇总表报会计机构核对。

（3）账实核对。账实核对是指各种财产、物资、债权、债务等的账面价值与实有数额之间的核对。账实核对主要包括：①库存现金日记账账面余额与现金实际库存数逐日核对是否相符。②银行存款日记账账面余额与银行对账单余额定期核对是否相符。③各项财产物资明细账账面余额与财产物资实有数额定期核对是否相符。④有关债权债务明细账账面余额与对方单位债权债务账面记录核对是否相符。

2.结账

结账是将账簿记录定期结算清楚的会计工作。在一定会计期间结束时（如月末、季度末或年末），为编制会计报表，需要进行结账，具体包括月结、季结和年结。结账的内容主要包括两个方面：（1）结清各种损益类账户，据以计算确定本期利润；（2）结出各资产、负债和所有者权益类账户的本期发生额和期末余额。结账的要点主要有：

（1）对于不按月结计本期发生额的账户，如各项应收、应付明细账和各项财产物资明细账等，每次记账后，都要随时结出余额，每月最后一笔余额就是本月余额。月末结账时，只需要在最后一笔经济业务记录下面通栏画单红线，不需要再次结计余额。

（2）库存现金、银行存款日记账和需要按月结计发生额的收入、费用等明细账，每月结账时，要在最后一笔经济业务记录下面通栏画单红线，结出本月发生额和余额，在摘要栏内注明“本月合计”字样，并在其下面通栏画单红线。

（3）对于需要结计本年累计发生额的明细账户，每月结账时，应在“本月合计”行下结出自年初起至本月末止的累计发生额，登记在月份发生额的下面，在摘要栏注明“本年累计”字样，并在其下面通栏画单红线。12月末的“本年累计”就是全年累计发生额，全年累计发生额下面通栏画双红线。

（4）总账账户平时只需结出月末余额。年度结账时，为总括反映全年各项资金运动情况的全貌，核对账目，要将所有总账账户结出全年发生额和年末余额，在摘要栏内注明

"本年合计"字样，并在合计数下面通栏画双红线。

(5) 年度终了结账时，有余额的账户应将其余额结转到下年，并在摘要栏中注明"结转下年"字样；在下一会计年度新建有关账户的第一行余额栏内填写上年结转的余额，并在摘要栏内注明"上年结转"字样，使年末有余额的账户的余额如实地在账户中加以反映，以免将有余额的账户和无余额的账户混淆。

（五）错账更正的方法

在记账过程中，可能由于种种原因会使账簿记录发生错误。账簿记录发生错误时，应采用正确、规范的方法予以更正，不得涂改、刮擦、挖补或者用药水消除字迹，不得重新抄写。错账更正的方法主要有划线更正法、红字更正法和补充登记法。

1.划线更正法

在结账前发现账簿记录有文字或数字错误，而记账凭证没有错误的，应当采用划线更正法更正。更正时，可以在错误的文字或数字上画一条红线，在红线的上面填写正确的文字或数字，并由记账人员和会计机构负责人（会计主管人员）在更正处盖章，以明确责任。需要注意的是，对于数字错误更正时不得只划销错误数字，而应将全部数字划销，并保持原有数字清晰可见，以便审查。例如，把"3 789"元误写为"3 978"元时，应该将错误的数字"3 978"全部用红线划销后，再写上正确的数字"3 789"，而不是只删改一个"9"字。如记账凭证中的文字或数字发生错误，在尚未过账前，也可用划线更正法更正。

2.红字更正法

账务处理程序

红字更正法，适用于两种情形：

(1) 记账后发现记账凭证中应借、应贷会计科目有错误所引起的记账错误。更正方法是：用红字填写一张与原记账凭证完全相同的记账凭证，在摘要栏中注明"注销某月某日第某号凭证"，并据以用红字登记入账，以示注销原记账凭证。然后，用蓝字填写一张正确的记账凭证，并据以用蓝字登记入账。

(2) 记账后发现记账凭证和会计账簿中应借、应贷会计科目无误，只是所记金额大于应记金额引起记账错误。更正方法是：按多记的金额用红字编制一张与原记账凭证应借、应贷科目完全相同的记账凭证，在摘要栏内写明"冲销某月某日第某号记账凭证多记金额"，以冲销多记的金额，并据以用红字登记入账。

3.补充登记法

补充登记法又被称为蓝字补充登记法。会计人员记账后发现记账凭证和会计账簿中应借、应贷会计科目无误，只是所记金额小于应记金额引起记账错误。更正方法是：按少记的金额用蓝字编制一张与原记账凭证应借、应贷科目完全相同的记账凭证，在摘要栏内写明"补记某月某日第某号记账凭证少记金额"，以补记少记的金额，并据以用蓝字登记入账。

三、账务处理程序

企业常用的账务处理程序，主要有记账凭证账务处理程序、汇总记账凭证账务处理程序和科目汇总表账务处理程序，它们之间的主要区别是登记总分类账的依据和方法不同。

（一）记账凭证账务处理程序

记账凭证账务处理程序，是指对发生的经济业务，先根据原始凭证或汇总原始凭证填制记账凭证，再根据记账凭证登记总分类账的一种账务处理程序。记账凭证账务处理程序适用于规模较小、经济业务量较少的单位。

记账凭证账务处理程序的一般步骤有：（1）根据原始凭证填制汇总原始凭证；（2）根据原始凭证或汇总原始凭证，填制收款凭证、付款凭证和转账凭证，也可以填制通用记账凭证；（3）根据收款凭证和付款凭证逐笔登记库存现金日记账和银行存款日记账；（4）根据原始凭证、汇总原始凭证和记账凭证，登记各种明细分类账；（5）根据记账凭证逐笔登记总分类账；（6）期末，将库存现金日记账、银行存款日记账和明细分类账的余额与有关总分类账的余额核对相符；（7）期末，根据总分类账和明细分类账的记录，编制会计报表。

记账凭证账务处理程序，如图1-26所示。

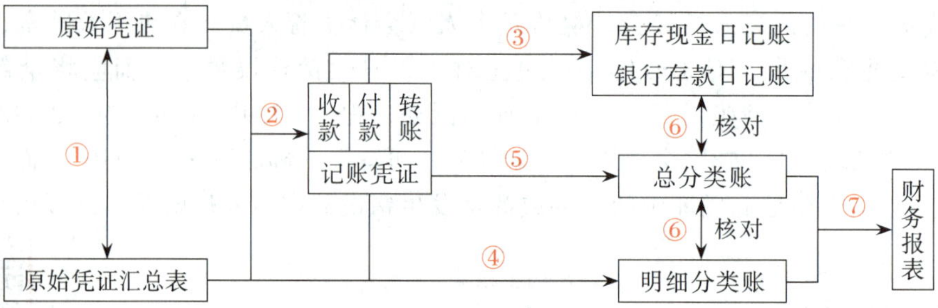

图1-26　记账凭证账务处理程序图

记账凭证账务处理程序的主要特点是直接根据记账凭证逐笔登记总分类账。其优点是简单明了，易于理解，总分类账可以反映经济业务的详细情况；其缺点是登记总分类账的工作量较大。

（二）汇总记账凭证账务处理程序

汇总记账凭证账务处理程序，是指先根据原始凭证或汇总原始凭证填制记账凭证，定期根据记账凭证分类编制汇总收款凭证、汇总付款凭证和汇总转账凭证，再根据汇总记账凭证登记总分类账的一种账务处理程序。汇总记账凭证，是指对同一段时间内同类记账凭证进行定期汇总而编制的记账凭证。汇总记账凭证账务处理程序适用于规模较大、经济业务量较多的单位。

汇总记账凭证账务处理程序的一般步骤有：（1）根据原始凭证填制汇总原始凭证；（2）根据原始凭证或汇总原始凭证，填制收款凭证、付款凭证和转账凭证，也可以填制通用记账凭证；（3）根据收款凭证和付款凭证逐笔登记库存现金日记账和银行存款日记账；（4）根据原始凭证、汇总原始凭证和记账凭证，登记各种明细分类账；（5）根据各种记账凭证编制汇总记账凭证；（6）根据各种汇总记账凭证逐笔登记总分类账；（7）期末，将库存现金日记账、银行存款日记账和明细分类账的余额与有关总分类账的余额核对相符；（8）期末，根据总分类账和明细分类账的记录，编制会计报表。

汇总记账凭证账务处理程序，如图1-27所示。

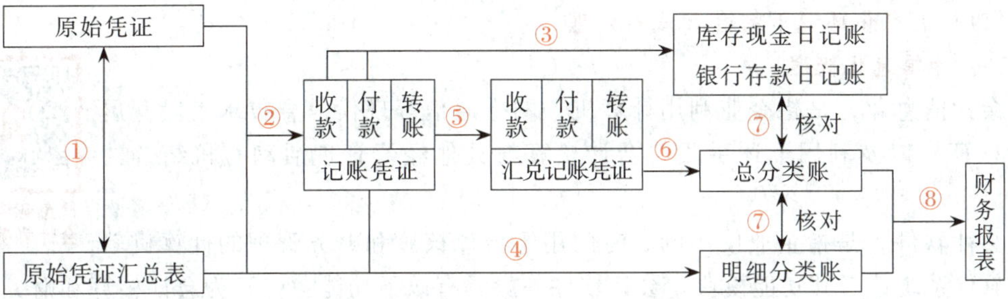

图 1-27　汇总记账凭证账务处理程序图

汇总记账凭证账务处理程序的主要优点是先根据记账凭证编制汇总记账凭证，再根据汇总记账凭证登记总分类账。其优点是减轻了登记总分类账的工作量，其缺点是当转账凭证较多时，编制汇总转账凭证的工作量较大，并且按每一贷方账户编制汇总转账凭证，不利于会计核算的日常分工。

（三）科目汇总表账务处理程序

科目汇总表账务处理程序，又称为记账凭证汇总表账务处理程序，是指根据记账凭证定期编制科目汇总表，再根据科目汇总表登记总分类账的一种账务处理程序。科目汇总表，又称为记账凭证汇总表，是企业定期对全部记账凭证进行汇总后，按照不同的会计科目分别列示各账户借方发生额和贷方发生额的一种汇总凭证。科目汇总表账务处理程序适用于经济业务较多的单位。

科目汇总表账务处理程序的一般步骤有：（1）根据原始凭证填制汇总原始凭证；（2）根据原始凭证或汇总原始凭证，填制收款凭证、付款凭证和转账凭证，也可以填制通用记账凭证；（3）根据收款凭证和付款凭证逐笔登记库存现金日记账和银行存款日记账；（4）根据原始凭证、汇总原始凭证和记账凭证，登记各种明细分类账；（5）根据各种记账凭证编制科目汇总表；（6）根据科目汇总表登记总分类账；（7）期末，将库存现金日记账、银行存款日记账和明细分类账的余额与有关总分类账的余额核对相符；（8）期末，根据总分类账和明细分类账的记录，编制会计报表。

科目汇总表账务处理程序，如图 1-28 所示。

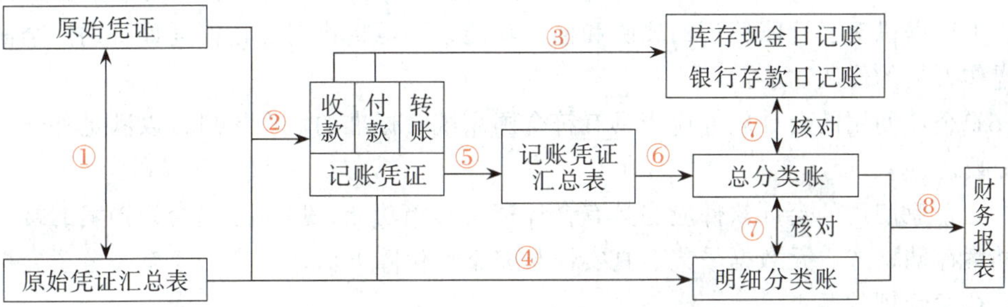

图 1-28　科目汇总表账务处理程序图

科目汇总表账务处理程序的主要特点是先将所有记账凭证汇总编制成科目汇总表，然后根据科目汇总表登记总分类账。其优点是减轻了登记总分类账的工作量，并且科目汇总表可以起到试算平衡的作用，缺点是科目汇总表不能反映各个账户之间的对应关系，不利于对账目进行检查。

（四）信息化环境下的会计账务处理

1.会计信息化概述

信息环境下的会计账务处理

会计信息化，是指企业利用计算机、网络通信等现代信息技术手段开展会计核算，以及利用上述手段将会计核算与其他经营管理活动有机结合的过程。

会计软件，是指企业使用的、专门用于会计核算和财务管理的计算机软件、软件系统或者其功能模块。会计软件一般具有以下功能：（1）为会计核算和财务管理直接采集数据；（2）生成会计凭证、账簿、报表等会计资料；（3）对会计资料进行转换、输出、分析和利用。

会计信息系统，是指由会计软件及其运行所依赖的软硬件环境组成的集合体。

处于会计核算信息化阶段的企业，应当结合自身情况，逐步实现资金管理、资产管理、预算控制、成本管理等财务管理信息化。处于财务管理信息化阶段的企业，应当结合自身情况，逐步实现财务分析、全面预算管理、风险控制、绩效考核等决策支持信息化。对于分公司、子公司数量多、分布广的大型企业、企业集团，应当利用信息技术手段促进会计工作集中化，逐步建立财务共享服务中心。

2.信息化环境下会计账务处理的基本要求

（1）企业使用的会计软件应当保障企业按照国家统一的会计准则、会计制度开展会计核算，设定经办、审核、审批等必要的审签程序，能够有效防止电子会计凭证重复入账，并不得有违背国家统一会计准则制度的功能设计。

（2）企业使用的会计软件，其界面应当使用中文并且提供对中文处理的支持功能，可以同时提供外国或者少数民族文字界面对照和处理支持功能。

（3）企业使用的会计软件应当提供符合国家统一会计准则制度的会计科目分类和编码功能。

（4）企业使用的会计软件应当提供符合国家统一会计准则制度的会计凭证、账簿和报表的显示与打印功能。

（5）企业使用的记账软件应该提供不可逆的记账功能，确保对同类已记账凭证的连续编号，不得提供对已记账凭证的删除和插入功能，不得提供对已记账凭证日期、金额、科目和操作人员的修改功能。

（6）企业使用的会计软件应当具有符合国家统一标准的数据接口，以满足外部会计监督的需要。

（7）企业使用的会计软件应当具有会计资料归档功能，提供导出会计档案的接口，在会计档案存储格式、元数据采集、真实性与完整性保障方面，符合国家有关电子文档归档与电子档案管理的要求。

（8）企业使用的会计软件应当记录生成用户操作日志，确保日志的安全、完整，提供按操作人员、操作时间和操作内容查询日志的功能，并能以简单易懂的形式输出。

（9）企业会计信息系统数据服务器的部署应当符合国家有关规定。数据服务器部署在国外的，应当在境内保存会计资料备份，备份频率不得低于每月一次。境内备份的会计资料应该能够在境外服务器不能正常工作时，独立满足企业开展会计工作的需要以及外部会计监管的需要。

（10）企业会计资料中对经济业务事项的描述应当使用中文，可以同时使用外国或者少数民族文字对照。

（11）企业应当建立电子会计资料备份管理制度，确保会计资料的安全、完整和会计信息系统的持续、稳定运行。

（12）企业电子会计档案的归档管理，应当符合《会计档案管理办法》等法规规章的规定。

（13）实行会计工作集中核算的企业以及企业分支机构，应当为外部会计监管机构及时查询和调阅异地储存的会计资料提供必要条件。

（14）企业不得在非涉密信息系统中存储、处理和传输涉及国家秘密、关系国家经济信息安全的电子会计资料；未经有关主管部门批准，不得将电子会计资料及其复印件携带、寄运或传输至境外。

知识点自测

第六节　财产清查

一、财产清查概述

财产清查，是指通过对货币资金、实物资产和往来款项等财产物资进行盘点或核对，确定其实存数，查明账存数与实存数是否相符的一种专门方法。

（一）财产清查的种类

1.按照清查范围分类

财产清查按清查范围，分为全面清查和局部清查。

财产清查

全面清查，是指对所有的财产进行全面的盘点和核对。单位需要进行全面清查的情况通常有：（1）年终决算前；（2）在合并、撤销或改变隶属关系前；（3）中外合资、国内合资前；（4）股份制改造前；（5）开展全面的资产评估、清产核资前；（6）单位主要领导调离工作岗位前等。

局部清查，是指根据需要只对部分财产进行盘点和核对。局部清查的范围与对象，应根据业务需要和相关具体情况而定。一般而言，对于流动性较大的财物物资，如原材料、在产品、产成品，应根据需要随时轮流盘点或重点抽查；对于贵重财产物资，每月都要进行清查盘点；对于库存现金，每日终了，应由出纳人员进行清点核对；对于银行存款，企业应至少每月同银行核对一次；对于债权债务，企业应每年同债权人、债务人核对一至两次。

2.按照清查的时间分类

财产清查按清查时间，分为定期清查与不定期清查。

定期清查，是指按照预先计划安排的时间对财产物资进行的盘点和核对。定期清查一般在年末、季末和月末进行。

不定期清查，是指事前不规定清查日期，而是根据特殊需要临时进行的盘点和核对。

不定期清查主要在以下情况下进行：（1）财产物资、库存现金保管人员更换时，要对有关人员保管的财产物资和库存现金进行清查，以分清经济责任，便于办理交接手续。（2）发生自然灾害和意外损失时，要对受损失的财产物资进行清查，以查明损失情况。（3）上级主管、财政、审计和银行等部门，对本单位进行会计检查，应按检查的要求和范围对财产物资进行清查，以验证会计资料的可靠性。（4）开展临时性清产核资时，要对本单位的财产物资进行清查，以便摸清家底。

3.按照清查的执行系统分类

财产清查按照清查的执行系统分为内部清查和外部清查。

内部清查，是指由本单位内部自行组织清查工作小组所进行的财产清查工作。大多数财产清查属于内部清查。

外部清查，是指由上级主管部门、审计机关、司法部门、注册会计师等根据国家有关规定或情况需要对本单位进行的财产清查。一般来说，进行外部清查时应有本单位相关人员参与。

（二）财产清查的一般程序

财产清查的一般程序为：（1）建立财产清查组织；（2）组织清查人员学习有关政策规定，掌握有关法律、法规和相关专业知识，以提高财产清查工作的质量；（3）确定清查对象、范围，明确清查任务；（4）制定清查方案，具体安排清查内容、时间、步骤、方法，以及必要的清查准备任务；（5）清查时本着先清查数量、核对有关账簿记录等，后认定质量的原则进行；（6）填制盘点清单；（7）根据盘点清单，填制实物、往来账款清查结果报告表。

二、财产清查的方法与处理

（一）财产清查的方法

1.货币资金的清查方法

（1）库存现金的清查。

库存现金的清查是采用实地盘点法确定库存现金的实存数，然后与库存现金日记账的账面余额相核对，确定账实是否相符。库存现金清查一般由主管会计或财务负责人和出纳人员共同清点出各种纸币的张数和硬币的个数，并填制库存现金盘点报告表。

对库存现金进行盘点时，出纳人员必须在场，有关业务必须在库存现金日记账中登记完毕。盘点时，一方面要注意账实是否相符，另一方面还要检查现金管理制度的遵守情况，如库存现金有无超过其限额，有无白条抵库、挪用资金等情况。盘点结束后，应填制“库存现金盘点报告表”，作为重要的原始凭证。

（2）银行存款的清查。

对银行存款的清查，一般采用与银行核对账目的办法进行，即用本企业的银行存款日记账与银行定期送来的对账单逐笔进行核对，查明银行存款的实有数额。银行存款的清查一般在月末进行。银行对账单逐笔记录了本单位银行存款增加、减少和结余额，是清查银行存款账目的重要依据。将截至目前所有银行存款收付业务都登记入账后，对发现的错账、漏账应及时进行查清更正，再与银行的对账单逐笔进行核对。如果二者余额相符，则通常说明没有问题；如果二者余额不相符，则可能是企业或银行一方（或双方）记账过程中有错误或者存在未达账项。

在企业和银行双方记账均无错误的情况下，企业银行存款日记账余额和银行对账单的余额也可能不一致，这是由“未达账项”引起的。未达账项是本单位与银行（或往来单位）之间对发生的经济业务一方已经入账，而另一方因尚未接到有关凭证还没有入账的账项。因为可能存在未达账项，所以要编制“银行存款余额调节表”（见表1-18）。如调节后仍不相等，则表明记账有差错，或是单位错账，或是银行错账，应予以查明，及时更正。

企业和银行之间的未达账项有四种情况：①企业存入银行的款项，企业已经入账，增加了企业银行存款数额，但银行尚未办理手续，尚未记账，即尚未增加企业的存款数额。②企业开出支票等付款凭证交其他企业，企业已记账，减少了企业银行存款数额，但银行尚未办理手续而尚未记账，即尚未减少企业的存款数额。③银行代企业收入的款项（如销售的货款），银行已记账，增加了企业的存款数额，但企业尚未收到银行的收款通知，尚未记账，即尚未增加企业银行存款数额。④银行代企业付出的款项（如购货款），银行已记账，减少了企业存款数额，但企业尚未接到银行的付款通知，尚未记账，即尚未减少银行存款数额。

上述任何一种未达账项发生，都会使企业银行存款日记账与银行定期送来的对账单余额不一致。调整企业与银行之间未达账项需要编制“银行存款余额调节表”。

银行存款的清查通常按以下步骤进行：①根据经济业务、结算凭证的种类、号码和金额等资料，逐日、逐笔核对银行存款日记账和银行对账单，双方都有记录的，用铅笔在金额旁标注记号“√”。②找出未达账项（即银行存款日记账和银行对账单中没有打“√”的款项）。③将日记账和对账单的月末余额及找出来的未达账项填入“银行存款余额调节表”，并计算出调整之后的余额。④经主管会计签章后，将调整平衡的“银行存款余额调节表”送达开户银行。

银行存款余额调节表的编制，是以企业银行存款日记账余额和银行对账单余额为基础，各自加上对方已收款入账而己方尚未入账的数额，并减去对方已付款入账而己方尚未入账的数额。其计算公式如下：

$$\text{企业银行存款日记账余额}+\text{银行已作企业存款增加企业未入账款项}-\text{银行已作企业存款减少企业未入账款项}=\text{调节后的存款余额（企业）}$$

$$\text{银行对账单余额}+\text{企业已作企业存款增加银行未入账款项}-\text{企业已作企业存款减少银行未入账款项}=\text{调节后的存款余额（银行）}$$

【例1-13】甲公司20×8年3月31日银行存款日记账余额是32 540元，银行对账单上的余额是36 020元，经逐笔核对后，会计人员查明有以下几笔未达账项：(1) 公司于月末存入从其他单位取得的转账支票1 920元，银行尚未入账。(2) 公司于月末开出转账支票440元，持票人尚未向银行办理转账，银行尚未入账。(3) 公司已委托银行代收外埠销货款5 200元，银行已收到款项并入账，但公司尚未收到银行的收款通知，没有入账。(4) 银行代付电话费240元，但公司尚未收到银行的付款通知，没有入账。

根据上述资料编制“银行存款余额调节表”，见表1-18。

表 1-18 银行存款余额调节表

20×8 年 3 月 31 日 单位：元

项目	金额	项目	金额
银行对账单上的存款余额	36 020	企业账面上的存款余额	32 540
加：企业已作存款增加而银行未入账款项	1 920	加：银行已作存款增加而企业未入账款项	5 200
减：企业已作存款减少而银行未入账款项	440	减：银行已作存款减少而企业未入账款项	240
调节后的存款余额	37 500	调节后的存款余额	37 500

调节后，如余额不相等，则表明记账有差错，会计人员需要进一步核对，找出原因，更正错误的记录。需要说明的是，“银行存款余额调节表”主要用来核对企业与银行双方的记账有无差错，会计人员不能根据银行存款余额调节表来编制会计分录，改动账面记录，而必须在收到银行的通知凭证后再入账。

2. 实物资产的清查方法

实物资产主要包括固定资产、存货等。实物资产的清查就是对实物资产数量与质量的清查。通常采用以下两种清查方法：

（1）实地盘点法。通过点数、过磅、量尺等方法来确定实物资产的实有数量。实地盘点方法适用范围较广，在多数财产物资清查中都可以被采用。

（2）技术推算法。利用一定的技术方法对财产物资的实存数进行推算，故又称估推法。采用这种方法，对于财产物资不是逐一清点计算，而是通过量方、计尺等技术推算财产物资的结存数量。技术推算法只适用于对成堆、量大而价值不高，逐一清点的工作量和难度较大的财产物资的清查。例如，露天堆放的煤炭等。

对于实物的质量，应根据不同实物的性质或特征，采用物理或化学方法来检查实物的质量。

在实物清查的过程中，实物保管人员和盘点人员必须同时在场。对于盘点结果，应如实登记盘存单，并由盘点人和实物保管人签字或盖章，以明确经济责任。盘存单既是记录盘点结果的书面证明，又是反映财产物资实存数的原始凭证。盘存单的一般格式见表 1-19。

表 1-19 盘存单

单位名称： 盘点时间： 编号：

财产类别： 存放地点：

编号	名称	计量单位	数量	单价	金额	备注

盘点人： 保管人：

为了查明实存数与账存数是否一致，确定盘盈或盘亏情况，应根据盘点表和有关记录，编制实存账存对比表。实存账存对比表是用以调整账簿记录的重要原始凭证，也是分析产生差异的原因、明确经济责任的依据。实存账存对比表的一般格式见表1-20。

表1-20　实存账存对比表

单位名称：　　　　　　　　　　　　年　月　日

编号	类别及名称	计量单位	单价	实存		账存		对比结果				备注
								盘盈		盘亏		
				数量	金额	数量	金额	数量	金额	数量	金额	

主管负责人：　　　　　　　　复核：　　　　　　　　制表：

3.往来款项的清查方法

往来款项主要包括应收、应付款项和预收、预付款项等。往来款项的清查一般采用发函询证的方法进行核对。清查单位应在其各种往来款项记录准确的基础上，按每一个经济往来单位填制“往来款项对账单”一式两联，其中一联交对方单位核对账目，另一联作为回单联。对方单位经过核对相符后，在回单联上加盖公章退回，表示已核对。如有数字不符，对方单位应在对账单中注明情况退回本单位，本单位进一步查明原因，再行核对。

清查往来款项后，应将清查结果编制“往来款项清查报告单”，填列各项债权、债务的余额。对于有争议的款项以及无法收回的款项，应在报告单上详细说明情况，并及时采取措施，避免或减少坏账损失。

（二）财产清查结果的处理

对于财产清查中发现的问题，如财产、物资的盘盈、盘亏、毁损或其他各种损失，应核实情况，调查分析产生的原因，根据“调查结果报告表”“盘点报告表”等，填制记账凭证，记入有关账簿，使得账簿记录与实际盘存数相符，同时根据管理权限，将处理建议报股东大会（或董事会），或报经理（厂长）会议（或类似机构）批准。

对于财产清查产生的损益，企业应于期末前查明原因，并根据企业的管理权限，报股东大会（或董事会），或者报经理（厂长）会议（或类似机构）批准后，在期末结账前处理完毕。如在期末结账前未获批准，则在对外提供财务报告时，会计部门应先按相关规定进行相应账务处理，并在附注中作出说明，其后如果批准处理的金额与已处理金额不一致，则调整财务报表相关项目的期初数。

第七节　会计职业道德

会计职业，是指利用会计专门的知识和技能，为经济社会提供会计服务，获取合理报酬的职业。会计职业具有社会属性、规范性、经济性、技术性和时代性等特征。

会计职业具有一定的风险。会计职业风险，是指会计职业行为产生偏差或不良后果应由会计行为人员承担责任的可能性。

会计职业道德

一、会计职业道德概念与内容

（一）会计制度道德的概念

会计职业道德，是指会计人员在会计工作中应当遵循的、体现会计职业特征的、调整会计职业关系的职业行为准则和规范。会计职业道德由会计职业理想、会计职业责任、会计职业技能、会计工作态度、会计工作作风和会计职业纪律等构成。

会计职业道德与会计法律制度在内容上相互渗透、相互吸收；在作用上相互补充、相互协调。会计职业道德是会计法律制度的重要补充，会计法律制度是会计职业道德的最低要求，是会计职业道德的基本制度保障。

与会计法律制度相比，会计职业道德主要有以下区别：

（1）性质不同。会计法律制度通过国家权力强制执行，具有很强的他律性；会计职业道德通过行政管理部门规范和会计从业人员自觉遵守，具有内在的控制力，可以约束会计人员的内在心理活动，具有很强的自律性。

（2）作用范围不同。会计法规制度侧重于调整会计人员的外在行为和结果的合法化，具有较强的客观性；会计职业道德不仅调整会计人员的外在行为，还调整会计人员内在的精神世界，作用范围更加广泛。

（3）表现形式不同。会计法规制度是通过一定的程序由国家立法部门或行政管理部门制定和颁布的，其表现形式是具体的、明确的，是成文规定。会计职业道德出自会计人员的职业生活和职业实践，其表现形式既有成文的规范，也有不成文的规范。

（4）实施保障机制不同。会计法律制度依靠国家强制力保证其贯彻执行。会计职业道德主要依靠行业行政管理部门监管执行和职业道德教育、社会舆论、传统习惯和道德评价来实现。

（5）评价标准不同。会计法律制度以法律规定为评价标准，会计职业道德以行业行政管理规范和道德评价为标准。

（二）会计职业道德的内容

会计职业道德的主要内容包括：爱岗敬业、诚实守信、廉洁自律、客观公正、坚持原则、提高技能、参与管理、强化服务等八个方面。

二、会计职业道德管理

会计职业道德管理主要从以下四个方面展开：

（1）增强会计人员的诚信意识。其主要包括强化会计职业道德意识，加强会计诚信教育。

（2）建立会计人员信用档案。其主要包括建立严重失信会计人员“黑名单”制度，建立会计人员信用信息管理制度，完善会计人员信用信息管理系统。

（3）会计职业道德管理的组织实施。其主要内容包括：组织领导、广泛宣传、褒奖守信会计人员。

（4）建立健全会计职业联合惩戒机制。联合惩戒措施主要有：罚款并限制其从事会计工作；记入会计从业人员信用档案；将会计领域违法失信当事人的信息通过一定渠道向社会公布；实行行业惩戒（包括警告、行业内通报批评、公开谴责、不予接纳、劝退等）；限制其取得相关从业任职资格，限制获得认证证书；依法限制其参与评优、评先或获得荣誉称号；依法限制其担任金融机构董事、监事、高级管理人员；依法限制其担任国有企业法定代表、董事、监事；限制其登记为事业单位法定代表人；作为招录（聘）为公务员或事业单位工作人员以及业绩考核、干部选任的参考等。

第八节　内部控制基础

内部控制基础

一、内部控制的概述

（一）内部控制的概念

内部控制，是指企业董事会、监事会、经理层和全体员工实施的、旨在实现控制目标的过程。内部控制通过对企业生产经营管理过程中各种资源、权力和活动的掌握、支配和牵制，使控制对象的各项活动不超过一定的控制目标范围。

内部控制的实施主体是由企业董事会、监事会、经理层和全体员工所构成的。各控制主体在职务职权、业务岗位、控制范围及内容体系中分工合作、互为控制，共同构成企业内部控制的主体。

控制的过程涵盖三个方面：（1）对企业生产经营管理活动全过程的控制；（2）企业风险控制的全过程，包括对风险控制目标设定、风险识别、风险分析和风险应对等各环节的控制；（3）信息收集、整理、传递与运用的全过程，包括对会计确认、计量、记录和报告等会计信息和生产经营管理活动中非财务信息以及可能对企业产生影响的外部信息的收集整理与传递使用的全面控制。

（二）内部控制的作用

实施规范的、高质量的内部控制对于提高企业经营管理水平和风险防范能力，促进企业的可持续发展，维护社会经济发展秩序等，都具有重要的意义。其作用主要体现在以下三个方面：（1）有利于提高会计信息质量；（2）有利于合理保证企业合法合规经营管理；（3）有助于提高企业生产经营效率和经济效益。

（三）内部控制的目标

内部控制的目标，是建立健全并实施内部控制应实现的目的和要求。企业内部控制目标主要包括：合理保证企业经营管理合法合规；资产安全完整；财务报告及相关信息真实完整；提高经营效率和效果；促进企业实现发展战略。

二、内部控制要素

内部控制要素，是指对内部控制的内容和措施、方法的系统的、合理的、简明的划分。合理确定内部控制要素有利于具体实施内部控制制度。企业内部控制涵盖企业经营管理的各个层次、各个方面和各项业务环节。建立有效的内部控制，至少应当考虑内部环境、风险评估、控制活动、信息与沟通和内部监督等五项基本要素。

（一）内部环境

内部环境，是指影响、制约企业内部控制建立与执行的各种因素的总称，是实施内部控制的基础。内部环境主要包括企业治理结构、组织机构设置与权责分配、企业文化、人力资源政策、内部审计机构设置、反舞弊机制等。

（二）风险评估

风险评估，是指及时识别，科学分析和评价影响企业内部控制目标实现的各种不确定因素并采取应对策略的过程，是实施内部控制的重要环节。风险评估主要包括风险目标设定、风险识别、风险分析和风险应对。

（三）控制活动

控制活动，是指企业根据风险评估结果，采用相应的控制措施，将风险控制在可承受范围和程度之内的过程，是实现内部控制的具体方法和手段。控制活动主要包括：职责分工控制、授权控制、审核批准控制、预算控制、财产保护控制、会计系统控制、内部高管控制、经济活动分析控制、绩效考评控制、信息技术控制等。

（四）信息与沟通。

信息与沟通，是指及时、准确、完整地收集与企业经营管理相关的各种信息，并使这些信息以适当的方式在企业有关层级之间进行及时传递、有效沟通和正确应用的过程，是实施内部控制的重要条件。企业各有关层级之间以及企业与其外部的市场、监管机构等的信息不对称是企业经营管理及其效率面临的关键性基础问题，降低信息不对称程度是整个内部控制系统的生命线。因此，企业应当建立信息与沟通制度、明确内部控制相关信息的收集、处理和传递程序，确保信息及时沟通，促进内部控制有效运行。信息与沟通主要包括信息的收集机制及在企业内部和在企业外部有关方面的沟通机制等。

（五）内部监督

内部监督，是指企业对其内部控制的健全性、合法性和有效性进行监督检查与评估，形成书面报告并作出相应处理的过程，是实施内部控制的重要保障。内部监督主要包括对建立健全并执行内部控制的整体情况进行持续性监督检查，对内部控制的某一方面或者某些方面进行专项监督检查，以及提交相应的检查报告、提出有针对性的改进措施并进行监督、整改等。内部控制的自我评价是内部控制制度检查的一项重要内容。内部监督分为持续性的日常监督和专项监督。

企业对在内部监督检查过程中发现的内部控制缺陷，应当采取适当的形式及时进行报告。内部控制缺陷按其成因分为设计缺陷和运行缺陷。设计缺陷，是指内部控制的设计存在漏洞、不能有效防范错误与舞弊。运行缺陷，是指内部控制的运行存在弱点和偏差、不能及时发现并纠正错误与舞弊的情形。内部控制缺陷按其影响程度可分为重大缺陷、重要缺陷和一般缺陷。重大缺陷，是指一个或多个控制缺陷的组合，可能导致企业严重偏离控制目标。如某企业及子公司未制定对账制度，未能就应收账款的多个往来科目定期与对方公司核算，导致企业财务报表中应收应付等科目存在认定风险，进而导致企业资产安全完整和财务报告及相关信息真实完整等控制目标难以实现，属于重大缺陷。重要缺陷，是指一个或多个控制缺陷的组合，其严重程度低于重大缺陷，但仍有可能导致企业偏离控制目标。一般缺陷，是指除重大缺陷、重要缺陷之外的其他缺陷。

（六）内部控制要素间的关系

内部控制各项要素是一个有机的、多维的、相互联系、相互影响、相互作用的整体，共同构成实现内部控制目标的体制机制和方式方法。内部环境作为五要素之首，是整个内部控制体系的基础和环境条件；风险评估是实施内部控制的重要环节，是实施控制的对象内容；控制活动是实施内部控制的具体方式、方法和手段；信息与沟通是实施内部控制的重要条件，贯穿于风险评估、控制活动和内部监督各要素之间；内部监督是实施内部控制的重要保证。

第二章　增值税业务资金运动分析与会计处理

知识点自测

第一节　增值税概述

一、增值税的计税方法与税率

（一）计税方法

增值税的计税方法主要有两种：一般计税方法和简易计税方法。

1.一般计税方法

一般计税方法下，应纳税额是指当期销项税额抵扣当期进项税额后的余额。也就是说，在采购环节企业需要预缴增值税，在销售环节企业需要代收增值税；企业本期应缴纳的增值税税额就等于当期所代收的销项税额抵减当期所预缴的进项税额之后的余额。

一般计税方法的应纳税额计算公式为：

应纳税额=销项税额-进项税额

一般计税方法主要适用于增值税一般纳税人。

增值税概述

2.简易计税方法

简易计税方法下，应纳税额是指按照销售额和增值税征收率计算的应交增值税税额。该金额不得抵扣进项税额。

简易计税方法的应纳税额计算公式为：

应纳税额=销售额×征收率

这种方法主要适用于增值税小规模纳税人。

（二）增值税税率

*就增值税一般纳税人而言，其增值税税率主要有13%、9%、6%和0四档。*具体而言，增值税税率主要有：

（1）销售商品或进口货物，提供加工、修理修配等劳务，提供有形动产租赁服务，税率为13%。

（2）提供交通运输、邮政、基础电信、建筑、不动产租赁服务，销售不动产，转让土地使用权，销售农副产品等，税率为9%。

（3）境内单位和个人发生的跨境应税销售行为，税率为0。

（4）2009年1月1日前购入的固定资产（不含应征消费税的摩托车、汽车、游艇，其计算时间应从2013年8月1日分割），出售时按3%减按2%征收，开具增值税普通发票；也可以放弃减税，依照3%征收，并可以开具税率为3%的增值税专用发票。2009年1月1日以后购入的固定资产，该固定资产购入时已经抵扣过进项税额的（包括可以抵扣但自身原因未抵扣的），出售时按13%的税率缴税，可以开具税率为13%的增值税普通发票或增值税专用发票。

（5）纳税人发生的应税行为，除上述情况外，税率为6%。

增值税一般纳税人的特定经济行为也可采用3%的征收率计征。但该简易计税方法一经选择，企业在36个月内不得改变。

对于增值税小规模纳税人而言，其增值税征收率为3%。

二、增值税一般纳税人增值税缴纳与企业经营环节

（一）购买环节与增值税预缴

对于增值税一般纳税人而言，在购买环节，企业需要按照购买价的一定比率预缴增值税。该预缴的增值税又称为增值税进项税额。具体来说，进项税额，是指纳税人购进货物，购买加工、修理修配劳务、服务，购进无形资产或者不动产，支付或者承担的增值税税额。该进项税额的金额为：购买价×增值税税率。

（二）销售环节与增值税代收

对于增值税一般纳税人而言，在销售环节，企业需要按照销售价的一定比率代国家向购买方收取增值税。该代收的增值税又称为增值税销项税额。具体来说，销项税额，是指纳税人发生应税行为时按照销售额和增值税税率计算并收取的增值税税额。

该销项税额的金额为：销售价×增值税税率。这里的销售额不包括销项税额。纳税人采用销售额和销项税额合并定价，应该按照以下公式将含税销售额转换为不含税销售额，其计算公式为：不含税销售价=含税销售价÷（1+增值税税率）

（三）应交税额

应交增值税=当期销项税额－当期进项税额

当期销项税额=（当期实现的销售收入＋当期视同销售额＋价外费用）×适用税率

允许抵扣的进项税额主要包括：（1）从销售方取得的增值税专用发票上注明的增值税税额；（2）从海关取得的海关进口增值税专用缴款书上注明的增值税税额；（3）购进农产品，除取得增值税专用发票或者海关进口增值税专用缴款书外，按照农产品收购发票或者销售发票上注明的农产品买价和一定的扣除率计算的进项税额；（4）从境外单位或者个人购进服务、无形资产或不动产，自税务机关或者扣缴义务人取得的解缴税款完税凭证上注明的增值税税额。（5）购进国内旅客运输服务也可以抵扣进项税，自2019年4月1日起施行。

三、增值税小规模纳税人缴纳增值税

增值税小规模纳税人缴纳增值税比较简单。在购进环节，支付的所有价款全部合并在一起，计入所购物资的成本。在销售环节，按照销售收入（不含增值税）乘以增值税征收率，计算确认应缴纳的增值税税额。

知识点自测

第二节 一般纳税人增值税一般性业务分析

一、企业一般性应交税费资金运动分析

（一）企业一般性应交税费基本资金运动分析

企业一般性应交税费所引起的资金运动如图2-1所示。

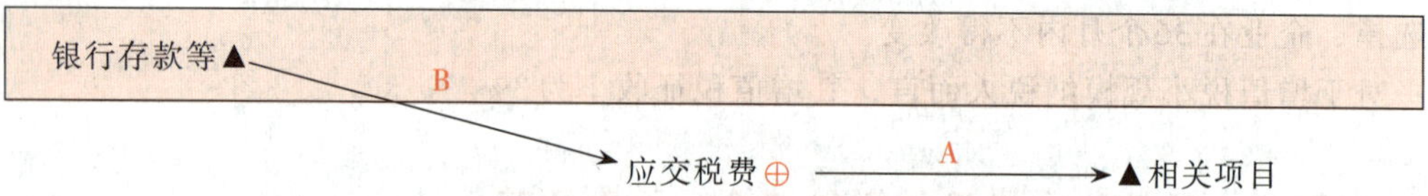

图2-1 一般性应交税费资金运动分析图

在图2-1中，企业首先需要确认相关税费，并同步确认应交税费，其所引起的资金运动如图2-1中A段所示。以后缴纳税款时，企业用银行存款直接冲销应交税费即可，其所引起的资金运动如图2-1中B段所示。

（二）相关性原则对应交税费资金运动的影响分析

一般情况下，图2-1所展示的资金运动过程及其结果已经能够满足企业对于税费管控的需要。在静态的状况下（或在某一时点），图2-1反映了一个结果，即在某一特定时点企业的税费缴纳情况，该具体情况主要通过"应交税费"项目的余额表现出来。该项目在模型上若是一个沙坑，则其对应的账户余额为贷方余额，反映尚未缴纳的税费；该项目在模型上若是一个沙堆，则其对应的账户余额为借方余额，反映多缴或预缴的税费；该项目在模型上若没有实物形态，则其对应的账户余额为0，反映企业已结清所有的税费。

但在某些情况下，即在某一特定时点，我们不仅希望知道"应交税费"项目的余额情况，而且想知道企业本期应该缴纳多少税费，本期已经缴纳多少税费，从而更好地满足决策有用性。为此，我们需要对图2-1进行技术处理，从而得到图2-2。

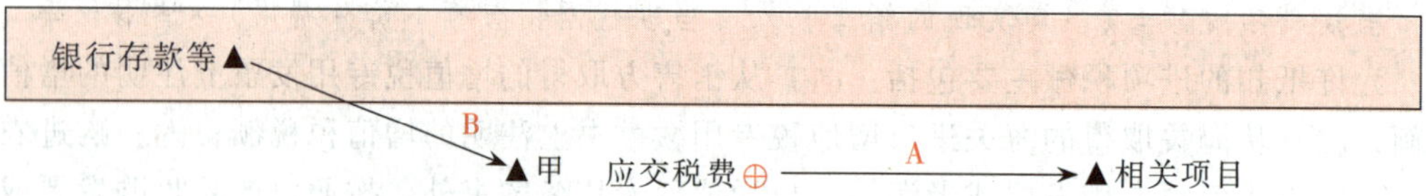

图2-2 相关性原则对应交税费资金运动的影响分析图

从图2-2中可知，B段资金运动的终点原本是流向并冲减"应交税费"项目的，但为了获取更多有价值的信息，我们对其进行了管理与控制，使其在"应交税费"项目的附近停留下来，从而形成一个新的项目"甲"。通过这种主动的管控，图2-2就能获取更多有价值的信息。通过"应交税费"项目就可以知道企业本期应该缴纳的税费；通过"甲"项目就可以知道企业本期实际已缴纳的税费；通过二者之差，就可以得出企业本期期末"应交税费"项目的余额情况。

资金运动发生的时间先后顺序体现了企业不同的缴税模式，其具体情况见表2-1。

表 2-1　　资金运动时间先后顺序与缴税模式关系表

种类	资金运动发生的时间先后	缴税模式
1	A、B同时发生	立即清缴模式
2	先有A，后有B	应缴模式
3	先有B，后有A	预缴模式

在表2-1中，如果A段和B段同时发生，这就是一种立即清缴的模式。也就是说，企业在确认税费的同时立刻就以银行存款进行了支付，A、B两段运动就可以合并为一段。如先有A段，后才有B段运动，这就是一种应缴的模式。也就是说，企业先确认应该缴纳的税费，以后再进行缴纳。如先有B段，后才有A段运动，这就是一种预缴的模式。也就是说，企业先预缴税费，以后再确认应该缴纳的税费，多退少补。

如果孤立地看，B段运动只反映企业缴税。但其到底是预缴还是应缴，要取决于A段运动是否已经发生。

二、企业增值税基本业务资金运动分析

下面通过一个例题来学习增值税预缴、代收与应缴所引起的资金运动。

增值税基本业务分析

【例2-1】（1）企业20×7年6月10日购买材料100万元，增值税税率为13%，款项已用银行存款支付，材料已验收入库（见图2-3，A段）。

这笔业务企业需要预缴增值税13万元。其所引起的资金运动如图2-3中A1段运动所示。

（2）20×7年6月15日，企业将用该材料所生产的产品出售，售价300万元，增值税税率为13%，款项已收存银行（见图2-3，B段）。

这笔业务企业需要替国家代收增值税，由于代收但尚未代缴，因而形成对国家的债务。代收增值税引起的资金运动如图2-3中B1段运动所示。

（3）企业20×7年6月30日，以银行存款缴纳本期应缴的增值税26万元（见图2-3，C段）。

企业代收了39万元增值税，扣除其预缴的13万元增值税后，企业还需要缴纳增值税26万元。其所引起的资金运动如图2-3中C段运动所示。

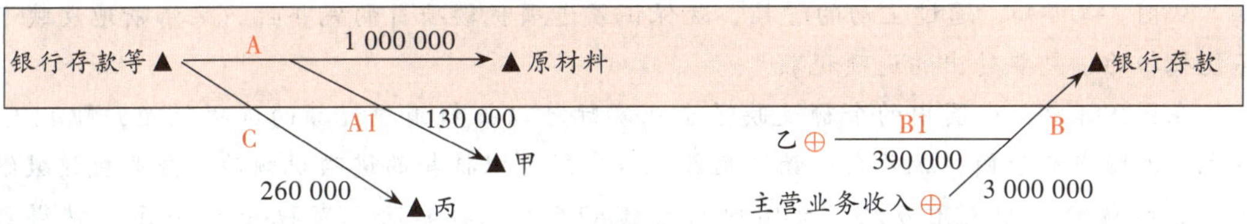

图2-3　增值税一般性业务资金运动分析图

为了方便学习，需要给“甲”“乙”“丙”三个项目一个规范的称呼。在这里，“甲”就代表“应交税费——应交增值税（进项税额）”；“乙”就代表“应交税费——应交增值税（销项税额）”；“丙”就代表“应交税费——应交增值税（已交税金）”。

就增值税的本意而言，进项税额要想抵扣销项税额，二者之间一定要有因果关系。也就是说，进项税额之所以能够抵扣销项税额，是因为企业所销售的产品正是用这批材料生

产的；企业将这批材料等项目作为投入，通过生产而获得相应的产品产出，投入与产出之间的差额就是增值部分，这部分增值的价值需要缴纳税金，即为增值税。

但在实际工作中，进项税额与销项税额之间很难找到一一对应的因果关系，因为企业的原材料可能是多次购买的，材料在生产过程中可能混合使用，所生产的产品可能是多种多样的。因此，在实际工作中，进项税额抵扣销项税额采用的是时间关系配比，即本期的进项税额可以抵扣本期的销项税额，未抵扣完的进项税额留待下一期继续抵扣。

三、原材料等改变用途导致其进项税额不能抵扣的资金运动分析

增值税进项税额不能抵扣业务处理

在某些情况下，若原材料改变用途，从而导致购买这笔原材料所预缴的进项税额不能抵扣销项税额的，企业需要将其从进项税额中转出。

【例2-2】企业领用原材料20万元投入集体福利性质的在建工程项目，该批原材料所预缴的进项税额不允许抵扣。企业的增值税税率为13%，其应转出的进项税额为2.6万元。假设在这笔业务发生之前，其销项税额为200万元，进项税额为120万元，已交税金为20万元。其具体情况如图2-4所示。

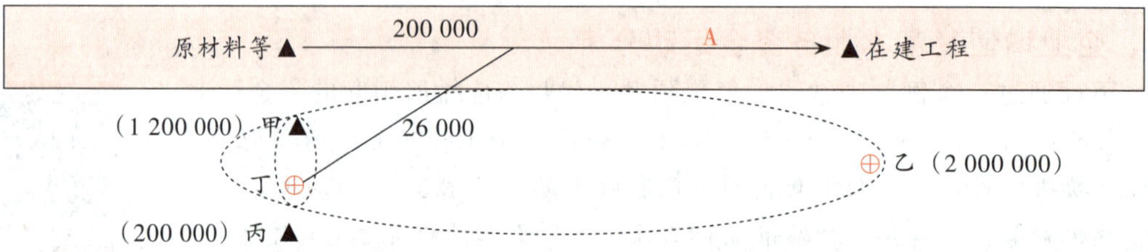

图2-4　进项税额不能抵扣的资金运动分析图

为了满足税务稽查的需要，企业需要保持所有增值税业务原始资料与数据的完整性，而不得对已有的增值税信息做任何修改。以本题为例，企业需要保证进项税额项目120万元的完整性。为此，企业并没有将这不能抵扣的2.6万元进项税额从总的进项税额120万元中直接扣除，而是采用了固化处理的管控方式，类似于对固定资产折旧费用的处理。从图2-4中可知，企业将甲固化为一个整体，资金2.6万元从甲项目的下方流出，从而导致甲项目整体下陷；然后将甲项目挪开，就会看到一个新的项目——“丁”。“丁”项目的名称就为“应交税费——应交增值税（进项税额转出）”。

从图2-4可知，通过主动的管控，既保证了进项税额项目的完整性，又清晰地反映了不能抵扣的、需要转出的进项税额。

在图2-4中，小圈内的金额反映了企业实际可以抵扣销项税额的进项税额，即117.4万元。大圈内的金额，就是企业销项税额抵减实际可以抵扣的进项税额后，企业应该缴纳的增值税税额，即82.6万元。大圈内的金额82.6万元再扣除已交税金20万元，就得到62.6万元；该金额就是企业尚未缴纳的增值税税额，反映了在这一时点企业对国家所承担的应交未交的债务。

四、应交增值税期末余额结转资金运动分析

在资产负债表日，企业需要将“应交税费——应交增值税”项目的期末余额全部结转

到“应交税费——未交增值税”项目。

（一）转出未交增值税资金运动分析

【例2-3】接【例2-2】，企业期末“应交税费——应交增值税”项目的相关明细资料如下：销项税额200万元，进项税额120万元，已交税金20万元，进项税额转出2.6万元。其具体情况如图2-5所示。企业需要将“应交税费——应交增值税”项目的期末余额结转到“应交税费——未交增值税”项目。

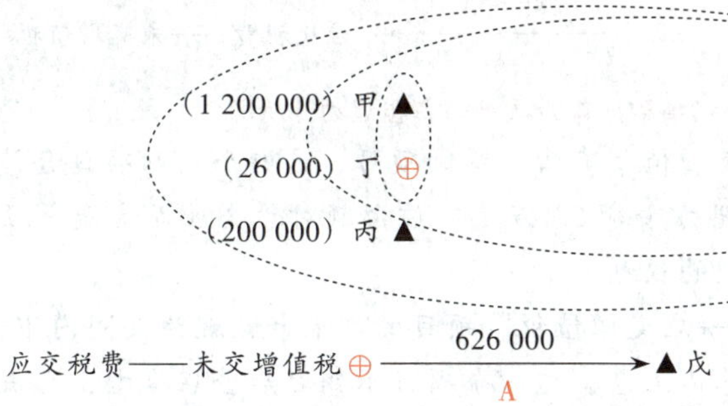

应交增值税
期末余额结转

图2-5　应交增值税期末余额结转资金运动分析图1

在本例中，“应交税费——应交增值税”有四个明细项目，这四个明细项目抵销后的金额就为该项目的期末余额，即贷方余额62.6万元。该金额对于企业而言是一项负债，反映企业应交未交的税费。

从图2-5来看，“应交税费——应交增值税”项目的期末余额就为大圈内甲、乙、丙、丁四个项目抵销之后的余额。从总体上看，这四个项目抵销之后会在模型上形成一个新项目（以沙坑形态存在），该项目的容积为62.6万元，代表应交未交的税费。要将该余额转走，资金只需从“应交税费——未交增值税”项目流出62.6万元，并冲销这个新项目即可。但由于税务稽查的要求，企业需要保持这四个项目的完整性，不能将其相互进行抵销。这样，从“应交税费——未交增值税”项目流出的62.6万元资金并没有真正去冲销甲、乙、丙、丁这四个项目，而是暂时在其附近停留下来，从而产生了一个新的项目——“戊”。“戊”项目的名称为“应交税费——应交增值税（转出未交增值税）”。其具体资金运动如图2-5中A段运动所示。

从图2-5可知，“应交税费——应交增值税”项目有五个明细项目：甲、乙、丙、丁、戊。其中“戊”项目在这里起抵减的作用，该项目用来抵减大圈里甲、乙、丙、丁这四个项目的余额，从而使得“应交税费——应交增值税”项目的总体余额为零，最终达到将其余额结转的目的。

（二）转出多交增值税资金运动分析

【例2-4】企业期末“应交税费——应交增值税”项目的相关明细资料如下：销项税额130万元，进项税额120万元，已交税金20万元，进项税额转出3.2万元。其具体情况如图2-6所示。企业需要将“应交税费——应交增值税”项目的期末余额结转至“应交税费——未交增值税”项目。

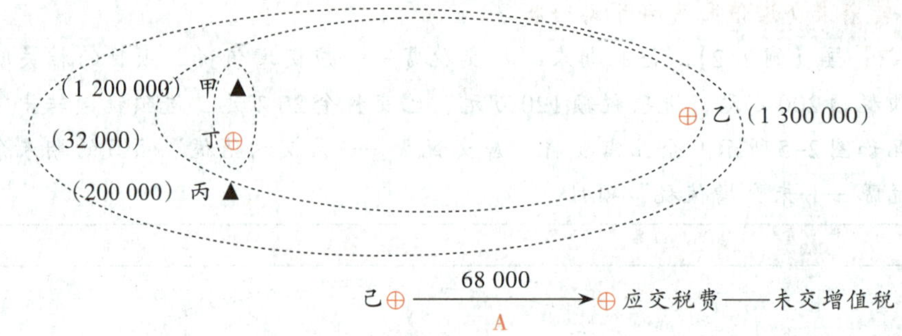

图2-6 应交增值税期末余额结转资金运动分析图2

在本例中，应交税费——应交增值税有四个明细项目，这四个明细项目合计抵销后的金额就为该项目的期末余额，即借方余额6.8万元。该余额对于企业而言是一项资产，反映企业预缴的、留待以后抵扣税款的权利。

从图2-6来看，“应交税费——应交增值税”项目的期末余额就为大圈内甲、乙、丙、丁四个项目抵销之后的余额。从总体上看，这四个项目抵销之后会在模型上形成一个新项目（以沙堆形态存在），该项目的容积为6.8万元，代表预缴的、留待抵扣未来税款的权利。要将该余额转走，只需要将新项目6.8万元的资金流出，并冲销“应交税费——未交增值税”项目即可。但由于税务稽查的要求，企业需要保持这四个项目的完整性，不能将其相互抵销。因此，只能将这四个项目固化，资金6.8万元从其下方流出；相应地，这四个项目就会自动“下陷”。当我们把固化的甲、乙、丙、丁项目挪开时，就会产生一个新的项目（以沙坑形态存在）——“己”。“己”项目的名称为“应交税费——应交增值税（转出多交增值税）”。其具体资金运动如图2-6中A段运动所示。

从图2-6可知，“应交税费——应交增值税”项目有五个明细项目：甲、乙、丙、丁、己。其中“己”项目在这里起抵减的作用，该项目用来抵减大圈里甲、乙、丙、丁这四个项目的余额，从而使得“应交税费——应交增值税”项目的总体余额为零，最终达到将其余额结转的目的。

五、增值税一般性业务资金运动整体流程图

增值税一般业务综合分析

企业增值税一般性业务资金运动整体流程如图2-7所示。

从业务角度来看，图2-7中不同的资金运动反映不同的增值税业务。其具体情况为：（1）A段运动反映进项税额的发生；（2）B段运动反映销项税额的发生；（3）C段运动反映进项税额的转出；（4）D段运动反映企业缴纳本期增值税；（5）E段运动反映期末将“应交税费——应交增值税”余额转入“应交税费——未交增值税”；（6）F段运动反映企业缴纳上期应付未付的增值税。

从逻辑关系的角度来看，图2-7中大小不同的圈分别有着不同的经济含义。其具体情况为：（1）小圈内的总金额，反映企业实际可以抵扣的进项税额；（2）中圈内的总金额反映企业本期应缴纳的增值税税额；（3）大圈内的总金额反映企业期末应交增值税余额，该余额需要在期末进行结转；（4）特大圈内的总金额反映“应交税费——应交增值税”项目的各子项目的余额抵销后为零，即特大圈内的总金额抵销后为零（虽然各子项目余额不一定为零）。

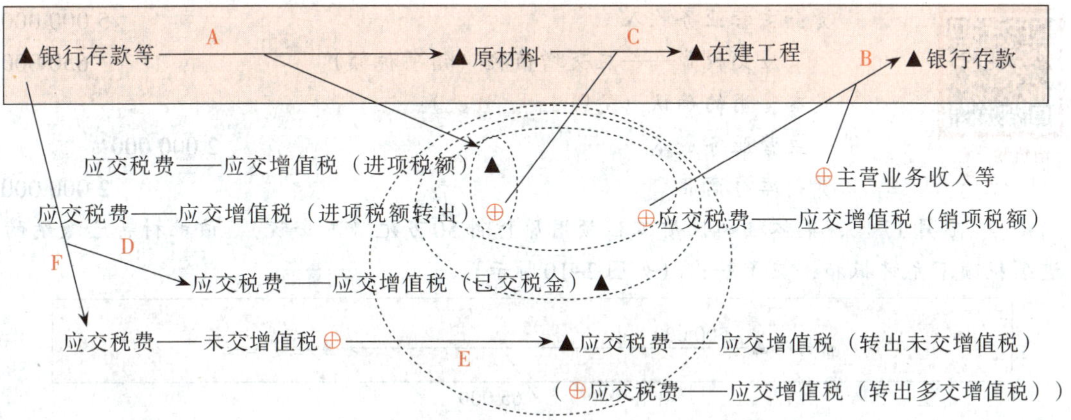

图2-7　增值税一般性业务资金运动整体流程图

六、增值税一般性业务举例

【例2-5】甲公司为增值税一般纳税人，适用的增值税税率为13%。20×7年3月初，“应交税费——未交增值税”账户贷方余额为30万元。

本月发生了下列业务，要求：（1）编制这些业务的会计分录；（2）计算20×7年3月底应缴纳的增值税和月末应缴未缴的增值税或多缴的增值税，并对其期末余额进行结转。

（1）3月10日，购进材料，价款200万元，增值税26万元，取得了增值税专用发票。该款项已以银行存款支付，材料尚未验收入库（如图2-8所示）。

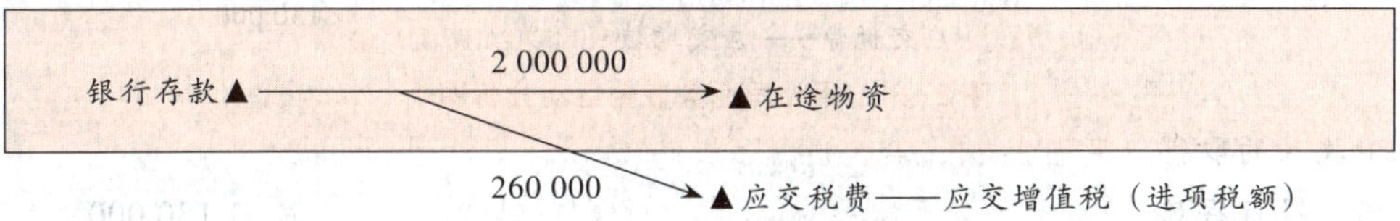

图2-8　甲公司业务资金运动分析图1

借：在途物资　　2 000 000

　　应交税费——应交增值税（进项税额）　　260 000

　贷：银行存款　　2 260 000

（2）3月15日，销售产品，售价500万元，货款尚未收到。该批产品的成本为200万元（如图2-9所示）。

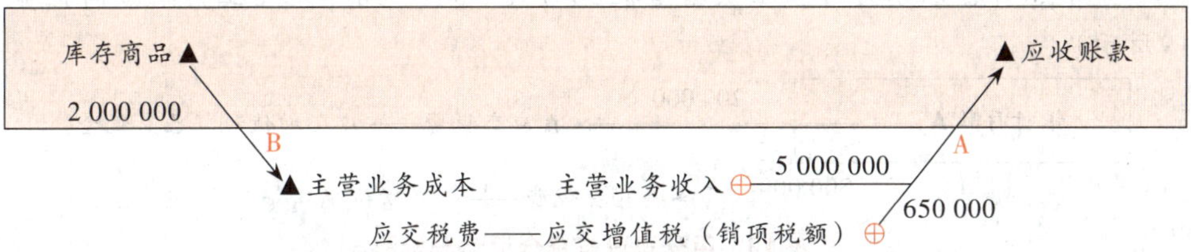

图2-9　甲公司业务资金运动分析图2

①收入的取得（见图2-9，A段）：

借：应收账款　　5 650 000

增值税一般业务举例

贷：主营业务收入　　5 000 000

　　应交税费——应交增值税（销项税额）　　650 000

②成本费用的确认（见图2-9，B段）：

借：主营业务成本　　2 000 000

　贷：库存商品　　2 000 000

（3）3月17日，集体福利性质工程领用原材料50万元（不含税），该批材料已缴纳的进项税额不允许抵扣，应予转出（如图2-10所示）。

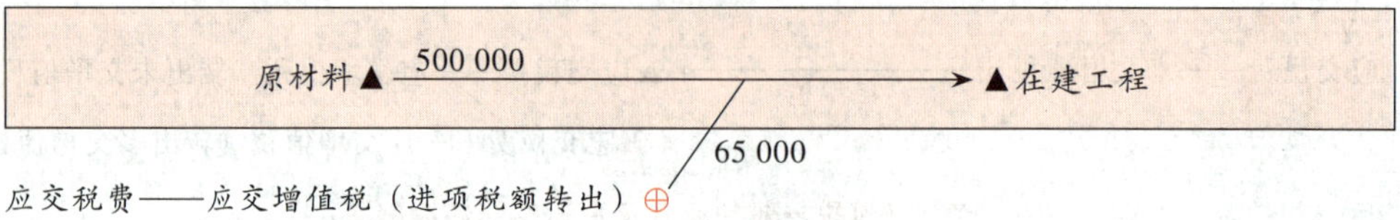

图2-10　甲公司业务资金运动分析图3

借：在建工程　　565 000

　贷：原材料　　500 000

　　应交税费——应交增值税（进项税额转出）　　65 000

（4）3月20日销售材料，成本为60万元，售价为100万元（不含税），货款已收存银行（如图2-11所示）。

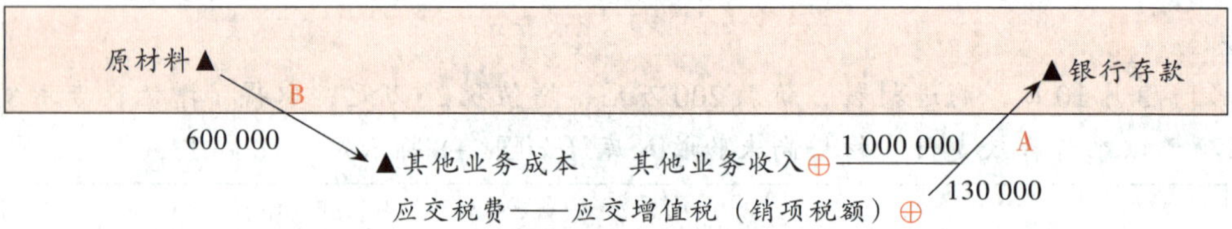

图2-11　甲公司业务资金运动分析图4

①收入的取得（见图2-11，A段）：

借：银行存款　　1 130 000

　贷：其他业务收入　　1 000 000

　　应交税费——应交增值税（销项税额）　　130 000

②成本费用的确认（见图2-11，B段）：

借：其他业务成本　　600 000

　贷：原材料　　600 000

（5）3月28日，以银行存款缴纳增值税50万元，其中30万元是上月未缴的税费（如图2-9所示）。

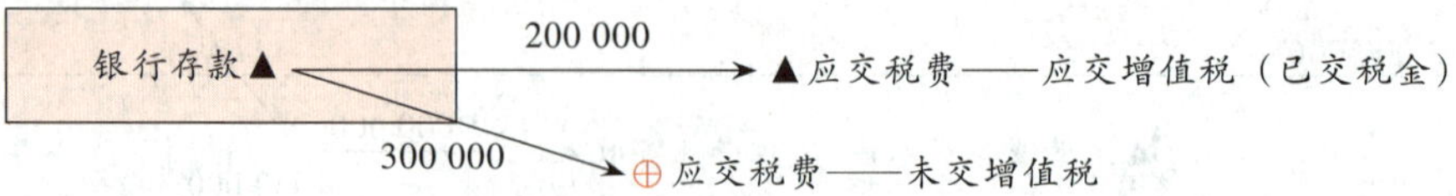

图2-12　甲公司业务资金运动分析图5

借：应交税费——未交增值税　　300 000

　　　　——应交增值税（已交税金）　　200 000

　贷：银行存款　　500 000

(6) 3月31日，计算本月底应交增值税期末余额，并进行期末余额结转（如图2-13所示）。

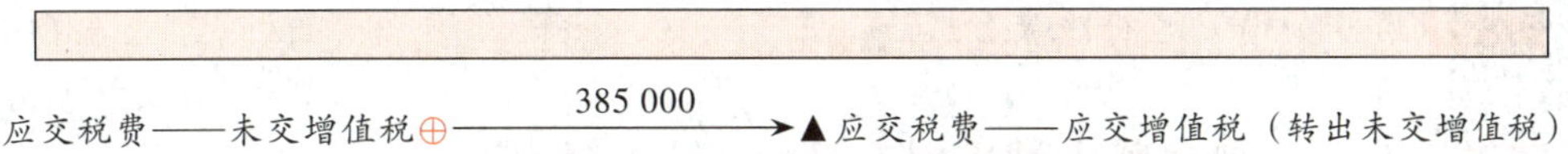

图2-13　甲公司业务资金运动分析图6

3月份应交增值税期末余额=65+13-（26-6.5）-20=38.5（万元）

该余额属于应缴未缴的税费。

借：应交税费——应交增值税（转出未交增值税）　　385 000

　贷：应交税费——未交增值税　　385 000

假如3月份“应交税费——应交增值税”项目的期末余额为借方余额10万元。该余额就属于企业预缴的、留待抵扣未来税款的权利。其资金流程图如图2-14所示。

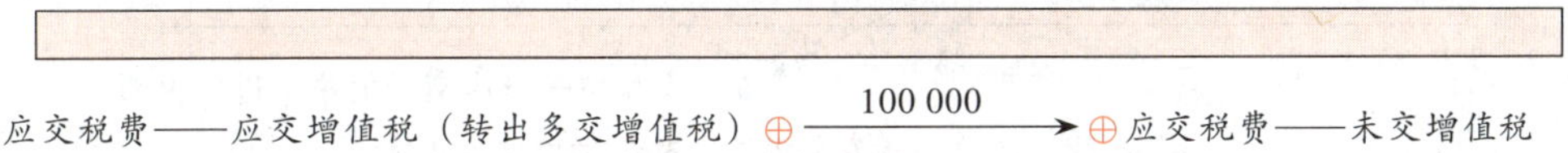

图2-14　甲公司业务资金运动分析图7

借：应交税费——未交增值税　　100 000

　贷：应交税费——应交增值税（转出多交增值税）　　100 000

知识点自测

第三节　增值税特殊业务资金运动分析与会计处理

一、一般纳税人购进免税产品资金运动分析

按《中华人民共和国增值税暂行条例》的规定，对农业生产者销售的自产农业产品、古旧图书等部分项目免征增值税。企业销售免征增值税项目的货物，不能开具增值税专用发票，只能开具普通发票。企业购进免税产品，一般情况下不能抵扣进项税额。其所引起的资金运动如图2-15所示。

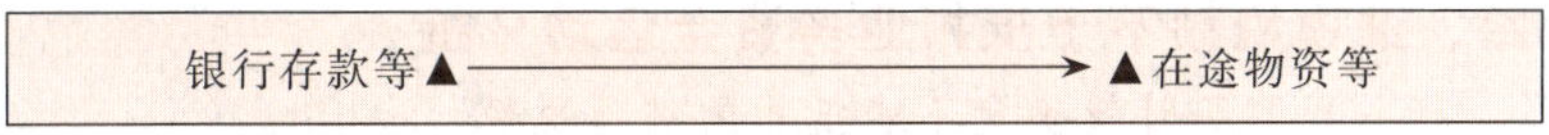

图2-15　免征增值税产品购进资金运动分析图

二、一般纳税人购进货物，未取得增值税专用发票资金运动分析

一般纳税人购进货物，如未取得增值税专用发票，应将其所支付的全部价款作为所购物资的成本。其所引起的资金运动和图2-15相同。

【例2-6】甲企业是增值税一般纳税人，向乙企业购入原材料一批，取得的普通销售发票上注明的金额为11.6万元，发票等结算凭证已到，货款尚未支付，材料已验收入库（如图2-16所示）。

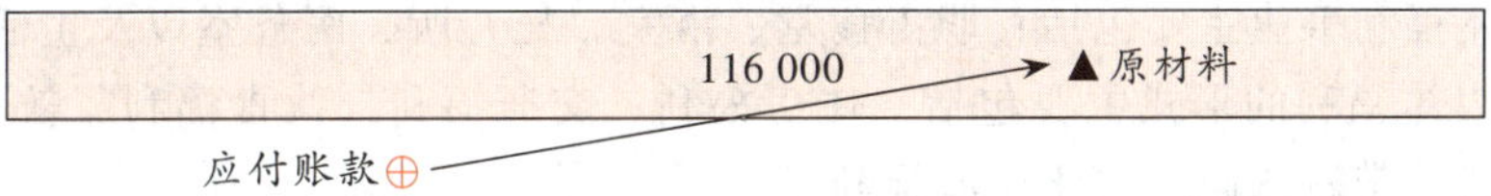

图2-16　未取得增值税专用发票资金运动分析图

借：原材料　　116 000

　　贷：应付账款　　116 000

免税、未取得增值税专用发票与农产品购进业务

三、一般纳税人购进农产品的资金运动分析

税法规定，对于购进农产品等可以按买价（或收购金额）的一定比率计算进项税额，并准予从销项税额中抵扣。这里，购进农产品的买价是指企业购进农产品支付给销售方的价款等。在会计核算中，一般是将购进农产品有关凭证上确定的金额（买价）或者按收购金额，扣除一定比率的进项税额（目前的扣除比率一般为9%），作为购进农产品的成本。其所引起的资金运动如图2-17所示。

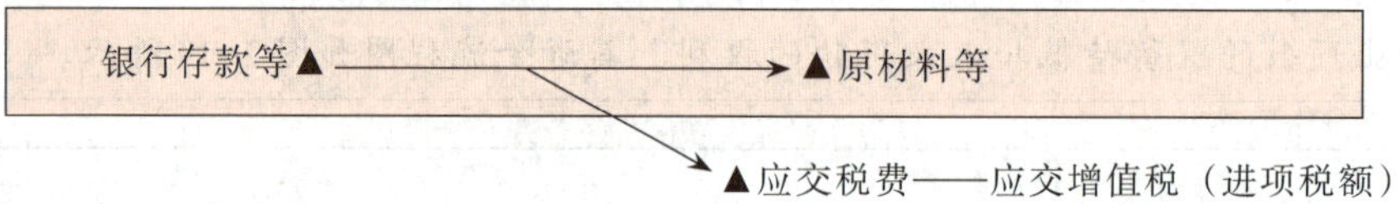

图2-17　一般纳税人购进农产品资金运动分析图

【例2-7】某农业企业为增值税一般纳税人，本期收购农产品，实际以现金支付的总价款为20万元，收购的农业产品已验收入库。假设其进项税额扣除率为9%。具体资金运动分析图如图2-18所示。

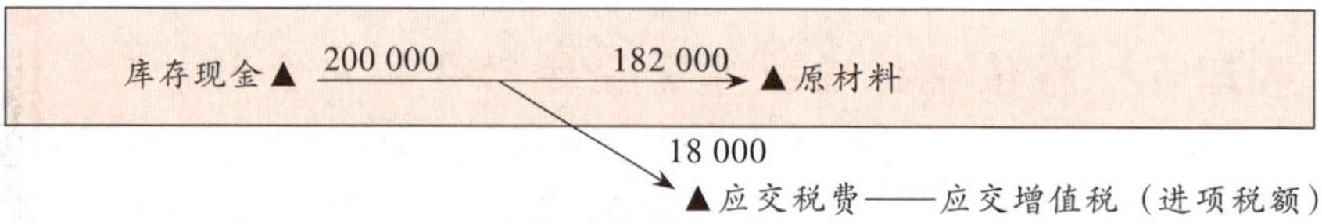

图2-18　一般纳税人购进农产品具体资金运动分析图

借：原材料　　182 000

　　应交税费——应交增值税（进项税额）　　18 000

　贷：库存现金　　200 000

增值税不予抵扣业务分析

四、进项税额不予抵扣业务资金运动分析

（一）购买时就确定不能抵扣的进项税额

企业在购买时就已经确定所预缴的进项税额不能抵扣的，该进项税额应该与购买价格合并，计入所购物资的成本。其所引起的资金运动如图2-19所示。

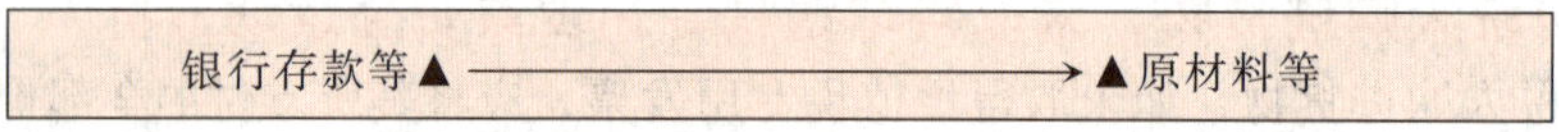

图2-19　购买时就确定进项税额不能抵扣业务资金运动分析图

这类项目主要有：（1）用于简易计税方法计税项目、免征增值税项目；（2）集体福利或者个人消费的购进货物、加工修理修配劳务、服务、无形资产和不动产；（3）购进的贷款服务、餐饮服务、居民日常服务和娱乐服务。

职工集体福利事业主要包括：职工食堂、浴室、托儿所、医务室以及生活供应等各项集体事业。集体福利的形式主要包括：住房福利、交通福利、饮食福利、教育培训福利、医疗保健福利、带薪休假、文化旅游福利等。

（二）购买时可以抵扣，但后来改变用途导致不能抵扣的进项税额

企业在购买时，按价税分离处理的原则进行处理；以后改变用途时，企业需要将原作为进项税额的增值税转出。其进项税额转出引起的资金运动如图2-20所示。

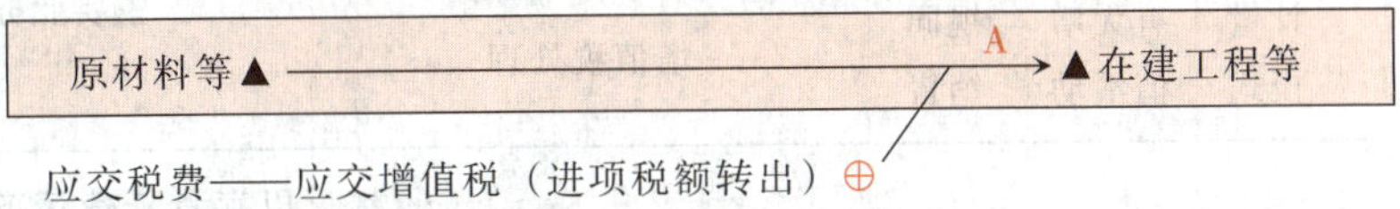

图2-20　进项税额不能抵扣的资金运动分析图

【例2-8】甲公司将成本为10万元的原材料，以福利的形式发放给企业员工个人，其估计售价为20万元。该企业的增值税税率为13%（见图2-21，B段）。

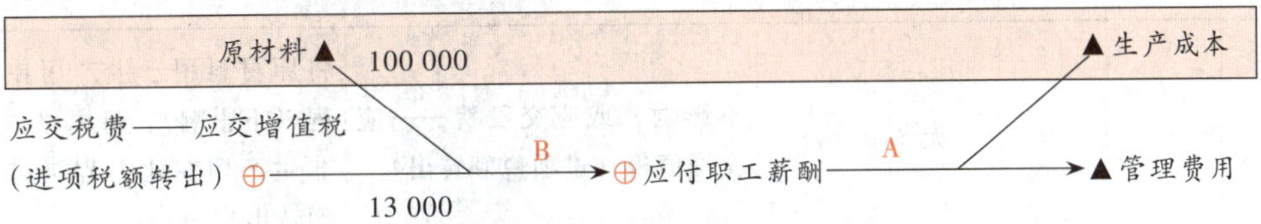

图2-21　将原材料以福利费形式发放给职工业务资金运动分析图

借：应付职工薪酬　　113 000

　贷：原材料　　100 000

　　应交税费——应交增值税（进项税额转出）　　13 000

注意：在计划成本模式下，若原材料等改变用途，其原所支付的进项税额不能抵扣的，其转出金额不能以其计划成本来计算，而应该以其实际成本来计算。

这类业务主要有两种情况：

一种是与"非正常损失"相关。按照税法的规定，与"非正常损失"相关的增值税进项税额不得抵扣。这些非正常损失主要包括：（1）非正常损失的购进货物，以及相关的加工修理修配劳务和交通运输服务；（2）非正常损失的在产品、产成品所耗用的购进货物、加工修理修配劳务和交通运输服务；（3）非正常损失的不动产及其所耗用的、不动产在建工程所耗用的购进货物、设计服务和建筑服务。税法所指的"非正常损失"主要包括以下两种情况：（1）因管理不善造成货物被盗、丢失、霉烂变质的情形；（2）因违反法律法规造成货物或者不动产被依法没收、销毁、拆除的情形。

另一种是其他相关规定。这类业务主要包括：（1）非生产用固定资产或在建工程所耗用的购进货物、设计服务和建筑服务；（2）已抵扣的进项税额，需要分期抵扣而转出的；（3）出口退税时，税法规定不予退税的部分，计入出口物资成本（如主营业务成本等）。

五、视同销售业务的资金运动分析

按《增值税暂行条例实施细则》的规定，对于企业将自产、委托加工或购买的货物分配给股东或投资者，将自产、委托加工的货物用于集体福利和个人消费等行为，视同销售货物，需计算缴纳增值税。存货耗费与视同销售行为的关系分析见表2-2。

表2-2中的"有无增值活动"，是指该存货在企业是否经过了加工过程。因为存货只有加工过，才可能涉及增值，进而涉及缴纳增值税。从表2-2中还可得知，视同销售具体分为两种情况：（1）确认收入、成本费用；（2）不确认收入与成本费用。

表 2-2　　存货耗费与视同销售行为关系分析表

存货				增值税		主要业务种类
流出企业	产权变动	计量模式	有无增值活动	视同销售	增值税处理	
是	是	公允价值	—	是	应交税费——应交增值税（销项税额）	以存货抵偿债务、非货币性资产交换（含对外投资）、发放职工个人福利、发放股利等
否	否	实际成本	无	否	不影响，或应交税费——应交增值税（进项税额转出）	将原材料用于生产用在建工程（不影响），将原材料用于非生产用在建工程（进项税额转出）
			有	是	应交税费——应交增值税（销项税额）	将自产产品、委托加工物资等用于非生产用在建工程等

（一）作正常的销售处理，确认收入与费用

这类业务的特点是存货已流出企业，该存货的产权已经发生变化。既然涉及产权变动，那么该存货就应该按照正常的市场价格进行销售。在这种情况下，不仅增值税销项税额以其销售价格为基础，而且要确认收入和费用。其所引起的资金运动如图 2-22 所示。

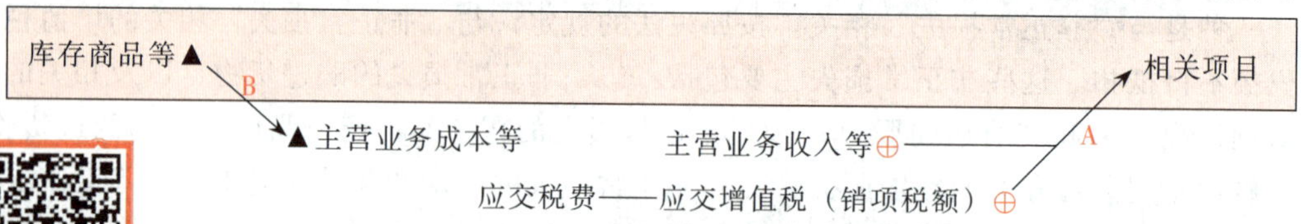

图 2-22　作销售处理的视同销售资金运动分析图

视同销售业务分析

这类业务实际上就是一项正常的销售业务。根据其具体情况，图 2-22 中的相关项目可能是应付账款、换入资产、应付职工薪酬、应付股利等。

（二）不作销售处理，不确认收入与费用

此类业务主要为将自产产品、委托加工物资用于非生产用在建工程，这类业务的特点是存货并没有流出企业，不涉及存货的产权变动，只是资产内部结构的转换而已。既然不涉及产权的变动，那该存货就只能按原来的成本进行结转。其所引起的资金运动如图 2-23 所示。在这种情况下，存货的成本按其历史成本结转，其所引起的资金运动如图 2-23 中 A 段运动所示；增值税销项税额按存货的计税价格计算，其所引起的资金运动如图 2-23 中 B 段运动所示。

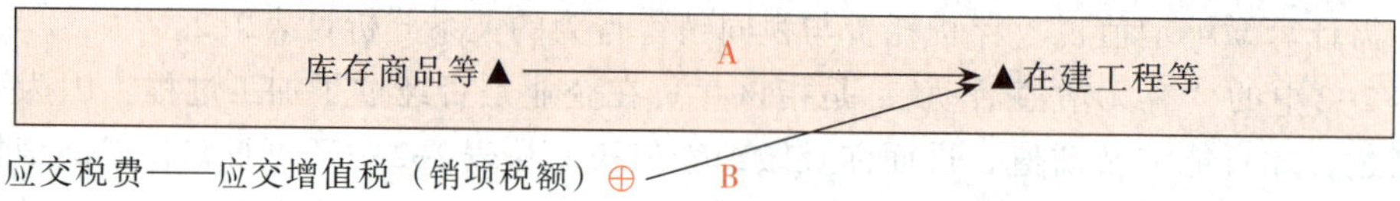

图 2-23　不作销售处理的视同销售资金运动分析图

【例 2-9】企业将自产产品投入到非生产用在建工程，其成本为 20 万元，其计税价格为 30 万元。增值税税率为 13%。具体资金运动分析如图 2-24 所示。

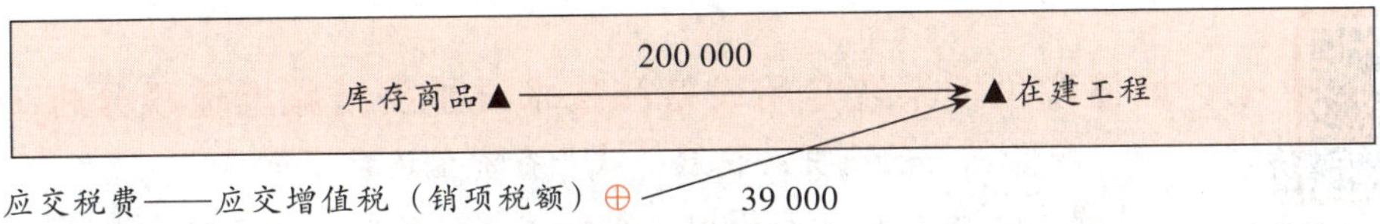

图 2-24 不作销售处理的视同销售具体资金运动分析图

借：在建工程 239 000

贷：库存商品 200 000

应交税费——应交增值税（销项税额） 39 000

六、小规模纳税人增值税资金运动分析

按照现行税法的规定，增值税小规模纳税人不得抵扣进项税额，一般也不得对外开具增值税专用发票，其增值税采用简易计税方法核算。因此，即使取得了增值税专用发票，其增值税进项税额也应该与货物的买价一并计入其成本。

小规模纳税人购买货物时，无论是否取得增值税专用发票，一律价税合并计入存货成本。其资金运动如图 2-25 中 A 段运动所示。小规模纳税人销售货物时，按销售额和一定的增值税征收率确认其应纳增值税税额。其资金运动如图 2-25 中 B 段运动所示。

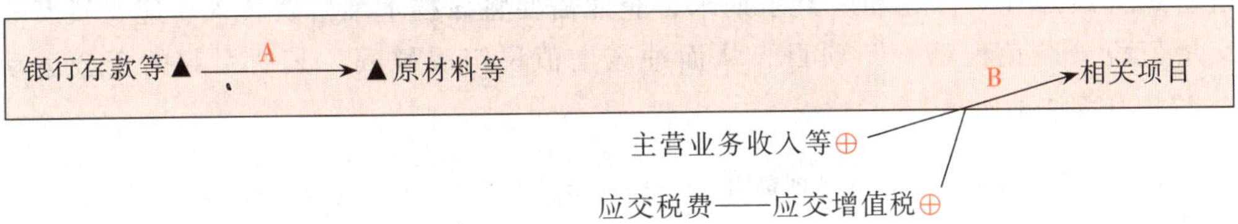

图 2-25 小规模纳税人增值税业务资金运动分析图

【例 2-10】（1）丁公司是增值税小规模纳税人，购入材料一批，取得的增值税专用发票上注明的材料价款为 20 万元，增值税为 26 000 元，发票等结算凭证已收到，货款通过银行转账支付，材料尚未收到（见图 2-26，A 段）。

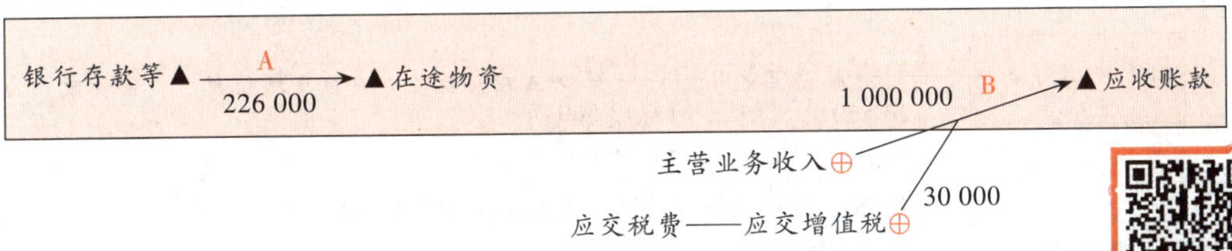

图 2-26 丁公司增值税业务资金运动分析图

小规模纳税人业务处理

借：在途物资 226 000

贷：银行存款 226 000

（2）丁公司本期销售产品，取得销售收入（含增值税）103 万元。其增值税征收率为 3%。货款尚未收到。

将含税收入换算为不含税收入：103÷（1＋3%）=100（万元）（见图 2-26，B 段）。

借：应收账款 1 030 000

贷：主营业务收入　　1 000 000

应交税费——应交增值税　　30 000

七、增值税税控系统专用设备和技术维护费抵减增值税分析

增值税税控设备和维修费减免税款业务

（一）增值税一般纳税人税款抵减业务资金运动分析

税法规定，企业初次购买增值税税控系统专用设备支付的费用及发生的技术维护费允许在增值税应纳税额中全额扣除。

对于一般纳税人而言，企业需单独设置“应交税费——应交增值税（减免税款）”项目。该项目反映按照税法的要求，可以抵扣应纳增值税税额的、与增值税税控系统相关的专用设备购买和技术维护费等。

企业购买增值税税控系统专用设备，在发生时全部作为管理费用处理，其所引起的资金运动如图2-27中A段运动所示。到期末时再将其冲减企业本期应缴纳的增值税，但为了保持增值税各明细项目的完整性，该笔业务所引起的资金运动并没有直接冲销“应交税费——应交增值税（销项税额）”，而是通过对该资金运动进行管控，从而在“应交税费——应交增值税（销项税额）”项目的附近停留下来，进而产生一个新的项目——“应交税费——应交增值税（减免税款）”；其所引起的资金运动如图2-27中B段运动所示。

在使用该税控设备期间，企业可能发生一定的技术维护费等，其发生时所引起的资金运动如图2-27中A段运动。到了期末，企业需要将该技术维修费转入“应交税费——应交增值税（减免税款）”项目，从而冲减增值税销项税额，其所引起的资金运动如图2-27中B段运动所示。

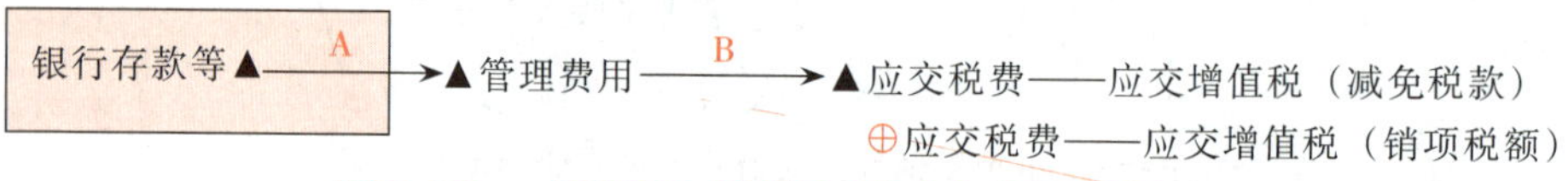

图2-27　一般纳税人税款抵减业务资金运动分析图

【例2-11】（1）甲公司是增值税一般纳税人，公司购入税控专用设备，取得的增值税专用发票上注明的买价为12 000元，增值税为1 560元。贷款已通过银行转账支付（见图2-28，A段（1））。

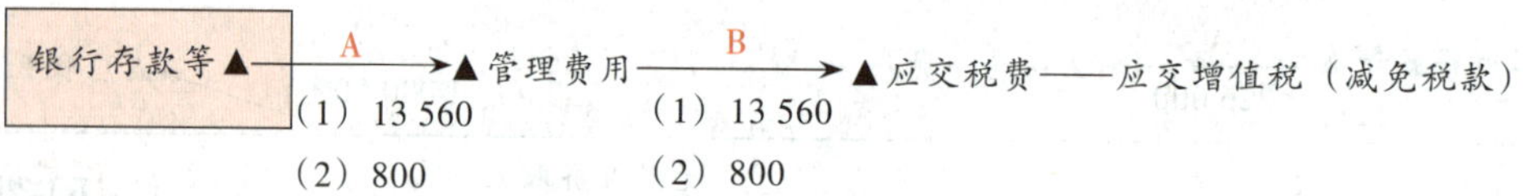

图2-28　一般纳税人税款抵减业务资金运动分析图

借：管理费用　　13 560

贷：银行存款　　13 560

（2）月末时，将其转入减免税款，冲抵本期的应交增值税（见图2-28，B段（1））。

借：应交税费——应交增值税（减免税款）　　13 560

贷：管理费用　　13 560

（3）甲公司在使用过程中，发生维护费800元，以现金支票支付。期末再将其冲减应交税费（见图2-28，A、B段（2））。

借：管理费用　　800

　贷：银行存款　　800

借：应交税费——应交增值税（减免税款）　　800

　贷：管理费用　　800

（二）小规模纳税人税款抵减业务资金运动分析

对于小规模纳税人而言，其税控系统专用设备费和技术维修费抵减增值税所引起的资金运动流程和图2-27基本一样。其主要区别主要是小规模纳税人没有销项税额，不设置“应交税费——应交增值税（减免税款）”抵减项目，而是直接冲减“应交税费——应交增值税”项目。其具体资金运动如图2-29所示。

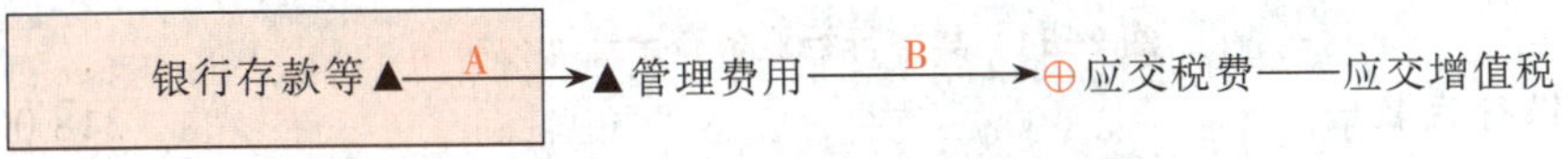

图2-29　小规模纳税人税款抵减业务资金运动分析图

八、差额征税业务处理

根据财政部和国家税务总局增值税相关规定，对于企业发生的某些业务（金融商品转让、经纪代理业务、融资租赁和融资性售后回租业务、一般纳税人提供客运场站服务、试点纳税人提供旅游服务、选择简易计税方法提供建筑服务等）无法通过抵扣机制避免重复征税的，应采用差额征收方式计算应纳增值税。

（一）企业按规定相关成本费用允许扣减销售额的业务处理

1.收入按总额法确认

差额征税业务分析

按照增值税制度的规定，企业发生相关成本费用允许扣减销售额的，会导致增值税销项税额的减少。在采用总额法确认收入的情况下，企业发生成本费用，其所引起的资金运动如图2-30中A段运动所示。待取得合规增值税扣税凭证且纳税义务发生时，按照允许抵扣的税额，冲减销项税额；在冲减销项税额时，为了保持“应交税费——应交增值税（销项税额）”项目的完整性，资金并没有直接将其冲销，而是在其附近停留下来，从而形成一个新的项目——“应交税费——应交增值税（销项税额抵减）”。其所引起的资金运动如图2-30中B段运动。

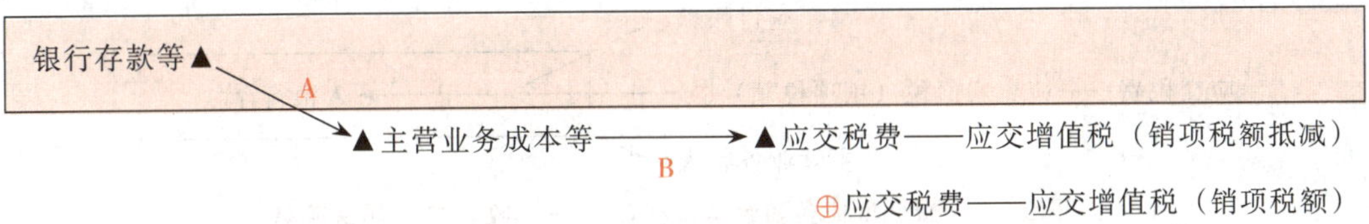

图2-30　差额征税业务资金运动分析图——收入按总额法确认

需要注意的是，如该笔销售业务原采用的是简易计税方法处理的，则不需要单独设立“应交税费——应交增值税（销项税额抵减）”项目，而是直接冲减“应交税费——简易计税”项目（一般纳税人）或“应交税费——应交增值税”项目（小规模纳税人）。

【例2-12】某旅行社为增值税一般纳税人，应交增值税采用差额征税方式核算，其收入确认采用总额法。20×8年10月份，该旅行社为乙公司提供职工境内旅游服务，向乙公司收取含税价款318 000元，其中增值税18 000元，全部款项已收妥入账。旅行社以银行存款支付其他接团旅游公司的旅游费用和其他单位相关费用共计254 400元，其中因允许扣减销售额而减少的销项税额为14 400元。

（1）确认旅游服务收入（见图2-31，A段）。

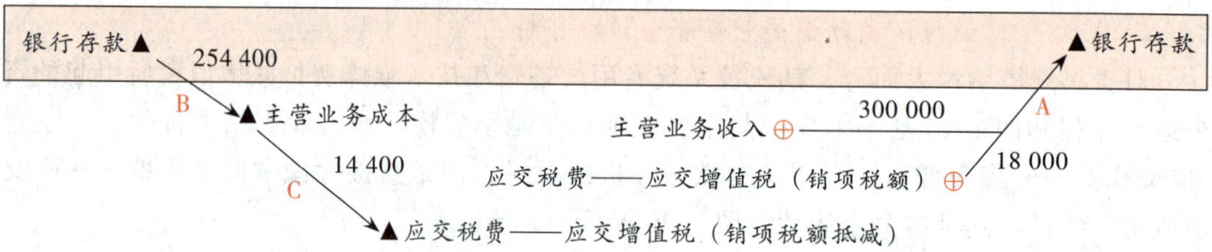

图2-31　某旅行社业务资金运动分析图

借：银行存款	318 000	
贷：主营业务收入		300 000
应交税费——应交增值税（销项税额）		18 000

（2）支付旅游费用（见图2-31，B段）。

借：主营业务成本	254 400	
贷：银行存款		254 400

（3）根据增值税扣税凭证扣减销项税额，并调整主营业务成本（见图2-31，C段）。

借：应交税费——应交增值税（销项税额抵减）	14 400	
贷：主营业务成本		14 400

也可将图2-31中B、C两段合并：

借：主营业务成本	240 000	
应交税费——应交增值税（销项税额抵减）	14 400	
贷：银行存款		254 400

2.收入按净额法确认

在收入按净额法确认时，允许从销售额中扣除其支付给其他单位的款项应单独确认为应付账款，按销售额扣除支付给其他单位的款项后的净额确认收入及其增值税销项税额。其所引起的资金运动如图2-32所示。

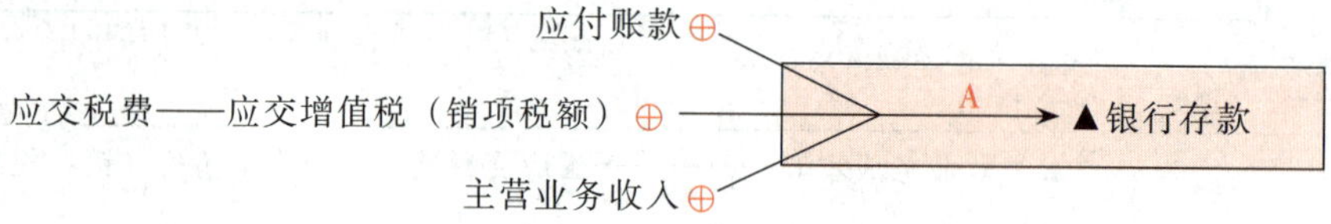

图2-32　差额征税业务资金运动分析图——收入按净额法确认

【例2-13】某客运站为增值税一般纳税人，为客运公司提供客源组织、售票、检票、发车、运费结算等服务。该企业采用差额征税的方式，以其所取得的全部价款和价外费用，扣除支付给承运方运费后的余额作为销售额。本期该企业向旅客收取车票款项530 000元，应向客运公司支付477 000元；剩下的53 000元中50 000元为销售额，3 000元为增值税销项税额。其所引起的资金运动如图2-33所示。

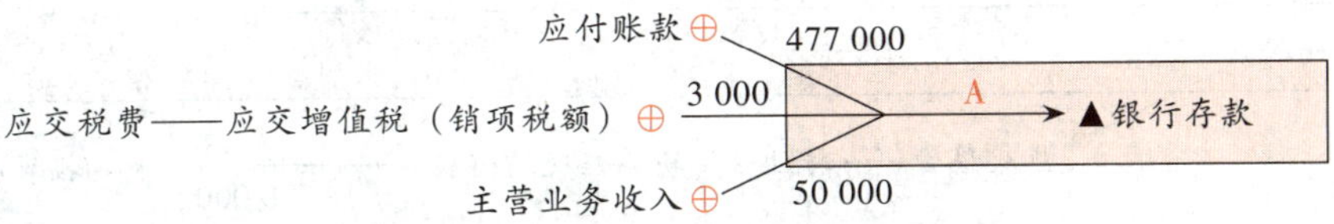

图 2-33　某客运站业务资金运动分析图

借：银行存款　　530 000

　贷：主营业务收入　　50 000

　　应交税费——应交增值税（销项税额）　　3 000

　　应付账款　　477 000

（二）企业转让金融商品按规定以盈亏相抵后的余额作为销售额

无论是增值税一般纳税人还是小规模纳税人，其转让金融商品都需要缴纳增值税。其所引起的资金运动及会计处理是完全一样的。其增值税的计量应该按照盈亏相抵后的余额作为销售额。其确认时间一般应为发生金融商品实际转让的月末。

金融商品转让按照卖出价扣除买入价（不需要扣除已宣告但尚未发放的现金股利和已到付息期但尚未领取的利息）后的余额作为销售额计算增值税，即转让金融商品按盈亏相抵后的余额为销售额。若相抵后出现负差，可结转下一纳税期与下期转让金融商品销售额互抵，但年末仍有负差的，不得转入下一会计年度。

企业实际转让金融商品的月末，如产生累计转让收益，就应该确认其应缴纳的增值税税额，其资金运动如图 2-34 中 A 段运动所示；如产生转让损失，则应确认其可以抵扣下月应交增值税税额的抵扣税额，其资金运动如图 2-34 中 A 段运动所示，但其流量为负数。到了年末，如有借方余额，说明本年度的金融商品转让损失无法弥补，且本年度的金融资产转让损失不可转入下年度继续抵减转让金融资产的收益，应将其转销，其资金运动如图 2-34 中 A 段运动所示。缴纳增值税时，其资金运动如图 2-34 中 B 段运动所示。

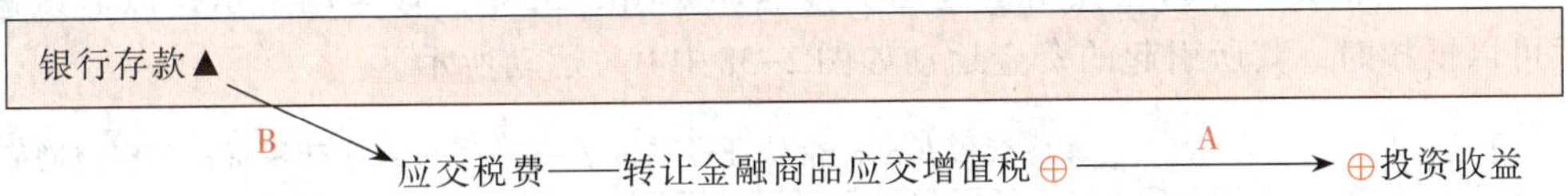

图 2-34　转让金融商品应交增值税业务资金运动分析图

【例 2-14】（1）某企业 20×7 年 8 月，转让金融商品盈亏相抵后投资收益为 106 万元（含税，增值税税率为 6%）。其所引起的资金运动如图 2-35 所示。

应交增值税=106÷（1+6%）×6%=6（万元）

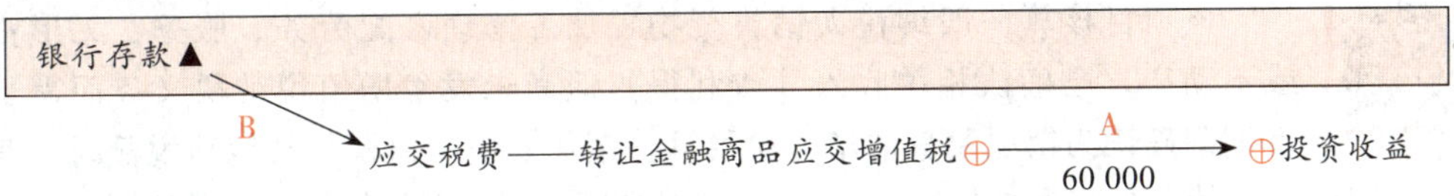

图 2-35　转让金融商品应交增值税业务具体资金运动分析图 1

借：投资收益　　60 000

　贷：应交税费——转让金融商品应交增值税　　60 000

（2）该企业 20×7 年 9 月，转让金融商品盈亏相抵后投资收益为 −212 万元（含税，增值税税率为 6%）。其所引起的资金运动如图 2-36 所示。

应交增值税=−212÷（1+6%）×6%=−12（万元）

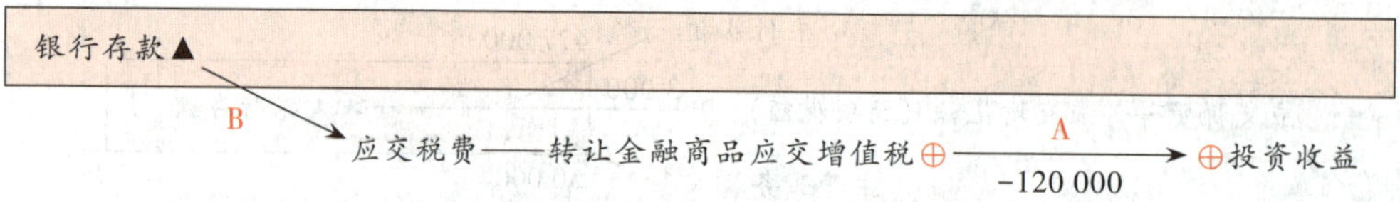

图 2-36　转让金融商品应交增值税业务具体资金运动分析图 2

借：应交税费——转让金融商品应交增值税　　120 000

　贷：投资收益　　120 000

（3）截至 20×7 年 12 月 31 日，该企业“应交税费——转让金融商品应交增值税”项目为借方余额 20 万元。其所引起的资金运动如图 2-37 所示。

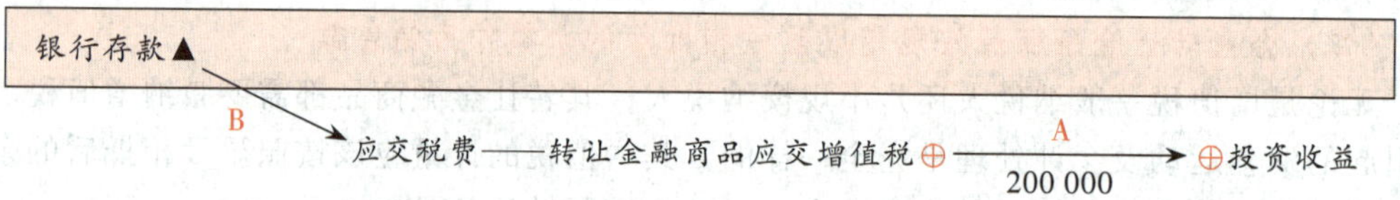

图 2-37　转让金融商品应交增值税业务具体资金运动分析图 3

借：投资收益　　200 000

　贷：应交税费——转让金融商品应交增值税　　200 000

九、增值税其他特殊业务资金运动分析

（一）应交税费——待认证进项税额

该项目核算一般纳税人由于未经税务机关认证而不得从当期销项税额中抵扣的进项税额。其包括：一般纳税人已取得增值税扣税凭证、按照现行增值税制度的规定准予从销项税额中抵扣，但尚未经税务机关认证（选择抵扣）的进项税额；一般纳税人申请稽核但尚未取得与稽核结果相符的海关缴款书进项税额。

企业发生相关业务时，其所引起的资金运动如图 2-38 中 A 段运动所示；以后该进项税额可以抵扣时，其所引起的资金运动如图 2-38 中 B 段运动所示。

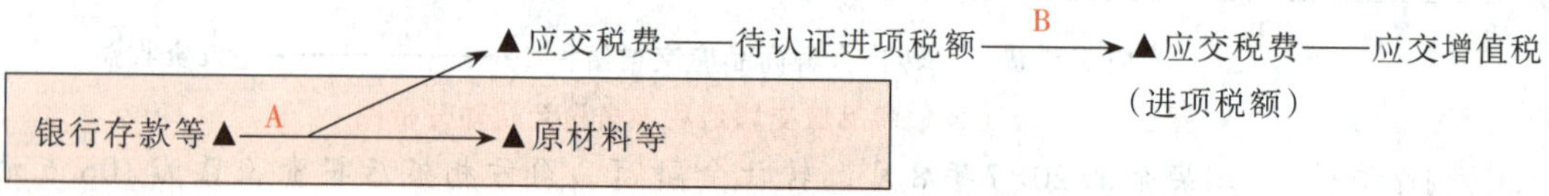

图 2-38　待认证进项税额业务资金运动分析图

增值税其他特殊业务分析

（二）应交税费——待转销项税额

该项目核算一般纳税人销售货物、加工修理修配劳务、服务、无形资产或不动产，已确认相关收入（或利得）但尚未发生增值税纳税义务而需于以后期间确认为销项税额的增值税税额。企业发生增值税待转销项税额时，其所引起的资金运动如图 2-39 中 A1 段运动所示；以后分期转销时，其所引起的资金运动如图 2-39 中 B 段运动所示。

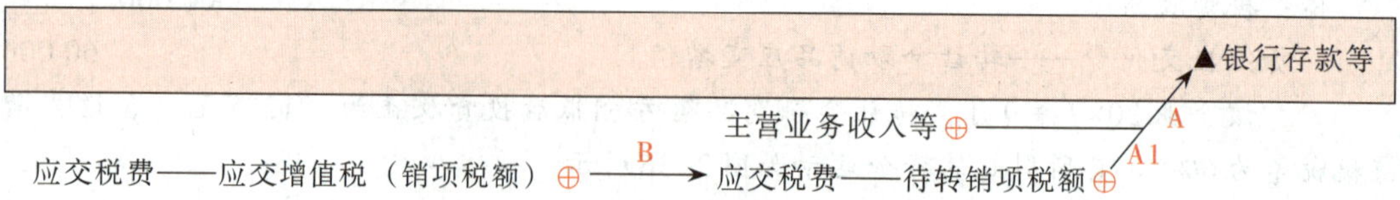

图 2-39　待转销项税额资金运动分析图

（三）应交税费——预交增值税

该项目核算一般纳税人转让不动产、提供不动产经营租赁服务、提供建筑服务、采用预收款方式销售自行开发的房地产项目等，按现行增值税制度的规定应预交的增值税税额。

企业实际预缴增值税时，其引起的资金运动如图2-40中A段运动所示；期末，企业需要将其结转到“应交税费——未交增值税”项目，其所引起的资金运动如图2-40中B段运动所示。

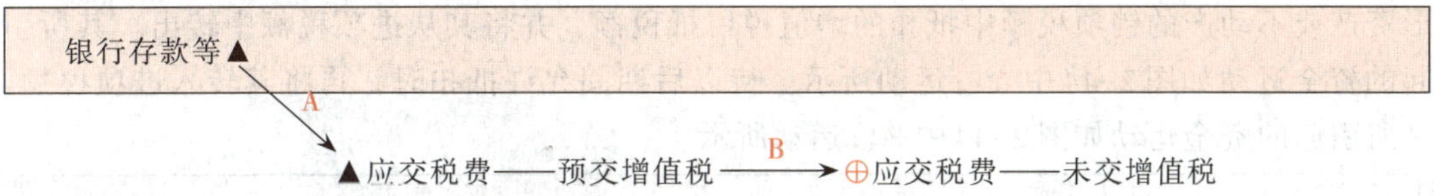

图2-40　预交增值税资金运动分析图

（四）应交税费——未交增值税

该项目核算一般纳税人月度终了从“应交增值税”或“预交增值税”明细项目转入当月应交未交、多交业务（如图2-41，A段运动所示）或预交的增值税税额业务（如图2-41，B段运动所示），以及当月缴纳以前期间未交的增值税税额业务（如图2-41，C段运动所示）。与“应交税费——未交增值税”项目有关的资金运动如图2-41所示。

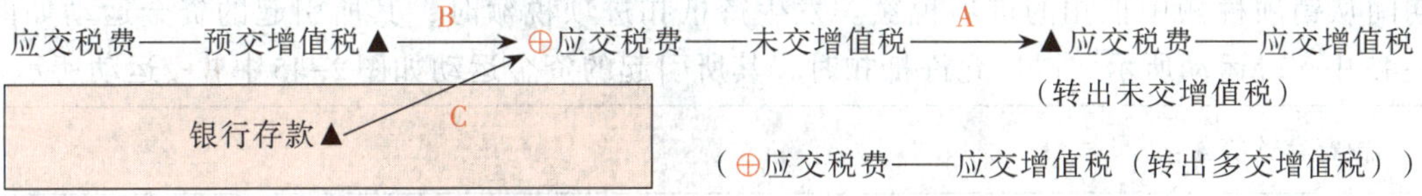

图2-41　未交增值税相关资金运动分析图

（五）应交税费——简易计税

该项目核算一般纳税人采用简易计税方法发生的增值税计提、扣减、预交、缴纳等业务。其所引起的资金运动如图2-42所示。

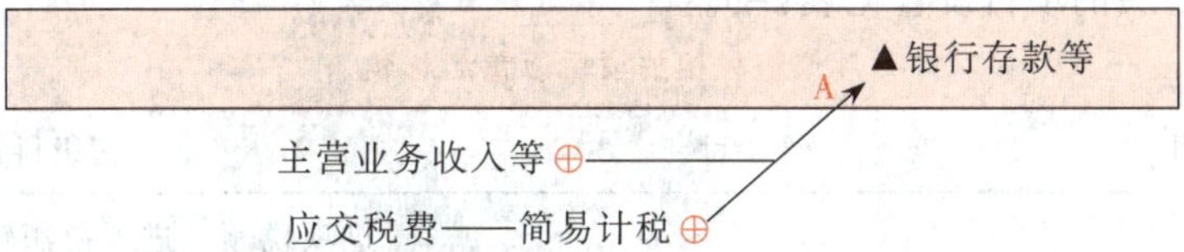

图2-42　简易计税业务资金运动分析图

（六）应交税费——代扣代交增值税

按照现行增值税制度的规定，境外单位或个人在境内发生应税行为，在境内未设有经营机构的，应该以购买方为增值税扣缴义务人。

境内一般纳税人购进服务、无形资产或不动产时，应按相关金额确认相关成本费用或资产以及其进项税额，并同步确认其代扣代缴义务。其所引起的资金运动如图2-43所示。

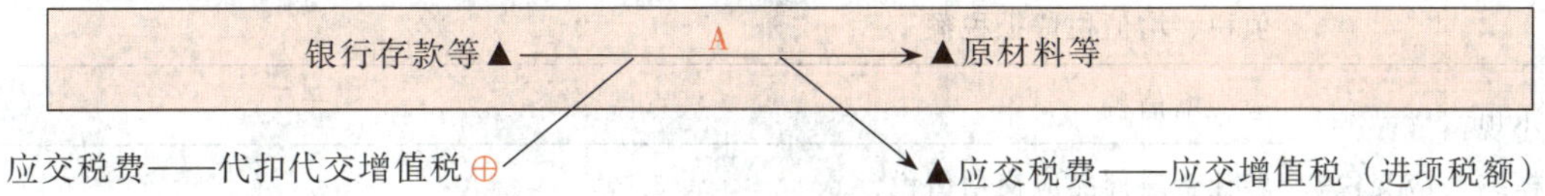

图2-43　代扣代交增值税资金运动分析图

小规模纳税人涉及相关业务时，其资金运动流程和一般纳税人基本一致。

（七）应交税费——增值税留抵税额

该项目是指兼有销售服务、无形资产或者不动产的原增值税一般纳税人，截至纳入“营改增”试点之日前的增值税期末留抵税额，按照现行增值税制度的规定不得从销售服务、无形资产或不动产的销项税额中抵扣的，应在“应交税费”科目下增设“增值税留抵税额”明细项目。

在纳入“营改增”试点当月月初，原增值税一般纳税人应确认其不得从销售服务、无形资产或不动产的销项税额中抵扣的增值税留抵税额，并将其从进项税额中转出。其所引起的资金运动如图2-44中A段运动所示。待以后期间允许抵扣时，再将其转入进项税额。其所引起的资金运动如图2-44中B段运动所示。

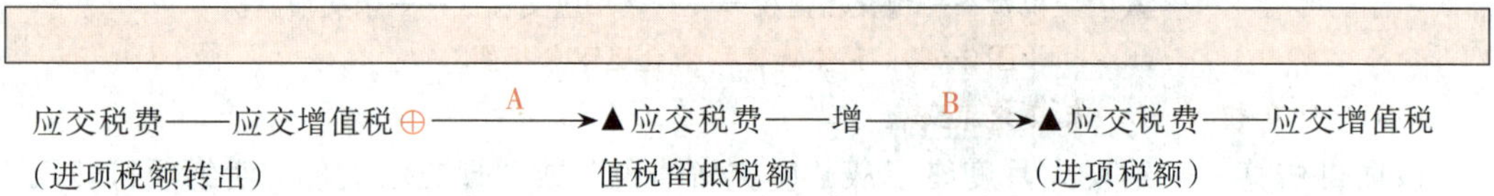

图2-44　增值税留抵税额资金运动分析图

（八）待抵扣进项税额

该项目核算一般纳税人已取得增值税扣税凭证并经税务机关认证，按照规定准予以后期间从销项税额中抵扣的进项税额。发生待抵扣进项税额时，其所引起的资金运动如图2-45中A段运动所示。以后允许抵扣时，其所引起的资金运动如图2-45中B段运动所示。

图2-45　待抵扣进项税额业务资金运动分析图

（九）增值税项目设置小结

与增值税有关的项目设置见表2-3。

表2-3　增值税相关项目设置汇总表

纳税人	一级科目	二级科目	三级科目
一般纳税人	应交税费	应交增值税	进项税额、进项税额转出；销项税额，销项税额抵减；已交税金；转出未交增值税、转出多交增值税；出口退税、出口抵减内销产品应纳税额；减免税款
		待抵扣进项税额、待认证进项税额、待转销项税额、简易计税、转让金融商品应交增值税、未交增值税、预交增值税、代扣代交增值税、增值税留抵税额	
小规模纳税人	应交税费	应交增值税	
		转让金融商品应交增值税	
		代扣代交增值税	

增值税业务设置这么多明细项目，其原因主要有以下两点：（1）增值税是国家重要的税种，国家需要对其进行严密管理与控制；（2）为满足税务稽查的需要，企业需要提供有关增值税业务所有的、未经任何修正的原始资料。

十、财务报表相关项目列示

增值税明细项目很多，在编制资产负债表时，需要对这些明细项目进行重新确认与计量。

“应交增值税”“未交增值税”“待抵扣进项税额”“待认证进项税额”“增值税留抵税额”等明细科目期末借方余额应根据情况，在资产负债表中的“其他流动资产”或“其他非流动资产”项目列示。

“应交税费——待转销项税额”等科目期末贷方余额应根据情况，在资产负债表中的“其他流动负债”或“其他非流动负债”项目列示。

“未交增值税”“简易计税”“转让金融商品应交增值税”“代扣代交增值税”等科目期末贷方余额应在资产负债表中的“应交税费”项目列示。

第三章　筹资环节资金运动分析与会计处理

本章主要学习权益性筹资和债务性筹资。权益性筹资主要涉及所有者投入的资本、其他综合收益、留存收益等；本章重点介绍投入资本所引起的资金运动及其会计处理。债务性筹资主要是指企业向债权人借入资金，本章重点介绍短期借款所引起的资金运动及其会计处理。

知识点自测

第一节　权益性筹资资金运动分析与会计处理

一、权益性筹资概述

（一）所有者权益的概念及构成

所有者权益是指所有者在企业资产中享有的经济利益，其金额为资产减去负债后的余额，即一个会计主体在一定时期所拥有或可控制的具有未来经济利益资源的净额。会计方程式“资产-负债=所有者权益”清楚地说明了所有者权益实质上是一种剩余权益，是企业全部资产减去全部负债后的差额，体现了企业的权益性产权关系。

企业的所有者权益根据其核算的内容和要求，可分为实收资本（或股本）、资本公积、其他权益工具、其他综合收益、盈余公积和未分配利润等部分。其中，实收资本（或股本）和资本公积统称为投入资本，盈余公积和未分配利润统称为留存收益。

（二）所有者权益的具体构成

所有者权益概述

1.投入资本

投入资本是企业在创办时以及在以后的生产经营过程中，所有者按照公司的章程，或合同、协议的约定，实际投入企业的资本。企业投资者投入资本金额可能与注册资本相同，也可能不同。投资者投入资本与企业注册资本相对应的部分被称为实收资本或股本，投入资本超过注册资本的部分被称为资本公积。

（1）实收资本（或股本）

实收资本（或股本）是企业按照公司章程规定或合同、协议的约定，接受投资者投入的资本。实收资本的构成比例或股东的股份比例，是确定所有者在企业所有者权益中份额的基础，也是企业进行利润或股利分配的主要依据。

我国《公司法》规定，股东可以用货币出资，也可以用实物、知识产权、土地使用权等可以用货币估价并可以依法转让的非货币性财产作价出资；但法律、行政法规规定不得作为出资的财产除外。法律、行政法规对评估作价有规定的，从其规定。股东应按期足额缴纳公司章程中规定的各自所认缴的出资额。固定以货币出资的，应当将货币出资足额存入公司在银行开设的账户；以非货币性财产出资的，应当依法办理该财产权的转移手续。股东不按规定缴纳出资的，除应当向公司足额缴纳外，还应该向已按期足额缴纳出资的股东承担违约责任。企业收到所有者投入企业的资本后，应按照有关原始凭证（如投资清单、银行通知单等），分别不同的出资方式进行会计处理。

（2）资本公积

资本公积是指企业在经营过程中由于资本溢价（或股本溢价）以及法定财产重估增值等原因所形成的公积金。资本公积包括资本溢价（或股本溢价）和其他资本公积等。

形成资本溢价（或股本溢价）的原因有溢价发行股票、投资者超额缴入资本等。

其他资本公积是指除资本溢价（或股本溢价）、净收益、其他综合收益和利润分配以外所有者权益的其他变动。比如，企业的长期股权投资采用权益法核算时，因被投资单位除净损益、其他综合收益以及利润分配以外的所有者权益的其他变动（主要包括被投资单位接受其他股东的资本性投入、被投资单位发行可分离交易的可转债中包含的权益成分、以权益结算的股份支付、其他股东对被投资单位增资导致投资方持股比例变动等），投资企业按照应享有份额而增加或减少的资本公积，直接计入投资方所有者权益（资本公积——其他资本公积）。

根据国家有关规定，企业实行股权激励的，如果在等待期内取消了授予的权益工具，企业应在进行权益工具加速行权处理时，将剩余等待期内应确认的金额计入当期损益，并同时确认资本公积（其他资本公积）。企业集团（由母公司和其全部子公司构成）内发生的股份支付，如结算企业为接受服务企业的投资者，应当按照授予日权益工具的公允价值或应承担负债的公允价值确认为对接受服务企业的长期股权投资，同时确认资本公积（其他资本公积）或负债。

2.留存收益

留存收益是指企业从历年实现的利润中提取或形成的留存于企业的内部积累，包括盈余公积和未分配利润两部分。

盈余公积是指企业按照规定从净利润中提取的各种积累资金。公司制企业的盈余公积包括如下内容：①法定盈余公积。法定盈余公积是指企业按照公司法规定的比例从净利润中提取的盈余公积。②任意盈余公积。任意盈余公积是指企业按照股东会或股东大会决议从净利润中提取的盈余公积。

企业的盈余公积可用于弥补亏损、转增资本（或股本）。符合规定条件的企业，也可以用盈余公积分派现金股利。

未分配利润是指企业实现的净利润经过弥补亏损、提取盈余公积和向投资者分配利润后留存在企业的、历年结存的利润。相对于所有者权益的其他部分来说，企业对于未分配利润的使用有较大的自主权。

3.资本公积与实收资本（或股本）、留存收益、其他综合收益的区别

资本公积与实收资本（或股本）的区别主要体现在两个方面：（1）从性质和来源看，实收资本（或股本）是投资者按照公司章程或合同、协议的约定，实际投入企业并依法进行注册的资本，它体现了企业所有者对企业的基本产权关系。资本公积是投资者的出资额超过其在注册资本中所占份额的部分（即资本溢价或股本溢价），以及其他资本公积，它不直接表明企业所有者对企业的基本产权关系。（2）从用途上看，实收资本（或股本）的构成比例是确定所有者参与企业财务经营决策的基础，也是企业进行利润分配或股利分配的依据，同时还是企业清算时确定所有者对净资产的要求权的依据。资本公积的用途主要是转增资本（或股本）。资本公积不体现各所有者的占有比例，也不能作为所有者参与企业财务经营决策或利润分配的依据。

资本公积与留存收益的区别在于：资本公积的来源不是企业实现的利润，而主要来源于资本溢价（或股本溢价）等。留存收益是企业从历年实现的利润中提取或形成的留存于企业的内部积累，来源于企业生产经营活动所实现的利润。

资本公积与其他综合收益的区别在于：其他综合收益是指企业根据企业会计准则的规定未在当期损益中确认的各项利得和损失。资本公积和其他综合收益都会引起企业所有者权益发生增减变化，资本公积中资本溢价（或股本溢价）不会影响企业的损益，而部分其他综合收益项目则在满足企业会计准则的条件时，可以重分类进损益，从而成为企业利润的一部分。

知识点自测

二、投入资本的资金运动分析与会计处理

（一）投入资本初始投入所引起的资金运动分析

1.有限责任公司初始投入资金运动分析

企业需要将投资者投入资本分为两部分：将投入资本中与投资者在注册资本中所占份额相等的部分确认为实收资本，其所引起的资金运动如图3-1中A段运动所示；超过投资者在注册资本中所占份额对应金额的部分，要单独确认为资本公积，其所引起的资金运动如图3-1中B段运动所示。

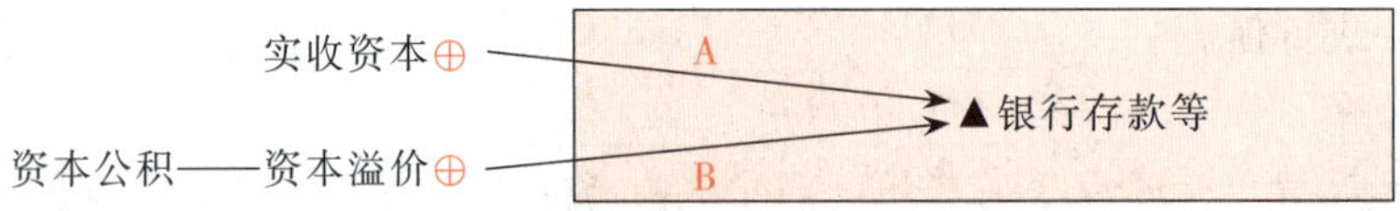

图3-1　有限责任公司初始投入资金运动分析图

【例3-1】甲公司20×8年1月2日由A、B、C三位股东共同出资组建，按照出资协议的规定，A、B、C投资者的出资比例分别为40%、35%和25%，其注册资本总额为200万元。A、B、C三位股东均以货币资金出资。其所引起的资金运动如图3-2所示。

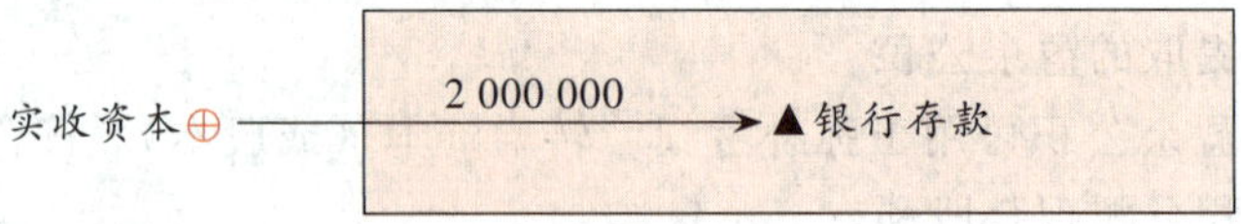

图3-2　有限责任公司初始投入具体资金运动分析图1

有限责任公司初始投入资本业务

借：银行存款　　2 000 000

　贷：实收资本——A　　800 000

　　　　　　——B　　700 000

　　　　　　——C　　500 000

【例3-2】接【例3-1】。20×9年6月30日，经甲公司全体股东一致同意，接受D投资者加入公司，并将公司注册资本增至300万元。D投资者以货币资金50万元出资，占甲公

司注册资本的10%。注册资本剩余增资部分由原股东按原持股比例以货币资金补齐。其所引起的资金运动如图3-3所示。

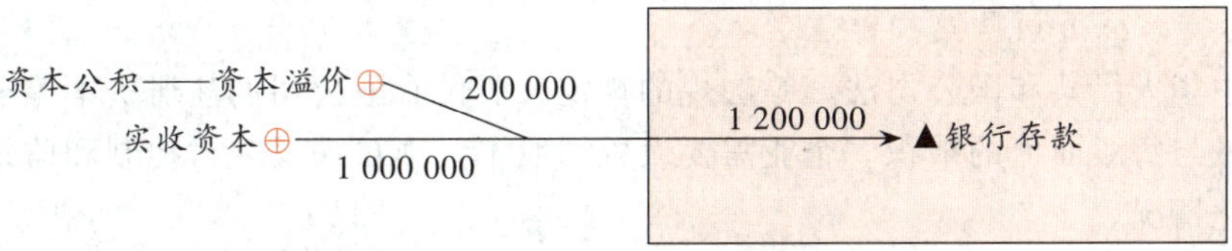

图3-3　有限责任公司初始投入具体资金运动分析图2

借：银行存款　　1 200 000

　贷：实收资本——A　　280 000

　　　　　　——B　　245 000

　　　　　　——C　　175 000

　　　　　　——D　　300 000

　　资本公积——资本溢价　　200 000

【例3-3】乙有限责任公司于设立时收到M公司作为资本投入的原材料。该批原材料投资合同或协议约定的价值（不含可抵扣的增值税进项税额部分）为1 000 000元，增值税进项税额为130 000元（由投资方支付该税款，并提供或开具增值税专用发票）。合同约定的价值与其公允价值相等，不考虑其他因素。乙有限责任公司对原材料按实际成本进行日常核算。其所引起的资金运动如图3-4所示。

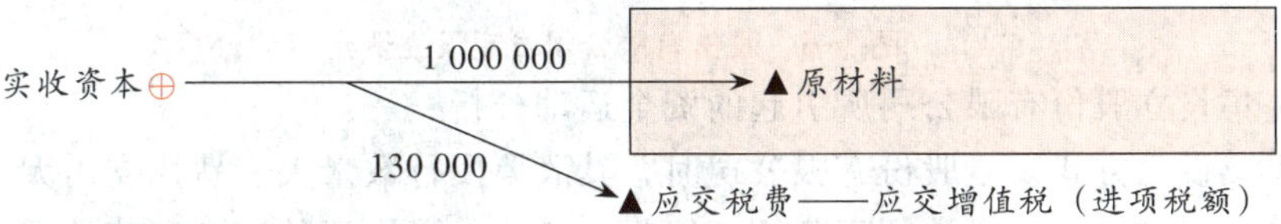

图3-4　有限责任公司初始投入具体资金运动分析图3

借：原材料　　1 000 000

　应交税费——应交增值税（进项税额）　　130 000

　贷：实收资本——M公司　　1 130 000

【例3-4】乙有限责任公司于设立时收到N公司作为资本投入的原材料，投资后N公司占乙有限责任公司注册资本10 000 000元的11%。该批原材料投资合同或协议约定的价值（不含可抵扣的增值税进项税额部分）为1 000 000元，增值税进项税额为130 000元（由投资方支付该税款，并提供或开具增值税专用发票）。合同约定的价值与其公允价值相等，不考虑其他因素。乙有限责任公司对原材料按实际成本进行日常核算。其所引起的资金运动如图3-5所示。

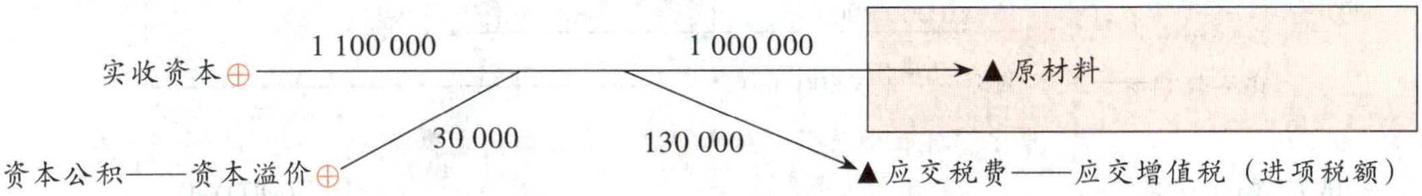

图3-5　有限责任公司初始投入具体资金运动分析图4

借：原材料　　1 000 000

　应交税费——应交增值税（进项税额）　　130 000

贷：实收资本——N公司　　1 100 000

　　资本公积——资本溢价　　30 000

2.股份有限公司初始投入资金运动分析

按《中华人民共和国公司法》等法规的规定，股份有限公司的注册资本等于公司发行股票的数量与每股面值的乘积。企业需要设置"股本"项目来反映、控制和监督注册资本的增减变化情况。

企业发行股票取得的收入与股本的总额可能存在不一致的情况。公司发行股票取得的收入大于股本总额的，称为溢价发行；小于股本总额的，称为折价发行；等于股本总额的，称为面值发行。我国目前不允许企业折价发行股票。

（1）发起设立股份有限公司所引起的资金运动分析

采用发起设立方式设立股份有限公司时，股东是固定的，无须聘请券商向社会募集股份，因而其筹资费用相对较少，其筹资费用应从股票溢价收入中扣除，冲减股本溢价。

企业发行股票筹集资金，将与注册资本对应的部分确认为"股本"，其所引起的资金运动如图3-6中A段运动所示；发行股票所获得的溢价收入扣除相关筹资费用后确认为"资本公积——股本溢价"，其所引起的资金运动如图3-6中B段运动所示。

股份有限公司初始投入资本业务

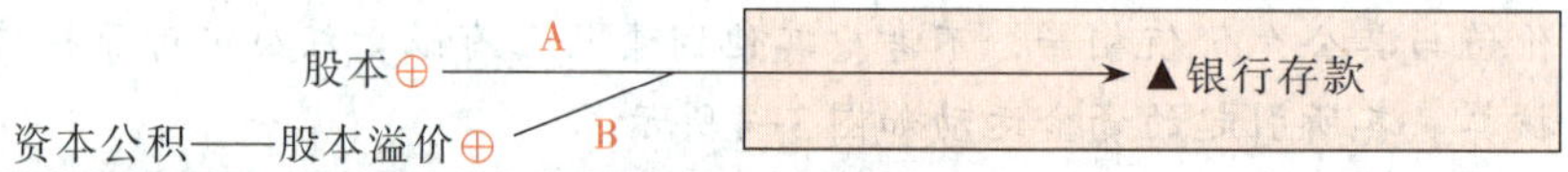

图3-6　股份有限公司发起设立资金运动分析图

（2）募集设立股份有限公司所引起的资金运动分析

采用募集设立方式设立股份有限公司时，其股票发行数量大、费用支出大，其筹资费用（主要是支付给券商、会计师事务所、律师事务所、资产评估事务所等的手续费）金额较大，该筹资费用应从股票溢价收入中扣除。企业应按实际收到的金额，反映"银行存款"的增加，按照发行股票的面值，反映"股本"的增加，按实收的款额超过股票面值的差额扣除筹资费用后反映"资本公积"的增加。

【例3-5】20×8年3月20日，甲公司委托乙证券公司代理发行普通股40 000 000股，每股面值1元，按每股12元的价格发行。甲公司与乙证券公司约定，按发行收入的3%支付手续费，从发行收入中扣除。假如收到的股款已存入银行。其所引起的资金运动如图3-7所示。

公司实际收到的银行存款=40 000 000×12×（1−3%）=465 600 000（元）

"资本公积"金额=发行净收入−股本金额=465 600 000−40 000 000=425 600 000（元）

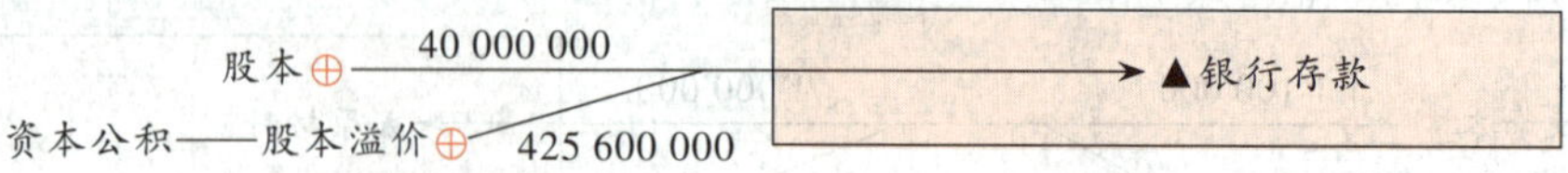

图3-7　股份有限公司募集设立资金运动分析图

借：银行存款　　465 600 000

　贷：股本　　40 000 000

　　资本公积——股本溢价　　425 600 000

（二）投入资本后续业务所引起的资金运动分析

在一般情况下，企业的实收资本或股本应相对稳定，不能随意增减。但在某些特殊情况下，实收资本（或股本）也会发生增减变化。《中华人民共和国企业法人登记管理条例》规定，企业的实收资本与原来注册资本数额增减变化超过20%时，应持有关资金证明或验资报告，向原登记机关申请变更登记。

后续增加资本业务

1.增加资本所引起的资金运动分析

公司增加注册资本的方式或途径主要有以下四种：

（1）以资本公积转增资本，其所引起的资金运动如图3-8中A段运动所示。

（2）以盈余公积转增资本，其所引起的资金运动如图3-8中B段运动所示。由于将盈余公积转增资本，实际上就是将收益分配给投资者，所以企业需要代扣代缴个人所得税，可提供的盈余公积在扣除代扣代缴个人所得税后的部分才能转增资本。但需特别注意的是，用法定盈余公积转增资本后，留存的法定盈余公积的数额不得少于转增前的注册资本的25%。

（3）投资者追加投入，包括原有的投资者追加投资，也包括新投资者投入。企业应将投资者投入的资金与注册资本对应的部分确认为“实收资本”或“股本”，投入资本超过注册资本的部分确认为“资本公积”，其所引起的资金运动如图3-8中C段运动所示。

（4）股票股利的分配，其所引起的资金运动如图3-8中D段运动所示。企业可以根据股东大会的决议以发放股票股利的形式增资，但须注意以下两点：其一，在公司董事会提请股东大会批准方案中涉及股票股利时，无须作会计处理，只有股东大会批准了发放股票股利的方案并办理了增资手续后，才按照股票的面值反映“股本”的增加。其二，在发放股票股利时，按照股东原来持有的股数分配，如果股东所持有的股份按比例分配不足一股时，应采取恰当的方法处理。通常采用两种方式解决：一是将不足一股的股票股利改为现金股利，用现金支付；二是由股东之间相互转让，凑为整股。

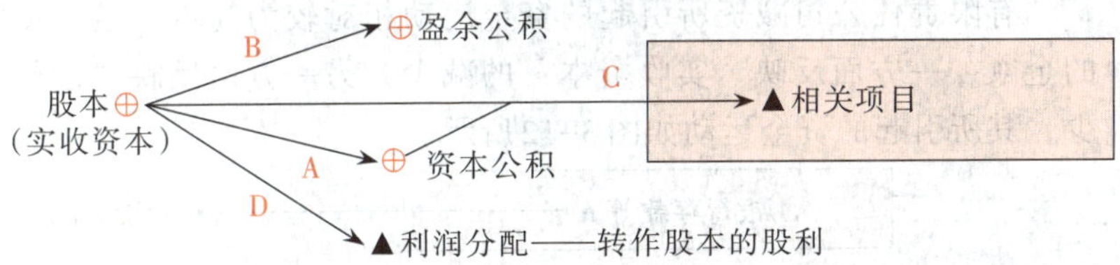

图3-8　公司增加资本所引起的资金运动分析图

【例3-6】甲公司20×8年3月15日经批准，将原计入资本公积的股本溢价1 000万元转增资本，每1元资本公积转为1股股份，并向原登记机关办理了变更登记。其所引起的资金运动如图3-9所示。

图3-9　公司增加资本所引起的资金运动分析图1

借：资本公积——股本溢价　　10 000 000

　贷：股本　　10 000 000

【例3-7】乙公司20×9年3月15日经批准，将原计入资本公积的资本溢价1 000万元转增实收资本，每1元资本公积转为1元实收资本，该公司现有A、B、C三位股东，其持股比例分别为60%、30%和10%，并向原登记机关办理了变更登记。其所引起的资金运动如图3-10所示。

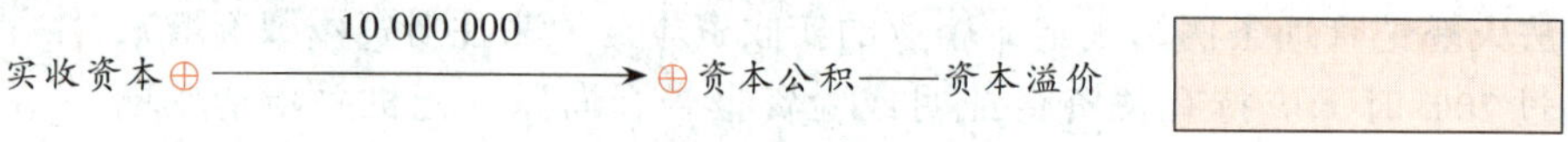

图3-10 公司增加资本所引起的资金运动分析图2

借：资本公积——资本溢价　　10 000 000
　贷：实收资本——A　　6 000 000
　　　　　　——B　　3 000 000
　　　　　　——C　　1 000 000

（5）以权益结算的股份支付

以权益结算的股份支付

以权益结算的股份支付换取职工或其他方提供服务的，应按照确定的金额，一方面确认为管理费用，另一方面确定为“资本公积——其他资本公积”，其所引起的资金运动如图3-11中A段运动所示。在职工或其他方行权日，应该以行权的权益数量计算确定的金额，确认为股本或实收资本，其差额确认为“资本公积——资本（股本）溢价”，其所引起的资金运动如图3-11中B段运动所示。

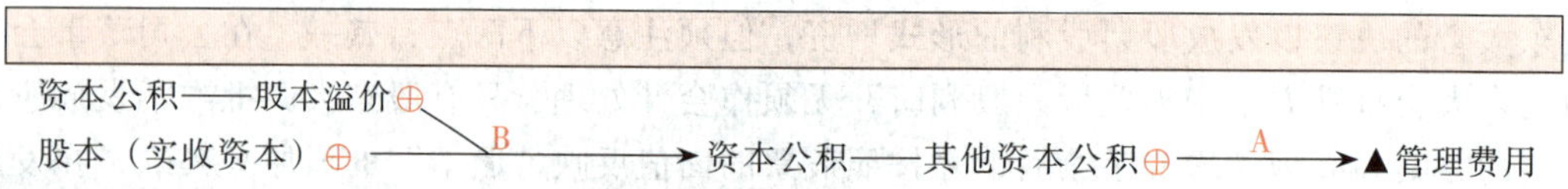

图3-11 以权益结算的股份支付业务资金运动分析图

2.减少资本所引起的资金运动分析

（1）企业因资本过剩减资

后续减少资本业务

有限责任公司减资所引起的资金运动相对较为简单，通常按照退还资本的金额，一方面反映“实收资本”的减少，另一方面反映“银行存款”的减少，其所引起的资金运动如图3-12所示。

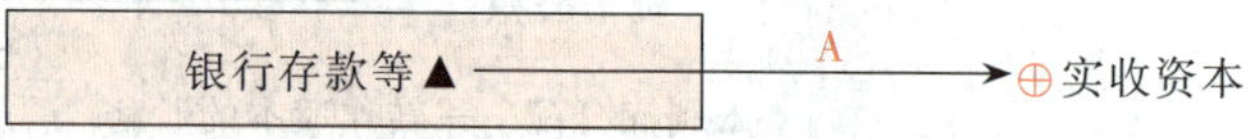

图3-12 有限责任公司因资本过剩减资所引起的资金运动分析图

【例3-8】20×8年3月20日，甲公司董事会决议，注册资本由300万元减为200万元。其减资已按各股东所持股份占注册资本的份额直接用银行存款支付，甲、乙、丙分别持有50%、30%和20%的股份。其所引起的资金运动如图3-13所示。

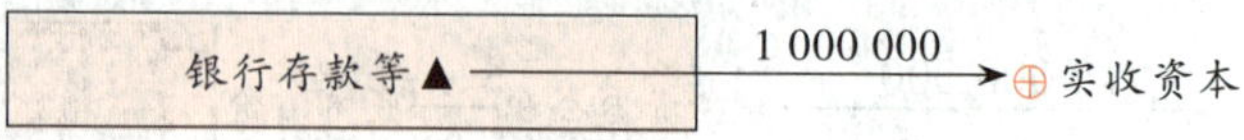

图3-13 有限责任公司因资本过剩减资所引起的具体资金运动分析图

借：实收资本——甲　　500 000
　　　　　　——乙　　300 000
　　　　　　——丙　　200 000
　贷：银行存款　　1 000 000

股份有限公司减资主要分两步进行：先回购本公司的股票，然后注销所回购的股票。由于从股份的回购到实际注销（或转让）有一个时差，企业需要单独设置“库存股”项目来反映这个处理过程。“库存股”项目的余额反映企业持有的、尚未注销或转让的本公司股票的金额。一旦注销或转让完成，其余额为0。

由于股票的回购价与所回购的股票面值可能不一致，导致在进行股份注销时，其会计处理不仅涉及股本，还可能涉及资本公积等其他所有者权益项目。因此，在会计处理上，应分别不同的情况进行处理：首先，企业需要将本公司股票回购，反映库存股的增加，其所引起的资金运动如图3-14中A段运动所示。其次，企业用库存股冲销股本，其所引起的资金运动如图3-14中B1段运动所示。如果回购价款大于所应冲销的股本，其差额应冲销“资本公积——股本溢价”，其所引起的资金运动如图3-14中B2段运动所示；冲销资本公积后还不够的，则依次冲销“盈余公积”和“利润分配——未分配利润”，其所引起的资金运动如图3-14中B3、B4段运动所示。回购价款小于所应冲销的股本金额的，其差额应确认为“资本公积——股本溢价”，其所引起的资金运动如图3-14中B2段运动所示，但B2段的流量为负数。

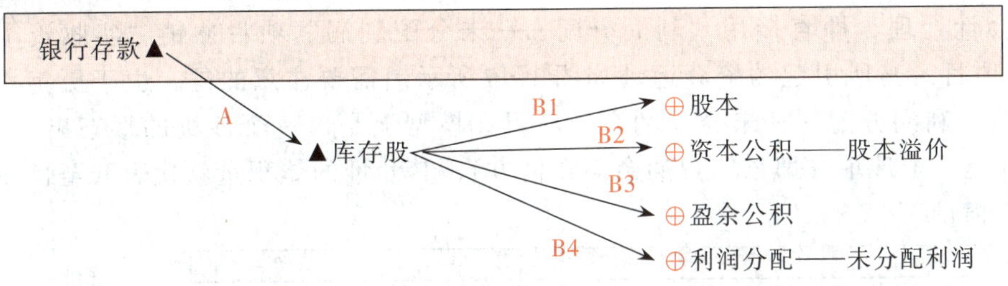

股份回购业务理论分析

图3-14　股份公司因资本过剩减资所引起的资金运动分析图

【例3-9】甲公司截至20×8年12月31日共发行股票3 000万股，股票面值为1元，资本公积（股本溢价）为600万元，盈余公积为200万元，未分配利润为150万元。经股东大会批准，甲公司以现金方式回购本公司的股票300万股并注销。不考虑其他因素。

（1）假设甲公司按每股4元回购，其所引起的资金运动如图3-15所示。

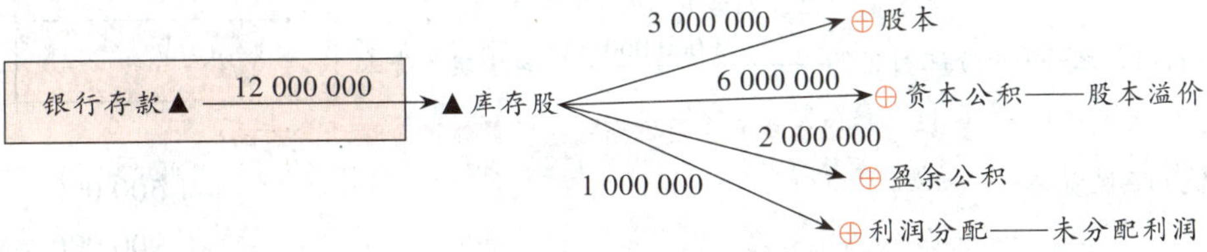

图3-15　股份公司因资本过剩减资所引起的资金运动分析图1

借：库存股　　12 000 000
　贷：银行存款　　12 000 000
借：股本　　3 000 000
　　资本公积——股本溢价　　6 000 000
　　盈余公积　　2 000 000
　　利润分配——未分配利润　　1 000 000
　贷：库存股　　12 000 000

股份回购业务举例

（2）假设甲公司的回购价为每股0.9元，其他条件不变，其所引起的资金运动如图3-16所示。

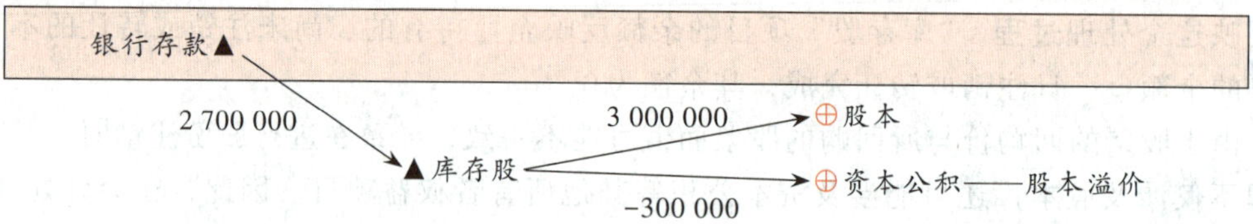

图3-16　股份公司因资本过剩减资所引起的资金运动分析图2

借：库存股　　2 700 000

　贷：银行存款　　2 700 000

借：股本　　3 000 000

　贷：库存股　　2 700 000

　　资本公积——股本溢价　　300 000

（2）企业因亏损减资

企业因严重亏损而减资，只有经过有关部门批准并办理好相关手续后，企业才能进行相关的会计处理，即直接用“利润分配——未分配利润”项目冲销“实收资本（或股本）”项目。其所引起的资金运动如图3-17所示。需要注意的是，由于历年累计亏损，虽然“利润分配——未分配利润”项目在模型上是以一个沙坑的形态出现，但其实质上却是一个沙堆（即该账户的余额在借方），其沙堆的体积量就代表截至目前为止的累计亏损量。

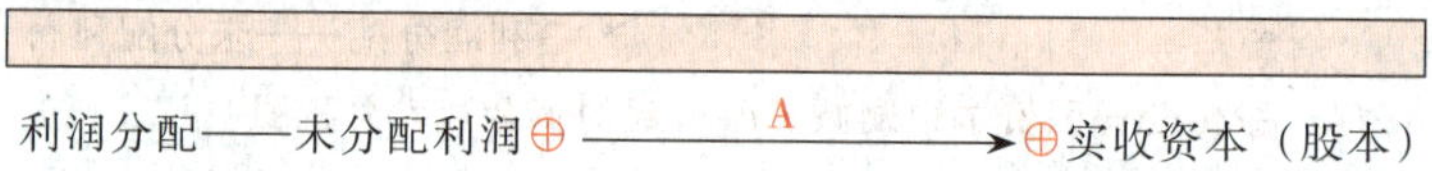

图3-17　因亏损减少资本所引起的资金运动分析图

【例3-10】20×8年2月25日，甲公司董事会决议，用注册资本弥补历年累计亏损300万元，并已按各股东所持股份占注册资本的份额直接冲减其投入资本，甲、乙、丙分别持有50%、30%和20%的股份。其所引起的资金运动如图3-18所示。

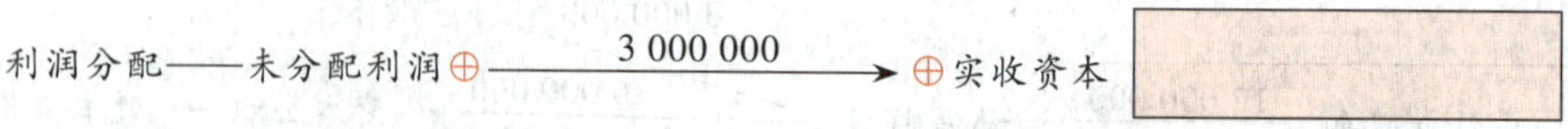

图3-18　因亏损减少资本所引起的具体资金运动分析图

借：实收资本——甲　　1 500 000

　　——乙　　900 000

　　——丙　　600 000

　贷：利润分配——未分配利润　　3 000 000

知识点自测

第二节　债务性筹资资金运动分析与会计处理

一、负债的本质与特征

负债是指企业资产总额中属于债权人的部分，它是指某一特定主体由于过去的交易或事项所产生的、由现在承担且需要在将来向其他主体交付资产或提供劳务的责任，这种责任将导致预期经济利益的流出。简而言之，负债是指由于过去的交易或事项所引起的企业的现时义务，这种义务需要企业将来以转移资产或提供劳务予以清偿，从而引起未来经济利益的流出。

企业负债分为流动负债和非流动负债。流动负债是指将在一年或者超过一年的一个营业周期内偿还的债务。流动负债具有如下特点：(1) 偿还期限短，流动负债是债权人提出要求时即期偿付，或在一年或超过一年的一个营业周期内必须履行的义务；(2) 到期清偿，一般情况下，流动负债到期，必须以交付资产、提供劳务或举借新的负债等方式来清偿。本节重点介绍短期借款所引起的资金运动与会计处理。

二、短期借款所引起的资金运动分析与会计处理

短期借款是指企业向银行或其他金融机构等借入的期限在一年以下（含一年）的各种借款。短期借款一般是企业为了维护正常的生产经营活动所需要的资金而借入的，或者为偿还某些债务而借入的借款。其会计处理主要包括三项内容：取得借款、计息和归还本息。

企业应设置“短期借款”账户，用以反映、控制和监督企业向银行或金融机构借入的短期性借款。同时，企业还应该按债权人设置明细账进行明细分类核算。

当企业取得短期借款时，资金从外部流入企业，企业在货币资产增加的同时所应承担的负债也相应增加，其所引起的资金运动如图3-19中A段所示。企业应该在每期期末计算并提取本期短期借款利息，并将利息作为费用计入当期损益。但按现行的银行结算制度，企业向银行借入的短期借款的利息一般是按季度支付的，这样企业就有可能形成对银行应付未付的债务，其所引起的资金运动如图3-19中B段所示。如果短期借款利息金额非常小，也可以不预提借款利息，在借款到期时一次性偿还本息。企业在短期借款到期时应一次性还本付息，其金额包括借款本金、已经预提的前期借款利息以及本期未预提的借款利息；但如果利息是每期都支付，则借款到期时偿还本金和最后一期的借款利息。当借款到期时，企业应还本付息，其所引起的资金运动如图3-19中C段所示。

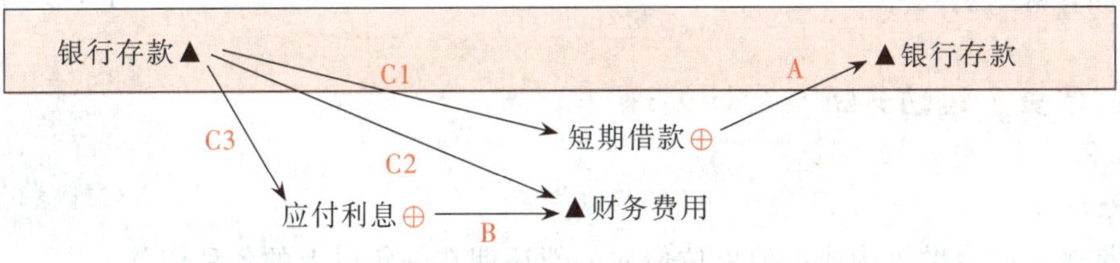

图3-19　短期借款所引起的资金运动分析图

在账户设置上，对于短期借款应付未付的利息，应设置“应付利息”账户进行核算。

【例3-11】甲公司20×8年8月1日向银行取得期限为5个月的借款100万元，月利率为5‰。20×8年9月30日结算并支付第三季度利息。20×8年12月31日企业偿还本金并支付第四季度的借款利息。企业利息按月计提。

(1) 20×8年8月1日取得短期借款（见图3-20，A段）。

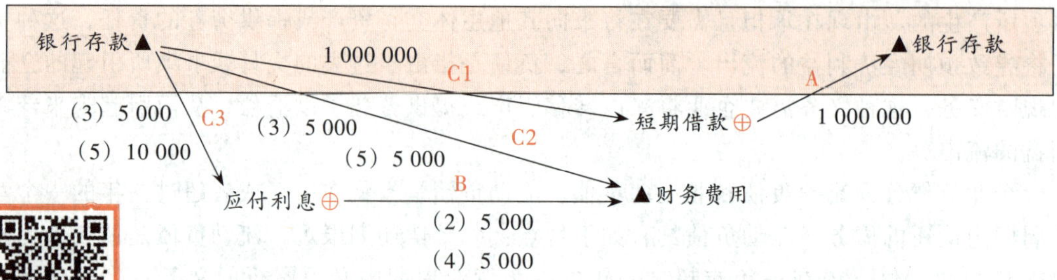

图3-20　甲公司短期借款业务资金运动分析图

短期借款业务举例

借：银行存款　　1 000 000

　贷：短期借款　　1 000 000

(2) 20×8年8月31日计提本月借款利息（见图3-20，B段中（2））。

借：财务费用　　5 000

　贷：应付利息　　5 000

(3) 20×8年9月30日结算并支付第三季度的借款利息（见图3-20，C2、C3段中（3））。

借：应付利息　　5 000

　　财务费用　　5 000

　贷：银行存款　　10 000

(4) 20×8年10月31日和11月30日分别计提短期借款利息（见图3-20，B段中（4））。

借：财务费用　　5 000

　贷：应付利息　　5 000

(5) 20×8年12月31日偿还本金和第四季度借款利息（见图3-20，C1，C2、C3段中（5））。

借：短期借款　　1 000 000

　　应付利息　　10 000

　　财务费用　　5 000

　贷：银行存款　　1 015 000

三、非流动负债资金运动分析与会计处理

(一) 长期借款

1. 长期借款概述

长期借款是企业向金融机构或其他单位借入的偿还期在一年以上的各种借款。

长期借款应按实际的发生额计价，主要包括借款的本金和长期借款利息两部分。按照现行会计准则的规定，与购建固定资产和无形资产有关的利息支出，符合资本化条件的应予以资本化；不符合资本化条件的应通过财务费用计入当期损益。

长期借款本息的偿还方式主要有分期付息、到期一次还本和分期偿还借款本息两种方式。在实际工作中，企业对本息的偿还主要是采用第一种方式，即分期支付利息、到期一

次性还本的方式。在此主要分析这种常见的情况。

企业应设置“长期借款”账户，用以反映、控制和监督企业向银行或其他金融机构借入的期限超过一年或一个营业周期的借款。同时，企业需要设置“本金”“应计利息”“利息调整”等明细账，此外还应按贷款单位设置明细账，并按贷款种类进行明细核算。

2. 长期借款资金运动分析及会计处理

企业取得长期借款，其所引起的资金运动如图3-21中A段运动所示。如“银行存款”与“长期借款——本金”之间存在差额的，还应该通过“长期借款——利息调整”来反映。

在每一个资产负债表日，企业应当计算应支付的利息，一方面确认利息负债，另一方面确认借款费用。利息费用确认所引起的资金运动如图3-21中B1、B2段运动所示。对于借款费用，企业需要考虑是资本化还是费用化的问题。对于利息，如果是到期一次性支付，则应将其确认为“非流动负债——长期借款（应计利息）”；如利息是分期支付的，则应计入“流动负债——应付利息”。

企业支付利息时所引起的资金运动如图3-21中C段运动所示。企业支付长期借款本金所引起的资金运动如图3-21中D段运动所示。一般来说，最后一期利息与本金是一同支付的。如果应付利息是最后一次性支付，则到期除支付本金外，企业还应支付所有的应付未付的累积利息（计入“长期借款——应计利息”项目）。

长期借款业务理论分析

长期借款所引起的资金运动整体流程如图3-21所示。

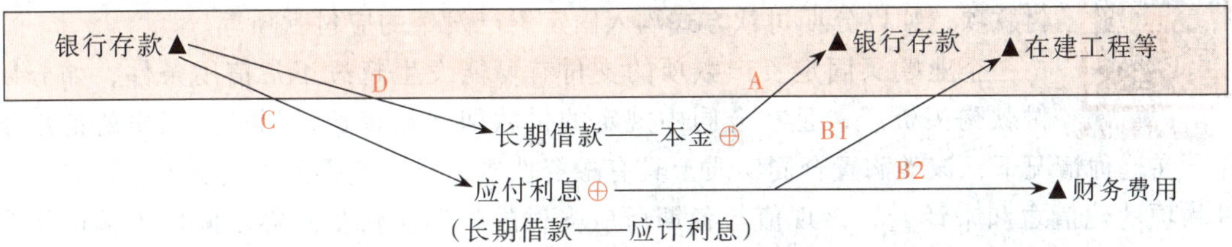

图3-21　长期借款所引起的资金运动分析图

一般情况下，借款过程中发生的手续费等金额不大，企业可将其直接计入当期的财务费用。如手续费等金额较大，那就需要将手续费等在整个债券的持续期间按实际利率法进行摊销。

【例3-12】甲公司于20×4年1月2日从银行借入资金1 000 000元用于固定资产的更新改造。该借款期限为2年，年利率为6%，每年年末计息并支付利息，到期一次还本。

（1）20×4年1月2日，取得借款：（见图3-22，A段）

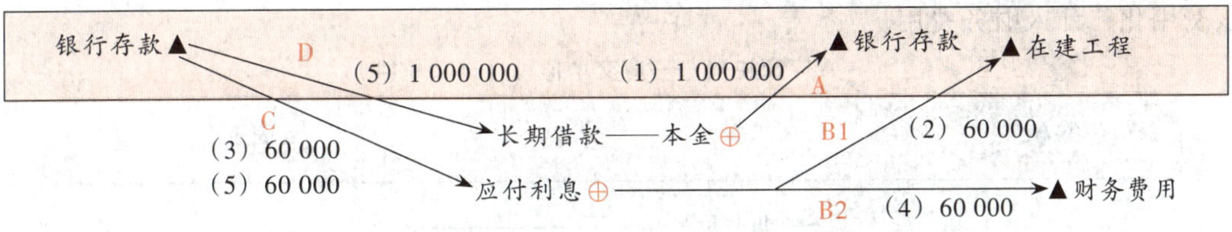

图3-22　甲公司长期借款业务资金运动分析图

长期借款业务举例

借：银行存款　　1 000 000

　贷：长期借款——本金　　1 000 000

（2）20×4年12月31日计提本年长期借款利息。该项工程于20×4年12月31日完工并投入使用。（见图3-22，B1段）

1 000 000×6% = 60 000（元）

借：在建工程——固定资产更新改造　　60 000

　贷：应付利息　　60 000

（3）20×5年1月2日，甲公司支付上年利息。（见图3-22，C段）

借：应付利息　　60 000

　贷：银行存款　　60 000

（4）20×5年12月31日计提本年长期借款利息。（见图3-22，B2段）

借：财务费用　　60 000

　贷：应付利息　　60 000

（5）20×6年1月2日，甲公司偿还借款本金及去年借款利息。（见图3-22C、D段）

借：长期借款——本金　　1 000 000

　　应付利息　　60 000

　贷：银行存款　　1 060 000

（二）长期应付款

长期应付款业务

长期应付款，是指企业除长期借款和应付债券以外的其他各种长期应付款项，如以分期付款方式购入固定资产发生的应付款项等。

企业购买固定资产款项的支付有可能发生超过正常信用条件，如分期付款购买资产，且在合同中规定的付款期间比较长，超过了正常的信用条件。在这种情况下，该类购置合同实质上具有融资性质，企业取得的固定资产应以各期支付款项的现值之和来计量，该现值与各期所应支付的长期应付款总额之间的差额确认为“未确认融资费用”，其所引起的资金运动如图3-23中A段运动所示。企业在合同约定的付款日分期支付货款，其所引起的资金运动如图3-23中B1段运动所示；与此同时，企业需要将“未确认融资费用”分期确认为各期的财务费用，其所引起的资金运动如图3-23中B2段运动所示。B2段的资金流量需要按实际利率法进行计量。

如果该设备需要安装调试，则所购买的设备先要作为工程物资或在建工程（在安装设备）处理，在设备尚未安装调试达到可供使用状态之前所摊销的“未确认融资费用”应该资本化，计入在建工程成本；设备达到合理可使用状态之后，所摊销的未确认融资费用应该费用化，计入财务费用。

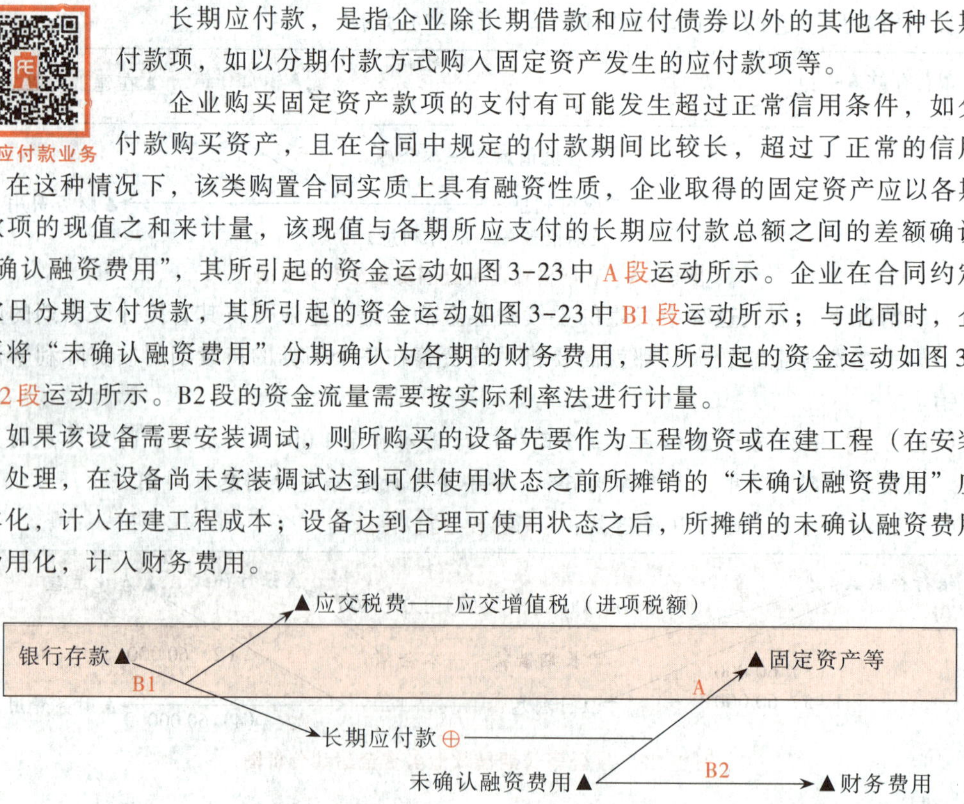

图3-23　以具有融资性质的分期付款购买固定资产资金运动流程图

第四章　投资环节资金运动分析与会计处理

第一节　对内投资资金运动分析与会计处理——固定资产业务

知识点自测

一、固定资产概述

（一）固定资产的概念与特征

固定资产是指同时具有下列特征的有形资产：（1）为生产商品、提供劳务、出租或经营管理的目的而持有；（2）使用寿命超过一个会计年度。

从固定资产的定义看，其具有以下两个特征：（1）固定资产是为生产商品、提供劳务、出租或经营管理的需要而持有的，而不像存货是为了对外出售。这一特征是固定资产区别于存货等流动资产的重要标志。（2）企业使用固定资产的期限较长，使用寿命一般超过一个会计年度。这一特征表明企业固定资产属于非流动资产，其给企业带来的收益期超过一年，能在一年以上的时间里为企业创造价值。

（二）固定资产的分类

1.按经济用途分类

按经济用途分类，固定资产可分为生产经营用固定资产和非生产经营用固定资产。

固定资产概述

生产经营用固定资产，是指直接服务于企业生产经营过程的各种固定资产，如生产经营用的房屋、建筑物、机器、设备、器具、工具等。

非生产经营用固定资产，是指不直接服务于生产经营过程的各种固定资产，如职工宿舍、澡堂、食堂等使用的房屋、设备和其他固定资产等。

固定资产按照经济用途分类，可以归类反映和监督企业生产经营用固定资产和非生产经营用固定资产之间，以及生产经营用各类固定资产之间的组成和变化情况，借以考核和分析企业固定资产的利用情况，促使企业合理配置固定资产，充分发挥其效用。

2.综合分类

根据其经济用途和使用状况等综合分类，固定资产可以分为以下七大类：

（1）生产经营用固定资产。

（2）非生产经营用固定资产。

（3）租出固定资产（指企业在经营租赁方式下出租给外单位使用的固定资产）。

（4）不需用固定资产。

（5）未使用固定资产。

（6）土地（指过去已经估价单独入账的土地以及在国外购买的土地。因征地而支付的补偿费，应计入与土地有关的房屋、建筑物的价值内，不单独作为土地入账。企业取得的土地使用权，应作为无形资产管理和核算，不作为固定资产管理）。

（7）租入固定资产（指企业除短期租赁和低价值资产租赁外租入的固定资产，该资产在租赁期内应确认为使用权资产）。

企业的经营性质不同，经营规模各异，对固定资产的分类也不可能完全一致。但在实际工作中，企业大都采用综合分类的方法作为编制固定资产目录、进行固定资产核算的依据。

固定资产外购业务资金运动综合分析

二、固定资产取得的资金运动分析与会计处理

（一）固定资产外购的综合资金运动分析

在钱货两清时，如果所取得的固定资产不需要安装，购买所支付的价款和相关费用所引起的资金运动如图4-1中A1段运动所示，所支付的增值税进项税额所引起的资金运动如图4-1中B1段运动所示。在所取得的机器设备等需要安装调试才能使用时，企业需要设置“在建工程”项目来管控整个安装调试过程并汇集所发生的成本，以此确定所形成的固定资产的入账价值。因此，所购买的机器设备等所支付的价款和相关费用应先确认为“在建工程”项目，其所引起的资金运动如图4-1中A2段、B1段运动所示；等到安装调试好后再转为固定资产，其所引起的资金运动如图4-1中D段运动所示。

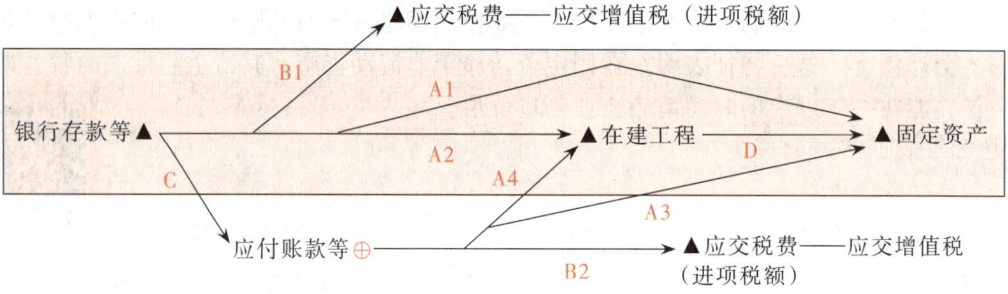

图4-1　固定资产取得环节资金运动综合分析

在赊购时，企业取得机器设备等，并相应地承担债务。如果所购设备等不需要安装调试，就可以将其直接确认为固定资产，其所引起的资金运动如图4-1中A3段、B2段资金运动所示。如果所购机器设备等需要安装调试，应先确认为“在建工程”项目，其所引起的资金运动如图4-1中A4段、B2段资金运动所示；等到安装调试好后再转为固定资产，其所引起的资金运动如图4-1中D段运动所示。以后偿还该债务时，用银行存款等直接冲销该应付账款等，其所引起的资金运动如图4-1中C段运动所示。

如果增值税进项税额不能抵扣，B1段、B2段所反映的增值税流量应该与A段合并，并最终形成固定资产的价值。

企业采用预付款模式购买固定资产的，其会计处理与上述基本相同，本处略。

（二）固定资产购建的资金运动具体分析与会计处理

1.企业外购不需要安装的固定资产

【例4-1】甲企业于20×8年2月10日以银行存款购入一台不需要安装的设备，增值税专用发票上注明：设备价格为500 000元，增值税为65 000元，该增值税进项税额可以抵

扣。另外以现金支票支付运杂费，取得增值税专用发票，其中运费为3 000元，增值税为270元。其所引起的资金运动如图4-2所示。

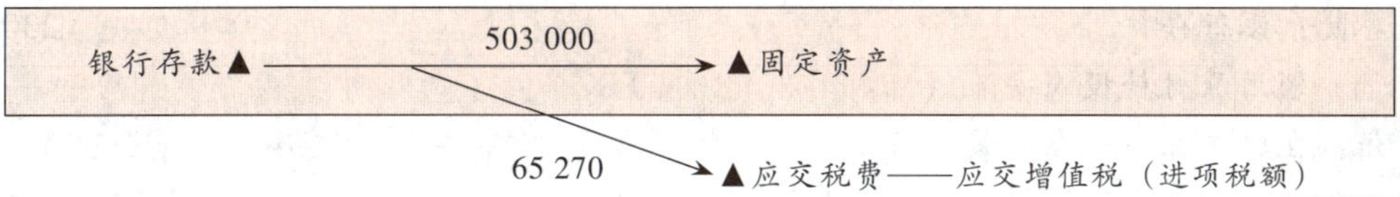

图4-2　企业外购不需要安装的固定资产资金运动分析图

借：固定资产　503 000

　　应交税费——应交增值税（进项税额）　65 270

　贷：银行存款　568 270

外购固定资产业务

2.企业外购需要安装的固定资产

企业购买需要安装的机器设备等固定资产，在安装的过程中，可能发生各种耗费，这些耗费都将通过“在建工程”项目计入所安装的固定资产的成本。其引起的资金运动如图4-3所示。

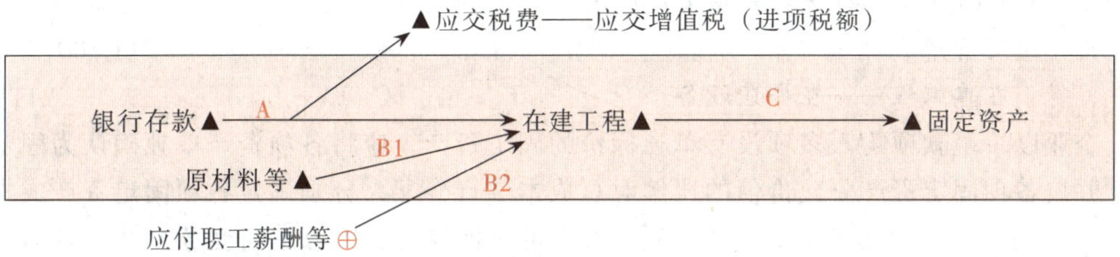

图4-3　购置需要安装的固定资产资金运动分析图

注：A——购买需安装的机器设备；B1——将原材料等投入安装；B2——发生的安装人工费；C——设备安装完工，交付使用。

【例4-2】甲企业于20×8年3月10日以银行存款购入一台需要安装的设备，买价为200 000元，所支付的增值税进项税额为26 000元。另外以银行存款支付运杂费4 660元，未取得增值税专用发票。3月18日将该设备投入安装。在安装过程中还发生了下列支出：领用原材料2 340元，直接以现金支票从市场上购得安装材料2 000元（不含增值税，其增值税税率为13%），应支付的安装人员薪酬为2 500元。3月25日，该设备安装调试完毕，投入生产。

(1) 3月10日，支付设备价款、增值税进项税额和运输费合计230 660元（见图4-4，A段）。

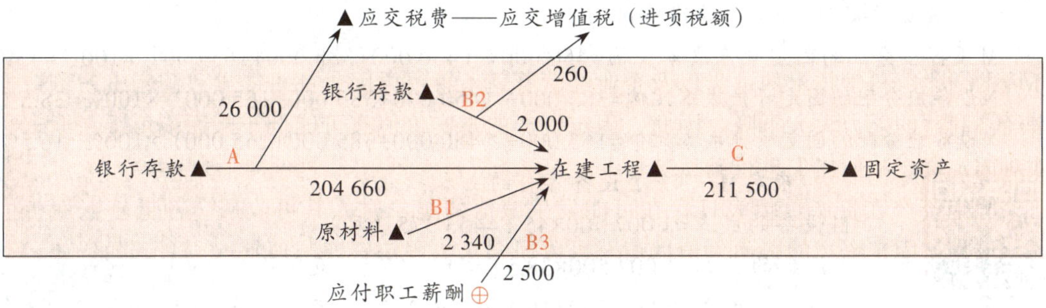

图4-4　甲企业取得需要安装的固定资产资金运动分析图

借：在建工程——在安装设备　　204 660
　　应交税费——应交增值税（进项税额）　　26 000
　贷：银行存款　　230 660

（2）领用原材料投入安装（见图4-4，B1段）。

借：在建工程——在安装设备　　2 340
　贷：原材料　　2 340

（3）外购原材料投入安装（见图4-4，B2段）。

借：在建工程——在安装设备　　2 000
　　应交税费——应交增值税（进项税额）　　260
　贷：银行存款　　2 260

（4）确认应支付的人工费（见图4-4，B3段）。

借：在建工程——在安装设备　　2 500
　贷：应付职工薪酬　　2 500

（5）3月25日，设备安装完毕交付使用（见图4-4，C段）。

借：固定资产　　211 500
　贷：在建工程——在安装设备　　211 500

企业以一笔款项购入多项没有单独标价的固定资产，应将各项资产单独确认为固定资产，并按各项固定资产公允价值的比例对总成本进行分配，分别确定各项固定资产成本。

【例4-3】20×8年6月1日，甲公司向乙公司一次性购进三台不同型号且具有不同生产能力的设备M、N、X（均不需要安装），取得的增值税专用发票上注明的价款为1 000 000元，增值税为130 000元；另外支付包装费7 500元，增值税450元，全部以银行存款转账支付。假设设备M、N、X的公允价值分别为450 000元、385 000元和165 000元。甲公司为增值税一般纳税人。其所引起的资金运动如图4-5所示。

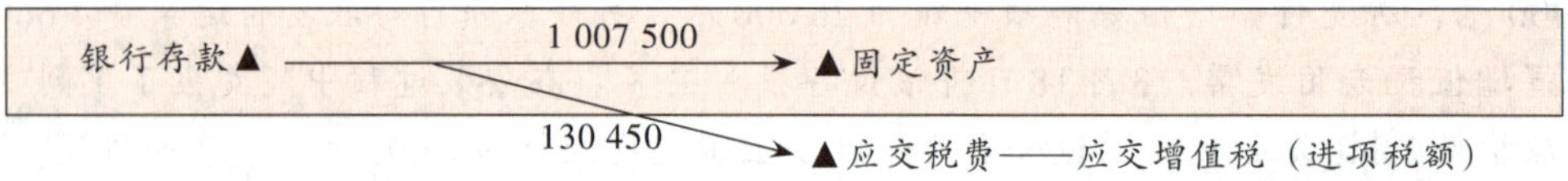

图4-5　企业外购多项不需要安装的固定资产资金运动分析图

（1）确定应计入固定资产成本的金额，包括买价和包装费等：

应计入固定资产的成本=1 000 000+7 500=1 007 500（元）

（2）分别确定M、N、X的价值比例：

M设备应分配的固定资产成本比例=450 000÷（450 000+385 000+165 000）×100%=45%

N设备应分配的固定资产成本比例=385 000÷（450 000+385 000+165 000）×100%=38.5%

X设备应分配的固定资产成本比例=165 000÷（450 000+385 000+165 000）×100%=16.5%

（3）确定M、N、X设备各自的成本：

M设备的成本=1 007 500×45%=453 375（元）

N设备的成本=1 007 500×38.5%=387 887.5（元）

X设备的成本=1 007 500×16.5%=166 237.5（元）

购入多项没有单独标价的固定资产业务

借：固定资产——M设备　　453 375
　　　　　　——N设备　　387 887.5
　　　　　　——X设备　　166 237.5
　　应交税费——应交增值税（进项税额）　　130 450
　贷：银行存款　　1 137 950

3.企业接受捐赠所获得的固定资产

企业接受固定资产捐赠所引起的资金运动如图4-6所示。其中，A段资金流量反映所受赠的固定资产的评估价值，B段资金流量反映企业因接受捐赠固定资产所发生的其他支出。若所接受捐赠的固定资产包含可以抵扣的增值税进项税额，该进项税额应单列。

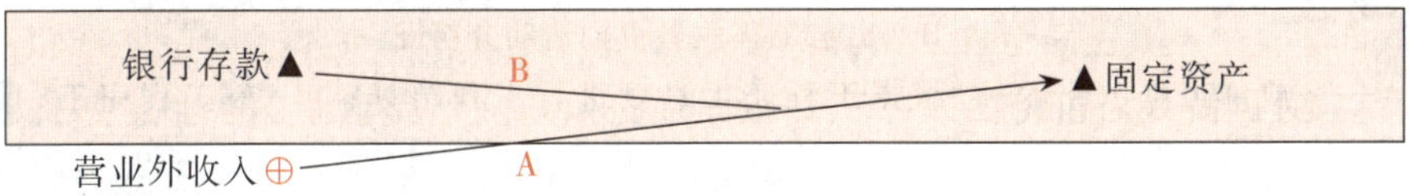

图4-6　接受固定资产捐赠引起的资金运动分析图

【例4-4】20×8年3月8日，甲公司接受乙公司捐赠的不需要安装设备一台。其评估价值为80 000元（未提供增值税专用发票）。甲公司以银行存款支付相关的运杂费等3 000元。其所引起的资金运动如图4-7所示。

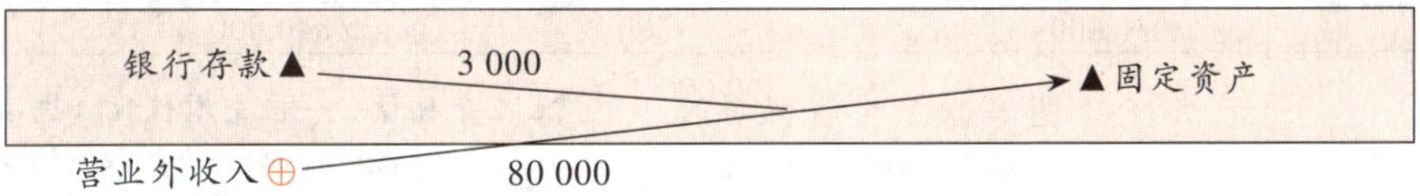

图4-7　甲公司接受固定资产捐赠引起的资金运动分析图

借：固定资产　　83 000
　贷：营业外收入　　80 000
　　　银行存款　　3 000

接受捐赠与接受投资者投入业务

4.投资者投入的固定资产资金运动分析

企业取得投资者投入的固定资产，应以投资各方确认的金额作为入账价值，除非该价值不公允。

【例4-5】甲公司注册资本为1 000 000元。20×8年6月5日，其接受乙公司以一台不需要安装的设备作为投资。经双方协商确认，该设备价值为400 000元（不含增值税），增值税发票上标明的进项税额为52 000元。乙公司的投资占其注册资本的30%。假定不考虑其他相关税费。其所引起的资金运动如图4-8所示。

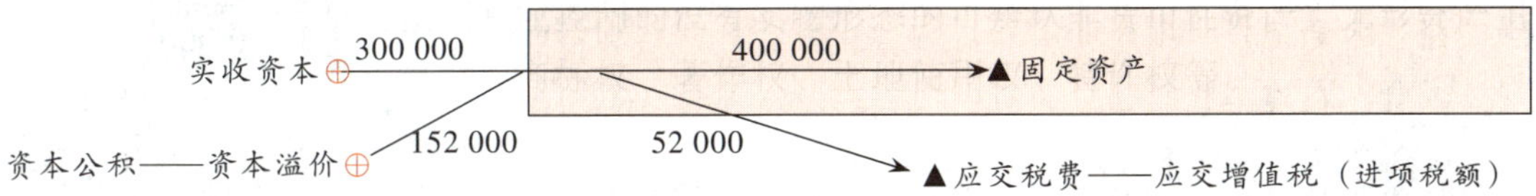

图4-8　投资者投入的固定资产资金运动分析图

借：固定资产　　400 000
　　应交税费——应交增值税（进项税额）　　52 000

贷：实收资本——乙公司　　300 000

　　资本公积——资本溢价　　152 000

5.企业通过出包工程方式取得固定资产

企业采用出包工程方式建造固定资产时，其工程成本在承建单位核算，而企业只与承建单位进行工程款的结算。其会计核算主要有三个环节：（1）签订合同并预付工程款；（2）按工程完工进度支付工程款；（3）工程完工，根据合同和工程竣工决算表（单）结转固定资产。其引起的资金运动如图4-9所示。

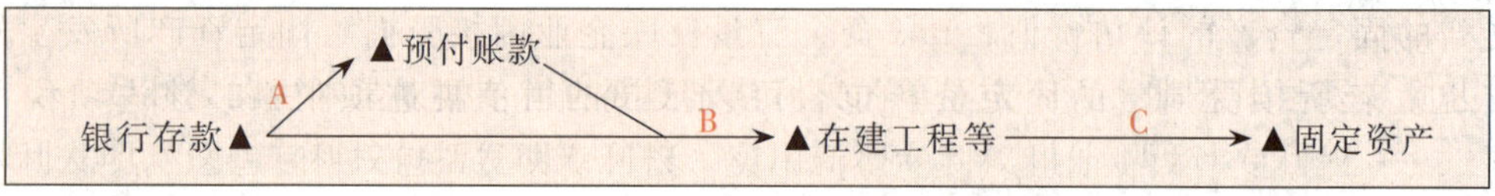

图4-9　出包工程业务资金运动分析图

注：A——预付工程款；B——根据工程完工进度进行工程结算；C——工程完工，转为固定资产。

【例4-6】（1）20×8年3月2日，甲公司将一幢新建厂房工程出包给乙公司承建，按规定先向承包单位预付工程款400万元，以银行存款转账支付（见图4-10，A段）。

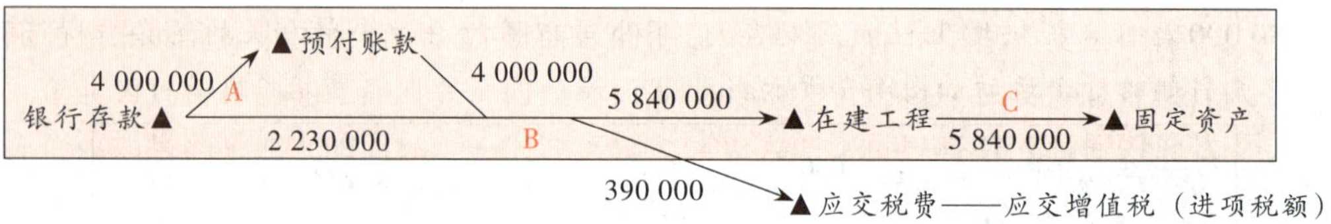

图4-10　甲公司出包工程资金运动分析图

借：预付账款　　4 000 000

　　贷：银行存款　　4 000 000

（2）20×8年7月2日，该工程达到预定可使用状态后，收到承包单位的有关工程结算单据，补付工程款223万元，以银行存款转账支付。其中，该单据涉及的进项税额为39万元（见图4-10，B段）。

借：在建工程　　5 840 000

　　应交税费——应交增值税（进项税额）　　390 000

　　贷：银行存款　　2 230 000

　　　　预付账款　　4 000 000

企业通过出包方式取得固定资产业务

（3）20×8年7月3日，工程达到预定可使用状态并经验收交付使用（见图4-10，C段）。

借：固定资产　　5 840 000

　　贷：在建工程　　5 840 000

6.企业自行建造不动产类生产用固定资产

企业在进行不动产类生产用固定资产的建造时，需要外购专用材料、专用设备等工程物资。在项目建设中，可能还会领用企业生产产品所用的原材料以及企业的产成品。对于因工程领取而改变用途的原材料，按其实际成本结转；对于工程领用的产成品，应按实际成本结转。自营工程所引起的资金运动如图4-11所示。

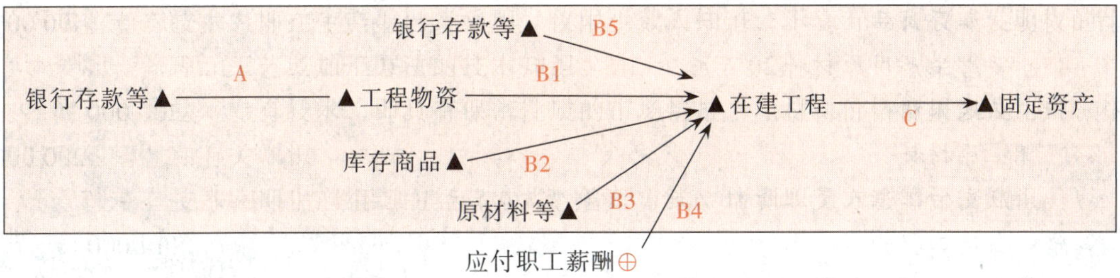

图4-11　自营工程业务资金运动分析图

注：A——购买工程物资；B1——将工程物资投入到工程；B2——领用本企业的产成品投入工程；B3——领用企业用于生产产品的原材料投入工程；B4——应付工程人员工资及福利费；B5——支付工程发生的其他相关费用；C——工程完工，转入固定资产。

【例4-7】甲公司自行建造生产用厂房。在建造过程中，甲公司发生了如下相关经济业务：

（1）购入专用设备一台，买价500 000元，增值税65 000元，均以银行存款支付（见图4-12，A段中（1））。

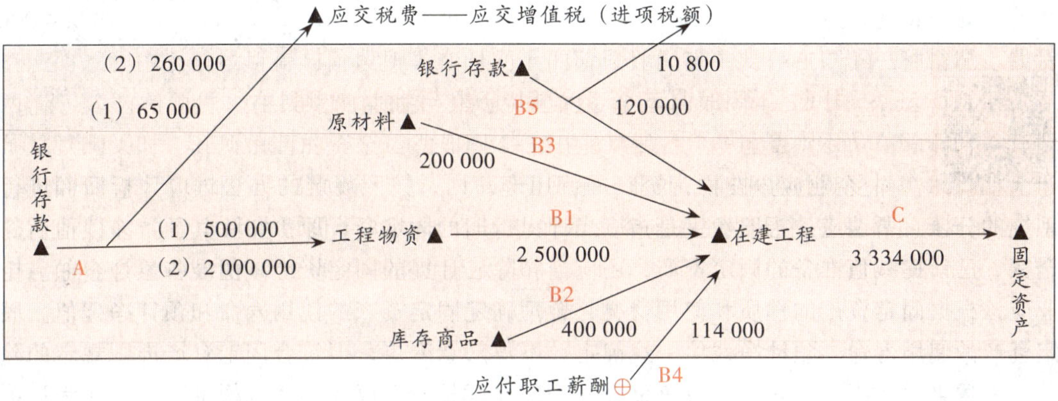

图4-12　甲公司自营工程资金运动分析图

借：工程物资　500 000

　　应交税费——应交增值税（进项税额）　65 000

　贷：银行存款　565 000

企业自行建造生产用固定资产业务

（2）购入工程物资200万元，增值税26万元，以银行存款支付（见图4-12，A段中（2））。

借：工程物资　2 000 000

　　应交税费——应交增值税（进项税额）　260 000

　贷：银行存款　2 260 000

（3）将专用设备50万元和工程物资200万元投入工程（见图4-12，B1段）。

借：在建工程　2 500 000

　贷：工程物资　2 500 000

（4）领用完工产品，其实际成本40万元，（见图4-12，B2段）。

借：在建工程　400 000

贷：库存商品　　400 000

（5）领用生产用原材料20万元（见图4-12，B3段）。

借：在建工程　　200 000

　贷：原材料　　200 000

（6）应支付工程人员工资10万元，福利费1.4万元（见图4-12，B4段）。

借：在建工程　　114 000

　贷：应付职工薪酬　　114 000

（7）以银行存款支付工程发生的其他费用并取得增值税专用发票，注明安装费12万元，增值税税率9%，增值税1.08万元。（见图4-12，B5段）。

借：在建工程　　120 000

　　应交税费——应交增值税（进项税额）　　10 800

　贷：银行存款　　130 800

（9）工程完工交付使用，转为固定资产（见图4-12，C段）。

借：固定资产　　3 334 000

　贷：在建工程　　3 334 000

知识点自测

三、固定资产折旧的资金运动分析与会计处理

（一）固定资产折旧概述

企业应该在固定资产的使用寿命内，按照规定的方法对应计折旧额进行系统的分摊。所谓应计折旧额，是指应当计提折旧的固定资产原价扣除其预计净残值后的金额，已计提减值准备的固定资产，还应当扣除已计提的固定资产减值准备累计金额。企业应该根据固定资产的性质和使用情况，合理确定固定资产的使用寿命和预计净残值。固定资产的使用寿命、预计净残值一经确定，不得随意变更，但符合固定资产准则规定的除外。上述事项在报经股东大会或董事会、经理（厂长）会议或类似机构批准后，作为计提折旧的依据，并按照法律、行政法规等的规定报送有关各方备案。

固定资产折旧概述

1.影响固定资产折旧的主要因素

应将固定资产的价值在其有效使用年限内合理地分摊，如何合理分摊固定资产的价值，是能否正确计算折旧额的关键。影响折旧额大小主要有四大因素：

（1）固定资产原价，即固定资产的成本。

（2）固定资产预计净残值，即假定固定资产预计使用寿命已满并处于使用寿命终了时的预期状态，企业目前从该项资产处置中获得的扣除预计处置费用后的金额。

（3）固定资产减值准备，即指固定资产已计提的固定资产减值准备的累计金额。

（4）固定资产的使用寿命，即指企业使用固定资产的预计期间，或者该固定资产所能生产产品或提供劳务的数量。企业在确定固定资产使用寿命时，应当考虑下列因素：该项资产预计生产能力或实物产量；该项资产预计有形损耗，如设备使用中发生磨损、房屋建筑物受到自然侵蚀等；该项资产预计无形损耗，如因新技术的出现而使现有的资产技术水平相对陈旧、市场需求变化使产品过时等；法律或者类似规定对该资产使用的

限制。

2.固定资产折旧范围

除下列情况外，企业应对所有的固定资产计提折旧：(1)已提足折旧仍然继续使用的固定资产；(2)单独计价入账的土地。

在确定计提折旧范围时，还应注意以下几点：

(1)固定资产应按月计提折旧。当月增加的固定资产，当月不提折旧，从下月起计提折旧；当月减少的固定资产，当月照提折旧，从下月起不再计提折旧；即计提折旧按照固定资产的月初余额计算。

(2)固定资产提足折旧后，不管能否继续使用，均不再提取折旧；提前报废的固定资产，也不再补提折旧。所谓提足折旧，是指已经提足该固定资产的应计折旧额。

(3)已达到预定可使用状态但尚未办理竣工结算手续的固定资产，应当按照预估价值暂估入账，并计提折旧；待办理了竣工结算手续后，再按照实际成本调整原来的暂估价值，但不需要调整原已计提的折旧额。

企业至少应该于每年年度终了，对固定资产的使用寿命、预计净残值和折旧方法进行复核。使用寿命预计数与原先估计数有差异的，应当调整固定资产使用寿命。预计净残值预计数与原先估计数有差异的，应该调整预计净残值。与固定资产有关的经济利益预期实现方式有重大改变的，应当改变固定资产折旧方法。

(二)固定资产折旧方法

企业应当根据与固定资产有关的经济利益的预期实现方式，合理选择固定资产折旧方法。可选用的折旧方法主要有平均年限法、工作量法、年数总和法、双倍余额递减法等。折旧方法一经确定，不得随意变更。

1.平均年限法

平均年限法又称直线法或使用年限法，是将固定资产应计折旧额的价值平均分摊到各期的一种折旧方法。其计算公式是：

年折旧率=(1-预计净残值率)÷预计使用寿命(年)

月折旧率=年折旧率÷12

月折旧额=月初固定资产原价×月折旧率

【例4-8】甲公司20×8年12月2日建造完成厂房一栋，原价400万元，预计使用20年，预计净残值25万元，预计清理费用8万元，则其20×9年1月份的折旧额为：

预计净残值率=(250 000-80 000)÷4 000 000×100%=4.25%

年折旧率=(1-4.25%)÷20=4.7875%

月折旧率=4.7875%÷12=0.39896%

月折旧额=4 000 000×0.39896%=15 958(元)

或者：预计净残值=250 000 -80 000=170 000 (元)

年折旧额=(4 000 000-170 000)÷20=191 500 (元)

月折旧额=191 500 ÷12=15 958(元)

折旧方法-年限平均法和工作量法

2.工作量法

工作量法是根据每期实际的工作量和单位工作量应计提的折旧额计算固定资产折旧

的方法。这种方法弥补了平均年限法只重视时间，不考虑使用强度的缺点。其计算公式是：

单位工作量折旧额=固定资产原价×（1-预计净残值率）÷预计总工作量

某项固定资产月折旧额=该项固定资产当月实际完成的工作量×单位工作量折旧额

【例4-9】甲公司20×8年12月31日用银行存款12万元购买了一辆货运卡车，预计其净残值率为5%，预计总行驶里程为100万千米，20×9年1月份行驶了5 000千米。

单位工作量折旧额=120 000×（1-5%）÷1 000 000=0.114（元/千米）

20×9年1月应计提折旧额=5 000×0.114=570（元）

3.年数总和法

年数总和法，是指将固定资产的原价减去预计净残值后的余额，乘以一个逐年递减的分数计算每年的折旧额的方法，这个分数的分子代表固定资产尚可使用年限，分母代表固定资产预计使用年限逐年数字总和。其计算公式是：

折旧业务-年数总和法

年折旧率=（预计使用年限-已使用年限）÷［n×（n+1）÷2］

其中：n为固定资产预计使用年限。

年折旧额=（固定资产原价-预计净残值）×年折旧率

【例4-10】甲公司20×3年12月3日购买了一台设备，原价10万元，预计使用5年，预计净残值0.4万元。采用年数总和法计算的各年折旧额见表4-1。

表4-1　**年数总和法下折旧额计算表**　金额单位：元

年度	尚可使用年限	原价-净残值	折旧率	年折旧额	累计折旧
20×4	5	96 000	5/15	32 000	32 000
20×5	4	96 000	4/15	25 600	57 600
20×6	3	96 000	3/15	19 200	76 800
20×7	2	96 000	2/15	12 800	89 600
20×8	1	96 000	1/15	6 400	96 000

从表4-1中可以看出，在这种方法下，各年的固定资产原价减去预计净残值的余额始终保持不变，一直在改变的是年折旧率，并且随着时间的延长，年折旧率呈现下降的趋势。

4.双倍余额递减法

双倍余额递减法是指在不考虑固定资产预计净残值的情况下，根据每期期初固定资产原价减去累计折旧后的金额和双倍的直线法折旧率计算固定资产折旧的一种方法。采用双倍余额递减法计提固定资产折旧，一般应在固定资产使用寿命到期前2年内，将固定资产账面净值扣除预计净残值后的余额平均摊销。其计算公式是：

折旧业务-双倍余额递减法

年折旧率＝（2÷预计使用年限）×100%

年折旧额＝每个折旧年度年初固定资产账面净值×年折旧率

月折旧额＝年折旧额÷12

需要特别注意的是，这里的折旧年度是指“以固定资产开始计提折旧的月份为起点计算的1个年度期间”，如某公司3月取得某项固定资产，其折旧年度为“从4月至第二年3月的期间”。

【例4-11】甲公司20×2年12月20日购买一台设备，原价56万元，预计使用年限为6年，预计净残值6万元，采用双倍余额递减法计算的各年折旧额见表4-2。

表4-2　双倍余额递减法下折旧额计算表　金额单位：元

年度	固定资产原价	折旧率	年折旧额	累计折旧	账面净值
20×3	560 000	33%	184 800	184 800	375 200
20×4	560 000		123 816	308 616	251 384
20×5	560 000		82 957	391 573	168 427
20×6	560 000		55 581	447 154	112 846
20×7	560 000		26 423	473 577	86 423
20×8	560 000		26 423	500 000	60 000
合计	—	—	500 000	—	60 000

各月折旧额应根据年折旧额除以12计算。

本例中，在固定资产使用寿命到期前2年内，将固定资产账面净值112 846元扣除预计净残值60 000元后的余额52 846元在两年内进行平均分摊，每年摊销26 423元。从表4-2中可以看出，采用这种方法，在固定资产使用到期前的最后2年之前，固定资产的年折旧率保持不变，但随着时间的推移，固定资产的账面净值由于累计折旧不断增加而呈下降趋势。

（三）固定资产折旧所引起的资金运动分析与会计处理

企业应按月计提折旧。计算出当月的折旧额后，应根据固定资产的用途将其已磨损价值通过“累计折旧”账户分别流转到“制造费用”（生产用固定资产）、“管理费用”（管理部门用和非生产经营用固定资产）、“销售费用”（专设销售机构所用的固定资产）、“其他业务成本”（经营租赁方式出租的固定资产、免费给职工提供的住房等），以及“在建工程”（企业自行建造固定资产过程中使用的固定资产）等项目。其资金运动如图4-13所示。

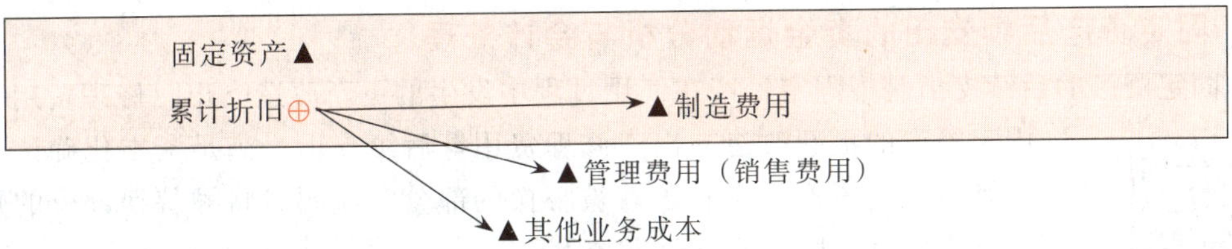

图4-13　固定资产折旧资金运动分析图

【例4-12】甲公司20×8年4月份固定资产折旧计算表如下（见表4-3）。

表4-3　　固定资产折旧计算表　　单位：元

使用部门	固定资产项目	上月折旧额	上月增加固定资产		上月减少固定资产		本月折旧额	分配费用
			原价	月折旧额	原价	月折旧额		
生产车间	厂房	20 000					20 000	制造费用
	机器设备	12 000	500 000	4 200			16 200	
	其他设备	14 000			20 000	400	13 600	
	小计	46 000		4 200		400	49 800	
厂部及非生产经营部门	办公楼	50 000	600 000	2 000			52 000	管理费用
	运输工具	25 000					25 000	
	管理用具	15 000			60 000	1 000	14 000	
	其他	8 000					8 000	
	小计	98 000		2 000		1 000	99 000	
经营租赁出租	房屋	4 000					4 000	其他业务成本
	小计	4 000					4 000	
合计		148 000	1 100 000	6 200	80 000	1 400	152 800	

根据表4-3的资料，甲公司固定资产折旧所引起的资金运动如图4-14所示。

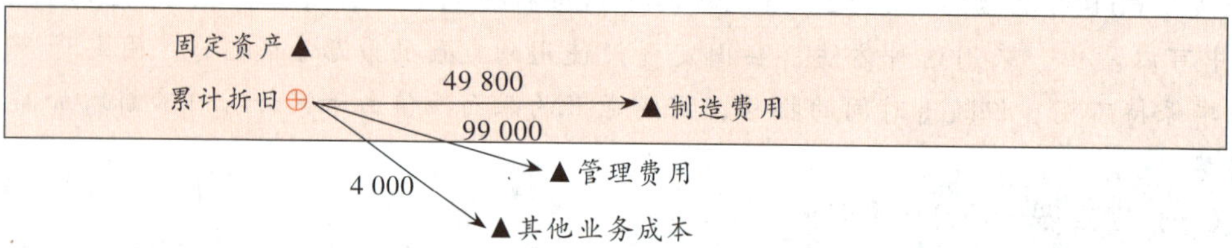

图4-14　甲公司固定资产折旧资金运动分析图

借：制造费用　　49 800

　　管理费用　　99 000

　　其他业务成本　　4 000

　贷：累计折旧　　152 800

四、固定资产后续支出的资金运动分析与会计处理

固定资产的后续支出是指固定资产在使用过程中发生的更新改造支出、修理费用等。

固定资产的更新改造支出、修理费用等后续支出，满足资本化确认条件的，应计入固定资产成本；若有被替换的部分，应同时将被替换部分的账面价值从该固定资产原账面价值中扣除。

固定资产后续支出业务分析

（一）资本化的后续支出

企业在进行改扩建时，需要将现有的固定资产的账面价值全部转为在建工程，并停止计提折旧，其所引起的资金运动如图4-15中A段运动所示。其账面价值应为“固定资产原值-累计折旧-固定资产减值准备”。企业在改扩建的过程中发生的追加支出要计入“在建工程”成本，其所引起的资金运动如图4-15中B段运动所示。企业在改扩建中拆下的资产的账面价值或变卖后的变价收入要冲减“在建工程”成本，其所引起的资金运动如图4-15中C段运动所示。改扩建完工，达到预定可使用状态后，应该将在建工程确认为固定资产，并按重新确定的使用寿命、预计净残值和折旧方法计提折旧，其所引起的资金运动如图4-15中D段运动所示。

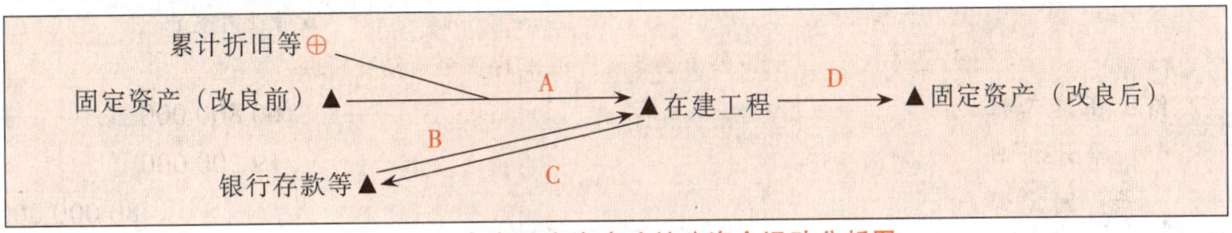

图4-15　自有固定资产改扩建资金运动分析图

【例4-13】20×8年1月1日，甲公司对原有的一条生产线进行改扩建。生产线原价156.8万元，已提折旧100万元，该固定资产无减值。3月31日，工程完工。在改扩建中共发生支出26.89万元，全部以银行存款支付。建成后大大提高了生产能力，预计将使其使用寿命延长4年。假定不考虑其他相关税费。

(1) 20×8年1月1日，转入改扩建（见图4-16，A段）。

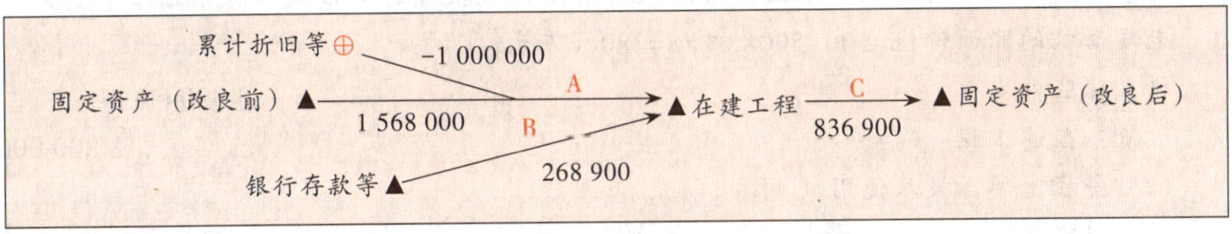

图4-16　甲公司固定资产改扩建资金运动分析图

借：在建工程　　568 000
　　累计折旧　　1 000 000
　贷：固定资产　　1 568 000

(2) 20×8年1月1日—3月31日，发生改扩建支出（见图4-16，B段）。

借：在建工程　　268 900
　贷：银行存款　　268 900

(3) 20×8年3月31日，改扩建完工（见图4-16，C段）。

借：固定资产　　836 900
　贷：在建工程　　836 900

【例4-14】某航空公司20×0年12月购入一架飞机，总计花费8 000万元（含发动机），发动机当时的购买价为500万元。公司未将发动机作为一项单独的固定资产。20×8年12月30日，为延长飞机的空中飞行时间，公司决定更新一部性能更为先进的发动机。新发动机购买价为700万元（已作为工程物资储备），另需支付安装费51 000元。假设飞机的年折旧率为3%。不考虑其他相关税费。

(1) 20×8年12月30日转入改扩建。原值8 000万元，3%年折旧率，飞机8年累计折旧=8 000×3%×8=1 920（万元）（见图4-17，A段）。

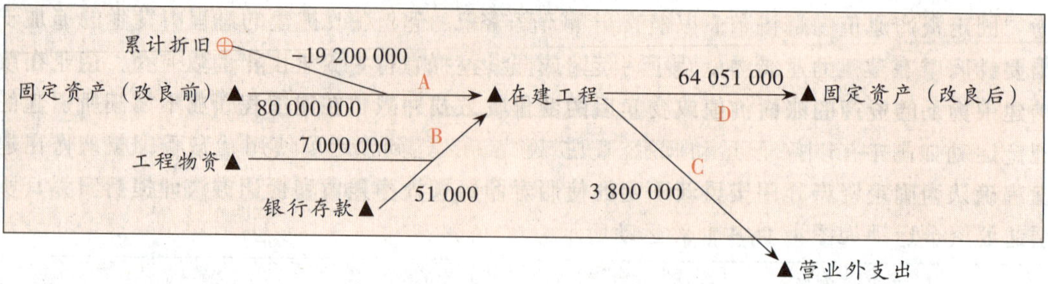

图4-17　某航空公司固定资产改扩建资金运动分析图

借：在建工程　　60 800 000
　　累计折旧　　19 200 000
　贷：固定资产　　80 000 000

（2）安装发动机700万元（工程物资），安装费5.1万元（以银行存款支付）（见图4-17，B段）。

借：在建工程　　7 051 000
　贷：工程物资　　7 000 000
　　　银行存款　　51 000

（3）终止确认老发动机的账面价值。假设老发动机报废时无残值（见图4-17，C段）。

老发动机的账面价值=500-500×3%×8=380（万元）

借：营业外支出　　3 800 000
　贷：在建工程　　3 800 000

（4）安装完毕，投入使用（见图4-17，D段）。

借：固定资产　　64 051 000
　贷：在建工程　　64 051 000

企业对租入的固定资产进行改良所发生的支出，应予以资本化，确认为长期待摊费用，并合理进行摊销。长期待摊费用是指企业已经发生，但应由本期和以后各期分担的、分摊期在1年以上（不含1年）的各项费用。

企业对租入固定资产改良所引起的资金运动如图4-18中A段运动所示。企业在以后期间合理摊销所引起的资金运动如图4-18中B段运动所示。

图4-18　租入固定资产改良资金运动分析图

【例4-15】20×8年8月1日，甲公司对其以租赁方式租入的办公楼进行装修，发生有关支出：领用生产用材料800 000元，发生应付工程人员薪酬400 000元。20×8年11月30日，该办公楼装修完工，达到预定可使用状态并交付使用，按租赁期10年平均摊销。假设不考虑其他因素。

（1）装修办公楼领用原材料（见图4-19，A段）。

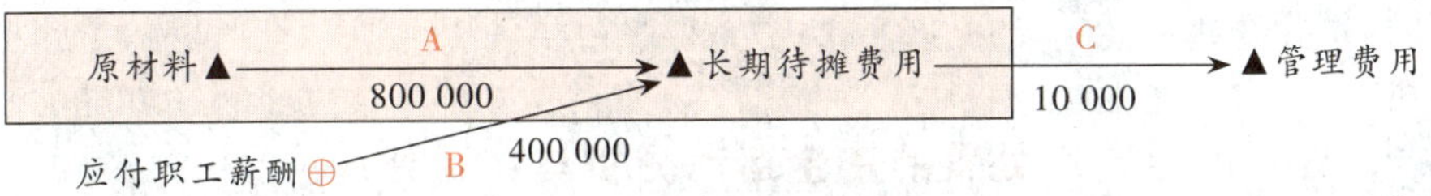

图4-19　甲公司租入固定资产改良资金运动分析图

借：长期待摊费用　　800 000
　贷：原材料　　800 000

（2）确认应付工程人员薪酬（见图4-19，B段）。

借：长期待摊费用　　400 000
　贷：应付职工薪酬　　400 000

（3）20×8年12月摊销本月应承担的装修支出（见图4-19，C段）。

每月摊销费=1 200 000÷10÷12=10 000（元）

借：管理费用　　10 000
　贷：长期待摊费用　　10 000

（二）费用化的后续支出

与固定资产有关的修理费用等后续支出，不符合资本化条件的，应当根据不同的情况分别在发生时计入当期管理费用或销售费用。

【例4-16】甲公司为增值税一般纳税人，20×8年8月10日对生产车间的设备进行日常维修，发生维修费并取得增值税专用发票，发票上注明维修费30 000元，税率13%，增值税3 900元。甲公司以银行存款支付该维修费。其所引起的资金运动如图4-20所示。

按照惯例或基于会计重要性原则，生产车间发生的维修费用一般计入管理费用。

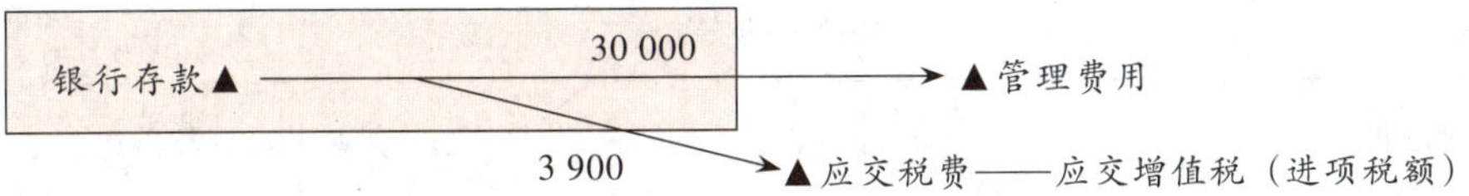

图4-20　固定资产后续支出的资金运动分析图1

借：管理费用　　30 000
　　应交税费——应交增值税（进项税额）　　3 900
　贷：银行存款　　33 900

在本例中，甲公司对生产车间的机器设备进行日常维修发生的维修费不符合固定资产后续支出资本化的条件，应将其直接计入管理费用，而不是计入制造费用。

【例4-17】甲公司为增值税一般纳税人，20×8年9月10日对管理部门使用的设备进行日常维修，发生维修费并取得增值税专用发票，注明维修费10 000元，税率13%，增值税1 300元。甲公司以银行存款支付该维修费。其所引起的资金运动如图4-21所示。

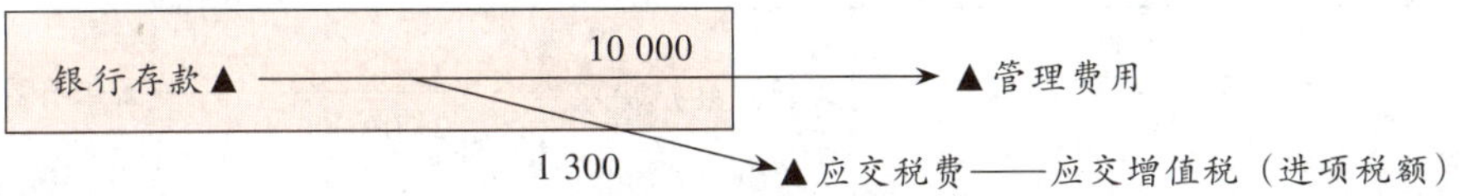

图4-21　固定资产后续支出的资金运动分析图2

借：管理费用　　10 000
　　应交税费——应交增值税（进项税额）　　1 300

贷：银行存款　　11 300

知识点自测

五、固定资产处置的资金运动分析与会计处理

固定资产的处置，即固定资产的终止确认，包括固定资产的出售、报废、毁损、对外投资、非货币性资产交换、债务重组等。

企业在生产经营过程中，可能将不适用或不需要用的固定资产对外出售转让，或因磨损、技术进步等原因对固定资产进行报废，或因遭受自然灾害而对毁损的固定资产进行处理。对于上述事项在进行会计处理时，应该按照规定程序办理有关手续，结转固定资产账面价值，计算有关的清理收入、清理费用及残料价值等，清理完毕，结转固定资产清理损益。

固定资产处置业务-理论分析

固定资产的清理过程大致可以分为以下五步：(1) 将固定资产转入清理。即将固定资产的账面价值转入固定资产清理，其所引起的资金运动如图4-22中A段运动所示。(2) 发生清理费用。发生的清理费用所引起的资金运动如图4-22中B段运动所示。(3) 保险公司、过失人赔偿的处理。企业应确认由保险公司或过失人对该损失的赔偿，其所引起的资金运动如图4-22中C段运动所示。(4) 出售收入或残料的处理。企业收回出售固定资产的价款、报废固定资产的残料价值和变价收入等，其所引起的资金运动如图4-22中D段运动所示。(5) 清理净损益的处理。固定资产清理完毕后，属于生产经营期间的出售、转让等正常处置损益，应确认为“资产处置损益”，其所引起的资金运动如图4-22中E段运动所示（若为净收益，其流量为负）。若因固定资产已丧失使用功能或因自然灾害发生毁损等原因而报废清理产生的利得或损失应计入营业外收入或营业外支出。

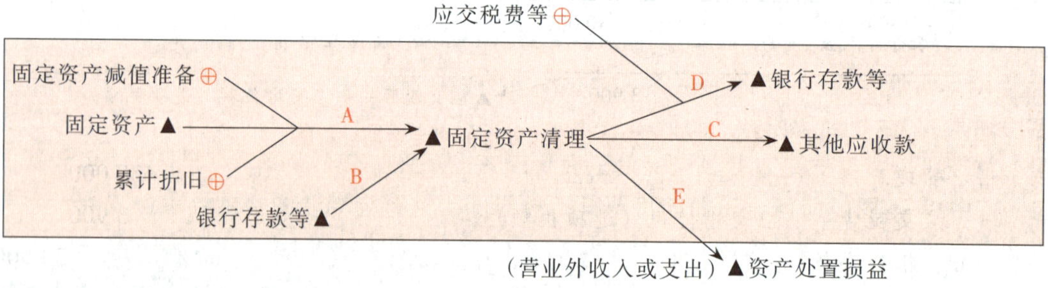

图4-22　固定资产处置资金运动分析图

【例4-18】(1) 20×8年4月1日，甲公司出售一栋自建的建筑物，原价200万元，已使用6年，已计提折旧30万元，将其转为清理；该建筑物建造时所涉及增值税已全部计入其成本（见图4-23，A段）。

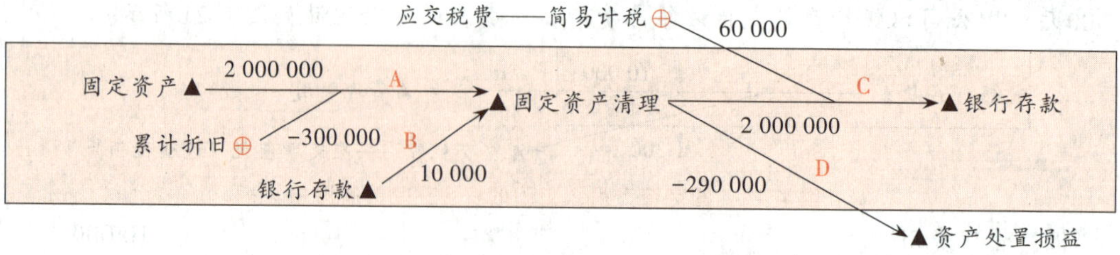

图4-23　甲公司出售固定资产资金运动分析图

借：固定资产清理 1 700 000

　　累计折旧 300 000

　贷：固定资产 2 000 000

(2) 用银行存款支付清理费用1万元（未取得增值税专用发票）（见图4-23，B段）。

借：固定资产清理 10 000

　贷：银行存款 10 000

(3) 取得出售收入206万元（含增值税，其税率为3%），款项已存入银行（见图4-23，C段）。

应纳税额=销售价款÷（1+3%）×3% = 2 060 000÷（1+3%）×3% =60 000（元）

借：银行存款 2 060 000

　贷：固定资产清理 2 000 000

　　应交税费——简易计税 60 000

固定资产处置业务举例

(4) 结转固定资产清理净损益（见图4-23，D段）。

借：固定资产清理 290 000

　贷：资产处置损益 290 000

【例4-19】(1) 20×5年3月5日，甲公司出售一台设备，原价80万元，已使用5年，已计提折旧78万元，将其转为清理。在原取得该设备时，其增值税已作为进项税额进行了抵扣（见图4-24，A段）。

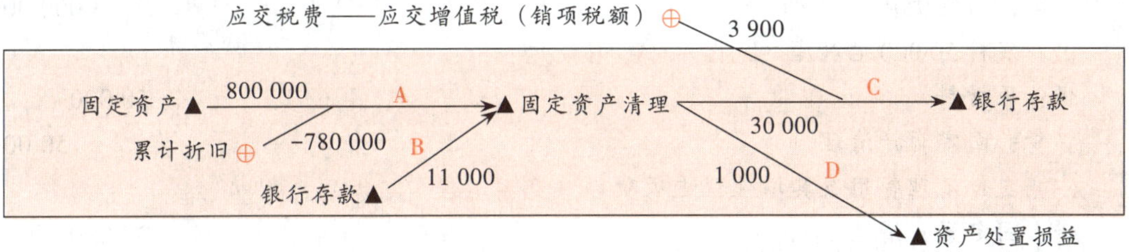

图4-24 甲公司出售设备资金运动分析图

借：固定资产清理 20 000

　　累计折旧 780 000

　贷：固定资产 800 000

(2) 用银行存款支付清理费用1.1万元（未取得增值税专用发票）（见图4-24，B段）。

借：固定资产清理 11 000

　贷：银行存款 11 000

(3) 取得出售收入3万元（不含增值税，其税率为13%），款项已存入银行（见图4-24，C段）。

借：银行存款 33 900

　贷：固定资产清理 30 000

　　应交税费——应交增值税（销项税额） 3 900

(4) 结转固定资产清理净损益（见图4-24，D段）。

借：资产处置损益 1 000

贷：固定资产清理 1 000

【例4-20】乙公司为增值税一般纳税人，因遭受台风袭击毁损一座仓库。该仓库原价3 000 000元，已计提折旧1 000 000元，已计提减值准备200 000元。其残料估计价值为50 000元，残料已办理入库。发生清理费用并取得增值税专用发票，注明的清理费为30 000元，增值税为1 800元，全部款项以银行存款支付。应收保险公司赔款1 500 000元。假定不考虑其他相关税费。

(1) 将毁损的仓库转入清理（见图4-25，A段）。

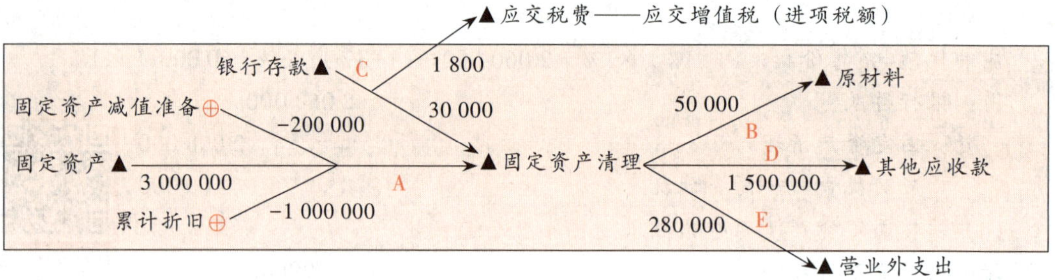

图4-25 乙公司固定资产报废业务资金运动分析图

借：固定资产清理 1 800 000

　　累计折旧 1 000 000

　　固定资产减值准备 200 000

　贷：固定资产 3 000 000

(2) 残料50 000元入库（见图4-25，B段）。

借：原材料 50 000

　贷：固定资产清理 50 000

(3) 支付清理费用及其增值税进项税额（见图4-25，C段）。

借：固定资产清理 30 000

　　应交税费——应交增值税（进项税额） 1 800

　贷：银行存款 31 800

(4) 确认应收保险公司赔款（见图4-25，D段）。

借：其他应收款 1 500 000

　贷：固定资产清理 1 500 000

(5) 结转毁损固定资产清理净损益（见图4-25，E段）。

借：营业外支出——非常损失 280 000

　贷：固定资产清理 280 000

六、固定资产清查

为保证固定资产核算的真实性，充分挖掘企业现有固定资产的潜力，企业应当定期或者至少于每年年末对固定资产进行清查盘点。在固定资产清查过程中，如果发现盘盈、盘亏的固定资产，应当填制固定资产盘亏盘盈报告表。对此，企业应及时查明原因，并按照规定程序报批处理。

（一）固定资产盘亏引起的资金运动分析

当发现固定资产盘亏时，应将该固定资产的账面价值转入待处理财产损溢，其所引起的资金运动如图4-26中A段运动所示。按照现行增值税制度的规定，购进货物及不动产发生非正常损失，其负担的进项税额不得抵扣。对于盘亏的固定资产，应按其账面净值（即固定资产原价减去已计提的累计折旧，注意，不是“账面价值”）乘以适用税率计算不可以抵扣的进项税额，并将其转入待处理财产损溢，其所引起的资金运动如图4-26中B段运动所示。企业按照管理权限报经批准后处理时，确认可收回的保险赔偿或过失人赔偿，其所引起的资金运动如图4-26中C段运动所示；剩余的部分确认为营业外支出，其所引起的资金运动如图4-26中D段运动所示。

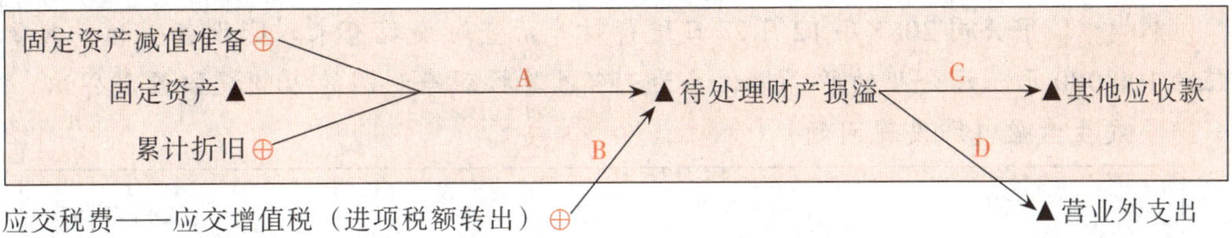

图4-26 固定资产盘亏处理资金运动分析图

【例4-21】甲公司为增值税一般纳税人。甲公司在20×8年12月27日进行财产清查时发现某设备已无实物形态存在，经批准作为盘亏处理。该设备原价120 000元，已提取折旧100 000元，未提取减值准备。该设备购买时的增值税税率为13%。

（1）发生固定资产盘亏（见图4-27，A段）。

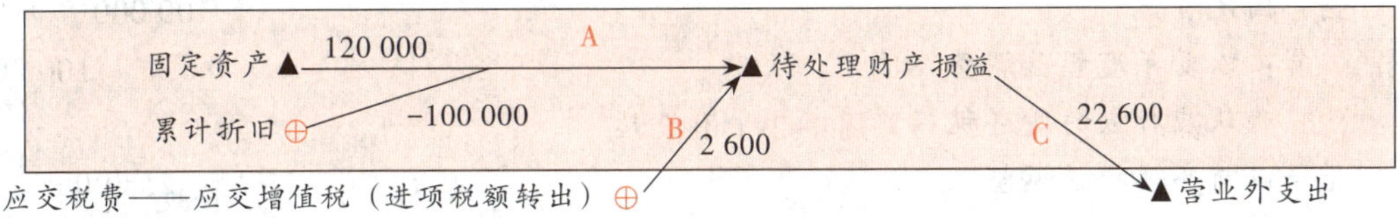

图4-27 固定资产盘亏处理资金运动分析图

借：待处理财产损溢　　20 000
　　累计折旧　　100 000
　贷：固定资产　　120 000

（2）转出不可以抵扣的增值税进项税额（见图4-27，B段）。

应转出的进项税额=（120 000-100 000）×13%=2 600（元）

借：待处理财产损溢　　2 600
　贷：应交税费——应交增值税（进项税额转出）　　2 600

固定资产盘亏业务

（3）其损失报经批准转为营业外支出（见图4-27，C段）。

借：营业外支出　　22 600
　贷：待处理财产损溢　　22 600

（二）固定资产盘盈引起的资金运动分析

固定资产盘盈的处理过程分为两步：第一步是发现问题，企业需要如实反映固定资产盘盈这一事实，其所引起的资金运动如图4-28中A段运动所示。第二步是处理问题，企业需要对之前发生的记账错误事项所带来的经济后果进行更正。这笔错账导致企业以前年度的利润减少，从而导致企业应交所得税减少和留存收益减少。现在需要更正这笔错误，企业需要补缴所得税，需要调增留存收益。其所引起的资金运动分别如图4-28中B段、C段运动所示。

固定资产盘盈业务

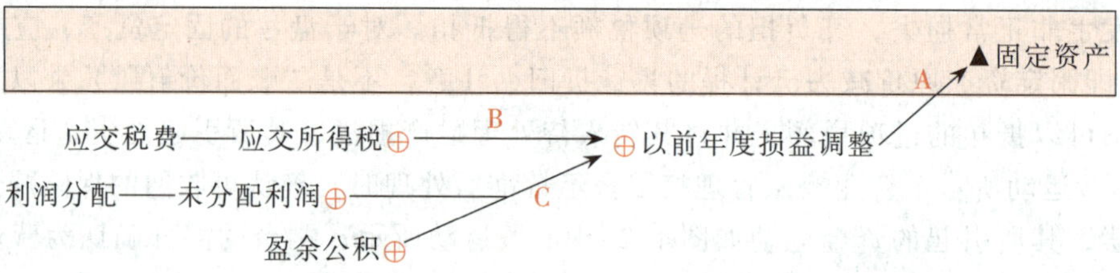

图4-28　固定资产盘盈资金运动分析图

【例4-22】甲公司20×8年12月27日进行财产清查时发现有未入账设备一台，其重置价值为100 000元。该企业的所得税税率为25%，其按照净利润的20%提取盈余公积。

(1) 发生盘盈（即发现问题）（见图4-29，A段）。

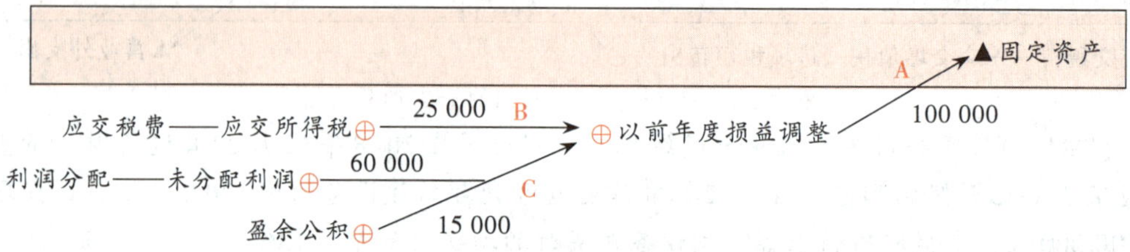

图4-29　甲公司财产清查资金运动分析图

借：固定资产　　100 000

　贷：以前年度损益调整　　100 000

(2) 确认应补缴的所得税（见图4-29，B段）。

借：以前年度损益调整　　25 000

　贷：应交税费——应交所得税　　25 000

(3) 调整盈余公积、未分配利润项目（见图4-29，C段）。

借：以前年度损益调整　　75 000

　贷：盈余公积　　15 000

　　　利润分配——未分配利润　　60 000

七、固定资产减值

固定资产的初始入账价值为历史成本。由于固定资产使用年限较长，市场条件和经营环境的变化、科学技术的进步以及企业经营管理不善等原因，都可能导致固定资产创造未来经济利益的能力大大下降。因此，固定资产的真实价值有可能低于账面价值，在期末必须对固定资产减值损失进行确认。

固定资产在资产负债表日存在可能发生减值的迹象时，其可收回金额低于账面价值的，应将该固定资产的账面价值减记至可收回金额。固定资产减值提取所引起的资金运动分析同固定资产折旧费的处理完全一样，即：在模型上将代表固定资产的沙堆固化，资金从其下方流出；然后再将其挪开，就可以看到一个新的小沙坑，该沙坑就代表“固定资产减值准备”项目，其沙坑的容积量即为减值量；所有的减值处理都是如此。固定资产减值所引起的资金运动如图4-30所示。

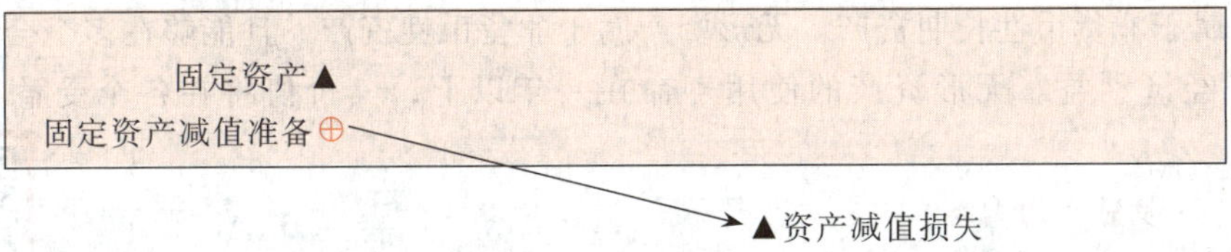

图4-30 固定资产减值资金运动分析图

企业应设置“固定资产减值准备”项目，该项目用以核算固定资产减值准备的计提、转销等业务。企业还应设置“资产减值损失”项目，该项目用以专门反映企业因资产减值而产生的损失。“资产减值损失”项目是一个费用项目，期末应结转“本年利润”项目；结转后，该项目的余额为0。

固定资产减值业务

已计提减值准备的固定资产，应该按照固定资产的账面价值以及尚可使用年限重新计算确定折旧率和折旧额。固定资产减值准备一旦提取，不得转回，只有在处置该固定资产时才允许将该减值准备冲销。

如果工程物资和在建工程发生减值，企业也需要提取减值准备，其主要通过“工程物资减值准备”和“在建工程减值准备”项目进行。

【例4-23】20×8年12月31日，甲公司某设备存在可能发生减值的迹象。经计算，该设备的可收回金额为1 200 000元，其未提取减值准备之前的账面价值为1 300 000元，该设备减值了100 000元。其减值准备提取所引起的资金运动如图4-31所示：

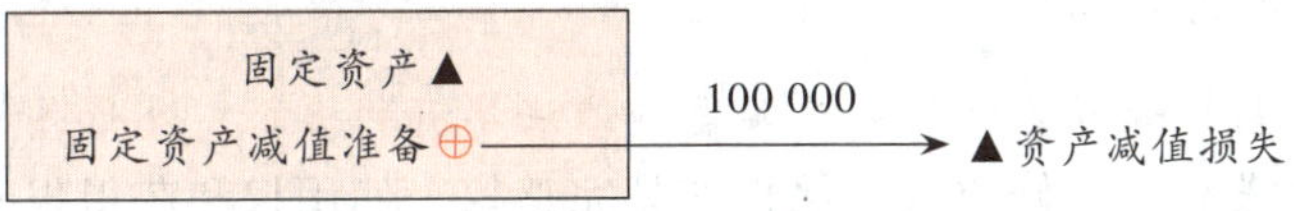

图4-31 甲公司固定资产减值资金运动分析图

借：资产减值损失 100 000

　贷：固定资产减值准备 100 000

第二节 对内投资资金运动分析与会计处理——无形资产业务

知识点自测

一、无形资产概述

（一）无形资产的概念与特征

无形资产，是指企业拥有或控制的没有实物形态的可辨认非货币性资产。无形资产主要包括专利权、非专利技术、商标权、著作权、土地使用权、特许权等。

无形资产具有三个主要特征：

（1）不具有实物形态。无形资产通常表现为某种权利、某项技术或者是某种获取超额利润的综合能力，它们不具有实物形态，如土地使用权、非专利技术等。

（2）具有可辨认性。符合下列条件之一的，应当认定其具有可辨认性：①能够从企业中分离或划分出来，并能单独或者与相关合同、资产或负债一起，用于出售、转让、授予许可、租赁或者交换。②产生于合同性权利或其他法定权利，无论这些权利是否可以从企业或其他权利和义务中转移或分离。商誉由于无法与企业自身分离而存在，不具有可辨认性。

(3) 属于非货币性长期资产。无形资产属于非货币性资产，且能够在多个会计期间为企业带来经济利益。无形资产的使用寿命在一年以上，其价值将在各个受益期间分期摊销。

无形资产概述

(二) 无形资产的内容

1. 专利权

专利权是指专利发明人在法定期限内对某一发明创造所拥有的独占权和专有权。专利权的主体是依据专利法被授予专利权的单位或个人，其客体是受专利法保护的专利发明。这些专利权包括发明专利权、实用新型专利权和外观设计专利权。

企业从外单位购入的专利权，应按照实际支付的价款作为专利权的成本。企业自行开发并按照法律程序申请取得的专利权，应按照无形资产准则确定的金额作为成本。

2. 商标权

商标是用来辨认特定的商品或劳务的标记。商标权是指企业依照有关法规在某种指定商品上使用特定的名称、图案、标识的权利。根据我国商标法的规定，经中国知识产权局商标局核准的商标为注册商标，注册商标的注册人享有商标专用权，受法律保护。

企业为宣传自创并已注册登记的商标而发生的相关费用，应在发生时直接计入当期损益。企业如果购买他人的商标，一次性支付金额较大的，可以将购入商标的价款、支付的手续费及有关费用确认为商标权的成本。

3. 著作权

著作权亦称版权，是指著作权人对其著作依法享有的出版、发行方面的专有权利。著作权包括发表权、署名权、修改权、保护作品完整权、使用权和获得报酬权等。著作权人依法取得的著作权通常支出较小，会计上一般无须将其资本化为无形资产核算，只有从外部购买的著作权，才将其所花费的成本资本化为无形资产进行核算。

4. 土地使用权

土地使用权是指国家依法准许某一企业或单位在一定期限内对国有土地享有开发、利用、经营的权利。根据我国《土地管理法》的规定，我国土地实行公有制，任何单位和个人不得侵占、买卖或以其他形式非法转让。土地使用权可以依法转让。企业取得土地使用权，应将取得时发生的支出资本化，作为土地使用权的成本，计入无形资产成本。

5. 特许权

特许权亦称专营权或特许经营权，是指由政府有关部门授予企业的在特定地区经营或销售某种特定商品的特定权利，如取水权、采矿权、烟草专卖权、邮电通信专营权等；或由一家企业授予另一家企业使用其商标、商号、技术秘密等的权利，企业间通过签订合同、有限期或无限期使用另一家企业的某些权利，如连锁经营的分店等。我国会计上核算的特许权主要是企业间授予的特许权，即支付了相关费用而取得的特许权才能作为无形资产核算。

6. 非专利技术

非专利技术即专有技术，是指先进的、未公开的、未申请专利的、可以带来经济效益的技术及诀窍。其主要内容包括工业专有技术、商业（贸易）专有技术、管理专有技术等。

工业专有技术，即在生产上已经采用，仅限少数人知道，不享有专利权或发明权的生产、装配、修理、工艺或加工方法的技术知识。

商业（贸易）专有技术，即具有保密性质的市场情报、原材料价格情报以及用户、竞争对手的情况和有关知识。

管理专有技术，即生产组织的经营方式、管理方式、培训职工方法等保密知识。

非专利技术并不是专利法的保护对象，专有技术所有人依靠自身的保密方式来维持其独占性，可以用于转让与投资。

企业自行开发研究的非专利技术，应将符合无形资产准则规定的满足资本化条件的开发支出，确认为无形资产。对于从外部购入的非专利技术，应将实际发生的支出予以资本化，作为无形资产入账。

二、无形资产业务资金运动分析与会计处理

（一）无形资产取得资金运动分析与会计处理

1.非自行研发取得无形资产

首先在不考虑增值税的情况下，分析企业取得无形资产的资金运动。企业在取得无形资产的过程中，阶段所得与阶段所失在时间上的阶段性配比主要存在以下三种情况：钱货两清、赊购和预付。在钱货两清时，其所引起的资金运动如图4-32中A段运动所示；在预付款购买时，其所引起的资金运动如图4-32中B1段、B2段运动所示；在赊购时，其所引起的资金运动如图4-32中C1段、C2段运动所示。此外，企业通过接受捐赠取得的无形资产所引起的资金运动如图4-32中D段运动所示；企业通过接受投资取得的无形资产所引起的资金运动如图4-32中E段运动所示。

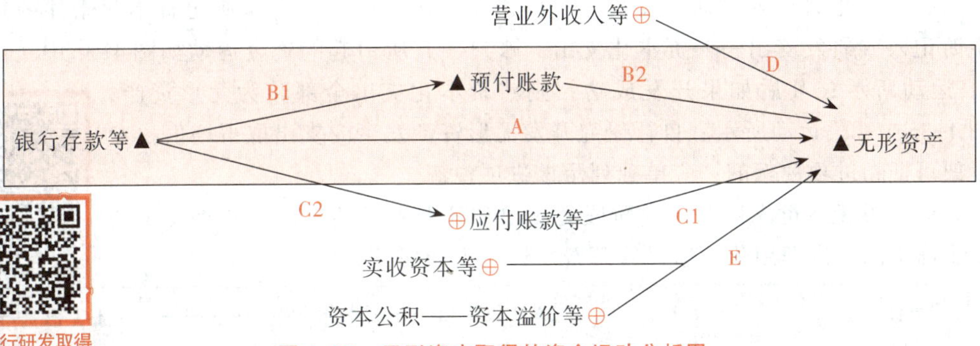

非自行研发取得无形资产业务

图4-32　无形资产取得的资金运动分析图

在取得无形资产的实际业务中，企业都会涉及增值税的处理。因此，在进行实际的资金运动分析时，需要将增值税进项税额考虑进来。

【例4-24】甲有限责任公司接受乙公司以其所拥有的非专利技术投资，双方商定的价值为56万元（不含增值税，增值税税率为6%）。其增值税专用发票上注明的进项税额为3.36万元。甲公司注册资本为1 000万元，乙公司投资后占甲公司注册资本的5%。其所引起的资金运动如图4-33所示。

借：无形资产　　560 000

　　应交税费——应交增值税（进项税额）　　33 600

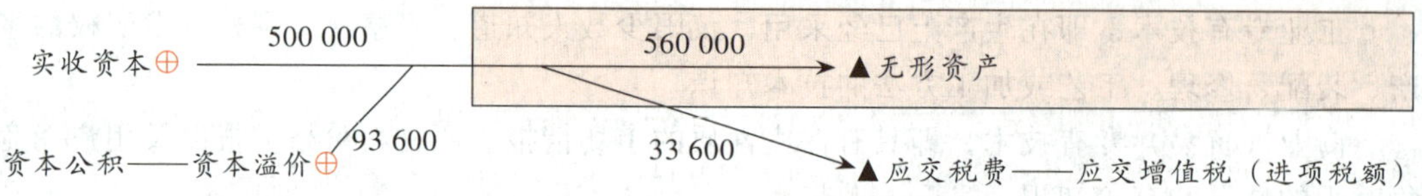

图4-33　甲公司无形资产——非专利技术取得的资金运动分析图

贷：实收资本——乙　500 000

　　资本公积——资本溢价　93 600

【例4-25】甲公司购入一项产品专利权，价款100万元（不含增值税，增值税税率为6%），其增值税专用发票上注明的税款为6万元。款项全部以银行存款支付。其所引起的资金运动如图4-34所示。

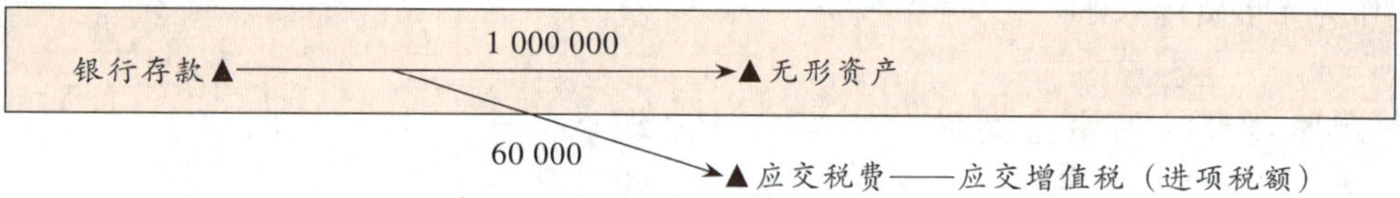

图4-34　甲公司无形资产——专利权取得的资金运动分析图

借：无形资产　1 000 000

　　应交税费——应交增值税（进项税额）　60 000

贷：银行存款　1 060 000

2. 自行开发取得无形资产

企业发生的研发费用分研究性支出和开发性支出。对于研究性支出，其发生后先记入“研发支出——费用化支出”账户，其所引起的资金运动如图4-35中A1段运动所示；到期末再将其转为管理费用，即图4-35中B段运动所示。开发性支出，对于不满足资本化条件的，其发生时记入“研发支出——费用化支出”账户，对于满足资本化条件的，其发生时记入“研发支出——资本化支出”账户，其所引起的资金运动如图4-35中A1段、A2段运动所示；其后如果开发成功，则将资本化支出全部转为无形资产，即图4-35中C段运动所示。自行研究开发无形资产发生的支出取得增值税专用发票可抵扣进项税额的，应单独列示该进项税额。

企业如果无法可靠区分研究阶段的支出和开发阶段的支出，应将发生的研发支出全部予以费用化，通过管理费用计入当期损益。

自行研发取得无形资产业务

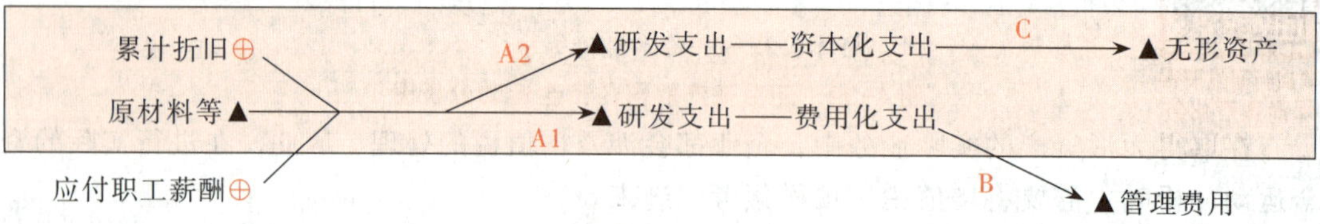

图4-35　自行开发取得无形资产的资金运动分析图

【例4-26】乙公司决定自行研发一项技术。截至20×8年12月31日发生研发支出合计1 500 000元，另外取得的增值税专用发票上注明的增值税税额为130 000元。经测试，该项研发活动完成了研究阶段，从20×9年1月1日起进入开发阶段。至20×9年11月30日累计发生开发支出1 000 000元，该支出符合研发费用资本化的条件，另外取得的增值税专用发票上注明的增值税税额为52 000元。20×9年11月30日该项研发活动结束，最终开发出一项非专利技术。

（1）20×8年发生研发支出（见图4-36，A1段）。

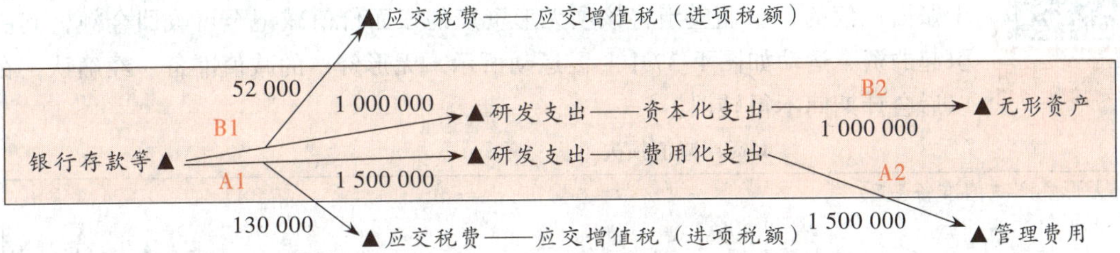

图4-36　乙公司自行研发业务资金运动分析图

借：研发支出——费用化支出　　1 500 000
　　应交税费——应交增值税（进项税额）　　130 000
　贷：银行存款等　　1 630 000

20×8年12月31日结转研究阶段的支出（见图4-36，A2段）。

借：管理费用　　1 500 000
　贷：研发支出——费用化支出　　1 500 000

（2）20×9年确认符合资本化条件的开发支出（见图4-36，B1段）。

借：研发支出——资本化支出　　1 000 000
　　应交税费——应交增值税（进项税额）　　52 000
　贷：银行存款等　　1 052 000

（3）20×9年11月30日，该技术研究完成并形成无形资产（见图4-36，B2段）。

借：无形资产　　1 000 000
　贷：研发支出——资本化支出　　1 000 000

（二）无形资产成本摊销与减值资金运动分析与会计处理

知识点自测

1.摊销无形资产成本

企业应当于取得无形资产时分析判断无形资产的使用寿命。使用寿命有限的无形资产应进行摊销，使用寿命不确定的无形资产不应摊销。

使用寿命有限的无形资产，其残值通常为零。对于使用寿命有限的无形资产，企业应当按月进行摊销。自可供使用（即其达到预定用途）当月开始摊销，处置当月不再摊销。无形资产摊销方法有年限平均法（即直线法）、生产总量法等。企业选择的无形资产摊销方法，应当反映与该项无形资产有关的经济利益的预期实现方式。无法可靠确定预期实现方式的，应当采用年限平均法（即直线法）摊销。

无形资产的摊销额一般应计入当期损益。企业自用的无形资产，其摊销金额一般应计入管理费用，其所引起的资金运动如图4-37中A段运动所示；出租的无形资产，其摊销金额应计入其他业务成本，无形资产出租收取租金和摊销成本所引起的资金运动如图4-37中B段运动所示；某项无形资产包含的经济利益通过所产生的产品或其他资产实现的，其摊销金额应计入相关资产成本，其所引起的资金运动如图4-37中C段运动所示。

2.无形资产的减值

当无形资产将来为企业创造的经济利益不足以补偿无形资产成本时，说明无形资产发生了减值，具体表现为无形资产的账面价值超过其可收回金额。

无形资产摊销与减值业务理论分析

在资产负债表日，无形资产存在可能发生的减值迹象，且其可收回金额低于账面价值的，企业应当将该项无形资产的账面价值减记至可收回金额，其所引起的资金运动如图4-37中D段运动所示。无形资产的减值准备一经确认，在以后会计期间不得转回。

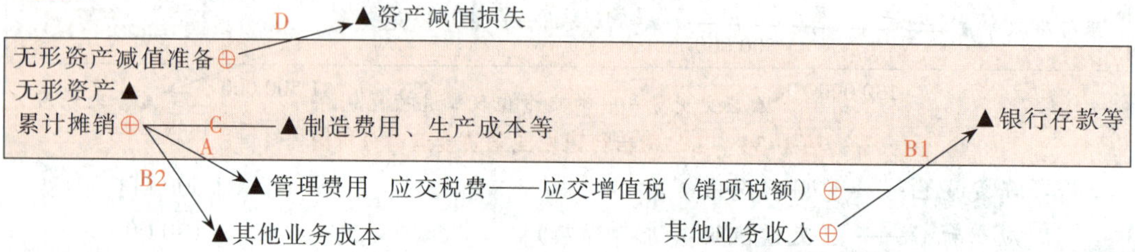

图4-37　无形资产摊销与减值资金运动分析图

无形资产摊销与减值业务举例

【例4-27】甲公司购买的一项管理用特许权成本为120 000元，合同受益期为5年。甲公司采用年限平均法按月进行摊销。其所引起的资金运动如图4-38所示。

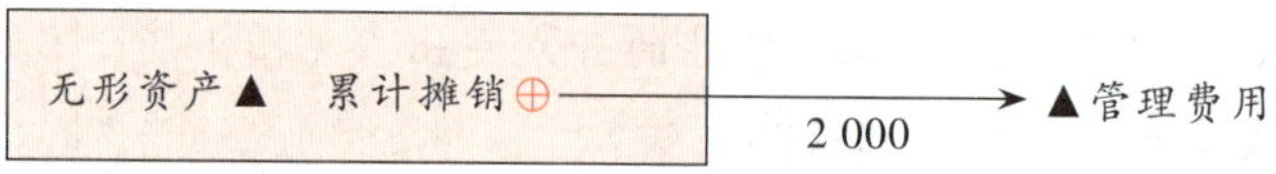

图4-38　甲公司无形资产摊销的资金运动分析图

甲公司每月摊销无形资产成本=120 000÷5÷12=2 000（元）。

借：管理费用　　2 000

　贷：累计摊销　　2 000

【例4-28】20×8年5月1日，甲公司将其自行研究开发完成的非专利技术出租给乙公司使用。该非专利技术的成本为240 000元，双方约定的租赁期为5年（即摊销期为5年），甲公司采用年限平均法按月进行摊销。甲公司每月获得租金收入10 000元，该租金不含增值税，增值税税率为6%。

（1）每月摊销无形资产成本（见图4-39，A段）。

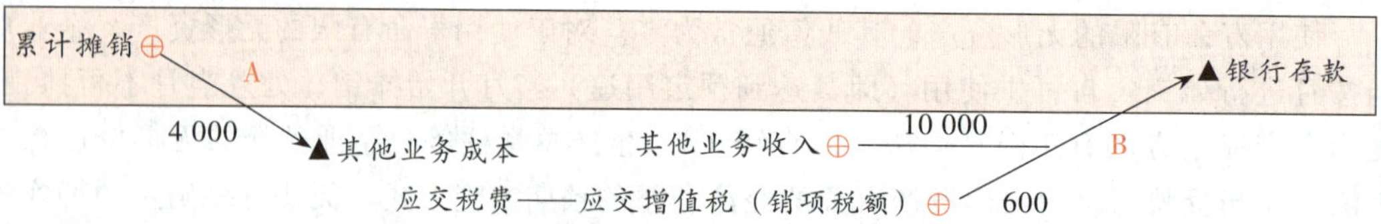

图4-39　甲公司无形资产出租资金运动分析图

每月应摊销的金额=240 000÷5÷12=4 000（元）。

借：其他业务成本　　4 000

　贷：累计摊销　　4 000

（2）每月确认租金收入（见图4-39，B段）。

借：银行存款　　10 600

　贷：其他业务收入　　10 000

　　应交税费——应交增值税（销项税额）　　600

【例4-29】20×8年12月31日，甲公司拥有的一项专利技术的账面价值为2 000 000元。经减值测试，该专利技术的可收回金额为1 500 000元。由于该专利技术可收回金额低于其账面价值，应按其差额500 000元计提减值准备。其所引起的资金运动如图4-40所示。

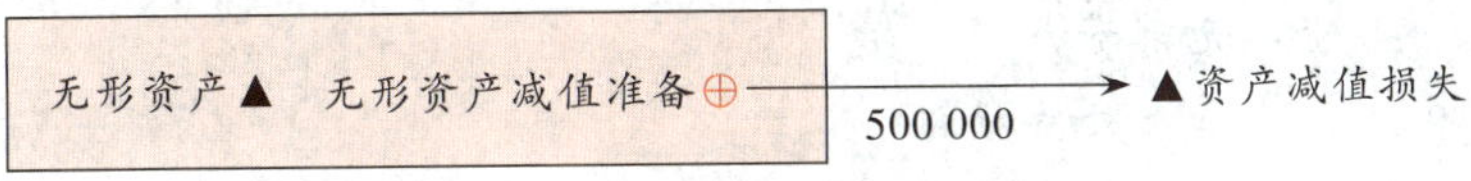

图4-40　无形资产减值资金运动分析图

借：资产减值损失　　500 000
　贷：无形资产减值准备　　500 000

(三) 无形资产处置资金运动分析与会计处理

企业出售无形资产，应当将所取得的价款扣除该无形资产账面价值以及出售相关税费后的差额作为资产处置损益，计入当期损益。

企业将无形资产出售，需要将其账面价值冲销，其所引起的资金运动如图4-41中A段运动所示，其中A1段、A2段流量为负数。企业因获得出售收入而需要承担相应的税费，其所引起的资金运动如图4-41中B段运动所示。无形资产的账面价值与应交税费之和与出售收入之间的差额，确认为资产处置损益，如图4-41中D段运动所示；在出售净额为净损失时，其流量为正数；在出售净额为净收益时，其流量为负数。

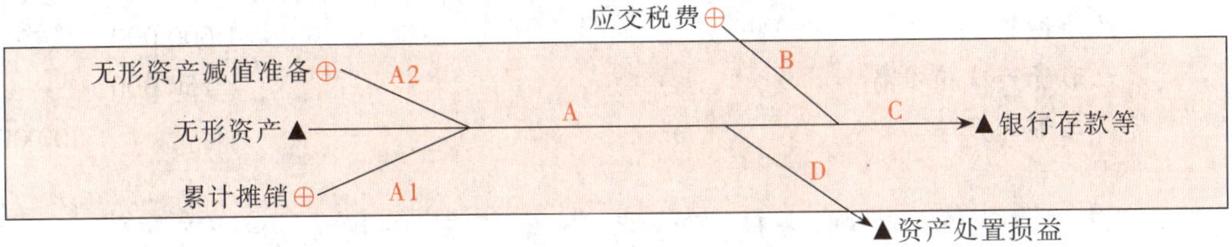

图4-41　无形资产处置的资金运动分析图

如果无形资产预期不能为企业带来未来经济利益，不再符合无形资产的定义，则应将其报废并予以转销（注销）。无形资产转销所引起的资金运动与无形资产处置（如图4-41所示）不同的地方在于，由于没有获得出售收入，不存在税费的问题，也不存在获取银行存款的问题，即没有B段、C段资金运动。同时，无形资产转销的结果只可能产生损失，该损失应确认为营业外支出，计入当期损益。

【例4-30】甲公司为增值税一般纳税人，将其一项购买成本为1 000 000元、已计提累计摊销300 000元、已计提减值准备50 000元的专利技术出售给乙公司。其开具的增值税专用发票上注明的转让金额为800 000元，增值税销项税额为48 000元，全部款项848 000元已存入银行。其所引起的资金运动如图4-42所示。

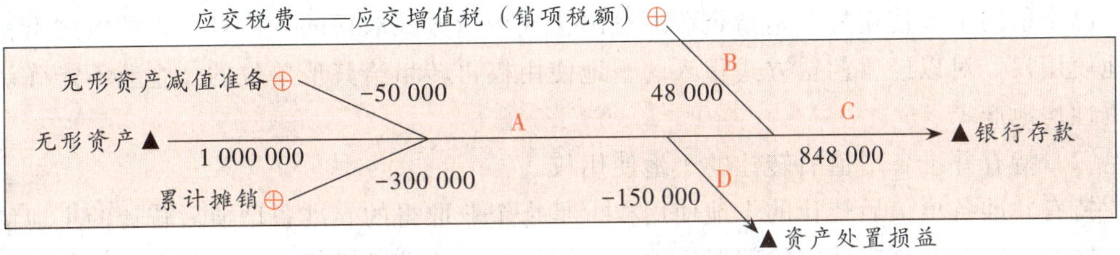

图4-42　甲公司无形资产处置的资金运动分析图1

无形资产处置业务

借：银行存款　848 000
　　累计摊销　300 000
　　无形资产减值准备　50 000
　贷：无形资产　1 000 000
　　　资产处置损益　150 000
　　　应交税费——应交增值税（销项税额）　48 000

【例 4-31】20×8 年 12 月 20 日，甲公司经批准将内部研发成功的某非专利技术替代原有的 M 专利技术，并将 M 专利技术予以转销。转销时，M 专利技术的成本为 1 800 000 元，已计提累计摊销 1 600 000 元，已计提减值准备 150 000 元，该 M 专利技术的残值为 0。假定不考虑其他相关因素。其所引起的资金运动如图 4-43 所示。

无形资产业务综合举例

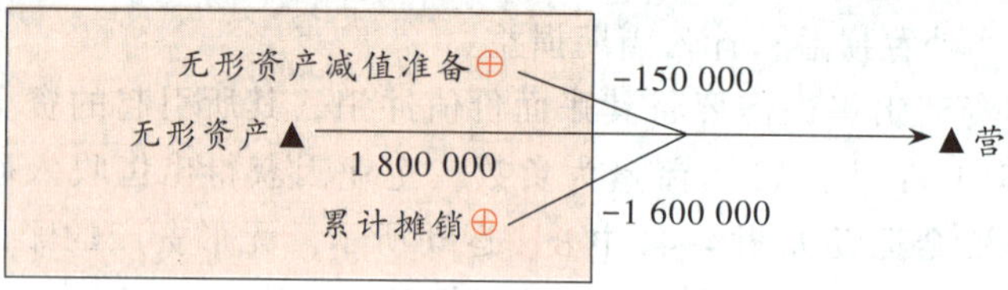

图 4-43　甲公司无形资产处置的资金运动分析图 2

借：营业外支出——非流动资产处置损失　50 000
　　累计摊销　1 600 000
　　无形资产减值准备　150 000
　贷：无形资产　1 800 000

第三节　投资性房地产业务资金运动分析与会计处理

一、投资性房地产的概念与范围

投资性房地产概述

投资性房地产是指为赚取租金或资本增值，或者两者兼有而持有的房地产。投资性房地产主要包括：已出租的土地使用权、持有并准备增值后转让的土地使用权、已出租的建筑物。企业持有投资性房地产的目的主要是赚取租金和资本增值。资本增值是指资产负债表日投资性房地产的价值减去转作或购置时的价值或价格后增加或损失的价值。

投资性房地产项目主要有：

（1）已出租的土地使用权

已出租的土地使用权，是指企业通过出让或转让方式取得的、以经营租赁方式出租的土地使用权。对以经营租赁方式租入的土地使用权再转租给其他单位的，企业不能确认为投资性房地产。

（2）持有并准备增值后转让的土地使用权

持有并准备增值后转让的土地使用权，是指企业取得的、准备增值后转让的土地使用权。按照国家有关规定认定的闲置土地，不属于持有并准备增值后转让的土地使用权。

（3）已出租的建筑物

已出租的建筑物是指企业以经营租赁方式出租的建筑物，主要包括自行建造或开发活动完成后用于出租的建筑物以及正在建造或开发过程中将来用于出租的建筑物。用于出租的建筑物是企业拥有产权的建筑物。以经营租赁方式租入再转租的建筑物不属于投资性房地产。对企业持有以备经营出租的空置建筑物或在建建筑物，如董事会或类似机构作出书面决议，明确表明将其用于经营出租且持有意图短期内不再发生变化的，即使尚未签订租赁协议，也应视为投资性房地产。

企业将建筑物出租，按租赁协议向承租人提供的相关辅助服务在整个协议中不重大的，应当将该建筑物确认为投资性房地产。例如，企业将其办公楼出租，同时向承租人提供维护、保安等日常辅助服务，企业应当将其确认为投资性房地产。

二、投资性房地产的确认与初始计量

（一）投资性房地产的确认

1.投资性房地产的确认条件

投资性房地产只有在符合定义的前提下，同时满足下列条件的，才能予以确认：（1）与该投资性房地产有关的经济利益很可能流入企业；（2）该投资性房地产的成本能够可靠地计量。

2.投资性房地产的确认时点

投资性房地产确认的时点主要有：（1）对已出租的土地使用权、已出租的建筑物，其作为投资性房地产的确认时点一般为租赁期开始日，即土地使用权、建筑物进入出租状态、开始赚取租金的日期。但对企业持有以备经营出租的空置建筑物或在建建筑物，董事会或类似机构作出书面决议，明确表明将其用于经营出租且持有意图短期内不再发生变化的，即使尚未签订租赁协议，也应视其为投资性房地产。（2）对持有并准备增值后转让的土地使用权，其作为投资性房地产的确认时点为企业将自用土地使用权停止自用、准备增值后转让的日期。

（二）投资性房地产的计量

投资性房地产的计量分为成本模式和公允价值模式两种。

1.成本模式

成本模式是指投资性房地产的初始计量和后续计量均采用实际成本进行核算。外购、自行建造等按照初始购置或自行建造的实际成本计量，后续发生符合资本化条件的支出计入账面价值，后续计量按照固定资产或无形资产的相关规定按期计提折旧或摊销，资产负债表日发生的减值应计提减值准备。

2.公允价值模式

公允价值模式是指投资性房地产初始计量采用实际成本核算，后续计量按照投资性房地产的公允价值进行计量。

企业存在确凿证据表明其投资性房地产的公允价值能够持续可靠取得的，可以对投资性房地产采用公允价值模式进行后续计量。公允价值模式的最大特点是在会计期末按照公允价值调整投资性房地产的账面价值，并将公允价值变动计入当期损益。

采用公允价值模式计量的投资性房地产，应当同时满足下列条件：(1) 投资性房地产所在地有活跃的房地产交易市场。所在地，通常指投资性房地产所在的城市。对于大中型城市来说，所在地应当为投资性房地产所在的城区。(2) 企业能够从活跃的房地产交易市场上取得同类或类似房地产的市场价格及其他相关信息，从而对投资性房地产的公允价值作出合理的估计。

投资性房地产采用公允价值模式进行后续计量的，不计提折旧或摊销，应当以资产负债表日的公允价值计量。

企业选择采用公允价值模式进行后续计量的，就应当对其所有投资性房地产均采用公允价值模式进行后续计量。同一企业只能采用一种模式对其所有投资性房地产进行后续计量，不得同时采用两种计量模式，即不得对部分投资性房地产采用成本模式进行后续计量，而对另一部分投资性房地产采用公允价值模式进行后续计量。

（三）投资性房地产的会计科目设置

为了反映和监督投资性房地产的取得、计提折旧或摊销、公允价值变动和处置等情况，企业应按照成本模式和公允价值模式分别设置“投资性房地产”等会计科目。其具体设置情况见表4-4。

表4-4　投资性房地产会计科目设置及其含义

会计科目设置	成本模式	公允价值模式
初始核算	设置“投资性房地产”科目，核算其实际成本及其增减变化，按具体项目（如厂房、已出租土地使用权等）设置明细科目	设置“投资性房地产——成本”科目，核算其实际成本及其变化
后续核算	(1) 设置“投资性房地产累计折旧”和“投资性房地产累计摊销”科目，分别核算计提的折旧和摊销； (2) 设置“投资性房地产减值准备”科目，核算计提的减值准备。	(1) 设置“投资性房地产——公允价值变动”科目，核算其公允价值的增减变动； (2) 设置“公允价值变动损益”科目，核算投资性房地产公允价值变动损益； (3) 设置“其他综合收益”科目，核算非投资性房地产转换为投资性房地产在转换日的公允价值大于账面价值的差额。
处置核算	设置“其他业务收入”和“其他业务成本”科目，核算处置收入和成本	

三、投资性房地产的账务处理

（一）取得投资性房地产的账务处理

外购和自行建造投资性房地产

企业取得投资性房地产，在成本模式或公允价值模式下均应该按照取得时的实际成本核算。

1.外购的投资性房地产

外购的土地使用权和建筑物，按照取得时的实际成本进行初始计量。取得时的实际成本包括购买价款、相关税费和可直接归属于该资产的其他支出。企业购入的房地产，部分用于出租（或资本增值）、部分自用，用于出租（或资本增值）的部分应当予以单独确认的，应按照不同部分的公允价值占公允价值总额的比例将成本在不同部分之间进行分配。

【例4-32】20×8年2月，甲企业计划购入一栋写字楼用于对外出租。3月1日，甲企业与乙企业签订租赁合同，约定自写字楼购买日起将该栋写字楼出租给乙企业，为期5年。4月1日，甲企业实际购入写字楼，支付价款共计3 600万元。假设不考虑相关税费及其他因素，该业务引起的资金运动如图4-44所示。

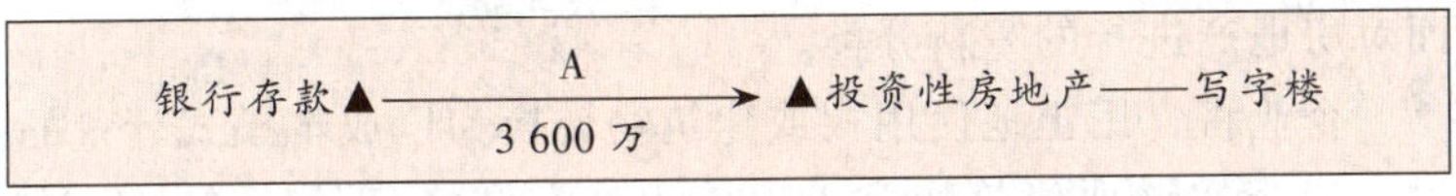

图4-44　甲公司取得投资性房地产资金运动分析图

借：投资性房地产——写字楼　　36 000 000

　贷：银行存款　　36 000 000

2. 自行建造的投资性房地产

在成本模式下，自行建造投资性房地产，其成本由建造该项资产达到预定可使用状态前发生的必要支出构成，包括土地开发费、建筑成本、安装成本、应予以资本化的借款费用、支付的其他费用和分摊的间接费用等。建造过程中发生的非正常损失，直接计入当期损益，不计入建造成本。

【例4-33】20×8年1月，甲公司从其他单位购得一块使用年限为50年的土地，并在此土地上开始自行建造两栋厂房。20×8年11月，甲公司预计厂房即将完工，与乙公司签订经营租赁合同，将其中的一栋厂房租赁给乙公司使用。合同约定厂房完工交付使用时起租，租赁期为5年，每年年末支付租金300万元。20×8年12月25日，两栋厂房同时完工达到预定可使用状态并交付使用。该土地使用权的成本为1 200万元，截至20×8年12月25日，该土地使用权已累计计提摊销24万元；两栋厂房的实际造价均为3 600万元，能够单独出售。两栋厂房分别占用该土地面积的一半。该项业务引起的资金运动如图4-45所示。

（1）确认已完工的两栋厂房（见图4-45，A段）。

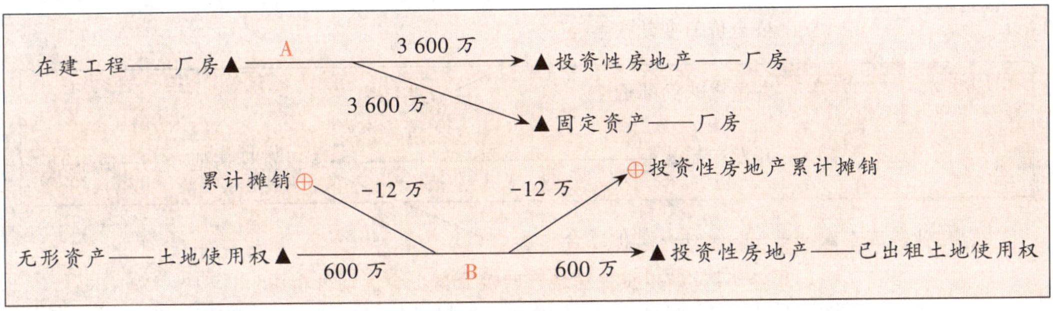

图4-45　甲公司自行建造取得投资性房地产资金运动分析图

借：固定资产——厂房　　36 000 000

　　投资性房地产——厂房　　36 000 000

　贷：在建工程——厂房　　72 000 000

（2）将出租厂房所应该分摊的土地使用权予以结转（见图 4-45，B段）。

借：投资性房地产——已出租无形资产　　6 000 000

　　累计摊销　　120 000

　贷：无形资产——土地使用权　　6 000 000

　　　投资性房地产累计摊销　　120 000

3.非投资性房地产转换为投资性房地产的确认和初始计量

非投资性房地产转为投资性房地产

非投资性房地产转换为投资性房地产，实质上是因房地产用途发生改变而对房地产进行的重新分类。

企业将自用土地使用权或建筑物转换为以成本模式计量的投资性房地产时，应当按该项建筑物或土地使用权在转换日的原价、累计折旧（摊销）、减值准备等，分别转入“投资性房地产”“投资性房地产累计折旧（摊销）”“投资性房地产减值准备”项目。其所引起的资金运动如图 4-46 所示，其中 A1、A2、A3、A4 段运动的流量全部为负数。

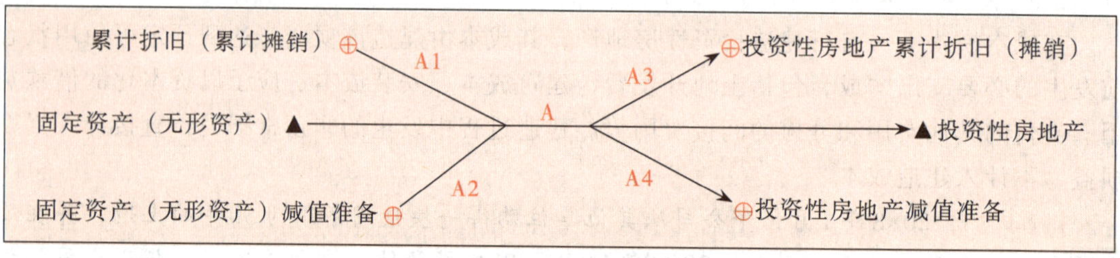

图 4-46　非投资性房地产转换资金运动分析图

企业将作为存货的房地产转换为采用公允价值模式计量的投资性房地产，应当按该项房地产在转换日的公允价值入账。同时，转换日的公允价值小于账面价值的，按其差额，确认为“公允价值变动损益”，其所引起的资金运动如图 4-47 中 B1 段运动所示，其流量为负数；转换日的公允价值大于账面价值的，按其差额确认“其他综合收益”，其所引起的资金运动如图 4-47 中 B2 段运动所示，其流量为正数。当处置该项投资性房地产时，因转换计入其他综合收益的部分应转入当期损益，其所引起的资金运动如图 4-47 中 C 段运动所示。

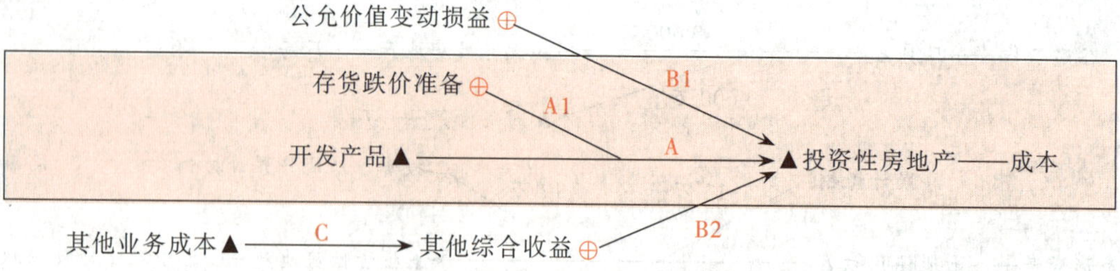

图 4-47　非投资性房地产转换业务资金运动分析图

（二）投资性房地产后续核算的账务处理

1.采用成本模式进行后续计量的投资性房地产

采用成本模式进行后续计量的投资性房地产，应当按照固定资产准则或无形资产准则的有关规定，按期（月）计提折旧或摊销，其所引起的资金运动如图 4-48 中 A 段运动所示。

取得租金收入引起的资金运动如图4-48中B段运动所示。

投资性房地产存在减值迹象的，还应当适用资产减值的有关规定。经减值测试后确定发生减值的，应当计提减值准备，其所引起的资金运动如图4-48中C段运动所示。即使已经计提减值准备的投资性房地产的价值又得以恢复，已计提的减值准备也不得转回。

投资性房地产后续核算：成本模式

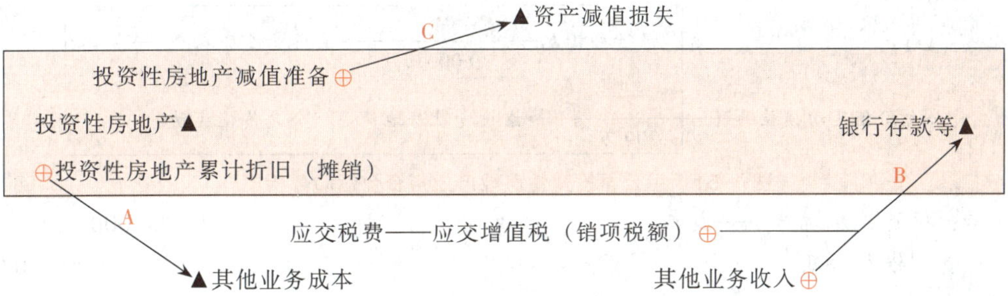

图4-48　投资性房地产后续业务资金运动分析图-成本模式

【例4-34】接【例4-33】，甲公司按月计提投资性房地产折旧和摊销。预计出租厂房的使用寿命为20年，预计净残值为0；土地使用权按50年摊销。按照年限平均法计提折旧和摊销。甲公司该业务引起的资金运动如图4-49所示。

（1）每月计提折旧费15万元和无形资产摊销0.5万元（见图4-49，A段）。

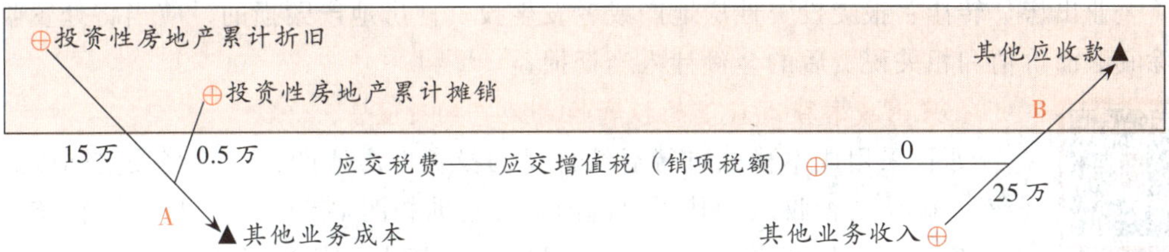

图4-49　投资性房地产后续业务（成本模式）资金运动分析图

借：其他业务成本　　155 000

　贷：投资性房地产累计折旧　　150 000

　　　投资性房地产累计摊销　　5 000

（2）每月确认应收租金收入25万元（见图4-49，B段）。

借：其他应收款——应收租金　　250 000

　贷：其他业务收入　　250 000

2.采用公允价值模式进行后续计量的投资性房地产

投资性房地产采用公允价值模式进行后续计量的，不计提折旧或摊销，应当以资产负债表日的公允价值计量。资产负债表日，投资性房地产的公允价值高于其账面余额时，其所引起的资金运动如图4-50中A段运动所示；投资性房地产的公允价值低于其账面余额时，图4-50中A段运动的流量为负数。

投资性房地产后续核算：公允价值模式

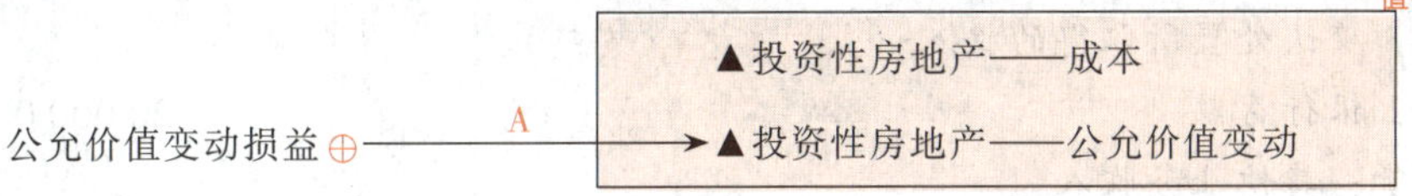

图4-50　投资性房地产后续业务（公允价值模式）资金运动分析图

【例4-35】20×8年10月1日，甲公司与乙公司签订租赁协议，约定将甲公司当日购买的一栋精装修的写字楼自当日起经营租赁给乙公司使用，租赁期为10年。该写字楼的购买价为9 000万元，款项已用银行存款支付。20×8年12月31日，该写字楼的公允价值为9 200万元。假设甲公司采用公允价值计量模式对该写字楼进行后续计量，并且不考虑相关税费。

（1）20×8年10月1日，甲公司购买写字楼并出租（见图4-51，A段）。

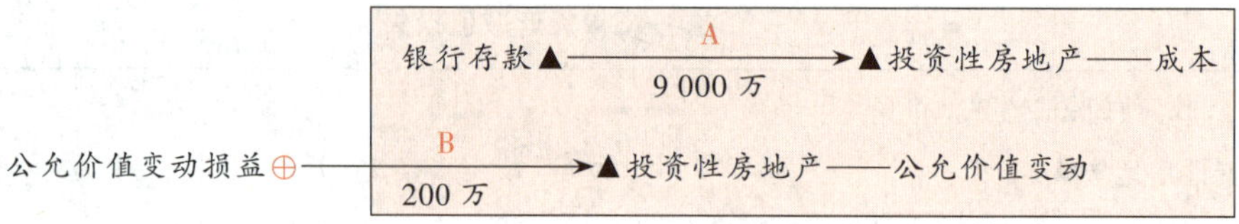

图4-51　甲公司投资性房地产业务资金运动分析图

借：投资性房地产——成本　　90 000 000

　贷：银行存款　　90 000 000

（2）20×8年12月31日，按照公允价值调整其账面价值，公允价值与原账面价值之间的差额计入当期损益（见图4-51，B段）。

借：投资性房地产——公允价值变动　　2 000 000

　贷：公允价值变动损益　　2 000 000

（三）投资性房地产处置的账务处理

企业出售、转让、报废投资性房地产或者发生投资性房地产毁损的，应当将处置收入扣除其账面价值和相关税费后的金额计入当期损益。

1.采用成本模式计量的投资性房地产的处置

投资性房地产处置成本模

处置采用成本模式进行后续计量的投资性房地产时，应当按实际收到的金额，确认处置收入，其所引起的资金运动如图4-52中A段所示。按该项投资性房地产的账面价值，确认处置成本，其所引起的资金运动如图4-52中B段所示。

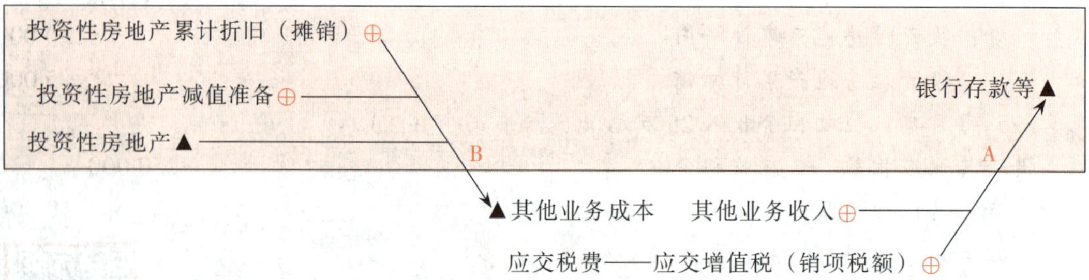

图4-52　投资性房地产处置业务（成本模式）资金运动分析图

【例4-36】甲公司将一幢出租用房出售，取得收入2 000万元，款项已存入银行。甲公司采用成本模式计量。该幢出租房的账面原值为4 000万元，已计提折旧2 800万元，未提取减值准备。假设不考虑相关税费等。

（1）确认处置所取得的收入（见图4-53，A段）。

借：银行存款　　20 000 000

　贷：其他业务收入　　20 000 000

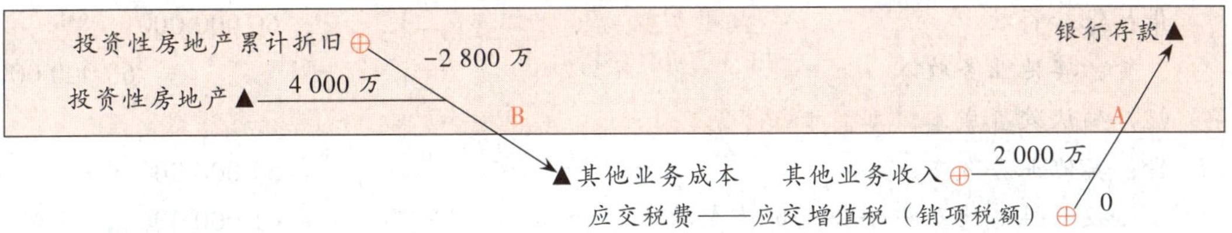

图 4-53　投资性房地产处置业务（成本模式）资金运动分析图

（2）确认处置所发生的成本（见图 4-53，B 段）。

借：其他业务成本　　12 000 000

　　投资性房地产累计折旧　　28 000 000

　贷：投资性房地产　　40 000 000

2.采用公允价值模式计量的投资性房地产的处置

企业处置采用公允价值模式计量的投资性房地产时，应当按实际收到的金额，确认处置收入，其所引起的资金运动如图 4-54 中 A 段运动所示。企业应按该项投资性房地产的账面价值确认处置成本，其所引起的资金运动如图 4-54 中 B 段运动所示，如该投资性房地产公允价值累计变动是减少的，则 B1 段运动段的流量为负数。同时结转投资性房地产累计公允价值变动，其所引起的资金运动如图 4-54 中 C 段运动所示；该项结转不影响企业的营业利润，但有利于更好地评价该投资性房地产的整体收益；如累计的公允价值变动为负数，则 C 段运动的流量也为负数。若存在原转换日记入其他综合收益的金额，应一并结转，其所引起的资金运动如图 4-54 中 D 段运动所示。

投资性房地产处置公允价值模式

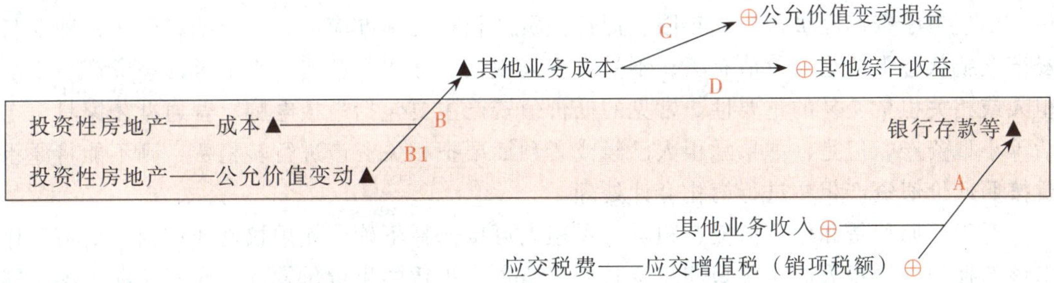

图 4-54　投资性房地产处置业务资金运动分析图——公允价值模式

【例 4-37】甲公司出售一幢出租房，取得收入 6 000 万元，存入银行。甲公司采用公允价值模式进行计量。出售时，该投资性房地产项目的明细如下：成本为 5800 万元，公允价值变动贷方余额为 100 万元。假设不考虑相关税费。

（1）确认处置收入（见图 4-55，A 段）。

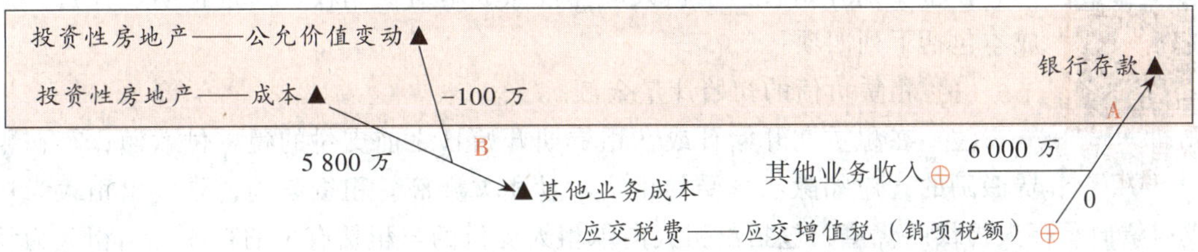

图 4-55　甲公司处置投资性房地产资金运动分析图——公允价值模式

借：银行存款　　60 000 000

　贷：其他业务收入　　60 000 000

（2）确认处置成本（见图4-55，B段）。

借：其他业务成本　　57 000 000

　　投资性房地产——公允价值变动　　1 000 000

　贷：投资性房地产——成本　　58 000 000

第四节　使用权资产业务资金运动分析与会计处理

一、使用权资产的概念与范围

使用权资产，是指承租人可在租赁期内使用租赁资产的权利。

租赁作为企业融资的一种方式，具有还款方式灵活、融资期限长等特点，对于期望尽快实现技术升级的企业，租赁可以在一定程度上缓解其短期资金压力，防范和化解资金链断裂风险等。

使用权资产的核算范围是核算承租人除采用简化处理的短期租赁和低价值资产租赁外的所有租赁业务所取得的使用权资产。短期租赁，是指在租赁期开始日，租赁期不超过12个月的租赁，包含购买选择权的租赁不属于短期租赁。低价值资产租赁，是指单项租赁资产为全新资产时价值较低的租赁。

承租人在判断是否为低价值资产租赁时，应基于租赁资产在全新状态下的价值进行评估，不应考虑资产已被使用的年限。低价值资产租赁的标准应该是一个绝对金额，即仅与资产全新状态下的绝对价值有关，不受承租人规模、性质等影响，也不考虑该资产对于承租人或相关租赁交易的重要性。常见的低价值资产主要包括平板电脑、普通办公家具、电话等小型资产。但是，如果承租人已经或者预期要把相关资产进行转租赁，则不能将原租赁按照低价值资产租赁进行简化会计处理。

对于短期租赁和低价值资产租赁，承租人可以选择不确认使用权资产和租赁负债。作出该选择的，承租人应当将短期租赁和低价值资产租赁的租赁付款额，在租赁期内各个期间按照直线法或其他系统、合理的方法计入相关资产成本或当期损益。其他系统、合理的方法能够更好地反映承租人的受益模式的，承租人应当采用该方法。

二、使用权资产的初始计量及其账务处理

使用权资产概述

在租赁期开始日，承租人应当按照成本对使用权资产进行初始计量。该成本包括下列四项：

（1）租赁负债的初始计量金额。

（2）在租赁期开始日或在租赁期开始日之前支付的租赁付款额；存在租赁激励的，应扣除已享受的租赁激励相关金额。租赁激励，是指出租人为达成租赁向承租人提供的优惠，包括出租人向承租人支付的与租赁有关的款项、出租人为承租人偿付或承担的成本等。存在租赁激励的，承租人在确定租赁付款额时，应扣除租赁激

励相关金额。

(3) 承租人发生的初始直接费用。初始直接费用，是指为达成租赁所发生的增量成本。增量成本是指若企业不取得该租赁，则不会发生的成本。

(4) 承租人为拆卸及移除租赁资产、复原租赁资产所在场地或将租赁资产恢复至租赁条款约定状态预计将发生的成本。

一般来说，使用权资产的初始计量需要以租赁负债的初始计量金额为基础。其所引起的资金运动如图4-56中A段运动所示，A段运动的流量反映租赁付款额的折现值，其中A1段运动的流量反映租赁付款额，A2段运动的流量反映租赁付款额与其现值之间的差额(其流量为负数)。承租人发生初始直接费用的，其所引起的资金运动如图4-56中B段运动所示。如存在租赁激励的，则应从使用权资产中扣除已享有的租赁激励相关金额，其所引起的资金运动如图4-56中B段运动所示，其流量为负数。如承租人预计将要为拆卸及移除租赁资产、复原租赁资产所在场所或将租赁资产恢复至租赁条款约定状态发生成本的，应将其现值计入使用权资产成本之中，其所引起的资金运动如图4-56中C段运动所示。

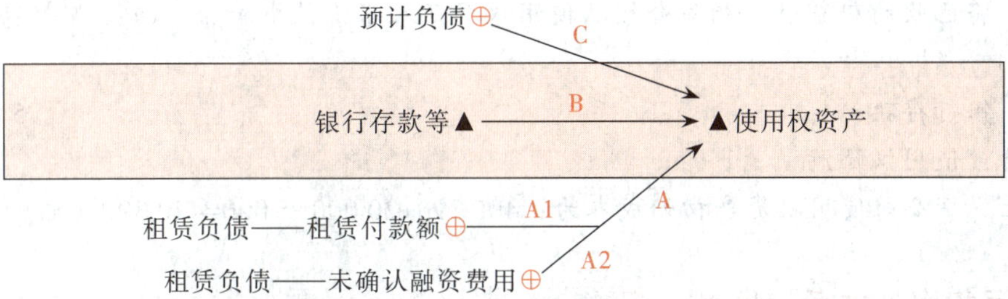

图4-56 租赁负债和使用权资产初始确认与计量资金运动分析图

【例4-38】承租人甲公司就某栋建筑物的某一层楼与出租人乙公司签订了为期10年的租赁协议，并拥有5年的续租选择权。有关资料如下：(1) 初始租赁期内的不含税租金为每年50 000元，续租期间为每年55 000元，所有款项应于每年年初支付；(2) 为获得该项租赁，甲公司发生的初始直接费用为20 000元，其中，15 000元为向该楼层前任租户支付的款项，5 000元为向促成此租赁交易的房地产中介支付的佣金；(3) 作为对甲公司的激励，乙公司同意补偿甲公司5 000元佣金；(4) 在租赁期开始日，甲公司评估后认为，不能合理确定是否行使续租选择权，因此将租赁期确定为10年；(5) 甲公司无法确定租赁内含利率，其增量借款利率为每年5%，该利率反映的是甲公司以类似抵押条件借入期限为10年的、与使用权资产等值的、相同币种的借款而必须支付的利率。为简化处理，不考虑相关税费的影响。

(1) 计算租赁期开始日租赁付款额的现值，并确认租赁负债和使用权资产。

在租赁期开始日，甲公司支付第1年的租金50 000元，并以剩余9年租金（每年50 000元）按5%的年利率折现后的现值计量租赁负债。

剩余9期租赁付款额=50 000×9=450 000（元）

租赁负债=剩余9期租赁付款额的现值=50 000×（P/A，5%，9）=355 390（元）

未确认融资费用=剩余9期租赁付款额-剩余9期租赁付款额的现值

=450 000-355 390=94 610（元）。（见图4-57中B段运动）

使用权资产初始确认与计量举例

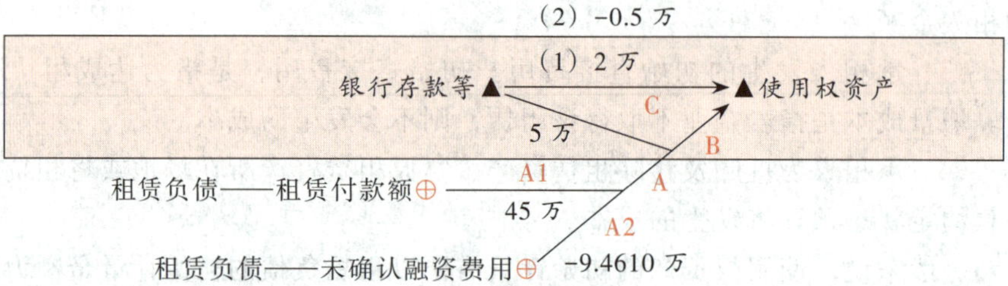

图 4-57　甲公司租赁负债和使用权资产初始取得资金运动分析图

借：使用权资产　　405 390

　　租赁负债——未确认融资费用　　94 610

　贷：租赁负债——租赁付款额　　450 000

　　　银行存款　　50 000

（2）将初始直接费用计入使用权资产的初始成本。（见图 4-57 中 C 段运动（1））

借：使用权资产　　20 000

　贷：银行存款　　20 000

（3）将已收的租赁激励相关金额从使用权资产入账价值中扣除。（见图 4-57 中 C 段运动（2））

借：银行存款　　5 000

　贷：使用权资产　　5 000

综上，甲公司使用权资产初始成本为：405 390+20 000−5 000=420 390（元）。

三、使用权资产的后续账务处理

（一）计量基础

在租赁期开始日后，承租人应当采用成本模式对使用权资产进行后续计量，即以成本减累计折旧及累计减值准备后的金额计量使用权资产。

（二）使用权资产的折旧

承租人应当参照固定资产准则有关折旧规定，自租赁期开始日起对使用权资产计提折旧。使用权资产通常应自租赁期开始的当月计提折旧，当月计提确有困难的，为便于实务操作，企业也可以选择自租赁期开始的下个月计提折旧，但应对同类使用权资产采取相同的折旧政策。计提的折旧金额应根据使用权资产的用途，计入相关资产的成本或者当期损益。

承租人在确定使用权资产的折旧方法时，应当根据与使用权资产有关的经济利益的预期实现方式做出决定。通常，承租人按直线法对使用权资产计提折旧，其他折旧方法更能反映使用权资产有关经济利益预期实现方式的，应采用其他折旧方法。

承租人在确定使用权资产的折旧年限时，应遵循以下原则：承租人能够合理确定租赁期届满时取得租赁资产所有权的，应当在租赁资产剩余使用寿命期内计提折旧；承租人无法合理确定租赁期届满时能够取得租赁资产所有权的，应当在租赁期与租赁资产剩余使用寿命两者孰短的期间内计提折旧。如果使用权资产的剩余使用寿命短于前两者，则应在使用权资产的剩余使用寿命内计提折旧。

承租人使用权资产折旧提取所引起的资金运动如图4-58中C段运动所示。

（三）使用权资产的减值

在租赁期开始日后，承租人应当按照资产减值准则的规定，确定使用权资产是否发生减值，并对已识别的减值损失进行会计处理。使用权资产发生减值的，其所引起的资金运动如图4-58中D段运动所示。使用权资产减值准备一旦计提，不得转回。承租人应当按照扣除减值损失之后的使用权资产的账面价值进行后续的折旧提取。

（四）租赁负债的后续常规确认与计量

租赁负债后续常规业务主要包括两个方面：

（1）在租赁期内摊销未确认的融资费用，即将"租赁负债——未确认融资费用"在租赁期内分期、分量进行摊销。其所引起的资金运动如图4-58中E1段运动所示。

承租人应当按照固定的周期性利率计算租赁负债在租赁期内各期间的利息费用，并计入当期损益或相关资产成本。

所谓周期性利率，是指承租人对租赁负债进行初始计量时所采用的折现率，或者因租赁付款额发生变动、租赁合同变更，承租人所采用的折现率。

使用权资产后续处理理论分析

（2）在租赁合同约定的时间支付租金及相应的增值税。其所引起的资金运动如图4-58中E2、E3段运动所示。

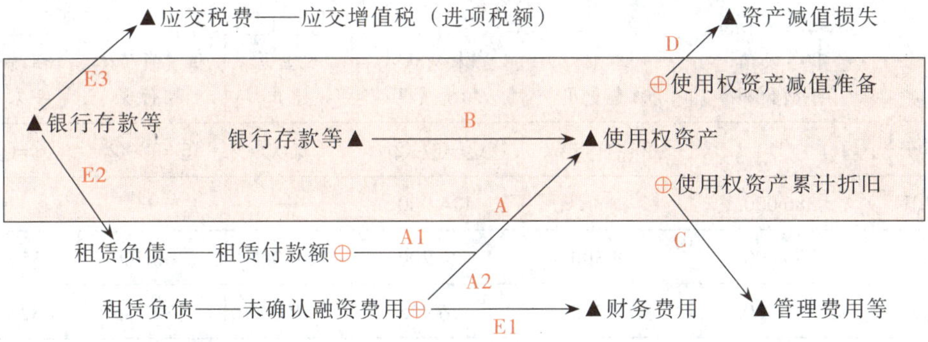

图4-58　使用权资产后续业务资金运动分析图

【例4-39】承租人甲公司与出租人乙公司签订了一份为期5年的设备租赁合同。每年的租赁付款额固定为50 000元（不含增值税），于每年年末支付。合同约定在第5年年末，甲公司有权选择以50 000元租金续租5年，或以1 000 000元购买该设备。甲公司无法确定租赁内含利率，其增量借款利率为5%。在租赁期开始日，甲公司对行使购买选择权的可能性进行评估后认为，可以合理确定将行使购买选择权，因此，实际租赁期为10年。甲公司在支出租赁款的同时缴纳增值税，其增值税税率为13%。其中（P/A，5%，10）=7.72。

分析：（1）在租赁期开始日，确认租赁负债和使用权资产：

使用权资产的成本等于租赁付款额的现值，即：

使用权资产的成本=50 000×（P/A，5%，10）=50 000×7.72=386 000（元）

该金额也就是使用权资产的初始计量金额。

其中，应确认"租赁负债——租赁付款额"500 000元（10 000×5），应确认"租赁负债——未确认融资费用"114 000元（500 000-386 000）。（见图4-59中A段运动）

使用权资产后续处理举例

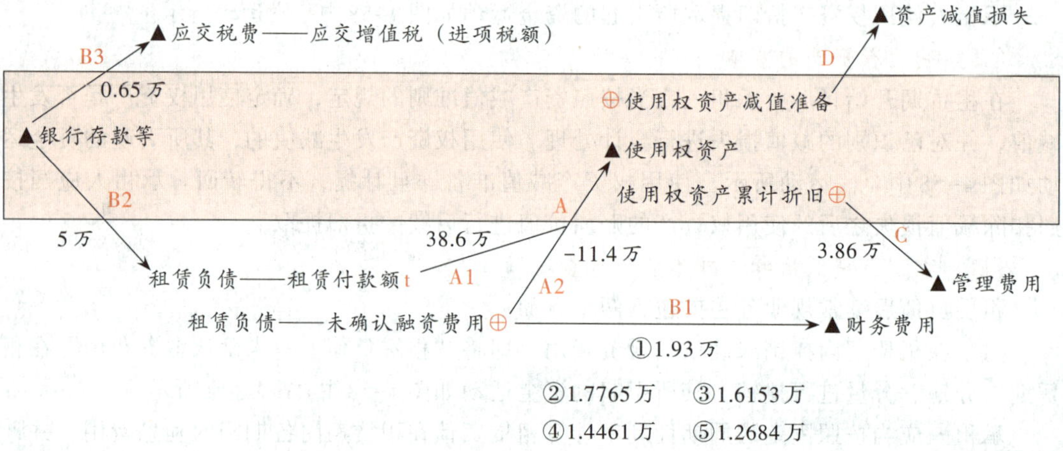

图4-59 甲公司租赁业务资金运动分析图

借：使用权资产　　386 000

　　租赁负债——未确认融资费用　　114 000

　贷：租赁负债——租赁付款额　　5 000 000

（2）分期摊销租赁负债中未确的认融资费用，见表4-5。

表4-5　　未确认融资费用分期摊销表　　单位：元

年度	租赁负债年初金额	本期利息费用	未确认融资费用	现金总流出	租赁负债本期付现	租赁负债年末余额
	①	②=①×5%	③=③-②	④	⑤=④-②	⑥=①-⑤
承租日	386 000	—	114 000	—	—	—
1	386 000	19 300	94 700	50 000	30 700	355 300
2	355 300	17 765	76 935	50 000	32 235	323 065
3	323 065	16 153	60 782	50 000	33 847	289 218
4	289 218	14 461	46 321	50 000	35 539	253 679
5	253 679	12 684	33 637	50 000	37 316	216 363
6	216 363	10 818	22 819	50 000	39 182	177 181
7	177 181	8 859	13 960	50 000	41 141	136 040
8	136 040	6 802	7 158	50 000	43 198	92 842
9	92 842	4 642	2 516	50 000	45 358	47 484
10	47 484	2 516*	0	50 000	47 484	0
合计	—	114 000	—	500 000	386 000	—

注：*代表第10年的利息费用2 516元（50 000-47 484）。为避免小数点误差，这个数额是倒算出来的。

（3）各年度末业务处理包括：分摊本期应承担的未确认融资费用（见图4–59中B1段）、支付租赁款项及增值税（见图4–59中B2、B3段）和提取本期使用权资产累计折旧（见图4–59中C段）。其具体会计分录见表4–6所示。

表4–6　**各年度年末业务处理表**　单位：元

<table>
<tr><th>年末业务</th><th>会计分录</th><th>①第1年</th><th>②第2年</th><th>③第3年</th><th>④第4年</th><th>⑤第5年</th></tr>
<tr><td rowspan="2">分摊未确认的融资费用（B1）</td><td>借：财务费用</td><td rowspan="2">19 300</td><td rowspan="2">17 765</td><td rowspan="2">16 153</td><td rowspan="2">14 461</td><td rowspan="2">12 684</td></tr>
<tr><td>贷：租赁负债——未确认融资费用</td></tr>
<tr><td rowspan="3">支付租赁款项和增值税（B2、B3）</td><td>借：租赁负债——租赁付款额</td><td colspan="5">50 000</td></tr>
<tr><td>借：应交税费——应交增值税（进项税额）</td><td colspan="5">6 500</td></tr>
<tr><td>贷：银行存款</td><td colspan="5">56 500</td></tr>
<tr><td rowspan="2">提取折旧费（C）</td><td>借：管理费用等</td><td rowspan="2" colspan="5">38 600</td></tr>
<tr><td>贷：使用权资产累计折旧</td></tr>
</table>

（4）在第5年年末，甲公司实际行使了购买选择权，支付款项1 000 000元及增值税130 000元。截至该时点，使用权资产的原值为386 000元，累计折旧为193 000元（386 000×5/10）；支付了第5年租赁付款额之后，租赁负债的账面价值为216 363元（见表4–5中第5年年末金额），其中，租赁付款额为250 000元，未确认融资费用为33 637元（250 000–216 363）。甲公司行使购买选择权所引起的资金运动如图4–60所示。

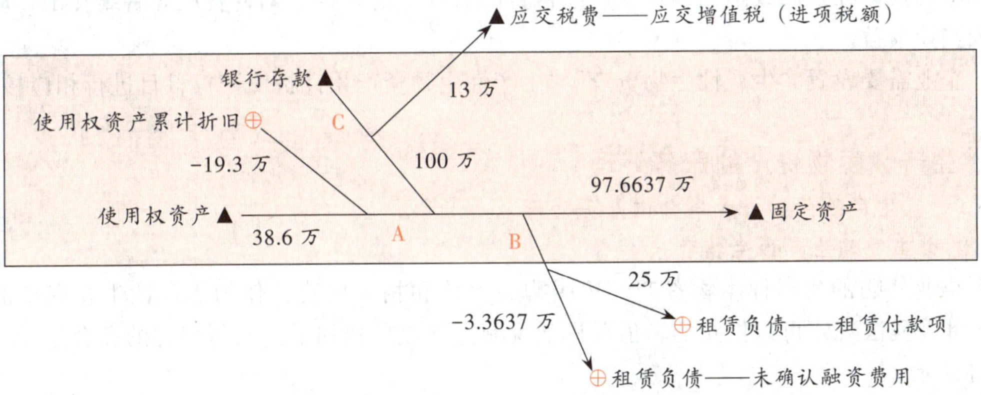

图4–60　甲公司行使购买权业务资金运动分析图

借：固定资产——办公楼　976 637

　　使用权资产累计折旧　193 000

　　租赁负债——租赁付款额　250 000

　　应交税费——应交增值税（进项税额）　130 000

　贷：使用权资产　386 000

　　　租赁负债——未确认融资费用　33 637

　　　银行存款　1 130 000

第五节　生产性生物资产业务资金运动分析与会计处理

生产性生物资产概述

生物资产，是指农业活动所涉及的活的动物、活的植物。生物资产分为消耗性生物资产、生产性生物资产和公益性生物资产。

一、生产性生物资产的确认与计量

生产性生物资产，是指为产出农产品、提供劳务或出租等目的而持有的生物资产，包括经济林、薪炭林、产畜和役畜等。

1.外购生产性生物资产的成本

外购生产性生物资产的成本，包括购买价款、相关税费、运输费、保险费以及可直接归属于购买该资产的其他支出。

2.自行营造或繁殖的生产性生物资产的成本

自行营造的林木类生产性生物资产的成本，包括到达预定生产经营目的前发生的造林费、抚育费、营林设施费、良种试验费、调查设计费和应分摊的间接费用等必要支出。

自行繁殖的产畜和役畜的成本，包括达到预定生产经营目的（成龄）前发生的饲料费、人工费和应分摊的间接费用等必要支出。达到预定生产经营目的，是指生产性生物资产进入正常生产期，可以多年连续而稳定地产出农产品、提供劳务或出租。

因择伐、间伐或抚育更新性质采伐而补植林木类生物资产发生的后续支出，应当计入林木类生产性生物资产的成本。

生物资产在郁闭或达到预定生产经营目的后发生的管护、饲料费用等后续支出，应当计入当期损益。

企业需要设置“生产性生物资产”“生产性生物资产累计折旧”等科目进行相应核算。

二、生产性生物资产的账务处理

（一）生产性生物资产增加的账务处理

1.企业外购生产性生物资产

企业外购的生产性生物资产，按照购买价款和相关税费，作为生产性生物资产的成本。涉及税法规定可以抵扣的增值税进项税额应该被单独列示。其所引起的资金运动如图4-61所示。

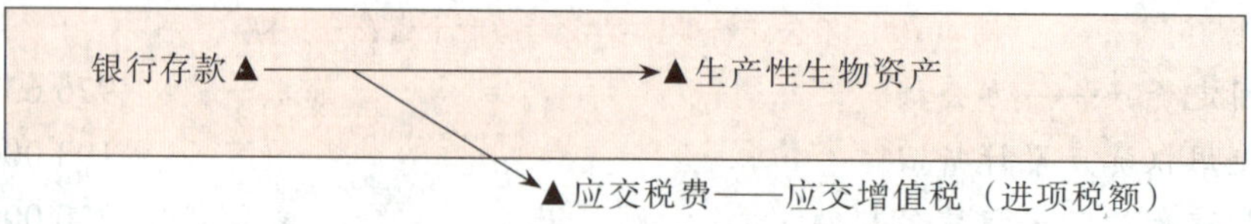

图4-61　外购生产性生物资产资金运动分析图

2.自行营造林木类生产性生物资产和自行繁殖产畜和役畜

自行营造的林木类生产性生物资产，按照到达预定生产经营目的前发生的造林费、抚育费、营林设施费、良种试验费、调查设计费和应分摊的间接费用等必要支出，确认为未成熟生产性生物资产。自行繁殖的产畜和役畜，达到预定生产经营目的前发生的饲料费、人工费和应分摊的间接费用等必要支出，确认为未成熟生产性生物资产。因择伐、间伐或抚育更新性质采伐而补植林木类生物资产发生的后续支出，确认为未成熟生产性生物资产。其所引起的资金运动如图4-62中A段运动所示。

未成熟生产性生物资产达到预定生产经营目的的，应该按其账面余额，确认为成熟生产性生物资产，其所引起的资金运动如图4-62中B段运动所示。

外购或自行营造生产性生物资产

生产性生物资产在达到预定生产经营目的后发生的管护、饲养费用等后续支出，直接计入当期管理费用。其所引起的资金运动如图4-62中C段运动所示。

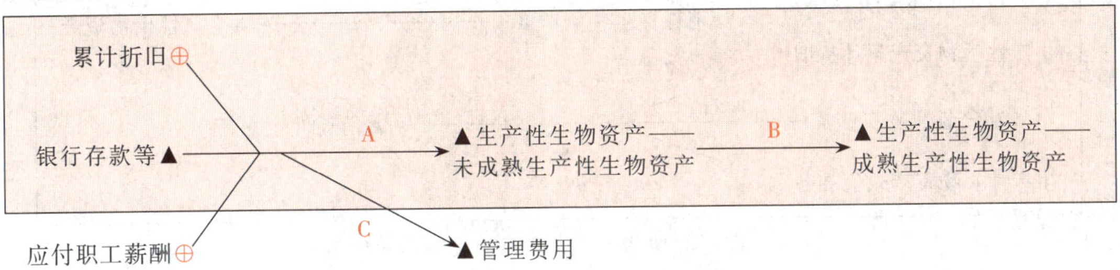

图4-62　生产性生物资产相关业务资金运动分析图

【例4-40】甲公司自20×2年初开始自行营造200公顷橡胶林，当年发生种苗费300 000元，平整土地和定植所需机器设备折旧费120 00元；自营造开始正常生产周期为5年。假设每年均发生抚育、肥料和农药费共计80 000元、人工费共计90 000元，每年应分摊管护费用500 000元。假定不考虑相关税费等其他因素。

（1）20×2年，发生种苗费、平整土地费用等（见图4-63，A段中（1）项）。

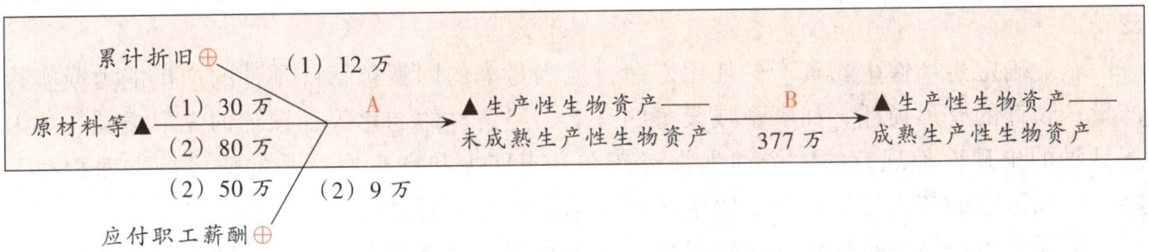

图4-63　甲公司取得生产性生物资产资金运动分析图

借：生产性生物资产——未成熟生产性生物资产	420 000	
贷：原材料		300 000
累计折旧		120 000

（2）20×2年至20×6年，每年发生抚育费及农药费、人工费，应分摊管护费用（见4-63，A段（2）项）。

借：生产性生物资产——未成熟生产性生物资产	670 000	
贷：原材料		80 000
应付职工薪酬		90 000
银行存款等		500 000

（3）20×6年年底，甲公司自行营造生产性生物资产达到预定生产经营状态（见图4-63，C段）。

借：生产性生物资产——成熟生产性生物资产　　3 770 000

　贷：生产性生物资产——未成熟生产性生物资产　　3 770 000

3.育肥畜与产畜或役畜之间的相互转换

育肥畜转为产畜或役畜时，应当按其账面价值转为生产性生物资产。其所引起的资金运动如图4-64中A段运动所示。产畜或役畜转为育肥畜时，按其账面价值转为消耗性生物资产，其所引起的资金运动如图4-64中B段运动所示。

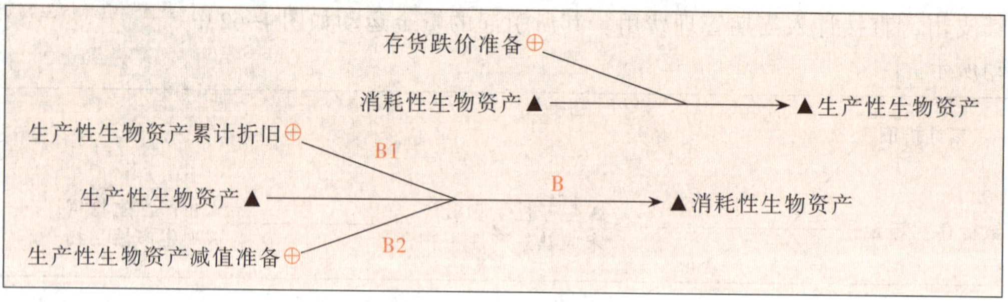

图4-64　生物资产相互转换资金运动分析图

（二）生产性生物资产折旧的账务处理

企业对于达到预定生产经营目的的生产性生物资产，应当按期计提折旧，并根据用途分别计入相关资产的成本或当期损益。

企业应该根据生产性生物资产的性质、使用情况和有关经济利益的预期实现方式，合理确定其使用寿命、预计净残值和折旧方法。可选择的折旧方法包括年限平均法、工作量法、产量法等。生产性生物资产的使用寿命、预计净残值和折旧方法一经确定，不得随意变动。

企业确定生产性生物资产的使用寿命，应当考虑的因素包括：预计的产出能力或实物产量；预计的有形损耗，如产畜或役畜的衰老、经济林的老化等；预计的无形损耗，如因新品种的出现而使现有的生产性生物资产在产出能力和产出农产品的质量等方面相对下降、市场需求的变化使生产性生物资产产出的农产品相对过时等。

企业至少应该于每年年度终了对生产性生物资产的使用寿命、预计净残值和折旧方法进行复核。使用寿命或预计净残值的预期数与原先估计数有差异的，或者有关经济利益预期实现方式有重大改变的，应当作为会计估计变更，调整生产性生物资产的使用寿命或预计净残值，或者改变其折旧方法。

（三）生产性生物资产减值的账务处理

生产性生物资产的其他业务处理

企业至少应当于每年年度终了对生产性生物资产进行检查，有确凿证据表明由于遭受自然灾害、病虫害、动物疫病侵袭或市场需求变化等原因，使生产性生物资产的可收回金额低于其账面价值的，应当按照可收回金额低于账面价值的差额，计提生产性生物资产减值准备，并计入当期损益。可收回金额应当按照资产减值的办法确定。生产性生物资产减值准备一经提取，不得转回。

（四）生产性生物资产的成本结转

通过生产性生物资产收获的农产品，其成本按照产出或采收过程中发生的材料费用、人工费用和应分摊的间接费用等必要支出计算确定，并采用加权平均法、个别计价法、蓄积量比例法、轮伐期年限法等方法，将其账面价值结转为农产品成本。

（五）生物资产后续计量的公允价值账务处理

根据规定，生物资产通常按照成本计量，但有确凿证据表明其公允价值能够持续可靠取得的除外。采用公允价值计量的生物资产，应该同时满足下列两个条件：

1.生物资产有活跃的交易市场

活跃的交易市场，是指同时具有下列特征的市场：（1）市场内交易的对象具有同质性；（2）可以随时找到自愿交易的买方和卖方；市场价格的信息是公开的。

2.能够对其公允价值进行合理估计

能够从交易市场上取得同类或类似生物资产的市场价格及其他信息，从而对生物资产的公允价值做出合理估计。同类或类似，是指生物资产的品种相同或类似、质量等级相同或类似、生长时间相同或类似、所处气候和地理环境相同或类似。

第六节　对外投资资金运动分析与会计处理——交易性金融资产业务

知识点自测

一、金融资产概述

（一）金融资产的概念

金融资产是指企业持有的现金、其他方的权益工具以及符合下列条件之一的资产：

金融资产概述

（1）从其他方收取现金或其他金融资产的合同权利。如企业的银行存款、应收账款、应收票据和贷款等均属于金融资产。但是需要注意，预付账款产生的未来经济利益是商品或服务，而不是收取现金或其他金融资产的权利，因此它不是金融资产。

（2）在潜在的有利条件下，与其他方交换金融资产或金融负债的合同权利。如企业持有的看涨期权或看跌期权等。

（3）将来须用或可用企业自身权益工具进行结算的非衍生工具合同，且企业根据该合同将收到可变数量的自身权益工具。如企业持有的普通债券或普通股。

（4）将来须用或可用企业自身权益工具进行结算的衍生工具合同，但以固定数量的自身权益工具交换固定金额的现金或其他金融资产的衍生工具合同除外。

在企业全部资产中，库存现金、银行存款、应收账款、应收票据、贷款、其他应收款、应收利息、债权投资、股权投资、基金投资及衍生金融资产等被统称为金融资产。

（二）金融资产的分类

企业应当根据其管理金融资产的业务模式和金融资产的合同现流量特征，对金融资产进行合理分类。

1.以摊余成本计量的金融资产

企业应该将同时符合下列条件的金融资产分类为以摊余成本计量的金融资产：(1) 管理该金融资产的业务模式是以收取合同现金流量为目标的；(2) 该金融资产的合同条款规定，在特定日期产生的现金流量仅涉及对本金和以未偿付本金为基础的利息的支付。如债权投资的合同现金流量包括投资期间各期应收的利息和到期日收回的本金等。其他属于以摊余成本计量的金融资产还有“贷款”“应收账款”等。

2.以公允价值计量且其变动计入其他综合收益的金融资产

企业应该将同时符合下列条件的金融资产分类为以公允价值计量且其变动计入其他综合收益的金融资产：(1) 管理该金融资产的业务模式，既以收取合同现金流量为目标又以出售该金融资产为目标；(2) 该金融资产的合同条款规定，在特定日期产生的现金流量，仅为对本金和以未偿付本金为基础的利息的支付。如企业拥有的其他债权投资等。

3.以公允价值计量且其变动计入当期损益的金融资产

企业应该将除上述分为以摊余成本计量的金融资产和以公允价值计量且其变动计入其他综合收益的金融资产之外的金融资产，分类为以公允价值计量且其变动计入当期损益的金融资产。

二、交易性金融资产的内容

企业的金融资产主要包括库存现金、银行存款、其他货币资金、应收账款、应收票据、贷款、其他应收款、应收利息、应收股利、债券投资、股票投资、基金投资及衍生金融资产等。根据企业管理金融资产的业务模式和金融资产的合同现金流量特征，金融资产可以划分为三类：(1) 以摊余成本计量的金融资产；(2) 以公允价值计量且其变动计入其他综合收益的金融资产；(3) 以公允价值计量且其变动计入当期损益的金融资产。

以公允价值计量且其变动计入当期损益的金融资产，即交易性金融资产。它是企业为了近期内出售而持有的金融资产，如企业以赚取差价为目的从二级市场购入的股票、债券和基金等；或者是在初始确认时属于集中管理的可辨认金融工具组合的一部分，且有客观证据表明近期实际存在短期获利模式的金融资产等，如企业管理的以公允价值进行业绩考核的某项投资组合。

从企业管理金融资产的业务模式（即企业如何管理其金融资产以产生现金流量）看，企业关键管理人员决定对交易性金融资产进行管理的业务目标是以“交易”为目的，而非以收取合同现金流量（即与基本借贷安排相一致，如本金加利息）为目标而持有，也不是为既以收取合同现金流量为目标又以出售该金融资产为目标而持有，仅仅通过“交易性”活动，即频繁地购买和出售，从市场价格的短期波动中，赚取买卖价差，使企业闲置的资金能获得较高的投资回报。

交易性金融资产预期能在短期内变现以满足日常经营的需要，因此，在资产负债表中作为流动资产列示。

需要说明的是，从金融资产的合同现金流量特征来看，尽管交易性金融资产仍将收取合同现金流量，但只是偶尔为之，并非为了实现业务模式目标（收取合同现金流量）而不可或缺。

为了对这类金融资产进行反映、控制和监督，企业需要设置“交易性金融资产”科目。在“交易性金融资产”科目下，企业需要设置“成本”“公允价值变动”等明细科目以加强对该类金融资产的管理与控制。此外，企业需要设置“公允价值变动损益”科目，该科目属于损益类科目，反映因该类金融资产期末公允价值的变动对本期损益的影响。

二、交易性金融资产资金运动分析与会计处理

（一）交易性金融资产的取得

交易性金融资产概述

企业取得交易性金融资产时，应当按照该金融资产取得时的公允价值作为初始入账价值。金融资产的公允价值，应当以市场交易价格为基础确定。其所引起的资金运动如图4-65中A1段运动所示。

企业取得交易性金融资产所支付的价格中如果包含了已到付息期但尚未领取的利息或已宣告但尚未发放的现金股利，应单独确认为应收利息或应收股利，其所引的资金运动如图4-65中A2段运动所示。以后收到该利息或股利时，再确认为其他货币资金等，其所引的资金运动如图4-65中B段运动所示。

企业取得交易性金融资产时发生的相关交易费用应当在发生时通过“投资收益”直接计入当期损益。发生的交易费用取得增值税专用发票的，该进项税额应单列，从而抵扣本期的增值税销项税额。其所引起的资金运动如图4-65中A3段运动所示。交易费用是指可直接归属于购买、发行或处置金融工具的增量费用。增量费用是指企业如没有发生购买、发行或处置相关金融工具的情形就不会发生的费用，包括支付给代理机构、咨询公司、券商、证券交易所、政府有关部门的手续费、佣金、相关税费以及其他必要支出，不包括债券溢价、折价、融资费用、内部管理成本和持有成本等与交易不直接相关的费用。

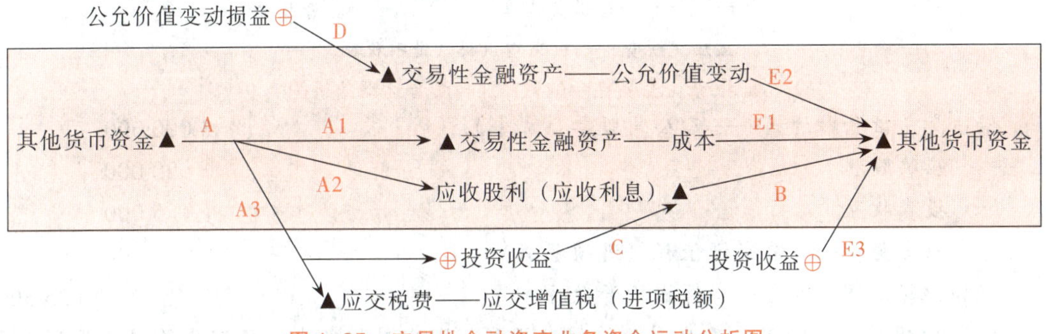

图4-65 交易性金融资产业务资金运动分析图

（二）交易性金融资产的持有

1.持有期间利息或股利的处理

企业持有交易性金融资产期间，对于被投资单位已宣告但尚未发放的现金股利或已到付息期但尚未支付的债券利息，应当确认为应收项目，并计入当期的投资收益，其所引起的资金运动图4-65中C段运动所示。实际收到款项时再冲减应收项目，其所引起的资金运动如图4-65中B段运动所示。

需要注意的是，企业只有在同时满足三个条件时，才能确认交易性金融资产所取得的股利或利息并计入当期投资收益：（1）企业收取股利或利息的权利已经确立（如被投资单

位已宣告)；(2) 与股利或利息相关的经济利益很可能流入企业；(3) 股利或利息的金额能够可靠地计量。

2.持有期间期末重新计价

资产负债表日，交易性金融资产应当按照公允价值计量。其公允价值的变化一方面要调整交易性金融资产的账面价值，另一方面所形成的利得或损失，要通过“公允价值变动损益”计入当期损益。其所引起的资金运动如图4-65中D段运动所示。

(三) 交易性金融资产的处置

企业出售交易性金融资产时，应当将该交易性金融资产处置时的公允价值与其账面价值的差额通过“投资收益”计入当期损益，其所引起的资金运动如图4-65中E段运动所示。

交易性金融资产业务举例

【例4-41】甲公司于20×8年3月10日购入乙公司股票，实际支付价款302万元，其中2万元为已宣告但尚未发放的现金股利。另外以货币资金支付相关交易费用0.5万元，取得的增值税专用发票上注明的增值税税额为0.03万元。甲公司将其划分为交易性金融资产。

(1) 20×8年3月10日取得投资（见图4-66，A段）。

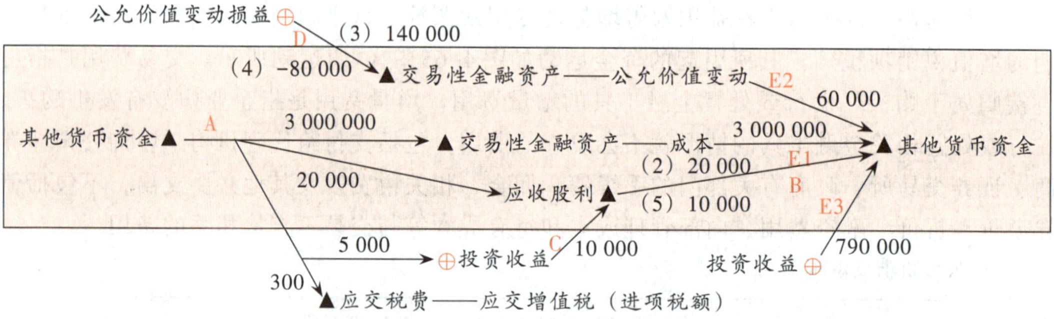

图4-66 交易性金融资产业务资金运动分析图

借：交易性金融资产——乙公司股票（成本） 3 000 000
　　应收股利 20 000
　　投资收益 5 000
　　应交税费——应交增值税（进项税额） 300
　贷：其他货币资金——存出投资款 3 025 300

(2) 20×8年4月10日，乙公司分派现金股利，甲公司收到上述已宣告的现金股利2万元（见图4-66，B段中(2)）。

借：其他货币资金——存出投资款 20 000
　贷：应收股利 20 000

(3) 20×8年6月30日，该股票的公允价值为314万元（见图4-66，D段中(3)）。

借：交易性金融资产——乙公司股票（公允价值变动） 140 000
　贷：公允价值变动损益 140 000

(4) 20×8年12月31日，该股票的公允价值为306万元（见图4-66，D段中(4)）。

借：公允价值变动损益 80 000

贷：交易性金融资产——乙公司股票（公允价值变动）　　80 000

（5）20×9年2月10日，乙公司宣告分派20×8年度现金股利，甲公司应当获得现金股利1万元。乙公司于20×9年3月1日分派现金股利。假设该股利同时满足应收股利的三个确认条件。

2月10日乙公司宣告分派现金股利（见图4-66，C段）。

借：应收股利　　10 000

贷：投资收益　　10 000

3月1日，甲公司收到现金股利（见图4-66，B段中（5））。

借：其他货币资金——存出投资款　　10 000

贷：应收股利　　10 000

（6）20×9年4月14日，将该股票全部出售，所得价款为385万元，已存入银行（见图4-66，E段）。

借：其他货币资金——存出投资款　　3 850 000

贷：交易性金融资产——乙公司股票（成本）　　3 000 000

——乙公司股票（公允价值变动）　　60 000

投资收益　　790 000

【例4-42】20×8年6月5日，甲公司购入丙公司发行的公司债券，支付价款2 500 000元（其中包含已到付息期但尚未领取的债券利息50 000元）。企业还支付交易费用10 000元，取得的增值税专用发票上注明的增值税税额为600元。该债券的面值为2 400 000元。甲公司将其划分为交易性金融资产进行管理和核算。

（1）20×8年6月5日取得投资（见图4-67，A段）。

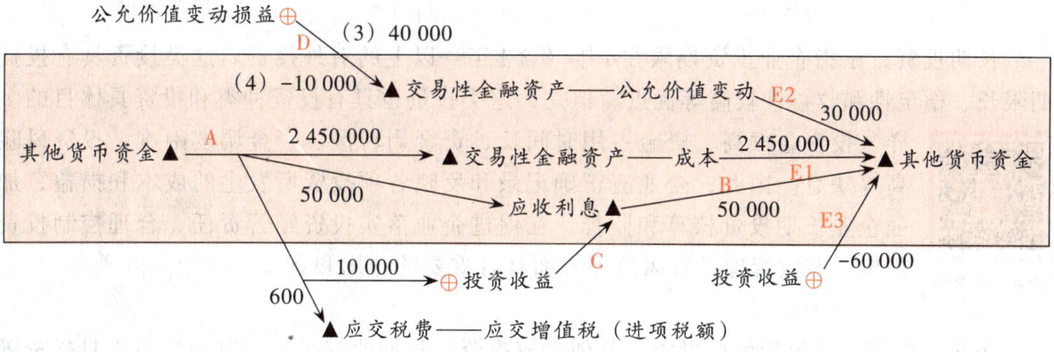

图4-67　交易性金融资产业务资金运动分析图

借：交易性金融资产——丙公司债券（成本）　　2 450 000

应收利息　　50 000

投资收益　　10 000

应交税费——应交增值税（进项税额）　　600

贷：其他货币资金——存出投资款　　2 510 600

（2）20×8年6月15日，甲公司收到上述已到付息期但尚未领取的利息5万元（见图4-67，B段）。

借：其他货币资金——存出投资款　　　　50 000

　　贷：应收利息　　　　50 000

（3）20×8年6月30日，甲公司所购的丙公司债券的公允价值为249万元（见图4-67，D段中（3））。

借：交易性金融资产——丙公司债券（公允价值变动）　　　　40 000

　　贷：公允价值变动损益　　　　40 000

（4）20×8年12月31日，甲公司所购的丙公司债券的公允价值为248万元（见图4-67，D段中（4））。

借：公允价值变动损益　　　　10 000

　　贷：交易性金融资产——丙公司债券（公允价值变动）　　　　10 000

（5）20×9年2月14日，甲公司将该持有的丙公司债券全部出售，所得价款为242万元。不考虑相关税费和其他因素（见图4-67，E段）。

借：其他货币资金——存出投资款　　　　2 420 000

　　投资收益　　　　60 000

　　贷：交易性金融资产——丙公司债券（成本）　　　　2 450 000

　　　　　　　　　　　——丙公司债券（公允价值变动）　　　　30 000

第七节　长期投资业务资金运动分析与会计处理

一、长期投资概述

（一）长期投资的概念

长期投资，是指企业投资期限在1年（含1年）以上的对外投资。这类投资具有投资期限长、稳定性和收益性较高等优点。但是，这类投资也具有投资种类和投资具体目的多样、投资金额高、资金占用时间长、资金周转慢、资金调度困难、投资风险高等缺点。因此，企业应正确记录和反映各项投资所发生的成本和损益，加强企业长期投资核算和监督，在促进企业落实投资经管责任、合理控制投资规模、有效管理投资风险等方面具有重要的作用和意义。

长期投资概述

（二）长期投资的内容

企业的长期投资包括债权投资、其他债权投资、长期股权投资、其他权益工具投资等对外投资。

（1）债权投资。长期投资中包含的债权投资是指以摊余成本计量的金融资产中的债权投资。如企业以获得本金加利息为目的投资普通债券，则应将其划分为以摊余成本计量的金融资产。按照小企业会计准则的相关规定，小企业准备长期持有（预计持有期在一年以上）的债券投资应当归类为长期债券投资进行核算和管理。

（2）其他债权投资。既以收取合同现金流量为目标又以在某一特定日期出售该金融资产为目标进行管理的金融资产投资，属于以公允价值价值计量且其变动计入其他综合收益的金融资产。

(3) 长期股权投资。按照企业会计准则的相关规定，根据投资方在股权投资后对被投资方能够施加影响的程度不同，可以将企业对长期股权投资的核算区分为按照金融工具相关准则进行核算和按照长期股权投资相关准则进行核算两种情况。其中，按照长期股权投资相关准则进行核算的股权投资，是根据投资方在获取投资后能够对被投资单位施加影响这一标准划分确定的，包括对联营企业、合营企业和子公司的投资。除此之外，根据金融工具相关准则，股权投资还可以被划分为以公允价值计量且其变动计入其他综合收益的金融资产进行核算和管理。

(4) 其他权益工具投资。金融工具相关准则规定，以公允价值计量且其变动计入其他综合收益的金融资产包括权益投资和债权投资。其中，权益投资中除投资于普通股以外的各种权益金融工具投资归类为其他权益工具投资，如对优先股的投资等。

二、债权投资

企业取得符合债权投资定义的金融资产应当确认为债权投资。取得时应该按照购买价款和相关税费作为成本进行计量。实际支付的价款中包含的已到付息期但尚未领取的债券利息应当单独确认为应收利息，不计入债权投资的成本。按所取得债券的面值确认“债权投资——成本”；按所取得的银行存款与债券面值的差额确认“债权投资——利息调整”。上述业务所引起的资金运动如图4-68中A段运动所示。

债权投资在持有期间发生的应收利息，在实际利率法下考虑债券溢折价摊销后的余额，确认为投资收益，其所引起的资金运动如图4-68中C段运动所示。以后收到利息时再确认为银行存款，其所引起的资金运动见图4-68中D段运动所示。

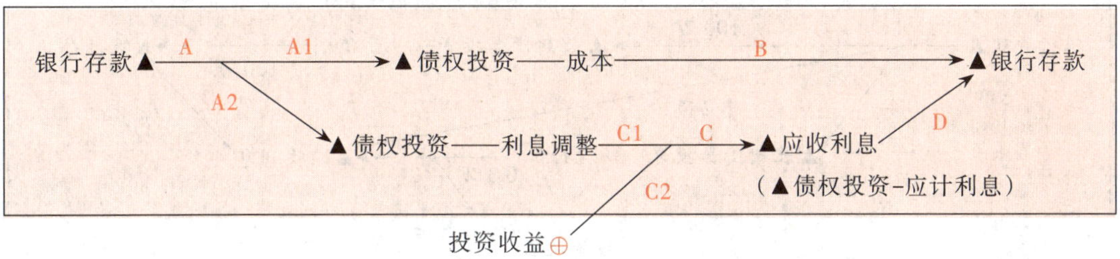

图4-68　债权投资业务资金运动分析图

债权投资的后续计量分为实际利率法和直线法。实际利率法是指计算金融资产的摊余成本以及将利息收入分期摊入各会计期间的方法。

债权投资业务理论分析

持有期间的摊余成本主要是指其初始确认成本在扣除下列项目之后的金额：(1) 扣除已偿还的本金；(2) 加上或减去采用实际利率法将该初始确认金额与到期日金额之间的差额进行摊销所形成的累计摊销额；(3) 扣除已发生的减值准备。

以直线法进行债券投资的后续计量与确认，其优点是简单易行，其缺点是没有考虑市场实际利率的波动影响，使得摊余成本和投资收益的确认与计量不够准确。以实际利率法进行债券投资的后续计量与确认，其优点是债权投资后续确认与计量时考虑了市场实际利率的波动，能够较为准确地计量与确认摊余成本和投资收益；其缺点是对市场实际利率的确定及计算过程较为复杂，会计处理不便。按照企业会计准则的规定，一般企业应采用实际利率法进行债券投资的后续计量与确认；小企业会计准则规定，小企业采用直线法进行债券投资的后续计量与确认。

小企业债券投资理论分析

小企业应该设置“长期债券投资”项目反映小企业准备长期（持有期在1年以上）持有的债券投资。该项目应该按照债券种类和被投资单位，分别设置“面值”“溢折价”“应计利息”等明细项目进行明细核算。小企业长期债券投资业务所引起的资金运动如图4-69所示。

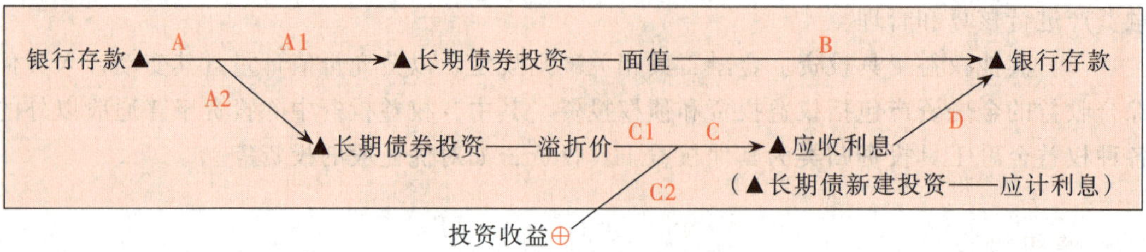

图4-69 小企业长期债券投资业务资金运动分析图

【例4-43】甲公司为一家小企业。20×6年1月1日，该公司从二级市场上购入乙公司债券，支付价款合计1 020 000元（含已宣告但尚未领取的利息20 000元），另支付交易费用12 000元。该债券面值为1 000 000元，剩余期限为2年，票面利率为4%，每半年付息一次。合同现金流特征仅为本金和以偿付本金金额为基础的利息的支付。甲公司准备持有至到期，将其分类为长期债券投资进行核算与管理。假设不考虑增值税等其他因素影响。

企业债券投资举例

（1）20×6年1月1日，购入乙公司债券（见图4-70，A段）。

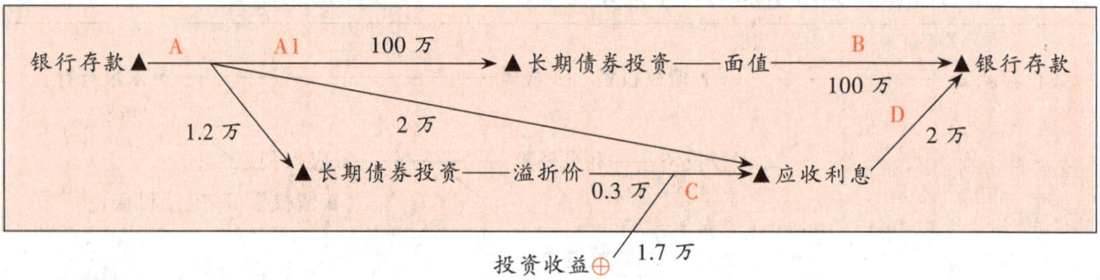

图4-70 小企业长期债券投资业务资金运动分析图

借：长期债券投资——面值　　1 000 000
　　　　　　　　——溢折价　　12 000
　　应收利息　　20 000
　贷：银行存款　　1 032 000

（2）20×6年1月3日，收到购买时已包含的应收利息2万元（见图4-70，D段）。

借：银行存款　　20 000
　贷：应收利息　　20 000

（3）20×6年6月30日和12月31日及20×7年6月30日和12月31日，甲公司分别确认投资收益（见图4-70，C段）。

每半年应收利息=1 000 000×4%÷2=20 000（元）；溢折价摊销=12 000÷4=3 000（元），投资收益=20 000−3 000=17 000（元）。

借：应收利息　　20 000

　贷：长期债券投资——溢折价　　3 000

　　　投资收益　　17 000

（4）20×6年7月3日、20×7年1月3日和7月3日，甲公司分别收到半年期利息（见图4-70，D段）。

借：银行存款　　20 000

　贷：应收利息　　20 000

（5）20×8年1月3日，甲公司收到利息及本金共计1 020 000元（见图4-70，B段、D段）。

借：银行存款　　1 020 000

　贷：长期债券投资——面值　　1 000 000

　　　应收利息　　20 000

假设债务人依法宣告破产、关闭、解算、被撤销，或者被依法注销、吊销营业执照，其清算财产不足以清偿债务，那么小企业应将该项债券投资的账面余额扣除可收回金额后的部分作为长期债券投资损失处理，于相关事项实际发生时计入营业外支出，同时冲减长期债券投资账面余额。

三、长期股权投资

（一）长期股权投资的确认与计量

按照企业会计准则的规定，长期股权投资的确认与计量范围包括：（1）投资企业能够对被投资单位实施控制性的权益性投资，即对子公司的投资；（2）投资企业与其他合营方一同对被投资企业实施共同控制的权益性投资，即对合营企业的投资；（3）投资企业对被投资企业具有重大影响的权益性投资，即对联营企业的投资。

长期股权投资的确认与计量

1.长期股权投资的初始计量

（1）以合并方式取得的长期股权投资。

对于同一控制下的企业合并，从能够对参与合并各方在合并前及合并后均实施最终控制的一方来看，最终控制方在企业合并前及合并后能够控制的资产没有发生变化。在同一控制下的企业合并中，投资方以支付现金、转让非现金资产、发行权益性证券或承担债务等方式作为合并对价的，在合并日应当按照取得被合并方在最终控制方合并财务报表中的净资产的账面价值的份额作为长期股权投资的初始成本。在非同一控制下，购买方应该按照实际发生的相关成本作为长期股权投资的初始成本。该相关成本包括购买方付出的资产、发生或承担的负债、发行的权益性证券的公允价值之和。

合并方发生的审计费、法律服务费、评估咨询费等中介费用以及其他相关费用，应当于发生时计入当期的管理费用。

（2）以非合并方式取得的长期股权投资。

以支付现金、非现金资产等其他方式取得的长期股权投资，应按照现金、非现金资产的公允价值作为初始投资成本计量；以发行权益性证券取得的长期股权投资应当按照发行的权益性证券的公允价值作为初始投资成本计量。

(3) 小企业的长期股权投资应当按成本进行计量。

通过支付现金取得的长期股权投资，应该按照购买价款和相关税费作为成本进行计量。对于实际支付的价款中包含的已宣告但尚未发放的现金股利，企业应当单独确认为应收股利，不计入长期股权投资的成本。对于通过非货币性资产交换取得的长期股权投资，企业应当按照换出非货币性资产的评估价值和相关税费作为成本核算。

2.长期股权投资的后续计量

(1) 成本法。

成本法是指投资按成本计价的方法。在成本法下，长期股权投资以取得股权时的初始投资成本计价入账后，除了投资企业追加或收回投资外，长期股权投资的账面价值一般应保持不变。不管被投资单位现金股利或利润的实现是在取得投资前还是取得投资后，取得投资后企业都应当按照被投资单位宣告发放的现金股利或利润计算并确认相应的投资收益。企业会计准则规定，投资方能够对被投资单位实施控制的长期股权投资应该采用成本法核算。

(2) 权益法。

权益法是指投资最初以投资成本计价，以后根据投资企业享有被投资单位所有者权益份额的变动对投资的账面价值进行调整的方法。在权益法下，长期股权投资的账面价值随着被投资单位所有者权益的变动而变动，包括被投资单位实现净利润或发生净亏损以及其他与所有者权益项目相关的变动。

长期股权投资权益法适用于投资企业对被投资企业具有共同控制或重大影响，即对合营企业及联营企业投资，应当采用权益法。

按照小企业会计准则的规定，长期股权投资应该采用成本法核算。

(二) 长期股权投资成本法相关资金运动分析及会计处理

长期股权投资成本法适用于企业持有的能够对被投资单位实施控制的长期股权投资。

1.初始取得长期股权投资的资金运动分析

成本法核算下，长期股权投资的初始取得主要有合并取得和其他取得两种。合并取得可分为同一控制下的合并取得和非同一控制下的合并取得。

(1) 同一控制下取得长期股权投资，初始成本的确认与计量及其资金运动分析。

对于同一控制下的企业合并，从能够对参与合并各方在合并前及合并后均实施最终控制的一方来看，最终控制方在企业合并前及合并后能够控制的资产没有发生变化。所以同一控制下的合并，实质上是集团内部资产的重新配置与账面调拨，仅涉及集团内部不同企业间资产和所有者权益的变动，不具有商业实质，不应产生经营性损益和非经营性损益。

在同一控制下的企业合并中，投资方以支付现金、转让非现金资产、发行权益性证券或承担债务等方式作为合并对价的，在合并日应当按照取得被合并方在最终控制方合并财务报表中的净资产的账面价值的份额作为长期股权投资的初始成本。企业应按照长期股权投资的初始成本与所支付的现金、转让的非现金资产、发行的权益性证券以及所承担的债务的账面价值之间的差额，调整资本公积（股本溢价或资本溢价）；资本公积不足冲减的，调整留存收益。其所引起的资金运动如图4-71所示。

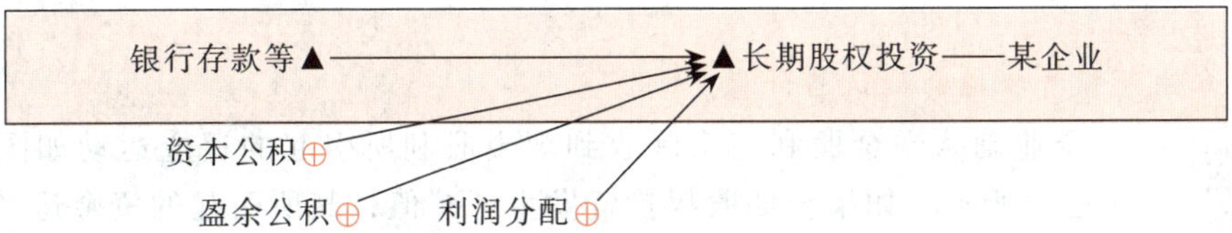

图4-71　同一控制下合并初始成本取得资金运动分析图

【例4-44】甲、乙两家公司同为丙公司的子公司。甲公司于20×3年3月1日以发行股票的方式从乙公司股东手中取得乙公司60%的股份。甲公司发行1 500万股普通股股票，该股票每股面值为1元。乙公司20×3年3月1日所有者权益的账面价值为1 500万元，其在丙公司合并财务报表中的净资产的账面价值为2 000万元。20×3年3月1日，甲公司资本公积为180万元，盈余公积为100万元，未分配利润为200万元。

投资的初始投资成本为2 000×60%=1 200（万元）。该成本与所发行的股票的面值（1 500万元）的差额300万元应首先调减资本公积180万元，然后调减盈余公积100万元，最后调整未分配利润20万元。其所引起的资金运动如图4-72所示。

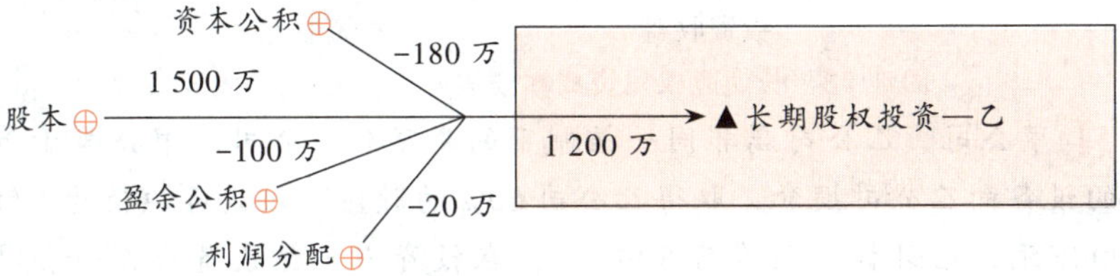

图4-72　甲公司合并初始成本取得资金运动分析图

借：长期股权投资——乙　　12 000 000
　　资本公积——股本溢价　　1 800 000
　　盈余公积　　1 000 000
　　利润分配——未分配利润　　200 000
　贷：股本　　15 000 000

长期股权投资的初始取得：同一控制

合并方发生的审计、法律服务、评估咨询费等中介费用以及其他相关费用，应当于发生时计入当期管理费用。

（2）非同一控制下合并取得的长期股权投资。

非同一控制下的企业合并实质上是不同市场主体之间的产权交易，购买方以转让非现金资产的方式作为对价的，实质上是转让或处置了非现金资产，具有商业实质，产生了经营性或非经营性损益。

在非同一控制下，购买方应该按照实际发生的相关成本作为长期股权投资的初始成本。该相关成本包括购买方付出的资产、发生或承担的负债、发行的权益性证券的公允价值之和等。因支付现金而发生的必要的手续费等支出应当计入长期股权投资的初始投资成本；因发行权益性证券而支付给有关证券承销机构等的手续费、佣金等与权益性证券发行直接相关的费用，不构成其初始投资成本，而是直接从证券溢价收入中扣除，溢价收入不够抵扣的，应冲减企业的盈余公积和未分配利润。

在成本法下，企业取得长期股权投资所引起的资金运动如图4-73中A段运动所示；

如果投资单位所支付的价款中包含已宣告但尚未发放的现金股利，则应单独作为“应收股利”处理。

2. 成本法下投资收益的确认与计量

关于成本法核算的理论分析

企业确认现金股利与实际收到现金股利所引起的资金运动如图4-73中B段运动所示。如果长期股权投资发生了减值，其所引起的资金运动如图4-73中C段运动所示。该减值准备一旦被提取，即不得转回。

当企业收回投资时，其所取得的价款与长期股权投资账面价值之差应被确认为投资收益。其所引起的资金运动如图4-73中的D段运动所示。

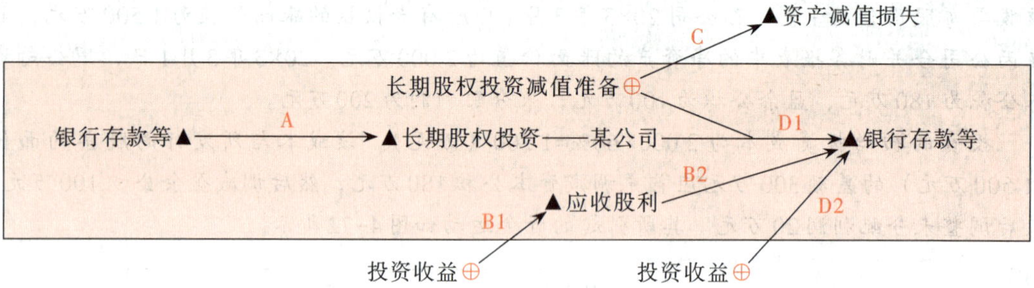

图4-73　长期股权投资成本法核算资金运动分析图

【例4-45】甲公司、乙公司属非同一控制下的两家独立公司。甲公司于20×4年3月1日以本公司的设备向乙公司投资，取得乙公司60%的股份。该设备原值为1 500万元，已计提折旧400万元，已计提减值准备50万元，在投资当日该设备公允价值为1 236万元（含增值税，该增值税按简易计税处理）。20×4年3月1日乙公司所有者权益的公允价值共计2 000万元。

（1）将固定资产转入清理（见图4-74，A段）。

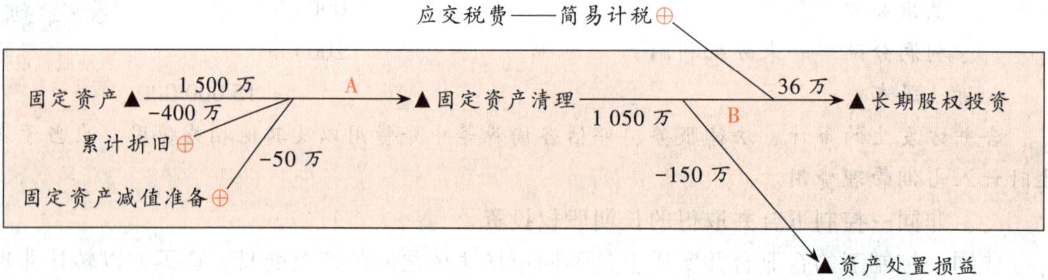

图4-74　甲公司合并业务资金运动分析图

借：固定资产清理　　　10 500 000

　　累计折旧　　　4 000 000

　　固定资产减值准备　　　500 000

　贷：固定资产　　　15 000 000

（2）取得长期股权投资。该设备在投资当日该设备的公允价值为1236万元（含增值税）。乙20×4年3月1日所有者权益的公允价值为2 000万元（见图4-74，B段）。

该设备按简易计税应确认增值税= 1236÷（1+3%）×3% =36（万元）

借：长期股权投资——乙　　　12 360 000

贷：固定资产清理　　10 500 000

　　资产处置损益　　1 500 000

　　应交税费——简易计税　　360 000

成本法核算业务举例

【例4-46】甲公司20×2年6月30日以银行存款购入丙公司60%的股份，并准备长期持有。其购买成本为1 120 000元，其中含20 000元的已宣告但尚未支付的现金股利。甲公司于20×2年7月2日收到上述现金股利20 000元，并已存入银行。20×2年丙公司全年净利润为400万元。20×3年3月30日丙公司宣告发放20×2年现金股利30万元，该股利在20×3年4月29日支付。

(1) 20×2年6月30日取得投资（见图4-75，A段）。

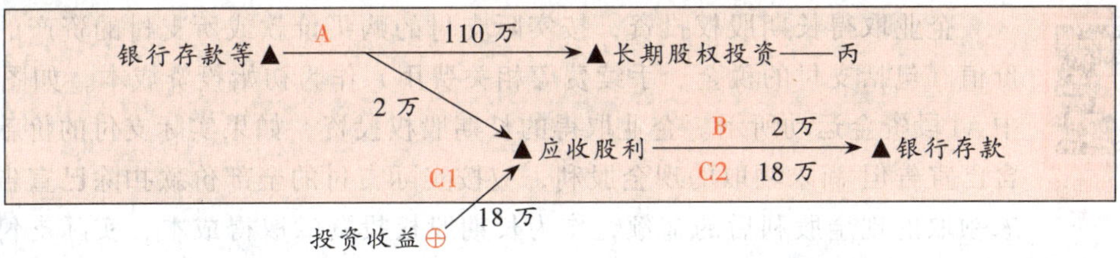

图4-75　甲公司长期股权投资业务资金运动分析图

借：长期股权投资——丙公司　　1 100 000

　　应收股利　　20 000

　贷：银行存款　　1 120 000

(2) 20×2年7月2日丙公司发放现金股利（见图4-75，B段）。

借：银行存款　　20 000

　贷：应收股利　　20 000

(3) 20×3年3月30日丙宣布发放现金股利（见图4-75，C1段）。

借：应收股利　　180 000

　贷：投资收益　　180 000

20×3年4月29日丙公司发放现金股利（见图4-75，C2段）。

借：银行存款　　180 000

　贷：应收股利　　180 000

（三）长期股权投资权益法核算资金运动分析

长期股权投资权益法是指投资最初以投资成本计价，以后根据投资企业享有被投资单位所有者权益份额的变动对投资的账面价值进行调整的方法。在权益法下，长期股权投资的账面价值随着被投资单位所有者权益的变动而变动，包括被投资单位实现净利润或发生净亏损以及其他与所有者权益项目相关的变动。

长期股权投资权益法适用于投资企业对被投资企业具有共同控制或重大影响，即对合营企业及联营企业投资，应当采用权益法。

在权益法下，企业需要设置三级账，一级账为“长期股权投资”项目，二级账为“某企业”，三级账分别为“投资成本”、“损益调整”、“其他权益变动”和“其他综合收益”。其中，“投资成本”明细账专门核算企业最初取得投资时的初始投资成本，企业增资或减资也在本明细账核算；“损益调整”明细账专门核算企业因被投资单位净损益变化对投资企业在被投资企业投资账面价值的影响；“其他权益变动”账户核算企业因被投资单位除净损益以外其他权益变动对投资企业在被投资企业投资账面价值的影响；“其他综合收益”账户核算企业因被投资单位计入所有者权益的利得和损失对投资企业在被投资企业投资账面价值的影响。

长期股权投资权益法核算的基本思路是其账面价值随被投资单位所有者权益的变动而变动。影响被投资企业所有者权益的变化的原因，主要包括被投资单位实现净利润或发生净亏损和其他与所有者权益项目相关的变动两种。

1.长期股权投资的取得

长期股权投资的取得权益法

企业取得长期股权投资，按实际支付的购买价款或所支付的资产的公允价值（包括支付的税金、手续费等相关费用）作为初始投资成本，如图4-76中A1段资金运动所示。企业取得的长期股权投资，如果实际支付的价款中包含已宣告但尚未领取的现金股利，应按实际支付的全部价款扣除已宣告但尚未领取的现金股利后的金额，作为长期股权投资的取得成本，实际支付的价款中包含的已宣告但尚未领取的现金股利，应作为应收股利单独核算，如图4-76中A2段资金运动所示。此外，企业为取得长期股权投资所发生的评估、审计、咨询等费用，不构成初始投资成本。

投资企业应享有被投资单位可辨认净资产公允价值的相应份额大于初始投资成本的，应按照享有的被投资企业可辨认净资产公允价值相应份额调整初始投资成本，其差额作为营业外收入处理，其所引起的资金运动如图4-76中A3段运动所示。

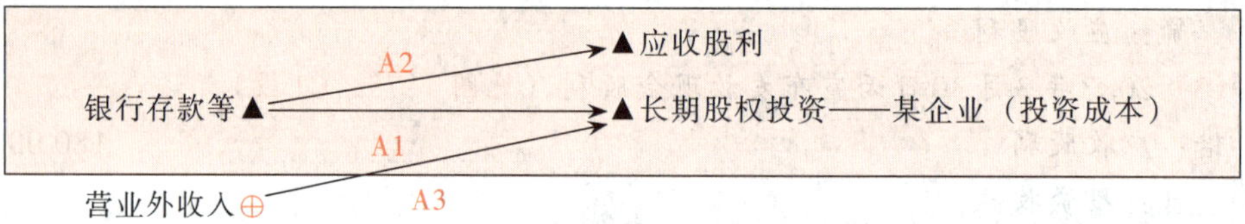

图4-76 权益法核算下长期股权投资取得资金运动分析图

【例4-47】20×3年3月1日，甲公司通过发行普通股股票800万股与乙公司股东进行交换并取得乙公司有表决权股份的20%，从而导致对乙公司财务和经营决策具有重大影响，甲企业准备长期持有该股份。该股票的面值为每股1元，其市场价格为每股2元，为此甲企业还以存款支付了相关费用20万元。同日，乙公司可辨认净资产的公允价值为9 150万元。

该股票公允价值为1 600万元，加上相关费用20万元，初始投资成本为1 620万元，比所获股份公允价值1 830万元低210万元，因此应调整初始投资成本，使其与所获份额的公允价值对等，该差额应计入当期营业外收入。其所引起的资金运动如图4-77所示。

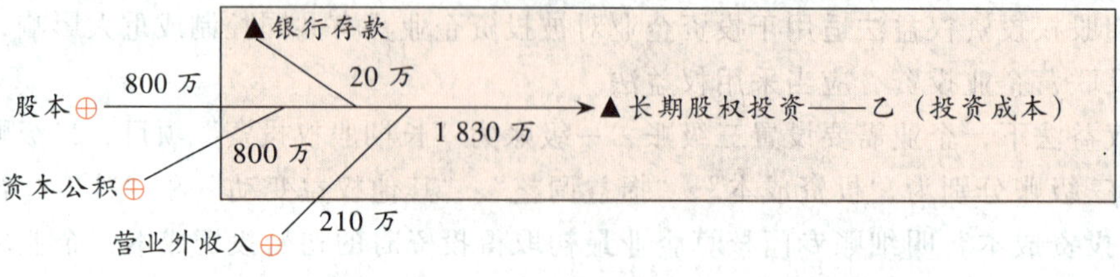

图4-77 甲公司合并初始成本取得资金运动分析图

借：长期股权投资——乙（投资成本）　　18 300 000

　贷：股本　　8 000 000

　　资本公积——股本溢价　　8 000 000

　　银行存款　　200 000

　　营业外收入　　2 100 000

2.投资损益的确认与计量、现金股利的确认与发放

在资产负债表日，无论被投资企业是否进行利润分配，投资企业都需要根据被投资企业的净收益（或净亏损）和本企业所占被投资企业的持股比例来确认本企业的投资收益或投资损失。投资损益的确认，一方面会增加（或减少）本期的投资收益（如果亏损就减少本企业的投资收益），另一方面会增加（或减少）本企业对被投资企业的投资（如果亏损就减少本企业对被投资企业的投资），该损益对本企业投资的影响记在“长期股权投资——某企业（损益调整）”项目上。其所引起的资金运动如图4-78中B段运动所示（在亏损的情况下，其流量为负数）。以后，确认和分回现金股利所引起的资金运动如图4-78中C段运动所示，其中C1段运动为确认现金股利，C2段运动为收到现金股利。

投资收益的确认与计量

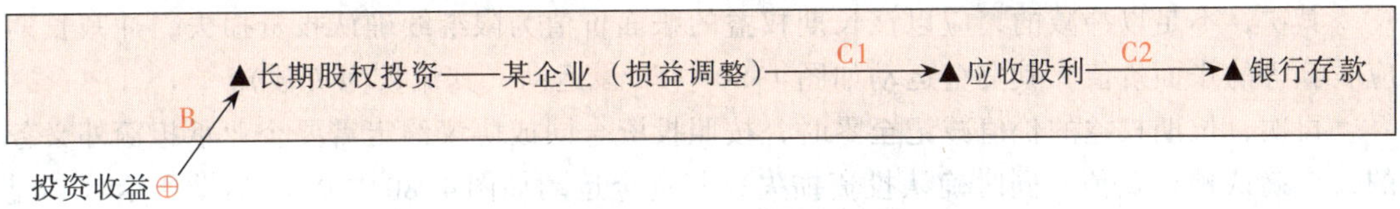

图4-78 权益法下损益确认资金运动分析图

【例4-48】20×8年12月31日，甲公司持有乙公司发行在外普通股6 000万股，拥有乙公司30%的股份。

（1）经审计的年度利润表显示，公司当年实现净利润10 000万元。甲公司应确认投资收益3 000万元（见图4-79，B段）。

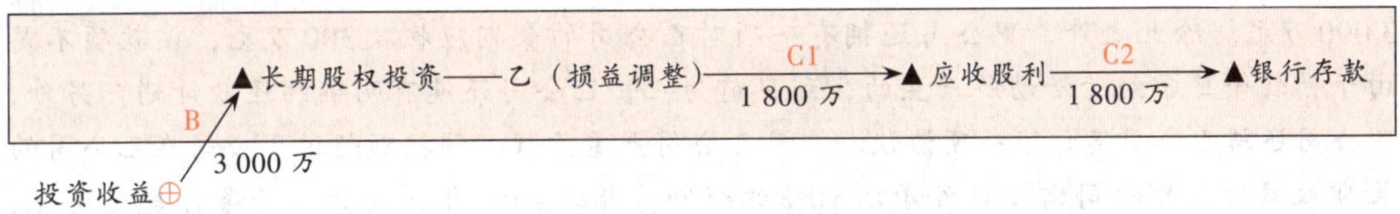

图4-79 甲公司投资损益与现金股利确认资金运动分析图

借：长期股权投资——乙（损益调整）　　30 000 000

　贷：投资收益　　30 000 000

（2）20×9年4月25日，经股东大会批准，乙公司的现金股利分配方案为每10股分配3元（见图4-79，C1段）。

借：应收股利　　18 000 000

　贷：长期股权投资——乙（损益调整）　　18 000 000

（3）20×9年6月10日，甲公司收到现金股利1 800万元（见图4-79，C2段）。

借：银行存款　　18 000 000

　贷：应收股利　　18 000 000

3.超额亏损的确认

超额亏损的确认

在被投资企业发生亏损的情况下，原则上，投资企业应以长期股权投资以及其他实质上构成对被投资单位净投资的长期权益减记至零为限，投资企业负有承担额外损失义务的除外。所谓“其他实质上构成对被投资单位净投资的长期权益”，通常是指长期性的应收项目，如企业对被投资单位的长期应收款（非产生于销售等日常活动），该款项的清偿没有明确的计划且在可预见的未来期间难以收回的，实质上构成长期权益。

具体而言，投资企业对被投资企业亏损的确认应按照以下顺序进行处理：

首先，减记长期股权投资的账面价值，其资金运动如图4-80中B1段运动所示（其流量为负数）。

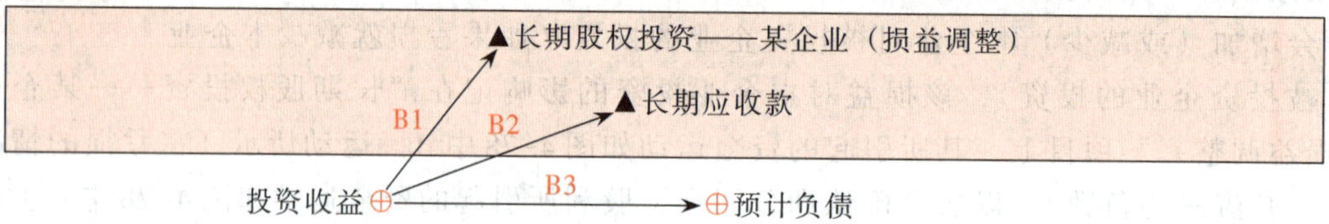

图4-80　权益法下超额亏损确认资金运动分析图

其次，不足以冲减的，应以该长期权益的账面价值为限继续确认投资损失，冲减长期应收款等的账面价值，其资金运动如图4-80中B2段运动（其流量为负数）。

再次，长期权益的价值减记至零时，按照投资合同或协议约定需要企业承担额外义务的，应确认预计负债，同时确认投资损失，其资金运动如图4-80中B3段运动所示（其流量为负数）。如果没有，则进行账外登记。

最后，被投资单位以后期间实现盈利的，应按以上相反顺序恢复各项账面价值，同时确认投资收益。

【例4-49】甲公司持有乙公司40%的股权，能对乙公司施加重大影响，甲公司对乙公司的投资被确认为长期股权投资。20×1年12月31日，该项长期股权投资的账面价值为3 000万元。除此之外，甲公司还拥有一项对乙公司的长期应收款300万元，该款项不是由于销售等日常经营活动所产生的，到目前为止，乙公司还没有明确的还款计划。另外，甲公司还与乙公司签订了一项协议，一旦乙公司严重亏损，亏损额超过甲公司在乙公司的长期权益后，甲公司需要额外承担10%的超额亏损。20×2年，由于市场条件发生变化，乙公司当年亏损10 000万元。乙公司相关业务资金运动如图4-81所示。

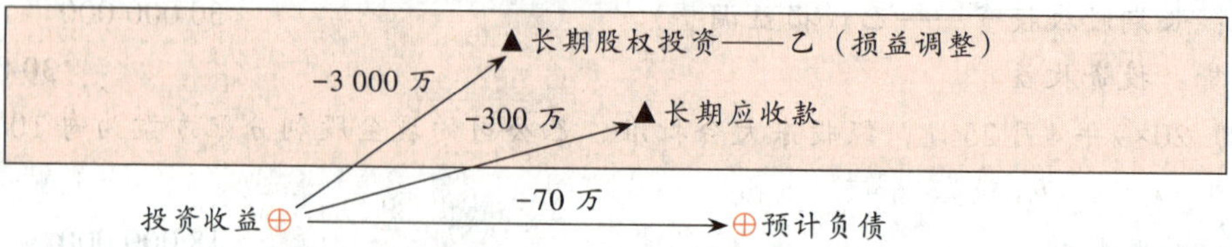

图4-81　甲公司权益法下确认超额亏损资金运动分析图

借：投资收益	33 700 000	
贷：长期股权投资——乙（损益调整）		30 000 000
长期应收款		3 000 000
预计负债		700 000

因此，甲需要在备查账中登记630万元（10 000×40%-3 370）的未确认亏损。

4.其他综合收益和其他权益变动业务

被投资单位除净损益、利润分配以外的其他综合收益变动，应确认为“长期股权投资——其他综合收益”，其所引起的资金运动如图4-82中D段运动所示。被投资单位除净损益、利润分配以外所有者权益的其他变动，应确认为“长期股权投资——其他权益变动”，其所引起的资金运动如图4-82中E段运动所示。

5.计提长期股权投资减值准备

资产负债表日，企业根据资产减值相关要求确定长期股权投资发生减值的，应确认减值准备，其所引起的资金运动如图4-82中F段运动所示。

小企业发生长期股权投资减值损失，采用直接转销法。根据小企业会计准则，小企业在确认实际发生的长期股权投资损失时，应直接将其确认为营业外支出。

6.长期股权投资的处置

在处置长期股权投资时，企业应当按照收到的价款与长期股权投资的账面价值的差额，确认为投资收益。长期股权投资的账面价值包括其成本、损益调整、其他权益变动、其他综合收益和减值准备。其所引起的资金运动如图4-82中G段运动所示。与此同时，企业还需要将原来计入“资本公积——其他资本公积”和“其他综合收益”项目中的累计金额转为投资收益，其所引起的资金运动如图4-82中H段运动所示。

长期股权投资的处置

权益法下长期股权投资核算所引起的资金运动如图4-82所示。

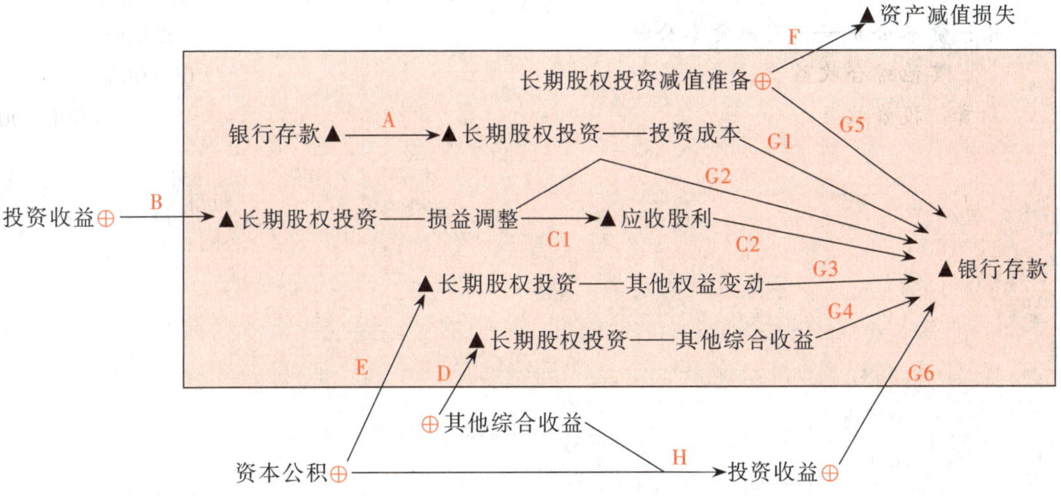

图4-82 权益法下长期股权投资整体资金运动分析

【例4-50】（1）甲公司拥有乙公司有表决权股份的30%，对乙公司有重大影响。20×4年12月30日，甲公司出售乙公司的全部股权，所得价款为2 300万元，全部存入银行。截至12月30日出售前，甲公司关于该项股权的账面价值为2 000万元，其中投资成本为1 300万元，损益调整为400万元，其他权益变动为300万元，其他综合收益为200万元，长期股权投资减值准备为200万元（见图4-83，G段）。

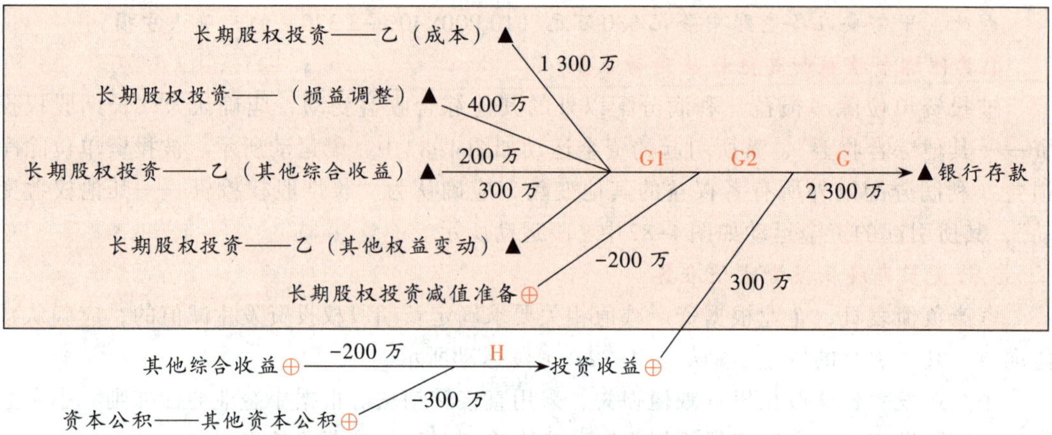

图 4-83　甲公司处置长期股权投资资金运动分析图

借：银行存款	23 000 000	
长期股权投资减值准备	2 000 000	
贷：长期股权投资——乙（投资成本）		13 000 000
长期股权投资——乙（损益调整）		4 000 000
长期股权投资——乙（其他权益变动）		3 000 000
长期股权投资——乙（其他综合收益）		2 000 000
投资收益		3 000 000

（2）将原记入资本公积和其他综合收益中的累计金额转为投资收益（见图 4-83，H 段）。

借：资本公积——其他资本公积	3 000 000	
其他综合收益	2 000 000	
贷：投资收益		5 000 000

第五章　供应环节资金运动分析与会计处理

第一节　供应环节资金运动综合分析

知识点自测

一、供应环节资金运动综合分析概述

在钱货两清的情况下，企业支付的价款包括购货款和应支付的增值税进项税额。如果所购材料已满足阶段所得（即原材料）的要求，资金发生如图5-1中A1段和B1段运动。如果所购的材料未满足阶段所得的条件，则企业只获得了过程所得（即在途物资），资金发生如图5-1中A2段和B1段运动；等到所购材料验收入库、单价和总价确认后，其才能由在途物资转为原材料，资金发生如图5-1中C段运动。

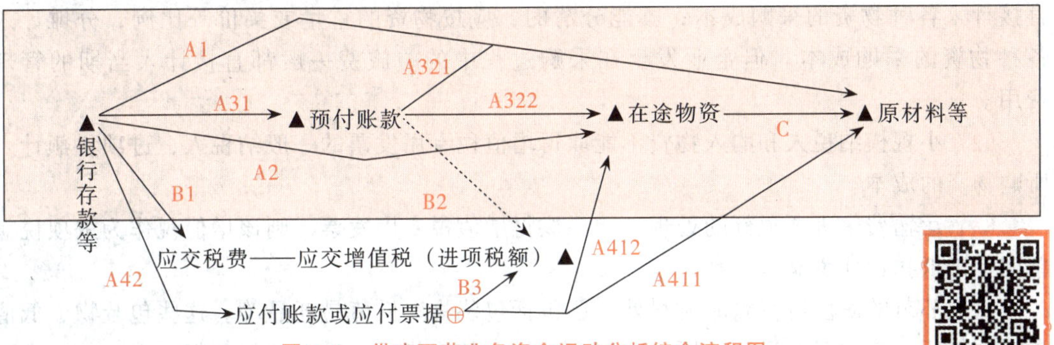

图5-1　供应环节业务资金运动分析综合流程图

供应环节资金运动综合分析

在采用预付货款购买时，企业支付的款项形成预付账款，其所引起的资金运动如图5-1中A31段运动所示。企业以后获得所购的物资时，所支付的价款仍然包括购货款和应支付的增值税进项税额。在所购买的材料已满足阶段所得（即原材料）的要求时，资金发生如图5-1中A321段和B2段运动。如果所购的材料未满足阶段所得的条件，则企业只获得了过程所得（即在途物资），资金发生如图5-1中A322段和B2段运动；等到所购材料验收入库、单价和总价确认后，其才能由在途物资转为原材料，资金发生如图5-1中C段运动。

在赊购的情况下，企业在购买材料时形成债务——应付账款或应付票据，该金额包括所购货物的价款和应支付的增值税进项税额。在所购材料已满足阶段所得（即原材料）的要求时，资金发生如图5-1中A411段和B3段运动。如果所购的材料未满足阶段所得的条件，则企业只获得了过程所得（即在途物资），资金发生如图5-1中A412段和B3段运动；等到所购材料验收入库、单价和总价确认后，其才能由在途物资转为原材料，资金发生如

图5-1中C段运动。企业未来偿还应付的购货款时用银行存款冲销应付款项，资金发生如图5-1中A42段运动。

原材料界定及其成本确定

二、原材料等阶段所得的确认与计量分析

原材料，是指企业在生产过程中经加工改变其形态或性质并构成产品主要实体的各种原料及主要材料、辅助材料、外购半成品（外购件）、修理用备件（备品备件）、包装材料、燃料等。原材料是制造性企业存货的重要组成部分，在全部的存货中占有很大的比重。

企业所购买的物资的成本主要由买价和采购费用两部分构成，其具体内容包括：

（1）买价，即供货单位的发票价格。

（2）采购费用，即除买价以外的其他各种采购费用。其包括：①运杂费。运到企业仓库前所发生的运输、包装、装卸、仓储等费用。②运输途中的合理损耗。该合理损耗增加货物的单价，不改变货物的总价。③入库前的挑选整理费用。这些费用主要包括人工、费用支出和必要的损耗，并减去回收的下脚废料价值。④购入物资负担的税金（如关税）和其他费用。

其他特殊规定：

（1）对于企业一次性购买多种不同物资所发生的采购费用，凡能直接分清的，可以直接计入各种物资的采购成本；不能分清的，应按物资的重量或买价等比例，分摊计入各种物资的采购成本。但企业发生在采购过程中的差旅费一般都直接计入当期的管理费用。

（2）小规模纳税人和购入物资不能取得增值税专用发票的一般纳税人，进项税额计入所购物资的成本。

（3）运输费中进项税额的处理。如果取得增值税专用发票，则该增值税作为进项税额单列，以抵扣销项税额。

供应环节的阶段所得除原材料外，还包括包装物、低值易耗品等。这些包装物、低值易耗品等所引起的资金运动同原材料完全一样，其价值的计量也同原材料一致。

第二节　货币资金业务资金运动分析与会计处理

货币资金是指企业生产经营过程中处于货币形态的资产，包括库存现金、银行存款和其他货币资金。

一、库存现金

库存现金是指存放于企业财会部门、由出纳人员经管的货币。库存现金是企业流动性最强的资产，企业应当严格遵守国家和企业有关现金管理制度，正确进行现金收支的核算，监督现金使用的合法性和合理性。

（一）现金管理制度

根据国务院颁发的《现金管理暂行条例》的规定，企业现金管理制度主要包括以下

内容：

1.现金的使用范围

允许企业使用现金结算的范围是：（1）职工工资、津贴；（2）个人劳务报酬；（3）根据国家的规定颁发给个人的科学技术、文化艺术、体育等各种奖金；（4）各种劳保、福利费用以及国家规定的对个人的其他支出；（5）向个人收购农副产品和其他物资的价款；（6）出差人员必须随身携带的差旅费；（7）结算起点（1 000元）以下的零星支出；（8）中国人民银行确定需要支付现金的其他支出。

除企业可以现金支付的款项中的第（5）、第（6）项外，开户单位可以支付给个人的款项，超过使用现金限额的部分，应当以支票或银行本票等方式支付；确需全额支付现金的，经开户银行审核后，予以支付现金。

2.库存现金的限额

库存现金业务概述

库存现金限额是指为保证各单位日常零星支出的需要，允许单位留存的现金的最高数额。库存现金的限额，由开户银行根据开户单位的实际需要和距离银行远近等情况核定。其限额一般按照单位3~5天日常零星开支所需现金确定。边远地区和交通不便的地区的开户单位的库存现金限额可按多于5天，但不得超过15天的日常零星开支的需要确定。库存现金限额一经核定，要求企业必须严格遵守，不能任意超过，超过限额的现金应于当日终了前存入银行；库存现金低于限额时，可以签发现金支票从银行提取现金，补足限额。需要增加或减少库存现金限额的，应当向开户银行提出申请，由开户银行核定。

3.现金收支的规定

开户单位现金收支应当按照以下规定办理：（1）开户单位现金收入应当于当日送存银行，当日送存确有困难的，由开户银行确定送存时间。（2）开户单位支付现金，可以从本单位库存现金限额中支付或从开户银行提取，不得从本单位的现金收入中直接支付（即坐支）。企业如因特殊情况需要坐支现金的，应当事先经开户银行审查批准，由开户银行核定坐支范围和限额。企业应定期向开户银行报送坐支金额和使用情况。（3）开户单位从开户银行提取现金时，应当写明用途，由本单位财会部门负责人签字盖章，经开户银行审核后，予以支付。（4）因采购地点不确定，交通不便，生产或市场急需，抢险救灾以及其他特殊情况必须使用现金的，开户单位应向开户银行提出申请，由本单位财会部门负责人签字盖章，经开户银行审核后，予以支付现金。

（二）库存现金的账务处理

企业为了记录企业库存现金的收付变动和结存情况，需要设置“库存现金”账户。

企业还应设置“库存现金日记账”对现金业务进行序时核算。日记账由出纳人员根据审核无误的原始凭证和现金收款凭证、付款凭证等逐日逐笔序时登记。每日终了，应计算当日现金收入、支出的合计数和结余数，并同现金的实际库存数核对，做到账实相符。月末应将日记账余额同总分类账余额核对相符，做到账账相符、日清月结。

有外币现金的企业，应分别按人民币现金、各种外币现金设置“库存现金日记账”进行明细核算。

（三）库存现金的清查所引起的资金运动分析

库存现金的清查，包括出纳人员的每日清点核对和清查小组的定期或不定期核查。如存在账实不符，则企业需要按规定的程序处理。为反映、控制和监督整个财产清查的过程与结果处理，企业需要设置“待处理财产损溢”账户。该账户既反映盘盈也反映盘亏，是一个具有双重性质的账户。该账户可以设置“待处理流动资产损溢”和“待处理非流动资产损溢”两个明细分类账。

发生现金盘亏时，其资金运动如图5-2中A段运动所示。以后再进行相应的处理，如果应由相关责任人赔偿，则转为其他应收款，其资金运动如图5-2中B1段运动所示；属于无法查明原因的，计入当期的管理费用，其资金运动如图5-2中B2段运动所示。

图5-2　库存现金盘亏业务资金运动分析图

发生现金盘盈时，其资金运动如图5-3中A段运动所示。以后根据其具体情况分别处理：属于应付未付的，计入其他应付款，其资金运动如图5-3中B1段运动所示；属于无法查明原因的，计入营业外收入，其资金运动如图5-3中B2段运动所示。

图5-3　库存现金盘盈业务资金运动分析图

【例5-1】（1）20×8年2月28日，甲公司在现金清查中发现现金短缺2 000元，原因待查。

发现短缺时，资金发生A段运动（见图5-4，A段）。

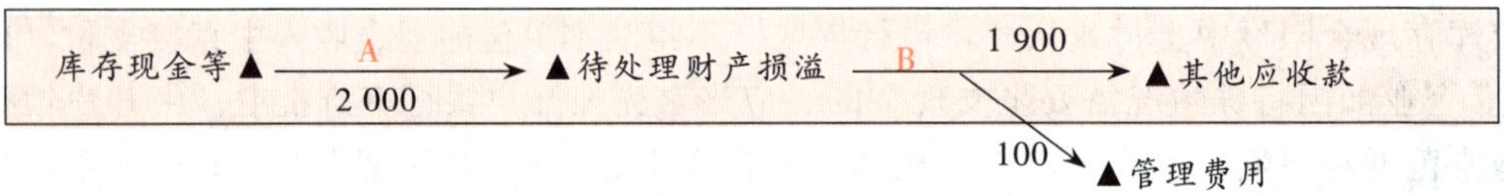

图5-4　甲公司库存现金盘亏资金运动分析图

借：待处理财产损溢——待处理流动资产损溢　　2 000

　贷：库存现金　　2 000

（2）经查，上述现金短缺系出纳人员张明失职所造成，应向其索赔1 900元，余款100元由公司承担（见图5-4，B段）。

借：其他应收款——张明　　1 900

　　管理费用　　100

　贷：待处理财产损溢——待处理流动资产损溢　　2 000

库存现金盘盈盘亏业务处理

【例5-2】（1）20×8年3月31日，甲公司清查中发现现金溢余150元，无法查明原因（见图5-5，A段）。

图5-5　甲公司库存现金盘盈资金运动分析图

借：库存现金　　150

　贷：待处理财产损溢——待处理流动资产损溢　　150

（2）报经批准，转作营业外收入处理（见图5-5，B段）。

借：待处理财产损溢——待处理流动资产损溢　　150

　贷：营业外收入——现金溢余　　150

二、银行存款

银行存款是企业存放在银行或其他金融机构的未指定用途的货币资金。按照国家有关规定，凡是独立核算的单位都必须在当地银行开设账户。企业在银行开设账户以后，除按核定的限额保留库存现金以外，超过限额的现金必须存入银行；除了在规定的范围内可以用现金直接支付的款项外，在经营过程中所发生的一切货币收支业务，都必须通过“银行存款”账户进行结算。

（一）银行存款的账务处理

企业为了记录银行存款的收付变动和结余情况，需要设置“银行存款”账户。

为了加强对银行存款的管理，及时掌握银行存款收付的动态和结余，企业还应按开户银行和其他金融机构、存款种类等，分别设置“银行存款日记账”，按照银行存款收付业务发生的先后顺序逐笔序时登记，每日终了应结出余额。银行存款日记账应定期与银行对账单核对，至少每月核对一次。月份终了，银行存款日记账的余额必须与银行存款总账余额核对相符。

有外币业务的企业，应在“银行存款”账户下分人民币和各种外币设置“银行存款日记账”进行明细核算。

（二）银行存款的核对

银行存款日记账应定期与银行对账单核对，至少每月核对一次。企业银行存款账面余额与银行对账单余额之间如有差额，应编制“银行存款余额调节表”予以调节；如没有记账错误，调节后的双方余额应相等。

银行存款和其他货币资金的界定

三、其他货币资金

其他货币资金是指除库存现金、银行存款以外的各种货币资金。在企业的货币资金中，有一部分在存放地点和用途上，都与库存现金和银行存款不同，如外埠存款、银行汇票存款、银行本票存款、信用卡存款、信用证保证金存款、存出投资款等，为了将其与库存现金、银行存款加以区别，在会计上称之为“其他货币资金”。

（一）其他货币资金的主要内容

1.银行汇票存款

银行汇票存款是指企业为取得银行汇票按照规定存入银行的款项。

银行汇票是出票银行签发的，由其在见票时按照实际结算金额无条件支付给收款人或者持票人的票据。银行汇票的出票银行为银行汇票的付款人。单位和个人的各种款项结算，均可使用银行汇票。银行汇票可以用于转账，注明“现金”字样的银行汇票也可以用于支取现金。

汇款单位（申请人）使用银行汇票，应向出票银行填写“银行汇票申请书”，填写收款人的名称、汇票金额、申请人名称、申请日期等事项并盖章，加盖的印章是其预留银行的签章。出票银行受理银行汇票申请书，收妥款项后签发银行汇票，并用压数机压印出票金额，将银行汇票（银行汇票第2联——汇票联）和解讫通知（银行汇票第3联）一并交给申请人。申请人应将银行汇票和解讫通知一并交付给汇票上记明的收款人。收款人受理申请人交付的银行汇票时，应在出票金额以内，根据实际需要的款项办理结算，并将实际结算的金额和多余金额准确、清晰地填入银行汇票和解讫通知的有关栏内，到银行办理款项入账手续。收款人可以将银行汇票背书转让给被背书人。银行汇票的背书转让以不超过出票金额的实际结算金额为准。未填写实际结算金额或实际结算金额超过出票金额的银行汇票，不得背书转让。银行汇票的提示付款期限为自开票日起一个月，持票人超过付款期限提示付款的，银行将不予受理。持票人向银行提示付款时，必须同时提交银行汇票和解讫通知，缺少任何一联，银行不予受理。

银行汇票丧失，失票人可以凭人民法院出具的其享有票据权利的证明，向出票银行请求付款或退款。

银行汇票流程如图5-6所示。

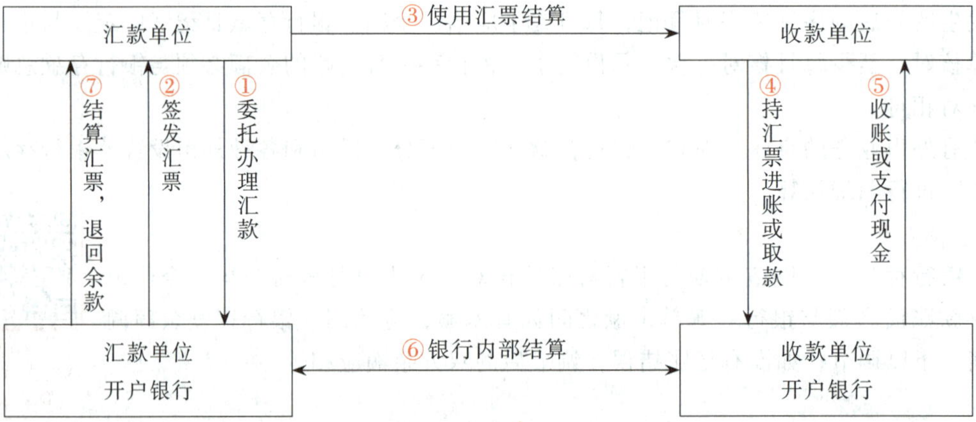

图5-6　银行汇票流程

2.银行本票存款

银行本票存款是指企业为取得银行本票按照规定存入银行的款项。

银行本票是银行签发的，承诺自己在见票时无条件支付确定的金额给收款人或者持票人的票据。单位和个人在同一票据交换区域需要支付的各种款项，均可使用银行本票。银行本票可以用于转账，注明“现金”字样的银行本票可以用于支取现金。

银行本票分为不定额本票和定额本票两种。定额本票面额为1 000元、5 000元、10 000元和50 000元。银行本票的提示付款期限自出票日起最长不得超过两个月。在有效付款期内，银行见票即付。持票人超过付款提示期限，要求付款的，银行不予受理。

申请人使用银行本票，应向银行填写“银行本票申请书”。申请人或收款人为单位的，不得申请签发现金银行本票。出票银行受理银行本票申请书，收妥款项后签发银行本票，在本票上盖章后交给申请人。申请人应该将银行本票交付给本票上记明的收款人。收款人可以将银行本票背书转让给被背书人。

申请人因银行本票超过提示付款期或其他原因要求退款时，应将银行本票提交给出票银行并出具单位证明。出票银行对于在本行开立存款账户的申请人，只能将款项转入原申请人账户；对于现金银行本票和未到本行开立存款账户的申请人，才能退付现金。银行本票丧失，失票人可以凭人民法院出具的其享有票据权利的证明，向出票银行请求付款或退款。

3.信用卡存款

信用卡存款是指企业为了取得信用卡而存入银行信用卡专户的款项。信用卡是银行卡的一种。

凡在中国境内金融机构开立基本存款账户的单位可申领单位卡。单位卡可申领若干张，持卡人资格由申领单位法定代表人或其委托的代理人书面指定和注销。单位卡账户的资金一律从其基本存款账户转账存入，不得交存现金，不得将销货收入的款项存入其账户。持卡人可持信用卡在特约单位购物、消费等，但单位卡不得用于10万元以上的商品交易、劳务供应款项的结算，不得支取现金。签约单位在每日营业终了，应将当日受理的信用卡签购单汇总，计算手续费和净额，并填写汇（总）计单和进账单，连同签购单一并送交收单银行办理进账。

4.信用证保证金存款

信用证有国际信用证和国内信用证之分，以下内容专指国内信用证（以下简称“信用证”）。

信用证是指开证银行依照申请人的申请开立的、对相符交单予以付款的承诺。它是指以人民币计价、不可撤销的跟单信用证（即凭单付款，不以货物为准）。信用证的开立和转让，应当具有真实的贸易背景，适用于银行为国内企事业单位之间的货物和服务贸易提供的信用证服务。信用证只限于转账结算，不得支取现金。

信用证保证金存款是指采用信用证结算方式的企业为开具信用证而存入银行信用证保证金专户的款项。企业向银行申请开立信用证，应按规范向银行申请开立信用证，应按规定向银行提交开证申请书、信用证申请人承诺书和购销合同。

5.存出投资款

存出投资款是指企业为购买股票、债券、基金等根据有关规定存入在证券公司指定银行开立的投资款专户的款项。

6.外埠存款

外埠存款是指企业为了到外地进行临时或零星采购，而汇往采购地银行开立采购专户的款项。企业将款项汇往外地时，应填写汇款委托书，委托开户银行办理汇款。汇入地银行以汇款单位名义开立临时采购账户，该账户的存款不计利息、只付不收、付完清户，除了采购人员可从中提取少量现金外，一律采用转账结算。

（二）其他货币资金业务资金运动分析与会计处理

为了反映其他货币资金的增减和结余情况，企业应设置“其他货币资金”账户。企业还应按照其他货币资金的不同内容，设置“外埠存款”“银行汇票存款”“银行本票存款”“信用卡存款”“信用证保证金存款”“存出投资款”等二级明细账户，并按外埠存款的开户银行、银行汇票或本票、信用证的收款单位等设置三级明细账户。有信用卡业务的公司应在“信用卡存款”明细账户中按开出信用卡的银行和信用卡种类设置三级明细账户。

其他货币资金业务所引起的资金运动基本相同。为取得其他货币资金，企业需要将相应的货币资金从企业的银行存款中单独划拨出来，形成其他货币资金专户，其所引起的资金运动如图5-7中A段运动所示。企业使用其他货币资金采购材料等所引起的资金运动如图5-7中B段运动所示，企业使用其他货币资金进行其他业务所引起的资金运动如图5-7中C段运动所示。结余的资金将转回原来的银行存款账户，其所引起的资金运动如图5-7中D段运动所示。

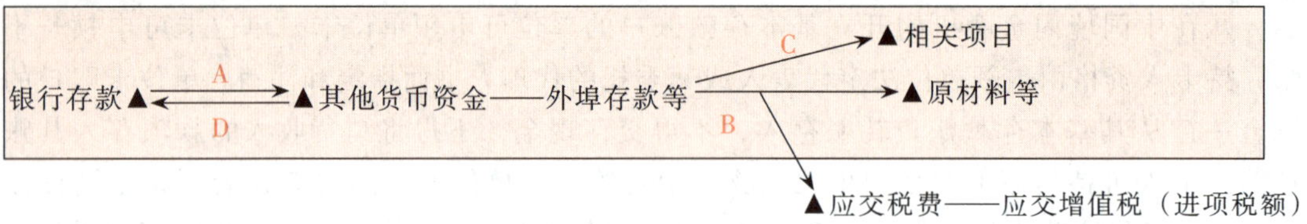

图5-7 其他货币资金业务资金运动分析图

其他货币资金业务分析

需要注意的是，在信用证保证金存款业务中，如果保证金金额只是所购货物或劳务应支付的款项的一部分时，未来结算时企业还需要补付剩余款项。

【例5-3】20×8年10月19日，甲公司向银行申请并获得银行汇票，全额为177 000元。10月24日，公司用银行汇票支付采购材料价款，购入A材料20吨，价款总计90 000元，B材料10吨，价款总计60 000元，支付增值税进项税额19 500元，材料尚未验收入库。10月25日，公司以转账支票支付两材料的运输费3 000元（不含增值税，增值税税率为9%），该运输费按材料重量分配。10月26日，公司收到开户银行转来的银行汇票多余款7 500元的收账通知。10月26日，在该材料验收入库的过程中，发现A材料损耗50千克，经查，属于运输途中的合理损耗。计算并结转这批材料采购的实际成本，完成全部采购过程。

（1）20×8年10月19日，取得银行汇票（见图5-8，A段）。

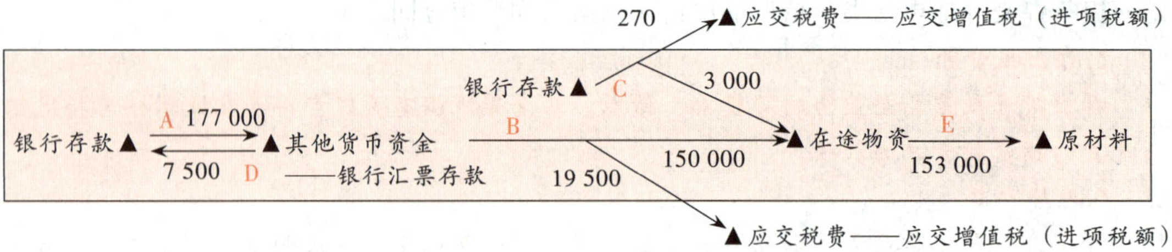

图5-8 甲公司资金运动分析图

借：其他货币资金——银行汇票存款 177 000

贷：银行存款 177 000

（2）10月24日，采购A、B材料（见图5-8，B段）。

借：在途物资——A 90 000

——B 60 000

借：应交税费——应交增值税（进项税额） 19 500
　贷：其他货币资金——银行汇票存款 169 500

（3）10月25日，支付并分配运输费用（见图5-8，C段）。

A材料应分担的运输费=3 000×（20/30）=2 000（元）

B材料应分担的运输费=3 000×（10/30）=1 000（元）

借：在途物资——A 2 000
　　　　　——B 1 000
　　应交税费——应交增值税（进项税额） 270
　贷：银行存款 3 270

（4）10月26日，收到银行转来的银行汇票多余款项（见图5-8，D段）。

借：银行存款 7 500
　贷：其他货币资金——银行汇票存款 7 500

（5）10月26日，材料验收入库，并结转A、B材料的实际采购成本（见图5-8，E段）。

借：原材料——A 92 000
　　　　——B 61 000
　贷：在途物资——A 92 000
　　　　　　——B 61 000

【例5-4】（1）甲公司于20×8年2月10日拟购进原材料一批，向银行申请开立信用证，并存入保证金100 000元（见图5-9，A段）。

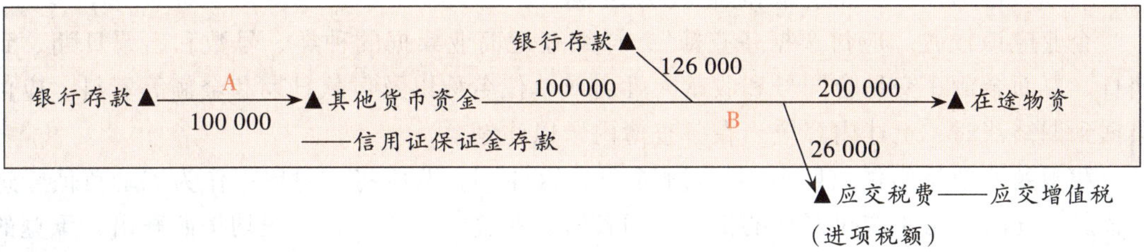

图5-9 信用证保证金存款业务资金运动分析图

借：其他货币资金——信用证保证金存款 100 000
　贷：银行存款 100 000

（2）20×8年2月25日购买材料，其采购价款为200 000元（不含税价），缴纳的增值税进项税额为26 000元，该材料尚未到达公司。公司向开证行补足有关款项（见图5-9，B段）。

借：在途物资 200 000
　　应交税费——应交增值税（进项税额） 26 000
　贷：其他货币资金——信用证保证金存款 100 000
　　　银行存款 126 000

【例5-5】（1）甲公司于20×8年8月10日向银行申领信用卡，向银行交存50 000元（见图5-10，A段）。

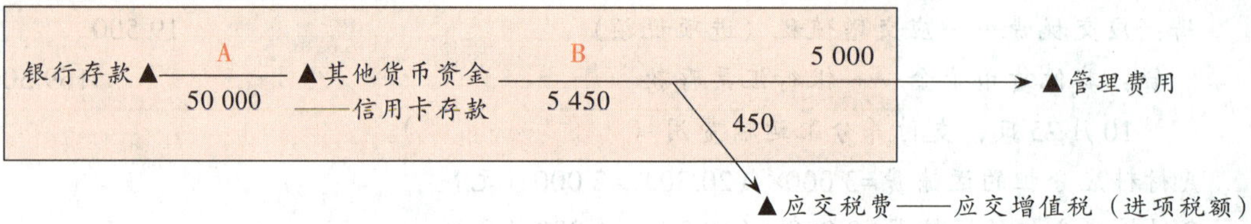

图5-10 信用卡存款业务资金运动分析图

借：其他货币资金——信用卡存款　　50 000

　贷：银行存款　　50 000

（2）20×8年8月25日，该公司用信用卡支付购书款5 000元（该购书款全部作为管理费用处理），增值税专用发票上注明的增值税为450元（见图5-10，B段）。

借：管理费用　　5 000

　　应交税费——应交增值税（进项税额）　　450

　贷：其他货币资金——信用卡存款　　5 450

第三节　供应环节结算业务资金运动分析与会计处理

知识点自测

一、应付票据业务资金运动分析与会计处理

应付票据是指因企业购买材料、商品和接受劳务供应等而开出、承兑的商业汇票，包括银行承兑汇票和商业承兑汇票。

企业应该设置“应付票据备查簿”，详细登记商业票据的种类、号数和出票日期、到期日、票面金额、交易合同号和收款人姓名或单位名称以及付款日期和金额等资料。应付票据到期结清时，上述内容应当在备查簿内予以注销。

我国商业票据的付款期限不超过6个月，因此，企业应将应付票据作为流动负债管理和核算。同时，由于应付票据的偿付时间较短，在会计实务中，一般均按照开出、承兑的应付票据的面值入账。

企业因赊购商品、承担债务而开出应付票据，其所引起的资金运动如图5-11中A段运动所示。如该票据属于银行承兑汇票，企业因开出银行承兑汇票而支付的银行承兑汇票手续费，应当计入当期的财务费用，取得增值税专用发票的，其增值税进项税额应单列，其所引起的资金运动如图5-11中B段运动所示。应付票据到期，企业以银行存款支付，其所引起的资金运动如图5-11中C1段运动所示；企业以新的商业汇票抵付已到期的票据，其所引起的资金运动如图5-11中C2段运动所示；如企业无力偿还，或者是对于商业承兑汇票，企业无力偿还而由担保人偿还，企业需要将应付票据转为应付账款，其所引起的资金运动如图5-11中C3段运动所示；如果是银行承兑汇票，在企业无力偿还而由担保银行代为偿还时，企业需要将应付票据转为对银行的短期借款，其所引起的资金运动如图5-11中C4段运动所示。

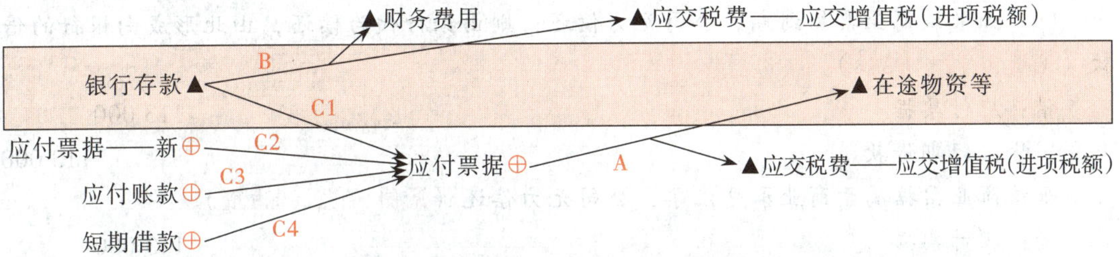

图5-11　应付票据业务资金运动分析图

【例5-6】(1)甲公司是增值税一般纳税人，原材料按实际成本核算。20×8年3月10日购入A材料一批，取得的增值税专用发票上注明的材料价款为10万元，增值税为13 000元，发票等结算凭证已收到，货款尚未支付，公司开出一张金额为113 000元的无息银行承兑汇票，该材料尚未验收入库（见图5-12，A段）。

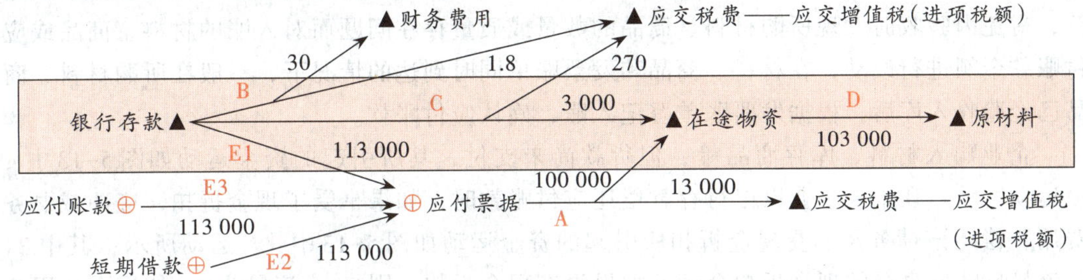

图5-12　甲公司应付票据业务资金运动分析图

借：在途物资——A　　100 000

　　应交税费——应交增值税（进项税额）　　13 000

　贷：应付票据　　113 000

(2)甲公司交付银行承兑汇票手续费31.8元，其中增值税1.8元，取得增值税专用发票（见图5-12，B段）。

借：财务费用　　30

　　应交税费——应交增值税（进项税额）　　1.8

　贷：银行存款　　31.8

应付票据业务

(3)公司取得运输费增值税专用发票，运费3 000元，增值税270元，以现金支票支付（见图5-12，C段）。

借：在途物资——A　　3 000

　　应交税费——应交增值税（进项税额）　　270

　贷：银行存款　　3 270

(4)该材料已验收入库，结转其实际采购成本（见图5-12，D段）。

借：原材料——A　　103 000

　贷：在途物资——A　　103 000

(5)该商业票据到期，公司以银行存款支付（见图5-12，E1段）。

借：应付票据　　113 000

　贷：银行存款　　113 000

（6）如果该商业票据到期，公司无力偿还，则由银行代为偿还，由此形成向银行的借款（见图5-12，E2段）。

借：应付票据　　113 000

　贷：短期借款　　113 000

如该商业票据属于商业承兑汇票，公司无力偿还（见图5-12，E3段）。

借：应付票据　　113 000

　贷：应付账款——销货方或担保方　　113 000

二、应付账款业务资金运动分析与会计处理

应付账款是企业因购买原材料、商品或接受劳务供应等经营活动而应付给供应单位的款项。实务中，为了使所购材料、商品的金额、品种、数量和质量与合同规定的条款相符，避免因验收时发现所购材料、商品的数量或质量存在问题而对入账的材料、商品或应付账款金额进行改动，在材料、商品和发票账单同时到达的情况下，一般在所购材料、商品已经验收入库后，根据发票账单登记入账，确认应付账款。

企业购入材料、库存商品等，但货款尚未支付，其所引起的资金运动如图5-13中A段运动所示。在未来企业以银行存款偿还应付账款时，如果享受了现金折扣，应冲减财务费用，偿还该债务及享受现金折扣所引起的资金运动如图5-13中B段运动所示，其中B1段流量反映所享受的现金折扣金额，如果没有现金折扣，则B1段流量为0。如果企业用商业票据抵偿应付账款，其所引起的资金运动如图5-13中C段运动所示。如果由于债权单位撤销或其他原因而导致应付账款无法清偿时，应将其转为营业外收入，其所引起的资金运动如图5-13中D段运动所示。

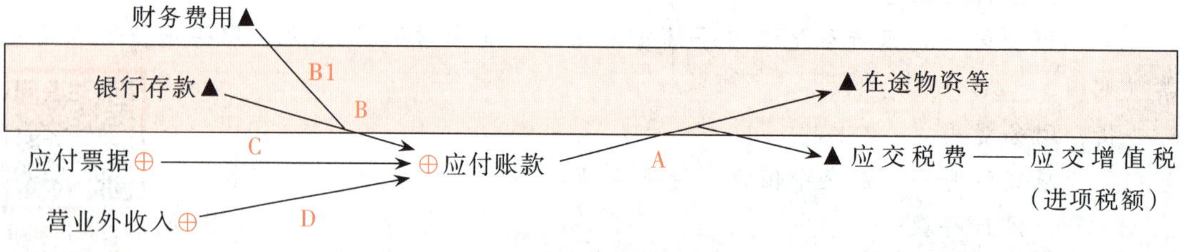

图5-13　应付账款业务资金运动分析图

应付账款一般业务

【例5-7】甲企业为增值税一般纳税人，其材料采用实际成本进行核算。20×8年7月3日，从乙公司购入一批材料，增值税专用发票上注明的价款为200 000元，增值税税额为26 000元；同时乙公司还代垫运费1 000元，增值税税额90元，已收到对方开具的增值税专用发票。该材料已验收入库，货款尚未支付。7月18日，甲企业以银行存款支付所购材料款项及其所代垫的运费。

（1）确认应付账款（见图5-14，A段）。

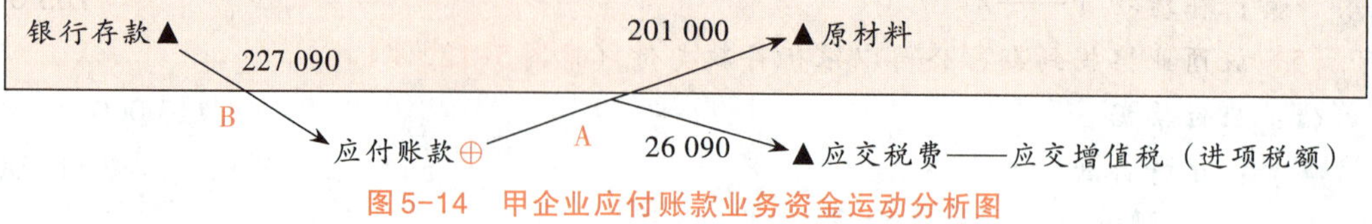

图5-14　甲企业应付账款业务资金运动分析图

借：原材料　　201 000

　　应交税费——应交增值税（进项税额）　　26 090

　贷：应付账款　　227 090

（2）偿还应付账款（见图5-14，B段）。

借：应付账款　　227 090

　贷：银行存款　　227 090

【例5-8】甲百货公司为增值税一般纳税人，其存货采用实际成本进行核算。20×8年3月10日，从乙公司购入一批家电产品并已验收入库。增值税专用发票上注明的价款为2 000 000元，增值税税额为260 000元。按照购货协议的规定，甲百货公司如在10天内付清款项，将获得1%的现金折扣（假定以应付账款总额计算现金折扣）。20×8年3月19日，甲百货公司按照规定扣除现金折扣后的金额，用银行存款付清了所欠乙公司的货款。

（1）3月10日确认应付账款（见图5-15，A段）。

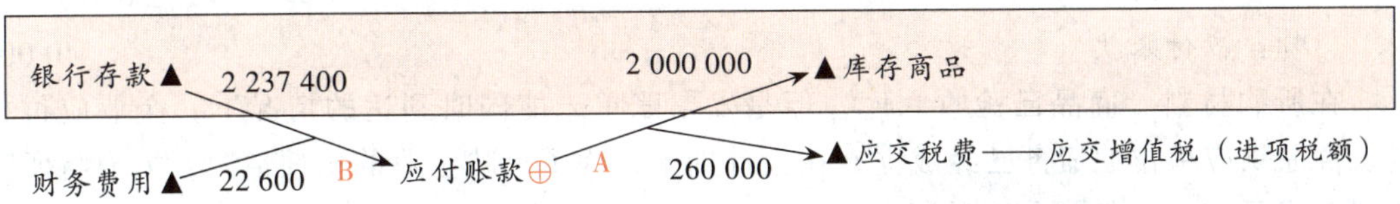

图5-15　甲公司应付账款业务资金运动分析图

借：库存商品　　2 000 000

　　应交税费——应交增值税（进项税额）　　260 000

　贷：应付账款　　2 260 000

（2）3月19日偿还应付账款（见图5-15，B段）。

现金折扣金额=2 260 000×1%=22 600（元）

借：应付账款　　2 260 000

　贷：财务费用　　22 600

　　　银行存款　　2 237 400

【例5-9】20×8年12月31日，乙公司确认一笔应付某公司货款11 300元为无法支付的款项，并对此予以转销。其所引起的资金运动如图5-16所示。

图5-16　乙公司转销应付账款资金运动分析图

借：应付账款　　11 300

　贷：营业外收入　　11 300

实务中，企业外购电力、燃气等动力一般通过“应付账款”项目进行核算。在每月付款时，先作为暂付款处理；月末再按照外购动力的用途在各使用部门之间进行分配。

【例5-10】20×8年6月25日，丙企业收到银行转来电力公司供电部门所开具的增值税专用发票，发票上注明的电费为40 000元，增值税税额为5 200元，企业以银行存款付讫。月末，该企业经计算确定，本月应付电费40 000元中生产车间应负担38 000元，企业管理部门应负担2 000元。

（1）支付外购动力费用（见图5-17，A段）。

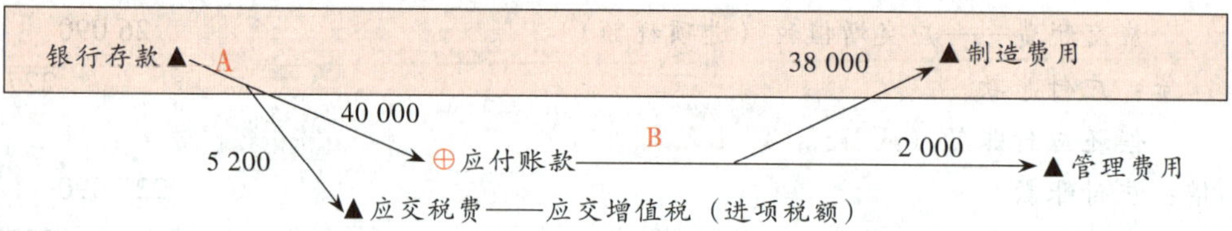

图5-17　丙企业外购动力业务资金运动分析图

应付账款特殊业务分析

借：应付账款　　40 000

　　应交税费——应交增值税（进项税额）　　5 200

　贷：银行存款　　45 200

（2）月末分配外购动力费用（见图5-17，B段）。

借：制造费用　　38 000

　　管理费用　　2 000

　贷：应付账款　　40 000

在所购材料、商品已验收入库，但是发票账单未能同时到达的情况下，企业应付材料、商品供应单位的债务已经成立，在会计期末，为了反映企业的负债情况，需要将所购材料、商品和相关的应付账款暂估入账（暂估入账的时候不需要考虑增值税），待下月初用红字将上月末暂估入账的应付账款予以冲销。

【例5-11】20×8年6月25日，甲公司购入一批A材料，材料已验收入库，但发票账单尚未收到，无法确定其实际成本。至6月30日，该发票账单仍未收到。20×8年7月4日，该材料采购的发票账单收到，增值税专用发票上注明的价款为40 000元，增值税税额为5 200元，已用银行存款付讫。甲公司为增值税一般纳税人，采用实际成本对材料进行核算。

（1）20×8年6月25日，甲公司不需要进行会计处理。

（2）20×8年6月30日，甲公司对A材料进行估计，暂估价为30 000元，甲公司据此确认应付账款（见图5-18，A段）。

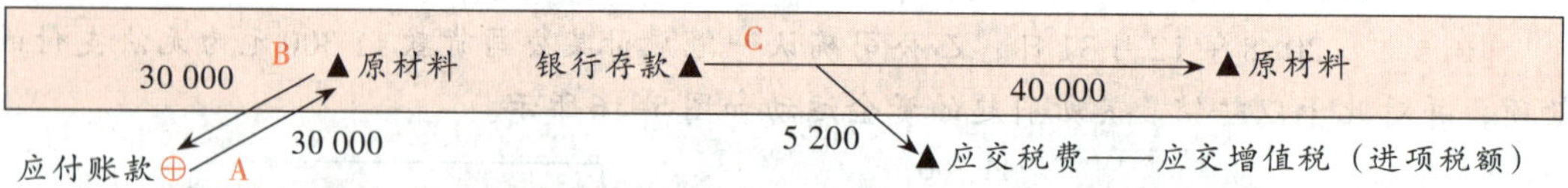

图5-18　甲公司应付账款业务资金运动分析图

借：原材料　　30 000

　贷：应付账款　　30 000

（3）20×8年7月1日，将6月30日暂估入账的金额予以冲销（见图5-18，B段）。

借：应付账款　　30 000

　贷：原材料　　30 000

（4）20×8年7月4日，收到发票账单，按单料同到进行处理（见图5-18，C段）。

借：原材料　　40 000

　　应交税费——应交增值税（进项税额）　　5 200

　贷：银行存款　　45 200

三、预付账款业务资金运动分析与会计处理

预付账款是指企业按照合同规定预付的款项，如预付的材料、商品采购款、在建工程价款等。

企业应设置“预付账款”项目，以反映和监督预付账款的增减变动及结余情况。其期末余额在借方的，反映企业实际预付的款项；其期末余额在贷方的，反映企业应付或应补付的款项。预付款业务不多的企业，可以不设置“预付账款”项目，而是将预付的款项通过“应付账款”项目进行核算。

企业根据购货合同的规定向供应单位预付款项时，其所引起的资金运动如图5-19中A段运动所示。企业收到所购物资，按应计入购入物资成本确认购入成本，其所引起的资金运动如图5-19中B段运动所示。当预付价款小于所购物资的成本及增值税进项税额时，企业应将不足部分补付，其所引起的资金运动如图5-19中C段运动所示；当预付价款大于所购物资的成本及增值税进项税额时，企业应将多余款项收回，其所引起的资金运动如图5-19中C段运动所示，但其流量为负数。

预付账款业务

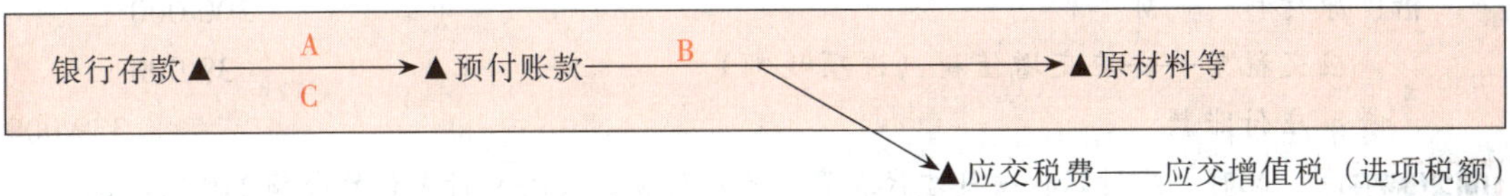

图5-19　预付账款业务资金运动分析图

【例5-12】20×8年11月12日，甲公司通过银行转账向乙公司预付购货款120 000元。11月25日甲公司收到从乙公司购入的M材料，取得的增值税专用发票上注明的材料价款为300 000元，增值税为39 000元，发票等结算凭证已收到，货款除抵销预付账款外，余款尚未支付。该材料已验收入库。11月28日，甲公司以银行存款向乙公司补付购货款。甲公司为增值税一般纳税人，其采购的原材料按实际成本进行核算。

（1）11月12日，甲公司预付购货款（见图5-20，A段）。

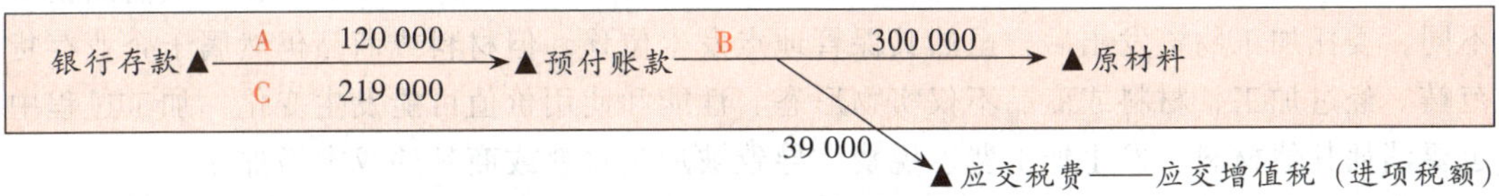

图5-20　甲公司预付账款业务资金运动分析图

借：预付账款——乙	120 000	
贷：银行存款		120 000

（2）11月25日，收到所购物资（见图5-20，B段）。

借：原材料——M	300 000	
应交税费——应交增值税（进项税额）	39 000	
贷：预付账款		339 000

此时，预付账款项目反映的是应付款，其在模型上已转换为沙坑，其账户余额在贷方。

(3) 11月28日，甲公司补付购货款（见图5-20，C段）。

借：预付账款——乙　　219 000

　贷：银行存款　　219 000

如果甲公司预付款业务不多，不设置“预付账款”项目，而是通过“应付账款”项目进行核算：

(1) 11月12日，支付预付款（见图5-21，A段）。

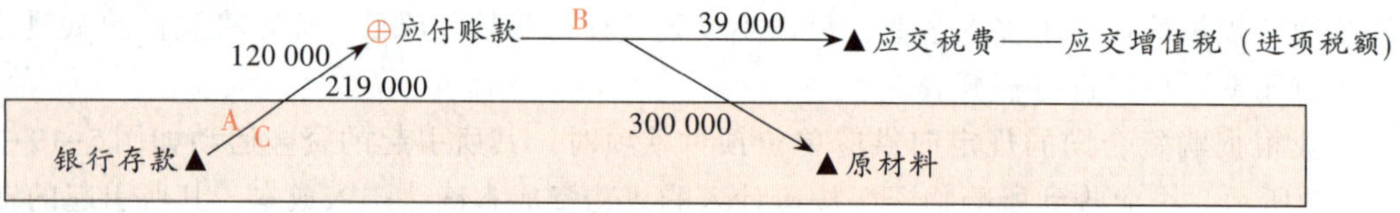

图5-21　甲公司预付账款业务资金运动分析图

借：应付账款——乙　　120 000

　贷：银行存款　　120 000

此时，应付账款项目反映的是预付款，其在模型上已转换为沙堆，其账户余额在借方。

(2) 11月25日，收到所购物资（见图5-21，B段）。

借：原材料——M　　300 000

　　应交税费——应交增值税（进项税额）　　39 000

　贷：应付账款　　339 000

此时，应付账款项目才代表真正的应付款，反映应付未付的金额219 000元。

(3) 11月28日，公司补付购货款（见图5-21，C段）。

借：应付账款——乙　　219 000

　贷：银行存款　　219 000

预付账款与应付账款的关系

第四节　原材料委托加工业务资金运动分析与会计处理

委托加工物资是指企业委托外单位加工的各种材料、商品等物资。与材料或商品销售不同，委托加工物资发出后，虽然其保管地点发生位移，但材料或商品仍然属于企业存货范畴。经过加工，材料或商品不仅实物形态、性能和使用价值可能发生变化，加工过程中也要消耗其他材料，发生加工费、税费，导致被加工材料或商品的成本增加。

企业委托外单位加工物资的成本包括加工过程中实际耗用物资的成本、支付的加工费用及应负担的运杂费、支付的税费等。委托加工物资核算的内容主要包括拨付加工物资、支付加工费用和税金、收回加工物资和剩余物资等。委托加工物资也可以采用计划成本或售价金额进行核算，其会计处理与库存商品相关业务处理基本相同。

需要注意的是，需要缴纳消费税的委托加工物资，由受托方代收代缴的，凡属加工物资收回后直接用于销售的，应将代扣代缴的消费税计入委托加工物资的成本；凡属加工物资收回后用于连续生产应交消费税产品的，企业应将负担的消费税单列，待应交消费税的加工物资连续生产完工并销售后，抵减其应缴纳的销售环节消费税。

当企业将需要加工的物资发放给加工方时，其资金运动如图5-22中A段运动所示。

在发出和回收过程中所发生的运输费等也应该计入委托加工物资的成本，其所引起的资金运动如图5-22中B段运动所示。

企业需要支付加工费和相应的增值税进项税额，其资金运动如图5-22中B段运动所示。如增值税进项税额不能抵扣，则其应该与加工费合并计入委托加工物资的成本。

如果委托加工物资属于应纳消费税的应税消费品，按照消费税的有关规定，应由受托方代收代缴的，若委托加工的物资，用于连续生产应税消费品的，其所纳税款按规定准予抵扣，其所缴纳的消费税不计入委托加工物资的成本而应单列，其资金运动如图5-22中C1段运动所示；委托加工的物资直接出售，不再征收消费税的，其所缴纳的消费税直接计入委托加工物资的成本，其资金运动如图5-22中C2段运动所示。

委托加工物资业务理论分析

委托加工物资加工完成，并验收入库，其资金运动如图5-22中D段运动所示。

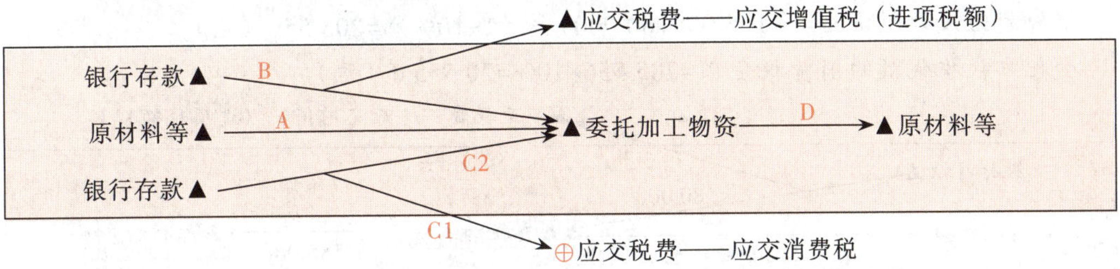

图5-22　委托加工物资业务资金运动分析图

【例5-13】甲公司委托乙公司加工材料一批（属于应税消费品），该材料实际成本为105 000元，支付的加工费为80 000元（不含增值税），该增值税进项税额可以抵扣，该加工物资适用的消费税税率为10%，材料加工完成，并验收入库。所有支出和税金以银行存款支付。双方适用的增值税税率为13%。

假设1：甲公司收回加工后的物资直接用于销售，不需要再缴纳消费税。

（1）发出委托加工材料（见图5-23，A段）。

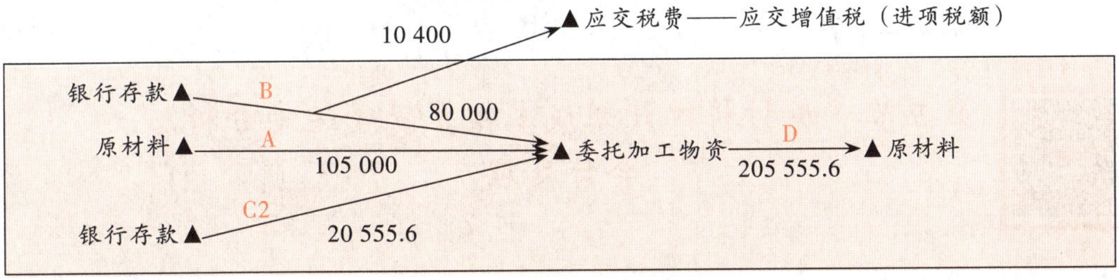

图5-23　甲公司委托加工物资业务资金运动分析图1

借：委托加工物资　105 000

　贷：原材料　105 000

委托加工物资业务举例

（2）支付加工费用和增值税进项税额（见图5-23，B段）。

应缴纳的进项税额=80 000×13%=10 400（元）

借：委托加工物资　80 000

　　应交税费——应交增值税（进项税额）　10 400

　贷：银行存款　90 400

(3) 计算并缴纳消费税，并将其计入委托加工物资成本（见图5-23，C2段）。

消费税组成计税价格=（105 000+80 000）÷（1-10%）=205 556（元）

受托方代收代缴的消费税金额=205 556×10%=20 555.6（元）

借：委托加工物资　　20 555.6

　贷：银行存款　　20 555.6

(4) 收回委托加工物资，并验收入库（见图5-23，D段）。

借：原材料　　205 555.6

　贷：委托加工物资　　205 555.6

假设2：甲公司收回加工后的物资用于连续生产应税消费品。

(1)、(2) 的处理同假设1，本处略。

(3) 计算并缴纳消费税，并将其单独列示（见图5-24，C1段）。

消费税组成计税价格=（105 000+80 000）÷（1-10%）=205 556（元）

受托方代收代缴的消费税金额=205 556×10%=20 555.6（元）

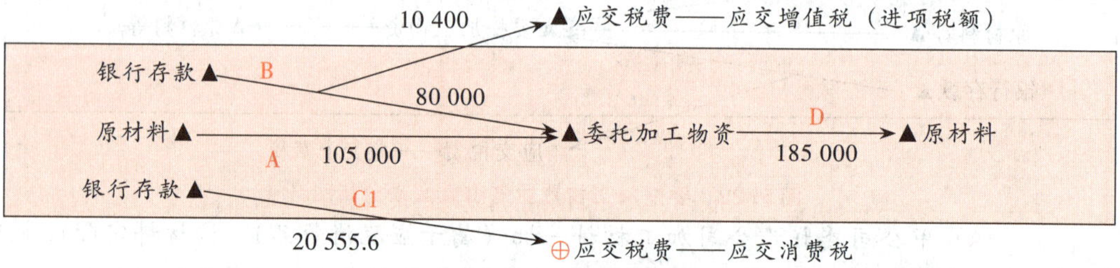

图5-24　甲公司委托加工物资业务资金运动分析图2

借：应交税费——应交消费税　　20 555.6

　贷：银行存款　　20 555.6

(4) 收回委托加工物资，并验收入库（见图5-24，D段）。

借：原材料　　185 000

　贷：委托加工物资　　185 000

知识点自测

第五节　原材料按计划成本核算资金运动分析与会计处理

一、原材料成本核算方式

在实际工作中，原材料的日常核算有两种方法：按实际成本计价核算和按计划成本计价核算。企业可以根据自己的情况选择某一种核算方法。

材料采用实际成本核算时，材料的收入、发出及结存，无论总分类核算还是明细分类核算，均按实际成本计价。其使用的会计科目主要有“原材料”“在途物资”等。“原材料”项目的借方、贷方及余额均以实际成本计价，不存在成本差异的计算与结转问题。但采用实际成本核算，日常反映不出材料成本是节约还是超支，从而不便于反映和考核物资采购业务对经营成果的影响。因此，这种方法通常适用于材料收发业务较少的企业。在实务工作中，对于材料收发业务较多且计划成本资料较为健全、准确的企业，一般可以采用计划成本进行材料收入、发出的核算。本章在此之前的原材料业务处理都是按实际成本进行核算的，本处不再论述。

材料按计划成本核算时，材料的收入、发出及结存，无论是总分类核算还是明细分类核算，均按计划价格计价。其使用的会计科目有“原材料”“材料采购”“材料成本差异”等。材料实际成本与计划成本的差异，通过“材料成本差异”科目核算。月末，计算本月发出材料应负担的成本差异并进行分摊，根据领用材料的用途计入相关资产的成本或者当期损益，从而将发出材料的计划成本调整为实际成本。

原材料按计划成本核算业务理论分析

二、计划成本管理下原材料资金运动分析与会计处理

在计划成本管理下，原材料等项目采用计划成本计量，该项目的资金量反映该材料的计划价格，而不是其实际成本。因而，企业需要单独设置一个过程所得项目——“材料采购”来专门反映企业采购这批材料所花费的实际成本。在这种情况下，无论企业所购买的材料是否已验收入库，首先都必须在“材料采购”账户上汇集，以确定其实际采购成本。其所引起的资金运动如图5-25中A段运动所示。

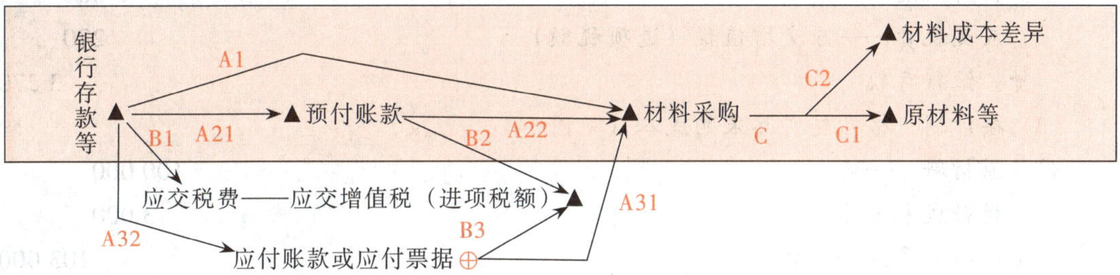

图5-25　计划成本模式下供应环节资金运动综合分析图

材料采购过程结束时，企业需要将这批材料按计划价格确定价值，而材料采购的实际成本与其计划价格经常不一致。为了反映、控制和监督这种不一致所形成的差异，企业需要开设“材料成本差异”项目。这样，企业在完成采购过程、结转其实际成本时，需要将材料采购的实际成本分为两部分：与该批材料的计划价格对应的部分确认为原材料的成本，其资金运动如图5-25中的C1段运动所示；实际成本与计划价格的差异作为材料成本差异进行反映，其资金运动如图5-25中的C2段运动所示。在这里，C段的流量为实际成本，C1段的流量为计划成本，C2段的流量为两者之差；当实际成本高于计划成本时，C2段的流量为正数，该差异属于不利差异；当实际成本低于计划成本时，C2段的流量为负数，该差异为有利差异。

在这种模式下，原材料与材料成本差异结合起来才能反映库存材料的实际成本。

【例5-14】20×8年10月8日，甲公司委托当地开户银行汇款122 000元给采购地银行开立专户，款已汇出。10月18日，采购员交来货物发票：增值税专用发票上注明购入M材料20吨，总价款100 000元，支付的增值税进项税额为13 000元。同时，以银行存款支付运输费3 000元，增值税270元。原材料已验收入库，其计划成本为5 000元/吨，计算并结转其实际采购成本。10月20日，甲公司到开户银行转来多余的外埠存款转回收账通知，通知上填写的多余款为9 000元。

（1）10月8日，设立采购专户（见图5-26，A段）。

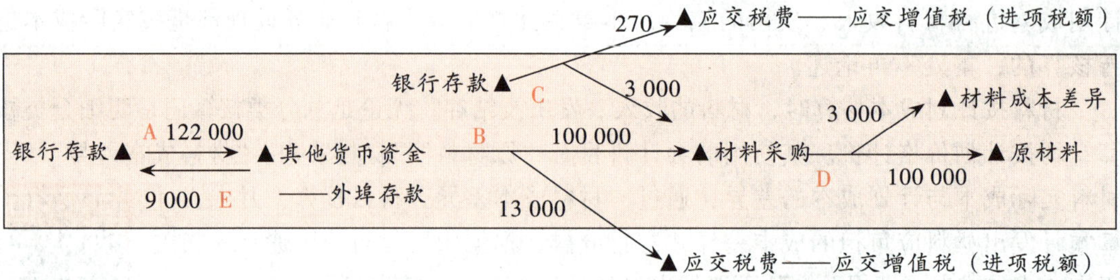

图5-26 甲公司资金运动分析图

借：其他货币资金——外埠存款 122 000

贷：银行存款 122 000

（2）10月18日，材料购进（见图5-26，B、C段）。

原材料按计划成本核算举例

借：材料采购——M 100 000

应交税费——应交增值税（进项税额） 13 000

贷：其他货币资金——外埠存款 113 000

借：材料采购——M 3 000

应交税费——应交增值税（进项税额） 270

贷：银行存款 3 270

（3）按计划价格结转实际采购成本（见图5-26，D段）。

借：原材料——M 100 000

材料成本差异 3 000

贷：材料采购——M 103 000

（4）10月20日，退回多余款项（见图5-26，E段）。

借：银行存款 9 000

贷：其他货币资金——外埠存款 9 000

【例5-15】甲公司20×7年10月28日购入材料10吨，材料已经运到，并验收入库，但发票等结算凭证尚未收到，货款尚未支付。该材料计划价格为40 000元。

20×7年11月6日，公司收到结算凭证并付款。其实际支付的材料价款为38 000元，增值税税率为13%。计算并结转其实际采购成本。

（1）20×7年10月28日不进行账务处理。

（2）20×7年10月31日，按计划成本估计该笔原材料的价值（见图5-27，A段）。

借：原材料 40 000

贷：应付账款 40 000

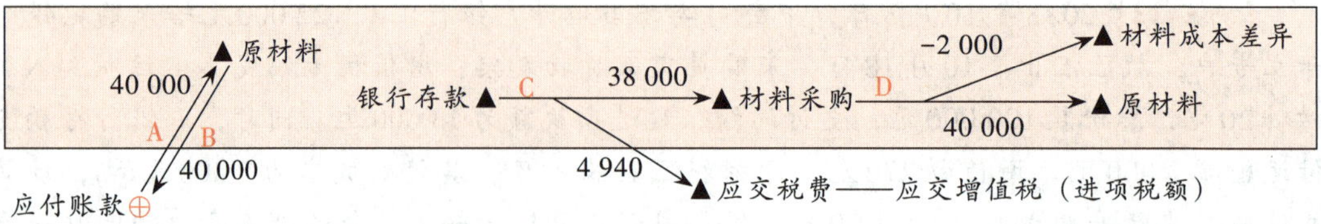

图5-27 甲公司资金运动分析图

(3) 20×7年11月1日，冲销上面估计入账的账务处理（见图5-27，B段）。

借：应付账款　40 000

　贷：原材料　40 000

(4) 20×7年11月6日，确认该材料的实际采购成本（见图5-27，C段）。

借：材料采购　38 000

　　应交税费——应交增值税（进项税额）　4 940

　贷：银行存款　42 940

按计划价格结转实际采购成本（见图5-27，D段）。

借：原材料　40 000

　贷：材料采购　38 000

　　　材料成本差异　2 000

【例5-16】20×8年3月5日，甲公司购买包装物100只，增值税专用发票上注明的包装物价款为5 000元，进项税额为650元；购买低值易耗品300件，收到普通发票上注明的金额为9 000元。货款全部以银行存款支付。包装物计划价格为45元/只，低值易耗品计划价格为35元/件。

(1) 包装物、低值易耗品的购买（见图5-28，A段）。

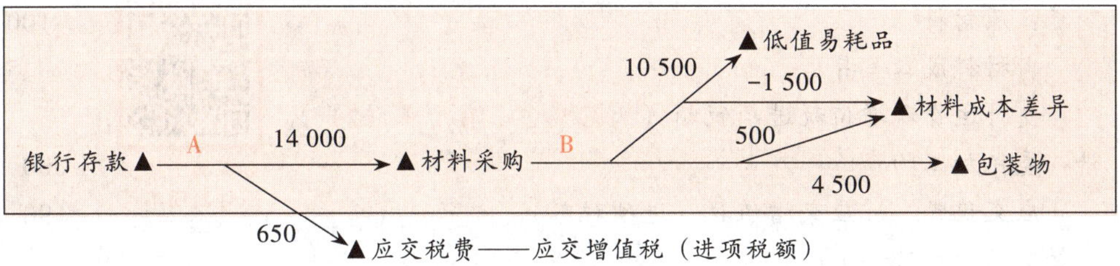

图5-28　甲公司购入物资业务资金运动分析图

借：材料采购——包装物　5 000

　　　　　——低值易耗品　9 000

　　应交税费——应交增值税（进项税额）　650

　贷：银行存款　14 650

(2) 按计划价格结转实际采购成本（见图5-28，B段）。

借：低值易耗品　10 500

　　包装物　4 500

　　材料成本差异——包装物　500

　贷：材料采购　14 000

　　　材料成本差异——低值易耗品　1 500

【例5-17】甲公司对材料和委托加工物资采用计划成本核算。20×8年10月12日，甲公司委托乙企业加工一批器具，发出材料的计划成本为100 000元，材料成本差异率为5%。甲公司以银行存款支付相关运费1 000元，增值税专用发票上注明的增值税税额为90元。11月10日，甲公司以银行存款支付上述器具的加工费用14 000元，增值税专用发票上注明的增值税税额为1 820元。该委托加工物资涉及消费税，该消费税由受托方代扣代缴，消费税税率为20%，11月12日，甲公司以银行存款支付了该消费税。11月13日，甲公司收回由乙公司加工的器具，以银行存款支付运费2 000元，增值税专用发票上注明的增值税税额为180元。同日，该器具已验收入库，其计划成本为150 000元。要求：分别该器具收回后直接销售和继续加工应税消费品两种不同情况进行处理。

第一种情况：该器具收回后直接销售。

（1）发出委托加工物资（见图5-29，A段）。

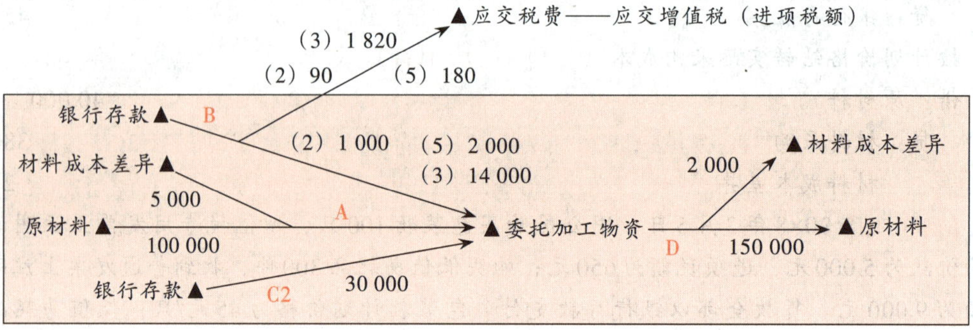

图5-29 甲公司委托加工物资业务资金运动分析图1

借：委托加工物资　　105 000

　贷：原材料　　100 000

　　材料成本差异　　5 000

委托加工物资按计划成本核算业务举例

（2）支付运费和增值税进项税额（见图5-29，B段中（2））。

借：委托加工物资　　1 000

　应交税费——应交增值税（进项税额）　　90

　贷：银行存款　　1 090

（3）支付加工费用和增值税进项税额（见图5-29，B段中（3））。

借：委托加工物资　　14 000

　应交税费——应交增值税（进项税额）　　1 820

　贷：银行存款　　15 820

（4）计算并缴纳消费税，并将其计入委托加工物资成本（见图5-29，C2段）。

消费税组成计税价格=（105 000+1 000+14 000）÷（1-20%）=150 000（元）

受托方代收代缴的消费税金额=150 000×20%=30 000（元）

借：委托加工物资　　30 000

　贷：银行存款　　30 000

（5）支付运费和增值税进项税额（见图5-29，B段中（5））。

借：委托加工物资　　2 000

　应交税费——应交增值税（进项税额）　　180

　贷：银行存款　　2 180

（6）收回委托加工物资，并验收入库（见图5-29，D段）。

借：原材料　　150 000

　材料成本差异　　2 000

贷：委托加工物资 152 000

第二种情况：甲公司收回加工后的器具用于连续生产应税消费品。

(1)、(2)、(3) 的处理同第一种情况，本处略。

(4) 计算并缴纳消费税，并将其单独列示（见图5-30，C1段）。

消费税组成计税价格=（105 000+1 000+14 000）÷（1-20%）=150 000（元）

受托方代收代缴的消费税金额=150 000×20%=30 000（元）

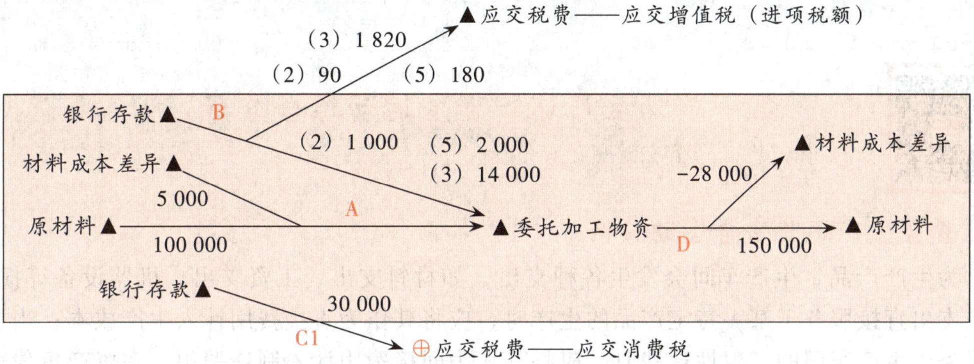

图5-30 甲公司委托加工物资业务资金运动分析图2

借：应交税费——应交消费税 30 000

贷：银行存款 30 000

(5) 支付运费和增值税进项税额（见图5-30，B段中（5））。

借：委托加工物资 2 000

应交税费——应交增值税（进项税额） 180

贷：银行存款 2 180

(6) 收回委托加工物资，并验收入库（见图5-30，D段）。

借：原材料 150 000

贷：委托加工物资 122 000

材料成本差异 28 000

第六章　生产环节资金运动分析与会计处理

知识点自测

第一节　生产环节资金运动综合分析

一、企业生产环节资金运动分析

为生产产品，生产车间会发生各种支出，如材料支出、工资支出、机器设备等损耗。当该支出直接服务于某一特定产品的生产时，应将其作为直接费用计入生产成本；当该支出服务于生产车间的一般性耗费时，应将其作为间接费用计入制造费用。在资产负债表日或产品生产完工时，企业需要将原汇集在制造费用上的累计间接生产费用按照合理的标准分配给企业所生产的各个产品。最后，所生产的产品完工并验收入库，资金由生产成本存在形态转为库存商品，企业整个生产过程到此全部结束。

生产环节资金运动整体流程如图6-1所示。

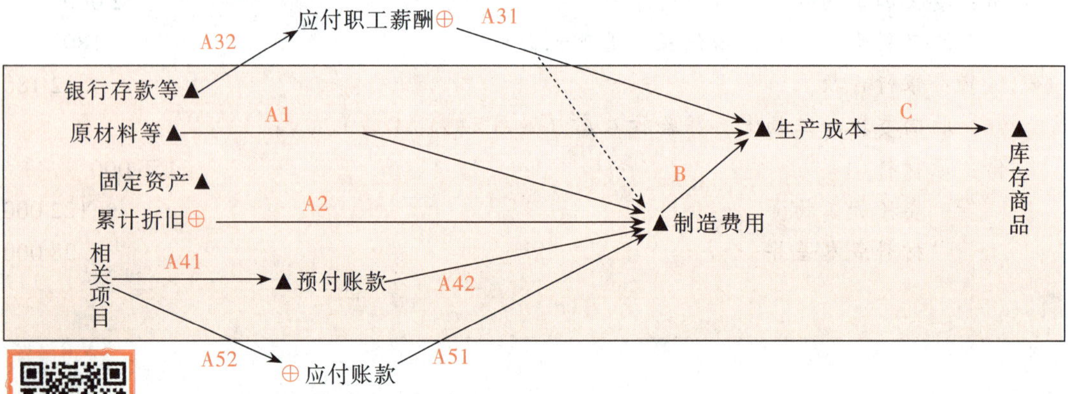

图6-1　企业生产环节资金运动流程图

生产环节资金运动综合分析及存货界定

二、存货的确认

存货是指企业在日常生产经营过程中持有以备出售的产品或商品、处在生产过程的在产品、在生产或提供劳务过程中储备的材料或物料等。其包括各类材料、在产品、半成品、产成品、商品以及包装物、低值易耗品、委托代销商品等。

1.原材料

原材料是指企业在生产过程中经加工改变其形态或性质并构成产品主要实体的各种原料及主要材料、辅助材料、外购半成品（外购件）、修理用备件（备品备件）、包装材料、燃料等。

2.在产品

在产品是指企业正在制造但尚未完工的产品，包括正在各个生产工序加工的产品和已加工完毕但尚未检验或已检验但尚未办理入库手续的产品。

3.半成品

半成品是指经过一定生产过程并已检验合格、交付半成品仓库保管，但尚未制造完工成为产成品，仍需进一步加工的中间产品。

4.产成品

产成品是指工业企业已经完成全部生产过程并验收入库，可以按照合同规定的条件送交订货单位，或者可以作为商品对外销售的产品。企业接受来料加工制造的代制品和为外单位加工修理的代修品，制造和修理完成验收入库后，应视同企业的产成品。

5.商品

商品是指商品流通企业外购或委托加工完成并验收入库用于销售的各种商品。

6.周转材料

周转材料是指企业能够多次使用、逐渐转移其价值但仍保持原有形态、不确认为固定资产的物资，如包装物和低值易耗品。其中，包装物是指为了包装本企业商品而储备的各种包装容器，如桶、箱、瓶、坛、袋等，其主要作用是盛装、装潢产品或商品。低值易耗品是指不符合固定资产确认条件的各种用具、物品，如工具、管理用具、玻璃器皿、劳动保护用品以及在经营过程中周转使用的容器等。低值易耗品的特点是单位价值较低，或使用周期相对于固定资产较短，在使用过程中保持其原有实物形态基本不变。

7.委托代销商品

委托代销商品是指企业委托其他单位代销的商品。

存货成本的计量

三、存货成本的计量

(一) 存货应当按照成本进行初始计量

《企业会计准则》规定，各种存货应当按取得时的实际成本记账，即存货应以历史成本为计价原则。存货成本包括采购成本、加工成本和其他成本。

1.存货的采购成本

存货的采购成本主要包括购买价款、相关税费、运输费、装卸费、保险费以及其他可归属于存货采购成本的费用。

存货的购买价款是指企业购入的材料或商品的发票账单上列明的价款，但不包括按照规定可以抵扣的增值税进项税额。存货的相关税费是指企业购买存货发生的进口关税、消费税、资源税和不能抵扣的增值税进项税额等应计入存货采购成本的税费。其他归属于存货采购成本的费用是指采购成本中除上述各项以外的归属于存货采购的费用，如在存货采购过程中发生的仓储费、包装费、运输途中的合理损耗、入库前的挑选整理费用等。运输途中的合理损耗，是指商品在运输途中，因商品性质、自然条件及技术设备等因素，所发生的自然的或不可避免的损耗。例如，汽车在运输煤炭、化肥等的过程中的自然散落以及易挥发产品在运输过程中的自然挥发。

商品流通企业在采购过程中发生的运输费、装卸费、保险费、包装费以及其他可以归属于存货采购成本的费用等进货费用，应当计入存货采购成本；也可以先行归集，期末根据所购商品的存销情况进行分配。对于已售商品的进货费用，计入当期损益；对于未售商品的进货费用，计入期末存货成本。企业采购商品的进货费用金额较小的，也可以在发生时直接计入当期损益。

2.存货的加工成本

存货的加工成本是指在存货的加工过程中发生的追加费用，包括直接人工以及按照一定方法分配的制造费用。直接人工是指企业在生产产品的过程中发生的直接从事产品生产人员的职工薪酬。制造费用是指企业为生产产品而发生的各种间接费用，主要包括车间生产部门管理人员的职工薪酬、折旧费、办公费、水电费、机物料消耗、劳动保护费、季节性和修理期间的停工损失等。

3.存货的其他成本

存货的其他成本是指除采购成本、加工成本以外的，使存货达到目前场所和状态所发生的其他支出。为特定客户设计产品所发生的、可直接确定的设计费用应计入存货的成本。但是企业设计产品所发生的设计费用通常应计入当期损益。

（二）存货按来源不同，其成本的构成内容也不相同

原材料、商品、包装物、低值易耗品等通过购买而取得的存货的主要成本由采购成本构成；产成品、在产品、半成品等自制的或需要委托外单位加工完成的存货的成本主要由采购成本、加工成本以及使存货达到目前场所和状态所发生的其他支出构成。

实务中企业应按照以下原则确定存货成本：

（1）购入的存货，其成本包括：买价、运杂费（包括运输费、装卸费、保险费、包装费、仓储费等）、运输途中的合理损耗、入库前的挑选整理费用（包括挑选整理过程中发生的人工、费用支出和挑选整理过程中所发生的数量损耗，并扣除回收的下脚废料价值）以及按照规定应计入存货成本的税费和其他费用。

（2）自制的存货，包括自制的原材料、自制的包装物、自制的低值易耗品、自制的半成品及库存商品等，其成本主要包括直接材料、直接人工和制造费用等的各项实际支出。

（3）委托外单位加工完成的存货，包括加工后的原材料、包装物、低值易耗品、半成品、产成品等，其成本包括实际耗用的原材料或者半成品、加工费、装卸费、保险费、委托加工的往返运输费等费用以及按照规定应计入存货成本的税费。

（三）不得计入存货成本的项目

在企业存货成本的确认过程中，下列费用不应当计入存货成本，而应该在发生时计入当期损益：

（1）非正常消耗的直接材料费、直接人工费和制造费用，应当计入当期损益，不计入存货成本。如因自然灾害而发生的直接人工、直接材料和制造费用损失，由于这些费

用的发生无助于使该存货达到目前场所和状态，不应计入存货成本，而应该确认为当期损益。

（2）企业在采购入库后发生的仓储费用，应计入当期损益。但是，在生产过程中为达到下一生产阶段所必需的仓储费用则应当计入存货成本。如某酒类产品生产企业为使生产的酒达到规定的产品质量标准而必须发生的仓储费用，就应该计入酒的成本，而不是计入当期损益。

（3）不能归属于使存货达到目前场所和状态的其他支出，不符合存货的定义和确认条件，应在发生时计入当期损益，不得计入存货成本。

（四）发出存货的计价方法

企业应当根据各类存货的实物流转方式、企业管理的要求、存货的性质等实际情况，合理地确定发出存货成本的计算方法，以及当期发出存货的成本。对于性质和用途相同的存货，应当采用相同的成本计算方法确定发出存货的成本。

在实务中，企业发出存货可以按实际成本核算，也可以按计划成本核算。如果采用计划成本核算，会计期末应调整为实际成本。在实际成本核算方式下，发出存货的计价方法主要有：个别计价法、先进先出法、后进先出法、月末一次加权平均法和移动加权平均法等。但根据现行的《企业会计准则第1号——存货》的规定，企业不得采用后进先出法。

1.先进先出法

先进先出法是以先购入的存货先发出（销售或耗用）这样一种存货实物流转假设为前提，对发出存货进行计价的一种方法。采用这种方法，先购入的存货成本在后购入存货成本之前转出，据此确定发出存货成本和期末结存存货的成本。其具体方法是：收入存货时，逐笔登记收入存货的数量、单价和金额；发出存货时，按照先进先出法的原则逐笔登记存货的发出成本和结存金额。

实际成本核算制度下发出存货的计价方法

【例6-1】光华公司20×9年10月初库存A商品300件，单位成本8元/件；10月8日，购入A商品1 000件，单位成本10元/件；10月11日，发出A商品900件；10月20日，购入A商品400件，单位成本12元/件；10月25日，发出A商品500件。光华公司A商品的销售单价均为20元/件。

依据先进先出法的原理，光华公司20×9年10月发出A商品、期末库存A商品的成本可计算如下：

本期发出A商品成本＝300×8+600×10+400×10+100×12＝13 600（元）

期末库存A商品成本＝300×12＝3 600（元）

或：期末库存A商品成本＝2 400+14 800−13 600＝3 600（元）

销售毛利=（900+500）×20−13 600＝14 400（元）

在实际工作中，会计是通过登记库存商品明细账的方式来完成这一工作的，其结果见表6-1。

表 6-1　　库存商品明细账（先进先出法）　　总×页 分第×页

总账科目：库存商品　　计量单位：件　金额单位：元

明细科目：A 商品　　存放地点：第×号仓库

20×9 年		摘要	收入			发出			结存		
月	日		数量	单价	金额	数量	单价	金额	数量	单价	金额
10	1	期初结存							300	8	2 400
	8	购入	1 000	10	10 000				300 1 000	8 10	12 400
	11	发出				300 600	8 10	8 400	400	10	4 000
	20	购入	400	12	4 800				400 400	10 12	8 800
	25	发出				400 100	10 12	5 200	300	12	3 600
10	31	本期合计及结存	1 400		14 800	1 400		13 600			

在实际运用此法核算时，成本的流动与存货的实际流动无关，因此无论企业存货本身是否先进先出均可采用此种方法。

先进先出法可以随时结转存货发出成本，但较烦琐。如果存货收发业务较多，且存货单价不稳定，其工作量很大。在物价持续上升时，期末存货成本接近于市价，而发出存货成本偏低，从而导致高估企业当期利润和期末存货的价值；反之，会低估企业期末存货价值和当期利润。

2. 月末一次加权平均法

月末一次加权平均法，是指以当月全部进货数量加上月初存货数量作为权数，去除当月全部进货成本与月初存货成本之和，计算出存货的加权平均单位成本，以此为基础计算当月发出存货成本和期末结存存货成本的一种方法。有关计算公式如下：

$$\text{加权平均单位成本}=\frac{\text{期初结存存货成本}+\text{本期收入存货成本}}{\text{期初结存存货数量}+\text{本期收入存货数量}}$$

本期发出存货成本=本期发出存货数量×加权平均单位成本

期末结存存货成本=期末结存存货数量×加权平均单位成本

或者：期末结存存货成本=期初结存存货成本+本期收入存货成本－本期发出存货成本

【例 6-2】沿用【例 6-1】的资料，采用月末一次加权平均法，计算光华公司 20×9 年 10 月发出 A 商品的成本及期末库存 A 商品的成本如下（计算加权平均单位成本时，四舍五入保留两位小数；尾差由期末结存存货成本负担）：

本期 A 商品加权平均单位成本=（300×8+1 000×10+400×12）÷（300+1 000+400）

=10.12（元/件）

本期发出A商品成本＝（900+500）×10.12=14 168（元）

期末结存A商品成本＝2 400+14 800−14 168＝3 032（元）

销售毛利=（900+500）×20−14 168＝13 832（元）

在实际工作中，一般通过登记库存商品明细账的方式来完成这一工作，其结果见表6−2。

表6−2　库存商品明细账（月末一次加权平均法）　总×页　分第×页

总账科目：库存商品　计量单位：件　金额单位：元

明细科目：A商品　存放地点：第×号仓库

20×9年		摘要	收入			发出			结存		
月	日		数量	单价	金额	数量	单价	金额	数量	单价	金额
10	1	期初结存							300	8	2 400
	8	购入	1 000	10	10 000				1 300		
	11	发出				900			400		
	20	购入	400	12	4 800				800		
	25	发出				500			300	10.12	3 032
10	31	本期合计及结存	1 400		14 800	1 400	10.12	14 168			

在此种方法下，存货明细账平时只记录增加数量与金额，发出的数量虽也可以及时记录，但因其单位成本未定，其总成本不能随时记录，只有到月末，才能一次性计算发出存货成本与库存存货成本。可见，采用月末一次加权平均法只在月末一次计算加权平均单价，可以简化成本计算工作。但由于月末一次计算加权平均单价和发出存货成本，不利于对存货的日常管理与控制。

3.移动加权平均法

移动加权平均法，是指以每次进货的成本加上原有库存存货的成本，除以每次进货数量与原有库存存货的数量之和，据以计算加权平均单位成本，并将其作为在下次进货前计算各次发出存货成本依据的一种方法。

移动加权平均法下有关成本计算公式如下：

$$移动加权平均单位成本=\frac{以前结存存货成本+本次收入存货成本}{以前结存存货数量+本次收入存货数量}$$

本次发出存货成本=本次发出存货数量×移动加权平均单位成本

$$\begin{matrix}本次结存\\存货成本\end{matrix}=\begin{matrix}本次结存\\存货数量\end{matrix}\times\begin{matrix}移动加权\\平均单位成本\end{matrix}=\begin{matrix}以前结存\\存货成本\end{matrix}+\begin{matrix}本次收入\\存货成本\end{matrix}-\begin{matrix}本次发出\\存货成本\end{matrix}$$

【例6−3】沿用【例6−1】的资料，采用移动加权平均法的原理，计算光华公司20×9年10月各批次发出A商品的成本及期末库存A商品的成本如下（计算移动加权平均单位成本时，四舍五入保留两位小数；尾差由期末结存存货成本负担）：

10月8日，A商品平均单位成本=（300×8+1 000×10）÷（300+1 000）=9.54（元/件）

10月11日，当日发出A商品成本=900×9.54=8 586（元）

10月20日，A商品平均单位成本=（400×9.54+400×12）÷（400+400）=10.77（元/件）

10月25日，当日发出A商品成本=500×10.77=5 385（元）

10月31日，期末库存A商品成本＝2 400+14 800−13 971＝3 229（元）

销售毛利=（900+500）×20−（8 586+5 385）＝14 029（元）

在实际工作中，一般通过登记库存商品明细账的方式来完成这一工作，其结果见表6−3。

表6−3　　库存商品明细账（移动加权平均法）　　总×页 分第××页

总账科目：库存商品　　计量单位：件　金额单位：元

明细科目：A商品　　存放地点：第×号仓库

20×9年		摘要	收入			发出			结存		
月	日		数量	单价	金额	数量	单价	金额	数量	单价	金额
10	1	期初结存							300	8	2 400
	8	购入	1 000	10	10 000				1 300	9.54	12 400
	11	发出				900	9.54	8 586	400	9.54	3 814
	20	购入	400	12	4 800				800	10.77	8 614
	25	发出				500	10.77	5 385	300	10.77	3 229
10	31	本期合计及结存	1 400		14 800	1 400		13 971			

采用移动加权平均法能够使企业管理层及时了解存货的结存情况，计算的平均单位成本以及发出和结存存货的成本都比较客观。但由于每次收货都需要计算一次加权平均单位成本，计算工作量较大，对于收发货物比较频繁的企业不太适用。

4.个别计价法

个别计价法是假设发出存货具体项目的实物流转与成本流转一致，逐一辨认各批发出存货和期末存货所属的购进批别或生产批别，分别按其购入或生产时所确定的单位成本计算各批发出存货成本，即把每一种存货的实际成本作为计算发出存货成本的基础。

个别计价法的成本计算准确，符合实际情况，但在存货收发频繁的情况下，其发出存货成本的分辨工作量较大。因此，这种方法通常适用于一般不能替代使用的存货、为特定项目专门购入或制造的存货以及提供的劳务，如珠宝、首饰、名画等贵重物品。

知识点自测

第二节　生产环节存货业务资金运动分析与会计处理

企业应该在确认发出存货的成本基础上，分析其资金运动，并进行相应的会计处理。

一、原材料发出业务资金运动分析与会计处理

（一）实际成本核算制度下材料发出的资金运动分析与会计处理

企业各生产单位及有关部门领用的材料具有种类多、业务频繁的特点。为了简化核算，企业可以在月末根据“领料单”或“限额领料单”中有关领料的单位、部门等加以归类，编制“发料凭单汇总表”，据以编制记账凭证、登记入账。发出材料成本的确定，可以由企业从上述的个别计价法、先进先出法、月末一次加权平均法、移动加权平均法等方法中选择。计价方法一经确定，不得随意变动。如需变更，应在附注中予以说明。

根据权责发生制原则，发出材料的成本应该由其受益对象分别承担，其所引起的资金运动如图6-2所示。

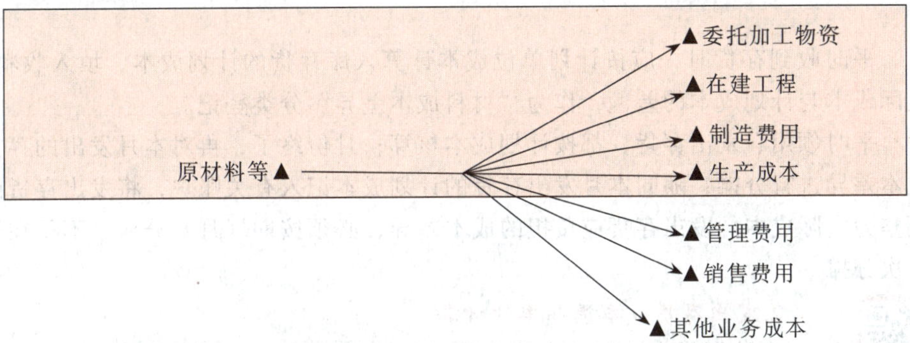

图6-2 实际成本核算制度下原材料发出资金运动分析图

【例6-4】甲公司为增值税一般纳税人，其采用实际成本对原材料进行核算。甲公司根据领料单编制了20×8年1月份“发料凭单汇总表”如下：基本生产车间领用M材料300 000元，辅助生产车间领用M材料50 000元，车间管理部门领用M材料1 000元，销售机构领用M材料2 000元用于宣传耗费，甲公司行政管理部门领用M材料3 000元，在建工程领用M材料4 000元，共计360 000元。其所引起的资金运动如图6-3所示。

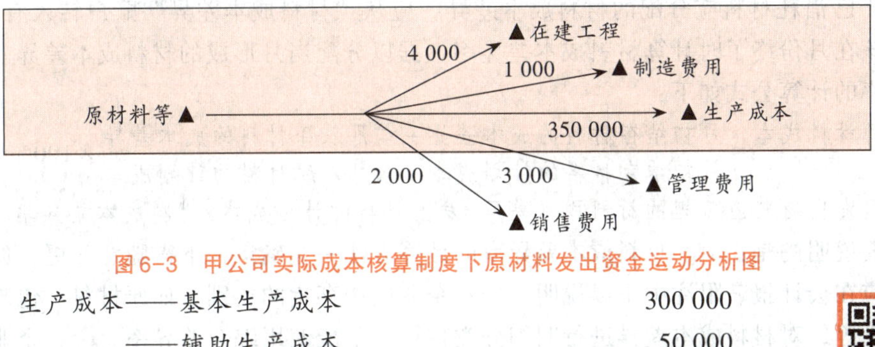

图6-3 甲公司实际成本核算制度下原材料发出资金运动分析图

借：生产成本——基本生产成本　　300 000
　　　　　　——辅助生产成本　　50 000
　　制造费用　　1 000
　　管理费用　　3 000
　　销售费用　　2 000
　　在建工程　　4 000

实际成本核算制度下发出存货业务分析

贷：原材料　　360 000

（二）计划成本核算制度下材料发出资金运动分析与会计处理

1.计划成本法概述

材料按计划成本核算时，材料的收入、发出及结存，无论是总分类核算还是明细分类核算，均按计划价格计价。其使用的会计科目有“原材料”“材料采购”“材料成本差异”等。材料实际成本与计划成本的差异，通过“材料成本差异”科目核算。月末，计算本月发出材料应负担的成本差异并进行分摊，根据领用材料的用途计入相关资产的成本或者当期损益之中，从而将发出材料的计划成本调整为实际成本。

采用计划成本进行日常核算的企业，其基本的核算程序如下：

（1）应制定各种存货的计划成本目录，规定存货的分类、各种存货的名称、规格、编号、计量单位和计划单位价格。除一些特殊情况外，计划单位成本在年度内一般不作调整。

（2）平时收到存货时，应按计划单位成本计算入库存货的计划成本，填入收料单内，并按实际成本与计划成本的差额，作为“材料成本差异”分类登记。

（3）平时领用、发出存货，都按计划成本核算；月份终了，再对本月发出的存货应负担的成本差异进行分摊，随同本月发出存货的计划成本记入有关账户，将发出存货的计划成本调整为实际成本。发出存货应负担的成本差异，必须按期（月）分摊，不得在季末或年末一次分摊。

计划成本核算制度下发出存货业务理论分析

2.发出存货成本差异率的计算

在计划成本法下，企业需要通过“材料成本差异”项目，将发出存货和期末存货的计划成本调整为实际成本。调整的基本公式为：

$$实际成本 = 计划成本 \pm 材料成本差异$$

材料成本差异随着材料的入库而形成，包括外购材料、自制材料、委托加工完成材料入库等；同时也随着材料的出库而减少，如领用材料、出售材料、消耗材料等。期初和当期形成的材料成本差异，应该在当期已发出材料和期末结存材料之间进行分配，属于已消耗材料应分配的材料成本差异，应从“材料成本差异”账户转入有关项目。企业应该在月份终了时计算材料成本差异率，据以分配当月形成的材料成本差异。材料成本差异率的计算公式如下：

$$本月材料成本差异率 = \frac{月初结存材料的成本差异 + 本月入库材料的成本差异}{月初结存材料的计划成本 + 本月入库材料的计划成本} \times 100\%$$

$$本月发出材料应负担的材料成本差异 = 发出材料的计划成本 \times 材料成本差异率$$

需要说明的是：（1）材料成本差异率的计算方法一经确定，不得随意变更。如果需要变更，应在会计报表附注中予以说明。（2）企业应按存货的类别，如原材料、包装物、低值易耗品等，对材料成本差异进行明细分类核算，不能使用综合差异率。（3）企业暂估入账的原材料在计算材料成本差异率时不予考虑。

3.材料发出资金运动分析与会计处理

原材料按计划成本核算时，发出材料所引起的资金运动如图6-4所示。

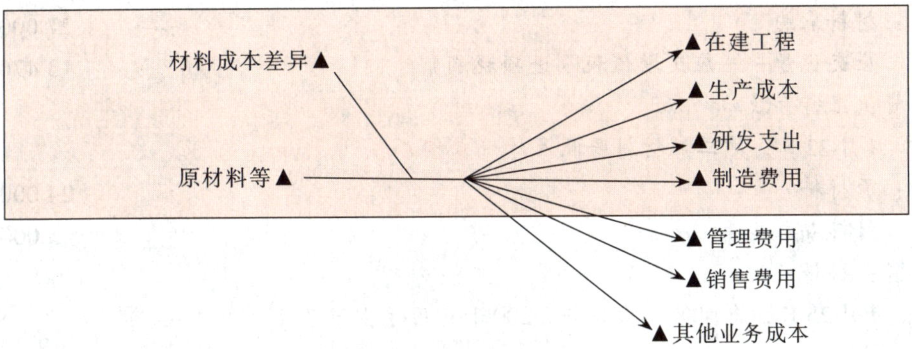

图6-4　计划成本核算制度下原材料发出资金运动分析图

【例6-5】甲公司材料存货采用计划成本法核算。20×8年1月份，“原材料”科目某类材料的期初余额为56 000元，“材料成本差异”科目期初借方余额4 400元，原材料单位计划成本12元/千克。

本月10日进货1 500千克，进价10元/千克；20日进货2 000千克，进价13元/千克。本月15日和25日车间分别领用材料2 000千克、2 200千克用于生产产品。

(1) 1月10日进货，支付材料货款15 000元，材料进项税额1 950元；运输费500元，取得增值税专用发票，增值税45元（见图6-5，A段中（1））。

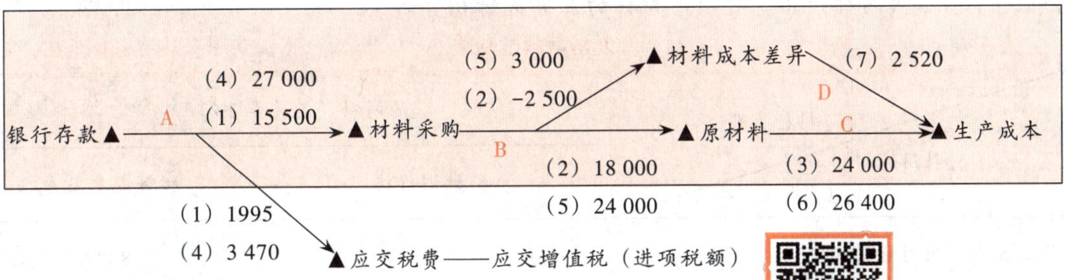

图6-5　甲公司资金运动分析图

计划成本核算制度下发出存货业务举例

借：材料采购　　15 500
　　应交税费——应交增值税（进项税额）　　1 995
　贷：银行存款　　17 495

(2) 1月11日，第一批材料验收入库（见图6-5，B段中（2））。

借：原材料　　18 000
　贷：材料采购　　15 500
　　　材料成本差异　　2 500

(3) 1月15日，车间领料2 000千克用于生产产品（见图6-5，C段中（3））。

借：生产成本　　24 000
　贷：原材料　　24 000

(4) 1月20日进货，取得增值税专用发票，支付材料货款26 000元（不含增值税，增值税税率为13%）；取得运输费增值税专用发票，运输费1 000元（不含增值税，增值税税率为9%）（见图6-5，A段中（4））。

借：材料采购　　27 000

　　应交税费——应交增值税（进项税额）　　3 470

　贷：银行存款　　30 470

（5）1月22日，第二批材料验收入库（见图6-5，B段中（5））。

借：原材料　　24 000

　　材料成本差异　　3 000

　贷：材料采购　　27 000

（6）1月25日，车间第二次领料2 200千克用于生产产品（见图6-5，C段中（6））。

借：生产成本　　26 400

　贷：原材料　　26 400

（7）1月31日，计算分摊本月领用材料的材料成本差异（见图6-5，D段）。

本月材料成本差异率=（4 400-2 500+3 000）÷（56 000+18 000+24 000）×100%=5%

本月领用材料应分摊的材料成本差异=（24 000+26 400）×5%=2 520（元）

借：生产成本　　2 520

　贷：材料成本差异　　2 520

【例6-6】甲公司根据领料、退料凭证和有关资料编制“发出材料汇总表”，见表6-4。企业生产M、N两种产品。对领用材料的业务进行核算。

表6-4　**发出材料汇总表**　金额单位：元

材料类别 材料用途	原材料（差异率2%）	
	计划价格	材料成本差异
基本生产领用材料，其中：	400 000	8 000
M产品领用	300 000	6 000
N产品领用	100 000	2 000
生产车间一般耗费	30 000	600
企业管理部门领用	5 000	100
企业研发部门领用	3 000	60
对外销售	40 000	800
在建工程领用（生产用、动产类）	30 000	600
合计	508 000	10 160

其所引起的资金运动如图6-6所示。

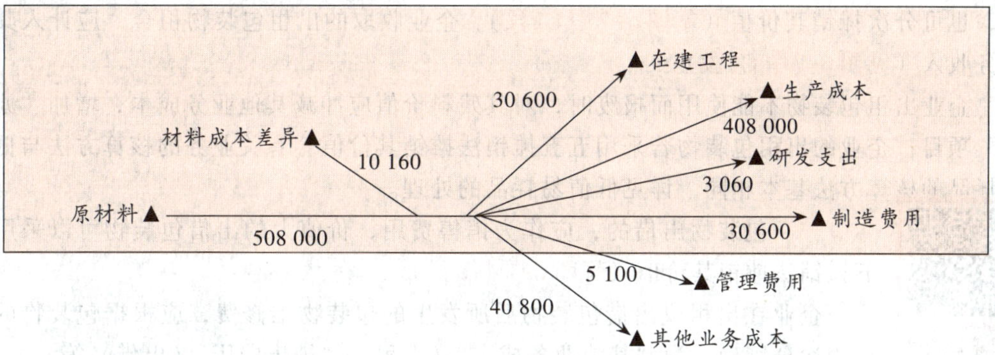

图6-6 甲公司材料领用资金运动分析图

借：生产成本——M	306 000	
——N	102 000	
制造费用	30 600	
管理费用	5 100	
研发支出	3 060	
其他业务成本	40 800	
在建工程	30 600	
贷：原材料		508 000
材料成本差异		10 160

二、周转材料业务资金运动分析与会计处理

（一）包装物业务资金运动分析与会计处理

包装物是指企业在生产经营活动中为包装本企业产品而储备的各种包装容器，如桶、箱、瓶、坛、袋等。其具体包括：（1）生产过程中用于包装产品，作为产品组成部分的包装物。（2）随同商品出售但不单独计价的包装物。（3）随同商品出售并单独计价的包装物。（4）出租或出借给购买单位使用的包装物。

企业应设置“周转材料——包装物”来反映和监督包装物价值的增减变化及其结存情况。对包装物采用计划成本进行计价的企业，包装物实际成本与计划成本之间的差异，也应通过“材料成本差异”科目核算。企业购入、自制和委托外单位加工的包装物，其采购和入库的核算与原材料基本相同。

发出包装物的用途不同，其会计核算也不相同：

（1）生产部门领用的包装物，构成产品的组成部分，其所引起的资金运动如图6-7中A段运动所示。

（2）随同商品出售但不单独计价的包装物，其实际成本计入销售费用，其所引起的资金运动如图6-7中B段运动所示。

（3）随同商品出售并单独计价的包装物作为包装物销售处理，既要确认收入也要确认费用，其所引起的资金运动如图6-7中C1段、C2段运动所示。

（4）出租包装物应按其实际成本记入“其他业务成本”项目；出租包装物金额较大的，也可分次摊销其价值（见图6-7中C2段）。企业收取的出租包装物租金，应计入其他业务收入（见图6-7中C1段）。

企业出租包装物不能使用而报废时，对其残料价值应冲减其他业务成本，增加“原材料”项目；企业的出租包装物若采用五五摊销法摊销其价值，有关业务的核算方法与低值易耗品的核算方法基本相同，详见低值易耗品的处理。

包装物常规业务分析

（5）包装物出借的，应作为销售费用，价值大的出借包装物可以采用五五摊销法摊销其价值（见图6-7中B段）。

企业在出租或出借包装物后所发生的包装物维修费，应根据包装物的使用用途分别确认为“其他业务成本”（出租）、“销售费用”（出借）等。

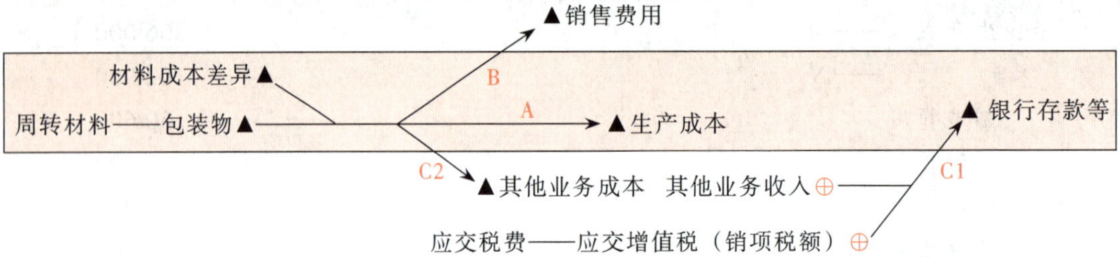

图6-7　包装物使用业务资金运动分析图

在包装物出租或出借的过程中，企业收取的押金应作为企业的一种暂收款，记在“其他应付款——存入保证金”项目（见图6-8中A段）；退回押金应作与上述相反的处理（见图6-8中B段）。对因逾期未退包装物而没收的押金，应确认为其他业务收入（见图6-8中C段）。

与包装物相关的押金业务分析

图6-8　包装物出租、出借业务中押金业务资金运动分析图

【例6-7】甲公司为增值税一般纳税人，对周转材料采用计划成本核算。20×8年1月10日，甲公司生产车间领用包装物用于产品包装，其计划成本为15 000元，材料成本差异率为4%。其所引起的资金运动流程如图6-9所示。

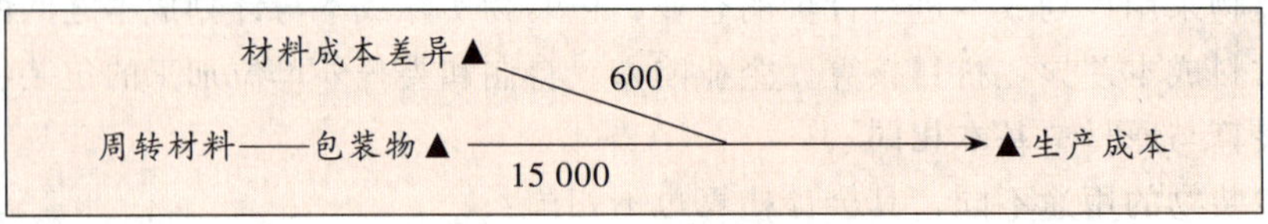

图6-9　甲公司生产产品领用包装物资金运动分析图

借：生产成本　15 600

　贷：周转材料——包装物　15 000

　　　材料成本差异　600

【例6-8】甲公司为增值税一般纳税人，对周转材料采用计划成本核算。20×8年8月10日，甲公司销售商品，领用不单独计价的包装物，其计划成本为20 000元，材料成本

差异率为−5%。其所引起的资金运动流程如图6-10所示。

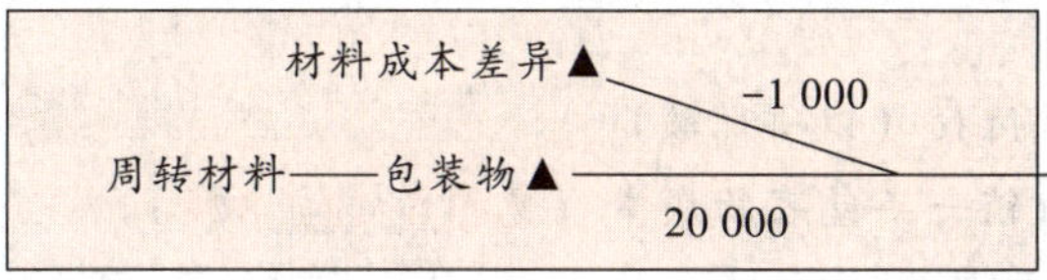

图6-10　甲公司领用不单独计价包装物资金运动分析图

借：销售费用　　19 000
　　材料成本差异　　1 000
　贷：周转材料——包装物　　20 000

【例6-9】甲公司为增值税一般纳税人，对周转材料采用计划成本核算。20×8年9月10日，甲公司销售商品，领用单独计价的包装物，其计划成本为30 000元，材料成本差异率为−5%。该包装物售价为50 000元，取得的增值税专用发票上注明的增值税税额为6 500元，款项已存入银行。

（1）销售收入的取得（见图6-11，A段）。

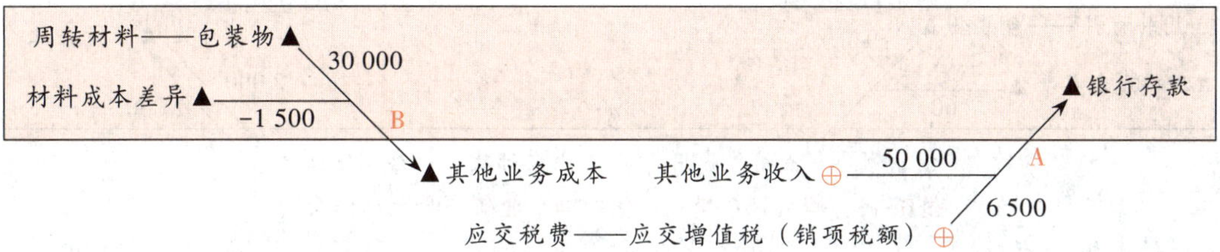

图6-11　甲公司周转材料业务资金运动分析图

借：银行存款　　56 500
　贷：其他业务收入　　50 000
　　　应交税费——应交增值税（销项税额）　　6 500

（2）费用的确认（见图6-11，B段）。

借：其他业务成本　　28 500
　　材料成本差异　　1 500
　贷：周转材料——包装物　　30 000

【例6-10】甲公司为增值税一般纳税人，对周转材料采用计划成本核算。20×8年1月25日，甲公司出租新包装物一批，其计划成本为10 000元，材料成本差异率为4%。收到租金20 000元（不含增值税，增值税税率为13%），款项已存入银行。该包装物的价值分两次摊销，领用时摊销一半，剩下的一半在报废时摊销。

（1）租金收入的取得（见图6-12，A段）。

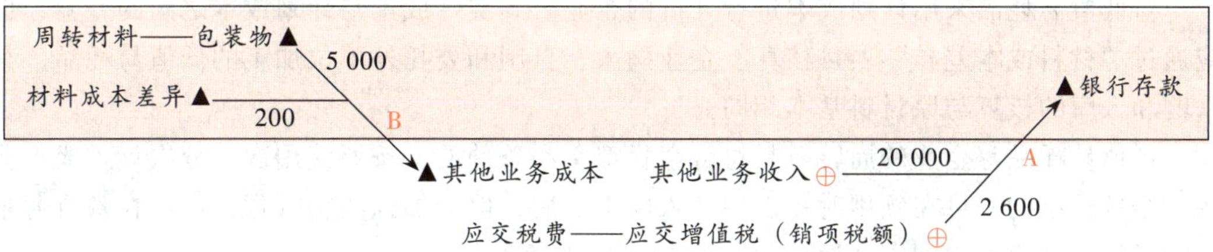

图6-12　甲公司周转材料业务资金运动分析图

借：银行存款　　22 600
　贷：其他业务收入　　20 000
　　　应交税费——应交增值税（销项税额）　　2 600

（2）费用的确认，领用时摊销一半包装物成本（见图6-12，B段）。

借：其他业务成本　　5 200
　贷：周转材料——包装物　　5 000
　　　材料成本差异　　200

【例6-11】甲公司为增值税一般纳税人，对周转材料采用计划成本核算。20×8年1月25日，甲公司出借新包装物一批，其计划成本为3 000元，材料成本差异率为4%。收到押金2 000元，款项已存入银行。该包装物的价值分两次摊销，领用时摊销一半，剩下的一半在报废时摊销。20×8年3月25日，甲公司收回出借的包装物，以银行存款退还押金2 000元。

（1）押金的取得（见图6-13，A段）。

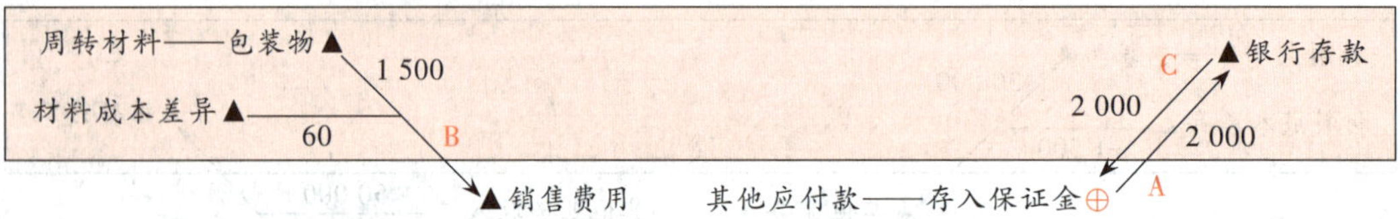

图6-13　甲公司包装物出借中押金业务资金运动分析图

借：银行存款　　2 000
　贷：其他应付款——存入保证金　　2 000

（2）费用的确认，领用时摊销一半包装物成本（见图6-13，B段）。

借：销售费用　　1 560
　贷：周转材料——包装物　　1 500
　　　材料成本差异　　60

（3）押金的退还（见图6-13，C段）。

借：其他应付款——存入保证金　　2 000
　贷：银行存款　　2 000

（二）低值易耗品业务资金运动分析与会计处理

作为存货核算和管理的低值易耗品，是指单位价值较低、使用年限较短，不能作为固定资产的各种用具物品，一般划分为一般工具、专用工具、替换设备、管理用具、劳动保护用品和其他用品等。

对低值易耗品采用计划成本进行计价的企业，其实际成本与计划成本之间的差异，也应通过“材料成本差异”项目核算。企业购入、自制和委托外单位加工的低值易耗品，其采购和入库的核算与原材料基本相同。

低值易耗品等企业的周转材料符合存货定义和条件的，按照使用次数分次计入成本费用。金额较小的，可在领用时一次性计入成本费用，但为加强实物管理，应当在备查簿中进行登记。其所引起的资金运动如图6-14中A段运动所示。

采用分次摊销法摊销低值易耗品的，低值易耗品在领用时摊销其账面价值的单次平均摊销额。分次摊销法适用于可供多次反复使用的低值易耗品。在分次摊销法下，企业领用低值易耗品时，要将其由在库改为在用，其所引起的资金运动如图6-14中B段运动所示。同时，在领用时按单次平均摊销金额计入相关成本费用之中，其所引起的资金运动如图6-14中C段运动所示。这里的“周转材料——低值易耗品——摊销”项目类似于“累计折旧”和“累计摊销”项目，专门用以反映低值易耗品累计已转移的价值，其目的就是用来抵减“周转材料——低值易耗品——在用”项目。在低值易耗品报废时，用“周转材料——低值易耗品——在用”冲销“周转材料——低值易耗品——摊销”，其所引起的资金运动如图6-14中D段运动所示。报废时如果有残值，应确认原材料等残值收入，其所引起的资金运动如图6-14中E段运动所示。

低值易耗品业务理论分析

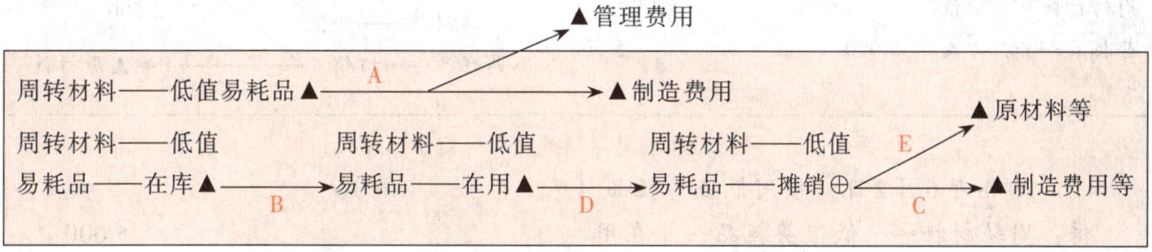

图6-14　低值易耗品摊销业务资金运动分析图

【例6-12】甲公司为增值税一般纳税人，对周转材料采用实际成本核算。甲公司生产车间20×8年6月2日领用一批低值易耗品，实际成本为5 000元。会计上分两次摊销（领用时摊销一半，报废时再摊销一半，即五五摊销法）。假定20×8年10月20日，该批低值易耗品报废，收回残料价值100元作为原材料处理。

（1）20×8年6月2日，领用低值易耗品（见图6-15，A段）。

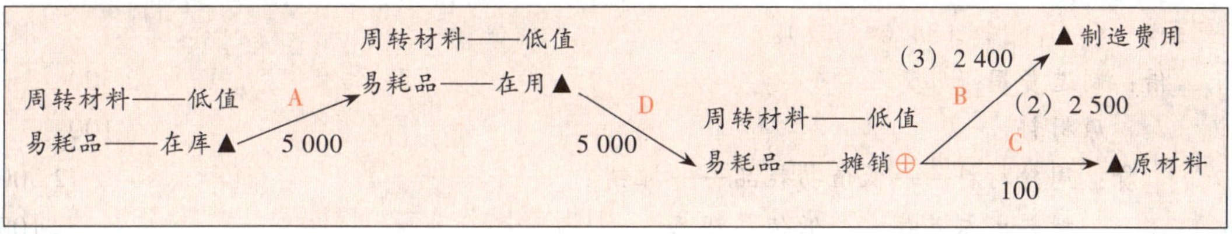

图6-15　甲公司低值易耗品摊销业务资金运动分析图

借：周转材料——低值易耗品——在用　5 000
　贷：周转材料——低值易耗品——在库　5 000

（2）第一次摊销，即领用时摊销50%（见图6-15，B段中（2））。

借：制造费用　2 500
　贷：周转材料——低值易耗品——摊销　2 500

（3）20×8年10月20日，第二次摊销，即报废时再摊销另外的50%（扣除残料100元）（见图6-15，B段中（3）和C段）。

借：制造费用　2 400
　　原材料　100
　贷：周转材料——低值易耗品——摊销　2 500

低值易耗品业务举例

（4）报废时，冲销该批低值易耗品的账面价值（见图6-15，D段）。

借：周转材料——低值易耗品——摊销　　5 000

　贷：周转材料——低值易耗品——在用　　5 000

【例6-13】甲公司为增值税一般纳税人，对周转材料采用计划成本核算。甲公司生产车间20×8年6月2日领用一批低值易耗品，其计划成本为5 000元，材料成本差异率为4%。会计上分两次摊销（领用时摊销一半，报废时再摊销一半，即五五摊销法）。假定20×8年10月20日，该批低值易耗品报废，收回残料价值100元作为原材料处理。

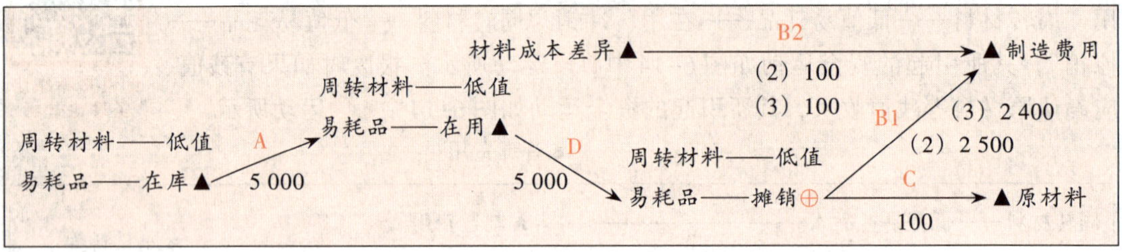

图6-16　甲公司低值易耗品摊销业务资金运动分析图

（1）20×8年6月2日，领用低值易耗品（见图6-16，A段）。

借：周转材料——低值易耗品——在用　　5 000

　贷：周转材料——低值易耗品——在库　　5 000

（2）第一次摊销，即领用时摊销50%（见图6-16，B段中（2））。

借：制造费用　　2 600

　贷：周转材料——低值易耗品——摊销　　2 500

　　材料成本差异——低值易耗品　　100

（3）20×8年10月20日，第二次摊销，即报废时再摊销另外的50%（扣除残料100元）（见图6-16，B段中（3）和C段）。

借：制造费用　　2 500

　原材料　　100

　贷：周转材料——低值易耗品——摊销　　2 500

　　材料成本差异——低值易耗品　　100

（4）报废时，冲销该批低值易耗品的账面价值（见图6-16，D段）。

借：周转材料——低值易耗品——摊销　　5 000

　贷：周转材料——低值易耗品——在用　　5 000

三、库存商品业务资金运动分析与会计处理

（一）库存商品的内容

库存商品是指企业完成全部生产过程并已验收入库、合乎标准规格和技术条件，可以按照合同规定的条件送交订货单位，或可以作为商品对外销售的产品以及外购或委托加工完成验收入库、用于销售的各种商品。

库存商品具体包括库存产成品、外购商品、存放在门市部准备销售的商品、发出展览的商品、寄存在外的商品、接受来料加工制造的代制品和为外单位加工修理的代修品等。

已完成销售手续但购买单位在月末未提取的产品，不应作为企业的库存商品，而应作为代管商品处理，应单独设置“代管商品”备查簿进行登记。

（二）库存商品具体业务资金运动分析与会计处理

当产品完成生产过程并验收入库时，企业应按实际成本予以结转，其所引起的资金运动如图6-17中A段运动所示。如果是外购的库存商品，其所引起的资金运动如图6-17中B段运动所示。

企业销售产成品按规定确认收入的同时，应计算、结转与收入相关的产成品成本。产成品的销售成本的计算与结转，通常是在期（月）末进行。采用实际成本进行产成品日常核算的，应根据本期（月）销售产品数量及其相应的单位生产成本（按先进先出法、加权平均法和个别计价法计算）计算确定本期产品销售成本总额。其结转所引起的资金运动如图6-17中C段运动所示。

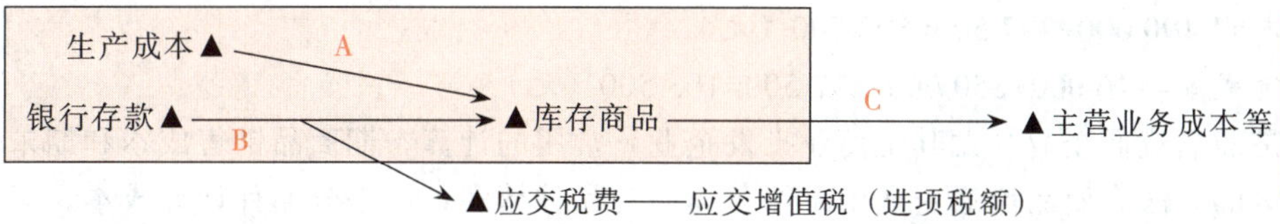

图6-17　库存商品业务资金运动分析图

库存商品业务理论分析

【例6-14】20×8年8月末，甲公司“商品入库汇总表”注明，该月已验收入库M商品1 000台，实际单位成本为500元，共计500 000元；已验收入库N商品2 000台，实际单位成本为600元，共计1 200 000元。其所引起的资金运动流程如图6-18所示。

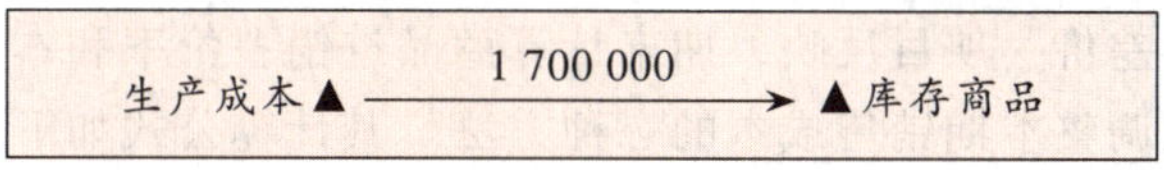

图6-18　甲公司库存商品业务资金运动分析图

借：库存商品——M商品	500 000	
——N商品	1 200 000	
贷：生产成本——基本生产成本——M商品		500 000
——N商品		1 200 000

【例6-15】20×8年8月末，甲公司月末汇总的发出商品中，该月已销售M商品500台和N商品1 500台。该月采用加权平均法计算的M商品实际单位成本为550元，N商品实际单位成本为620元，合计总成本为1 205 000元。其所引起的资金运动流程如图6-19所示。

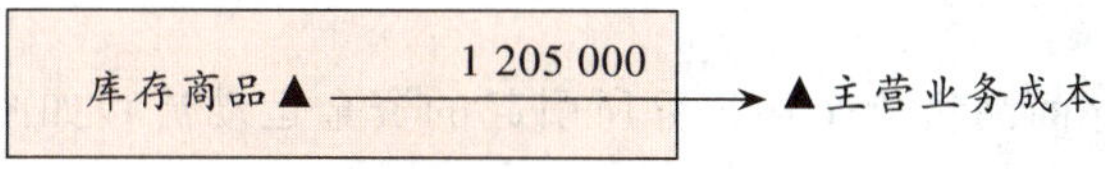

图6-19　甲公司结转销售商品成本资金运动分析图

借：主营业务成本	1 205 000	
贷：库存商品——M商品		275 000
——N商品		930 000

（三）商品流通企业库存商品发出的特殊计价方法

1.毛利率法

毛利率法是指根据本期销售净额乘上期实际（或本期计划）毛利率匡算本期销售毛

利，并据以计算发出存货成本和期末结存存货成本的一种方法。其计算公式如下：

商品流通企业库存商品业务-毛利率法

毛利率（以前或计划）=销售毛利÷销售净额×100%

销售净额=商品销售收入-销售退回与折让

销售毛利=销售净额×毛利率

销售成本=销售净额-销售毛利=销售净额×（1-毛利率）

期末存货成本=期初存货成本+本期购货成本-本期销售成本

【例6-16】甲公司（商场性质）20×8年1月1日纺织品存货146 000元，本月购货850 000元，销货1 200 000元，销售退回与折让合计10 000元，上季度该类商品毛利率为25%，计算本月已销存货和月末存货的成本。

本期销售净额=1 200 000-10 000=1 190 000（元）

销售毛利=1 190 000×25%=297 500（元）

销售成本=1 190 000-297 500=892 500（元）

月末存货成本=146 000+850 000-892 500=103 500（元）

该方法是商品流通企业（尤其是商业批发企业）常用的计算本期商品销售成本和期末库存商品成本的方法。商品流通企业由于经营商品的品种繁多，如果分品种计算成本，工作量将大大增加；而且一般来说，商品流通企业同类商品的毛利率大致相同，采用这种存货计价方法既能减少工作量，也能满足对存货管理的需要。

2. 售价金额核算法

售价金额核算法是指平时商品的购入、加工收回、销售均按售价记账，售价与进价的差额通过“商品进销差价”项目反映，期末计算商品进销差价率和本期已销售商品应分摊的进销差价，并据此调整本期销售成本的一种方法。其计算公式如下：

$$\text{进销差价率}=\frac{\text{期初库存商品进销差价}+\text{本期购入商品进销差价}}{\text{期初库存商品售价}+\text{本期购入商品售价}}\times 100\%$$

本期已销售商品应分摊的进销差价=本期商品销售收入×进销差价率

本期销售商品的成本=本期商品销售收入-本期已销售商品应分摊的进销差价

期末结存商品的成本=期初库存商品的进价成本+本期购进商品的进价成本-本期销售商品的成本

商品流通企业库存商品业务-售价金额核算

如果企业的商品进销差价率在各期之间比较均衡，也可以采用上期商品进销差价率分摊本期的商品进销差价。年度终了，应对商品进销差价进行核实调整。

库存商品售价金额核算所引起的资金运动流程如图6-20所示。

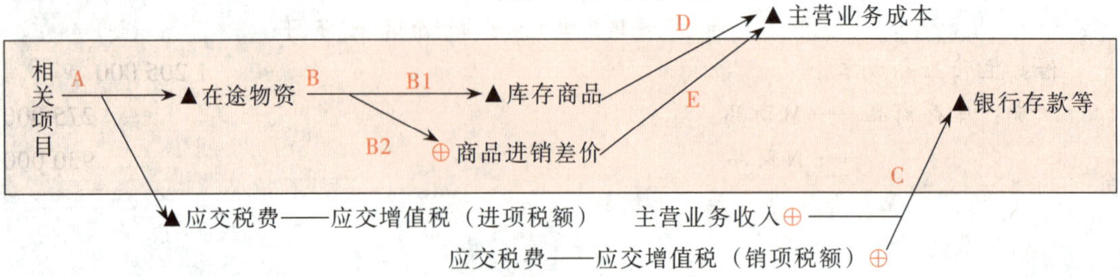

图6-20 库存商品采用售价金额核算资金运动分析图

注：A——按实际价款取得所购物资。

B——按售价计量入库商品成本，其中B1流量为售价，B2流量反映进销差价（流量为负数）。

C——销售收入的实现。

D——按售价结转的所售商品成本（“虚”成本）。

E——用商品进销差价冲销“虚”成本，得出实际销售成本（该段流量为负数）。

【例6-17】甲商场采用售价金额核算法进行核算。20×8年9月初，期初库存商品进价成本为1 000 000元，售价金额为1 200 000元；本月购进商品的进价成本为800 000元，售价总额为1 050 000元；本月销售收入为1 500 000元。企业增值税税率为13%。

商品进销差价率=（200 000+250 000）÷（1 200 000+1 050 000）×100%=20%

已销商品应分摊的商品进销差价=1 500 000×20%=300 000（元）

本期销售商品的实际成本=1 500 000−300 000=1 200 000（元）

期末结存商品的实际成本=1 000 000+800 000−1 200 000=600 000（元）

甲商场本月库存商品业务所引起的资金运动流程如图6-21所示。

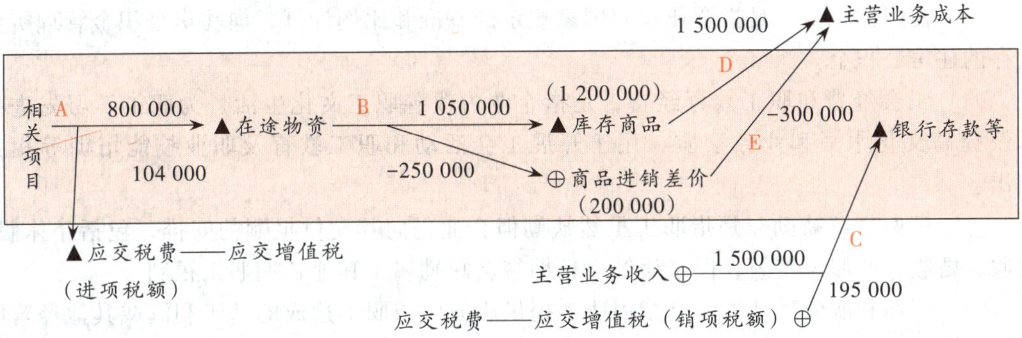

图6-21　甲商场存货采用售价金额核算资金运动分析图

知识点自测

第三节　职工薪酬业务资金运动分析与会计处理

一、职工薪酬的相关概念与范围

职工薪酬，是指企业为获得职工提供的服务或解除劳动关系而给予的各种形式的报酬或补偿。职工薪酬包括短期薪酬、离职后福利、辞退福利和其他长期职工福利。企业提供给职工配偶、子女、受赡养人、已故员工遗属及其他受益人等的福利，也属于职工薪酬。

企业职工主要包括三类：（1）与企业订立劳动合同的所有人员，含全职、兼职和临时工；（2）未与企业签订劳动合同，但由企业正式任命的人员，如董事会成员、监事会成员等；（3）在企业计划和控制下，虽未与企业订立劳动合同或未由其正式任命，但为其提供与职工类似服务的人员，如与中介机构签订的劳务用工合同所包含的人员等。

职工薪酬的主要内容包括：

1.短期薪酬

短期薪酬是指企业在职工提供相关服务的年度报告期间结束后十二个月内需要全部予以支付的职工薪酬，因解除与职工的劳动关系而给予的补偿除外。因解除与职工的劳动关系而给予的补偿属于辞退福利的范畴。短期薪酬主要包括：

（1）职工工资、奖金、津贴和补贴，是指按照构成工资总额的计时工资、计件工资、支付给职工的超额劳动报酬和增收节支的报酬、为补偿职工特殊或额外的劳动消耗和因其他特殊原因支付给职工的津贴，以及为保证职工工资不受物价影响而支付给职工的物价补贴等。其中，企业按照短期奖金计划向职工发放的奖金属于短期薪酬，按照长期奖金计划向职工发放的奖金属于其他长期职工福利。

（2）职工福利费，是指企业向职工提供的生活困难补助费、丧葬补助费、抚恤费、职工异地安家费、防暑降温费等职工福利支出。

（3）医疗保险费、工伤保险费等社会保险费，是指企业按照国家规定的基准和比例计算，向社会保险经办机构缴纳的医疗保险费、工伤保险费等。

（4）住房公积金，是指企业按照国家规定的基准和比例计算，向住房公积金管理机构缴存的住房公积金。

（5）工会经费和职工教育经费，是指企业为改善职工文化生活、为职工学习先进技术及提高文化水平和业务素质，用于开展工会活动和职工教育及职业技能培训等相关支出。

（6）短期带薪缺勤，是指职工虽然缺勤但企业仍向其支付报酬的安排，包括年休假、病假、婚假、产假、丧假、探亲假等。长期带薪缺勤属于其他长期职工福利。

（7）短期利润分享计划，是指因职工提供服务而与职工达成的基于利润或其他经营成果提供薪酬的协议。长期利润分享计划属于其他长期职工福利。

（8）其他短期薪酬，是指除上述短期薪酬以外的其他为获取职工提供的服务而给予的短期薪酬。

职工薪酬的界定

2.离职后福利

离职后福利，是指企业为获得职工提供的服务而在职工退休或与企业解除劳动关系后，提供的各种形式的报酬和福利，短期薪酬和辞退福利除外。离职后福利计划，是指企业与职工就离职后福利达成的协议，或者企业为向职工提供离职后福利制定的规章或办法等。离职后福利计划按照企业承担的风险和义务情况，可以分为设定提存计划和设定受益计划。其中，设定提存计划，是指向独立的基金缴存固定费用后，企业不再承担进一步支付义务的离职后福利计划；设定受益计划，是指除设定提存计划以外的离职后福利计划。

3.辞退福利

辞退福利，是指企业在职工劳动合同到期之前解除与职工的劳动关系，或者为鼓励职工自愿接受裁减而给予职工的补偿。

4.其他长期职工福利

其他长期职工福利，是指除短期薪酬、离职后福利、辞退福利之外所有的职工薪酬。

其主要包括长期带薪缺勤、长期残疾福利、长期利润分享计划等。

为了核算职工薪酬，企业需要设置“应付职工薪酬”账户。在该账户下，企业需要设置“工资”“职工福利”“社会保险费”“住房公积金”“工会经费”“职工教育经费”“累积带薪缺勤”“利润分享计划”“设定提存计划”“设定受益计划”“辞退福利”等明细分类账户。

二、短期薪酬确认与计量资金运动分析与会计处理

企业应当在职工为其提供服务的会计期间，将实际发生的短期薪酬确认为负债，并同步计入相关资产成本或计入当期损益。

（一）货币性职工薪酬业务

1.职工工资业务

对于职工工资、奖金、津贴和补贴等货币性职工薪酬，企业应当在职工为其提供服务的期间，将实际应该发放的职工工资、奖金、津贴和补贴等，根据职工提供服务的受益对象，分别予以确认。其所引起的资金运动如图6-22中A段运动所示。

企业按照规定向职工支付工资、奖金、津贴和补贴时，需要为职工代扣代缴个人所得税，应冲减应付职工薪酬，其所引起的资金运动如图6-22中B段运动所示。企业可能需要从职工薪酬中扣还已代垫的各种款项，其所引起的资金运动如图6-22中C段运动所示。企业可能需要代职工缴纳某些款项（未垫付），其所引起的资金运动如图6-22中D段运动所示。最后企业按照实际应发放的金额，以银行存款予以支付，其所引起的资金运动如图6-22中E段运动所示。实务中，企业一般在每月发放工资前，根据“工资费用分配汇总表”中的“实发金额”栏的合计数，通过开户银行支付给职工或从开户银行提取现金，然后再向职工发放。

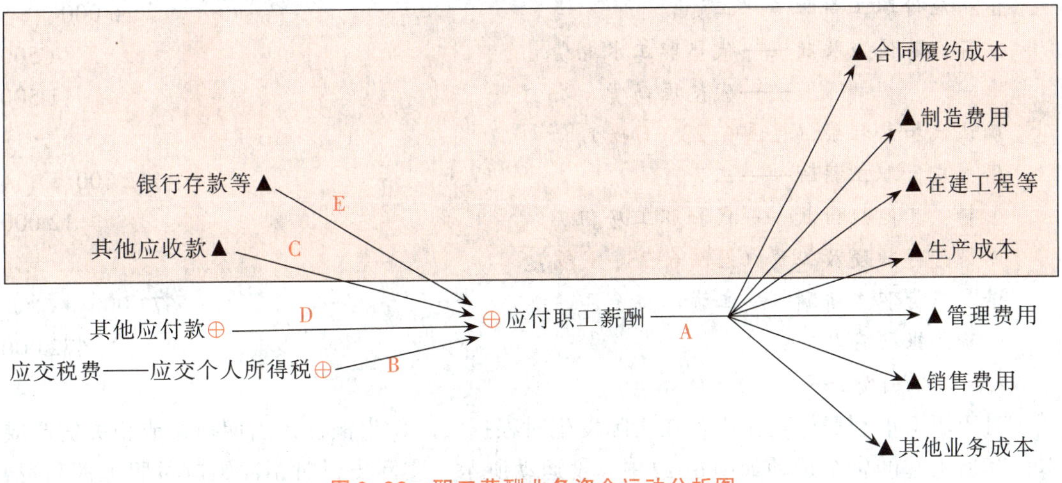

图6-22 职工薪酬业务资金运动分析图

【例6-18】甲公司20×8年9月份应付职工工资总额为700 000元。“工资费用分配汇总表”中列示的产品生产人员工资为500 000元，车间管理人员工资为40 000元，企业管理人员工资为60 000元，专设销售机构人员工资为100 000元。

（1）计算并确认应付职工薪酬，分配薪酬费用（见图6-23，A段）。

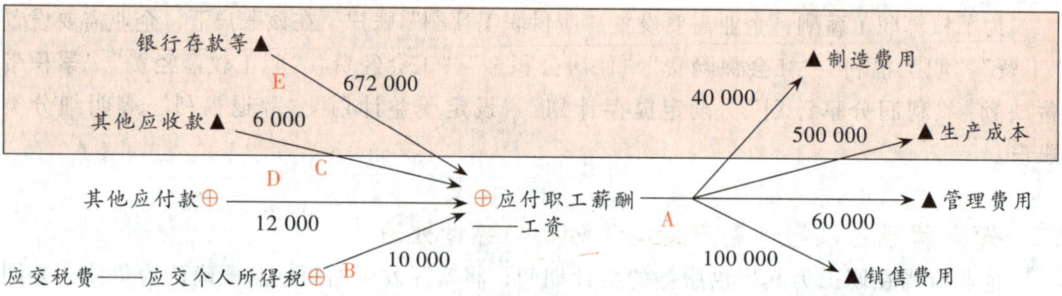

图6-23 职工薪酬业务资金运动分析图

职工工资业务

借：生产成本——基本生产成本 500 000
　　制造费用 40 000
　　管理费用 60 000
　　销售费用 100 000
　贷：应付职工薪酬——工资 700 000

（2）甲公司根据“工资费用分配汇总表”结算本月应付职工薪酬700 000元，其中企业应代扣代交职工个人所得税10 000元（尚未代缴），收回代垫职工水电费4 500元和代垫职工家属医药费1 500元，应代扣职工房租12 000元（尚未代交），实际以银行存款支付工资672 000元。

确认代扣职工个人所得税（见图6-23，B段）。

借：应付职工薪酬——工资 10 000
　贷：应交税费——应交个人所得税 10 000

结转代垫款项（见图6-23，C段）。

借：应付职工薪酬——工资 6 000
　贷：其他应收款——代垫职工水电费 4 500
　　　　　　　——代垫医药费 1 500

确认代扣房租费（见图6-23，D段）。

借：应付职工薪酬——工资 12 000
　贷：其他应付款——代扣职工房租 12 000

以银行存款发放工资（见图6-23，E段）。

借：应付职工薪酬——工资 672 000
　贷：银行存款 672 000

2.职工福利费业务

对于职工福利费，企业应当在实际发生时根据实际发生额计入当期损益或相关资产成本，其所引起的资金运动如图6-22中A段运动所示。实际支付时，冲销应付职工福利费，其所引起的资金运动如图6-22中E段运动所示。其区别在于“应付职工薪酬”项目的明细项目不同而已。

【例6-19】甲企业下设一所职工食堂，每月根据在岗职工数量及岗位分布情况、相关历史经验数据、现行物价水平等计算需要补贴食堂的金额，从而确定企业每月因补贴职工食堂需要承担的福利费金额。20×8年9月，企业在岗职工共计300人，其中管理部门30人，生产车间250人（其中管理人员10人），销售部门20人。企业每个职工每月需补贴食堂200元。

（1）确认本月应付职工的福利费，并分配福利费用（见图6-24，A段）。

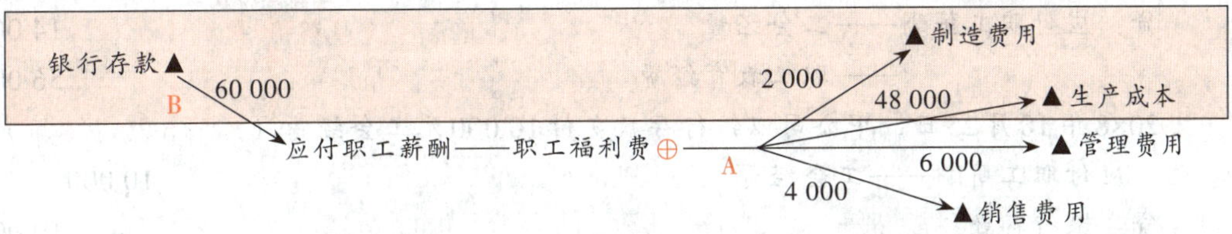

图6-24　甲企业职工福利费业务资金运动分析图

借：生产成本——基本生产成本　48 000
　　制造费用　2 000
　　管理费用　6 000
　　销售费用　4 000
　贷：应付职工薪酬——职工福利费　60 000

职工福利费业务

（2）20×8年10月3日，甲企业以银行存款支付60 000元补贴给食堂（见图6-24，B段）。

借：应付职工薪酬——职工福利费　60 000
　贷：银行存款　60 000

3.国家规定计提标准的职工薪酬业务

（1）工会经费和职工教育经费

企业应按照每月全部职工工资总额的2%向工会拨缴经费，并在成本费用中列支，主要用于为职工服务和工会活动。职工教育经费一般由企业按照每月工资总额的8%计提，主要用于职工接受岗位培训、继续教育等方面的支出。

期末，企业根据规定的计提基础和计提比例确定应付工会经费、应付职工教育经费，其所引起的资金运动如图6-22中A段运动所示。实际支付时，冲销应付工会经费和应付职工教育经费，其所引起的资金运动如图6-22中E段运动所示。其区别在于“应付职工薪酬”项目的明细项目不同而已。

【例6-20】接【例6-18】。20×8年9月份，甲公司根据相关规定，分别按照职工工资总额的2%和8%的计提标准，确认应付工会经费和应付职工教育经费。

①确认本月应付工会经费和应付职工教育经费，并分配相关费用（见图6-25，A段）。

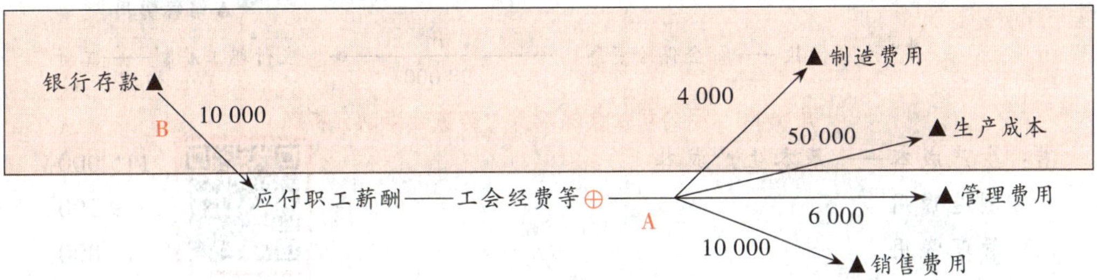

图6-25　甲公司工会经费和职工教育经费业务资金运动分析图

借：生产成本——基本生产成本　　50 000
　　制造费用　　4 000
　　管理费用　　6 000
　　销售费用　　10 000
　贷：应付职工薪酬——工会经费　　14 000
　　　　　　　　——职工教育经费　　56 000

工会经费和职工教育经费业务

②20×8年10月25日，甲公司以银行存款支付10 000元工会经费（见图6-25，B段）。

借：应付职工薪酬——工会经费　　10 000
　贷：银行存款　　10 000

（2）社会保险费和住房公积金

社会保险费包括医疗保险费、养老保险费、失业保险费、工伤保险费。企业承担的社会保险费，除养老保险费和失业保险费按规定被确认为离职后福利外，其他的社会保险费作为企业的短期薪酬。

住房公积金分为职工所在单位为职工缴存和职工个人缴存两部分，但其全部属于职工个人所有。

期末，对于企业应缴纳的社会保险费（不含基本养老保险费和失业保险费，该业务作为离职后福利，采用设立提存计划处理）和住房公积金，应该按照国家规定的计提基础和比例，确认相应的应付职工薪酬，并在职工提供服务期间根据受益对象计入当期损益或相关资产成本，其所引起的资金运动如图6-22中A段运动所示。对于职工个人承担的部分社会保险费和住房公积金，由职工所在企业从其工资中代扣代缴，其所引起的资金运动如图6-22中D段运动所示。以后缴纳时，用银行存款冲销该债务。其区别在于“应付职工薪酬”项目的明细项目不同而已。

【例6-21】接【例6-18】。20×8年9月份，甲公司根据国家相关规定，分别按照职工工资总额的12%（不含基本养老保险费和失业保险费）和11%的计提标准，确认应付社会保险费84 000元和应付住房公积金77 000元。

①确认本月公司应承担的社会保险费和住房公积金，并分配相关费用（见图6-26，A段）。

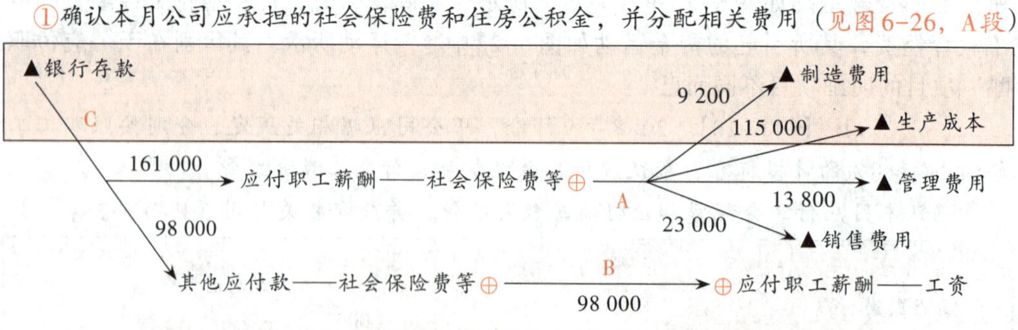

图6-26　甲公司社会保险费业务资金运动分析图

借：生产成本——基本生产成本　　115 000
　　制造费用　　9 200
　　管理费用　　13 800
　　销售费用　　23 000

社会保险费和住房公积金业务

贷：应付职工薪酬——社会保险费　　84 000

——住房公积金　　77 000

②公司分别按3%和11%的比例从职工个人工资中代扣个人应缴纳的社会保险费（不含基本养老保险费和失业保险费）21 000元和住房公积金77 000元，共计98 000元（见图6-26，B段）。

借：应付职工薪酬——工资　　98 000

贷：其他应付款——社会保险费　　21 000

——住房公积金　　77 000

③20×8年10月5日，甲公司以银行存款支付上述社会保险费105 000元和住房公积金154 000元（见图6-26，C段）。

借：应付职工薪酬——社会保险费　　84 000

——住房公积金　　77 000

其他应付款——社会保险费　　21 000

——住房公积金　　77 000

贷：银行存款　　259 000

4.短期带薪缺勤

对于职工带薪缺勤，企业应当根据其性质及职工享有的权利，分为累积带薪缺勤和非累积带薪缺勤两类。企业应当对累积带薪缺勤和非累积带薪缺勤分别进行会计处理。如果带薪缺勤属于长期带薪缺勤，企业应当作为其他长期职工福利处理。

（1）累积带薪缺勤

累积带薪缺勤，是指带薪权利可以结转到下期的带薪缺勤，本期尚未用完的带薪缺勤权利可以在未来期间使用。企业应当在职工提供了服务从而增加了其未来享有的带薪缺勤权利时，确认与累积带薪缺勤相关的职工薪酬，并以累积未行使权利而增加的预计支付金额计量。其所引起的资金运动如图6-22中A段运动所示。以后职工行使带薪缺勤权利时，企业以银行存款予以支付，其所引起的资金运动如图6-22中E段运动所示。其区别在于“应付职工薪酬”项目的明细项目不同而已。

【例6-22】甲企业从20×8年1月1日起实行累积带薪缺勤制度。该制度规定，每个职工每年可享受5个工作日带薪年休假，未使用的年休假只能向后结转一个公历年度，超过1年未使用的权利作废，在职工离开企业时也无权获得现金支付；职工休年假时，首先使用当年可享受的权利，不足部分再从上年结转的带薪年休假中扣除。

短期带薪缺勤业务

至20×8年12月31日，甲企业有1 000名职工未享受当年的带薪年休假，甲企业预计20×9年有800名职工将享受不超过5天的带薪年休假，剩余200名职工每人将平均享受6天半年休假，假定这200名职工全部为公司总部各部门经理，该企业平均每名职工每个工作日工资为300元。不考虑其他相关因素。

甲企业在20×8年12月31日应当预计由于职工累积未使用的带薪年休假权利而导致的预期支付的金额，即相当于300天（200×（6.5−5））的年休假工资金额90 000元。其所引起的资金运动如图6-27所示。

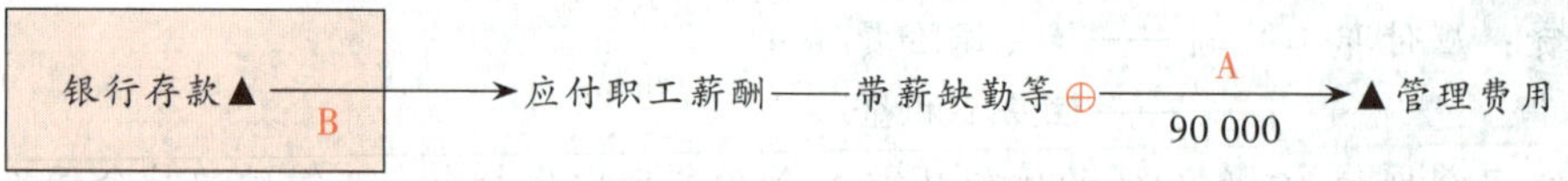

图6-27　累积带薪缺勤资金运动分析图

借：管理费用　　90 000

　贷：应付职工薪酬——带薪缺勤——短期带薪缺勤——累积带薪缺勤　　90 000

（2）非累积带薪缺勤

非累积带薪缺勤，是指带薪缺勤权利不能结转到下期的带薪缺勤，本期尚未使用完的带薪缺勤权利将予以取消，并且职工离开企业时也无权获得现金支付。我国企业职工休婚假、产假、丧假、探亲假、病假期间的工资通常属于非累积带薪缺勤。由于职工提供服务本身不能增加其能够享受的福利金额，企业在职工未缺勤时不应该计提相关费用和负债。为此，企业应当在职工实际发生缺勤的会计期间确认与非累积带薪缺勤的相关薪酬。

企业确认职工享有的与非累积带薪缺勤权利相关的薪酬，视同职工出勤，确认当期损益或相关资产成本。通常情况下，与非累积带薪缺勤相关的职工薪酬已经包括在企业每期向职工发放的工资等薪酬中，因此，不必额外做相应的账务处理。

（二）非货币性职工薪酬

非货币性职工薪酬业务理论分析

企业以其生产的产品作为非货币性福利提供给职工的，应当按照该产品的公允价值和相关税费，确认与计量应支付的职工薪酬金额，并分配薪酬，其所引起的资金运动如图6-28中A段运动所示。企业以所生产的产品支付，就相当于将产品销售给企业职工，企业需要确认销售收入和销售成本，并冲销应付职工薪酬，其所引起的资金运动如图6-28中B1段、B2段运动所示。

企业将自有的房屋等资产无偿提供给职工使用的，应当根据受益对象，将住房每期租金的公允价值计入当期损益或相关资产成本，同时确认应付职工薪酬，其资金运动如图6-28中A段运动所示。企业支付薪酬，即将自己的房屋等资产无偿提供给职工使用，视同正常的市场出租行为，确认租金收入和增值税，同时确认房屋等资产的折旧，其资金运动如图6-28中B1段、C段运动所示。如果无法计量所出租房屋租金的公允价值，可以不考虑租金的公允价值，而是直接按该房屋的折旧费金额来确认与计量所支付的非货币性职工薪酬金额，其所引起的资金运动如图6-28中D段运动所示。

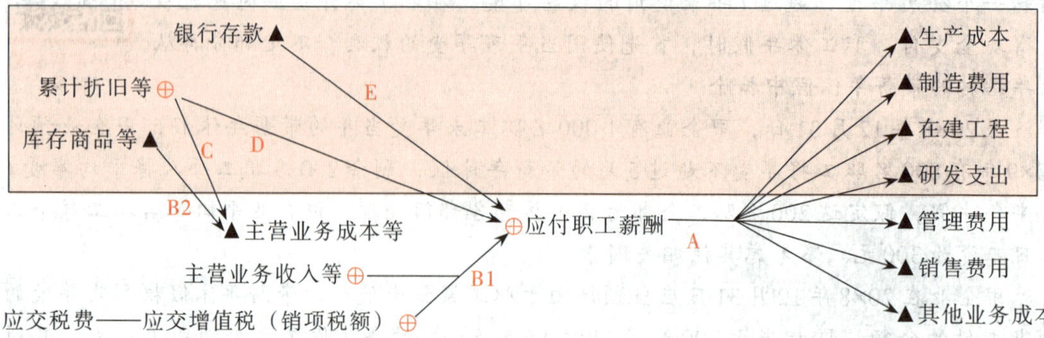

图6-28　非货币性职工薪酬业务资金运动分析图

企业租赁住房等资产供职工无偿使用的，应该根据其受益对象，将每期应付的租金计入当期损益或相关资产成本，其所引起的资金运动如图6-28中A段运动所示。实际支付租金时，以货币资金冲减该负债，其所引起的资金运动如图6-28中E段运动所示。

难以认定受益对象的非货币性福利，直接计入当期损益和应付职工薪酬。

【例6-23】甲公司为一家生产彩电的企业，共有职工200名，20×8年2月，公司以其生产的成本为10 000元的液晶彩电和外购的每台不含税价格为1 000元的电暖气作为春节福利发放给职工。该型号的液晶彩电的市场价格为14 000元，甲公司适用的增值税税率为13%；甲公司以银行存款支付了购买电暖气的价款和增值税税额，并开具了增值税专用发票，增值税税率为13%。假设200名职工中170名为直接参与生产的职工，30名为总部管理人员。

（1）液晶彩电的处理：

确认并分配薪酬（见图6-29，A段）：

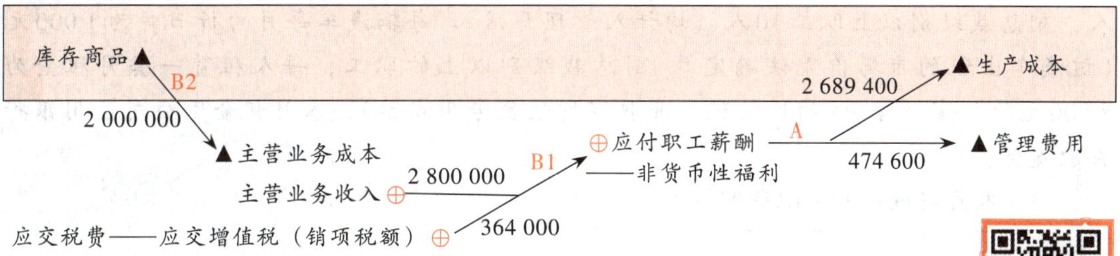

图6-29　甲公司非货币性职工薪酬业务资金运动分析图

非货币性职工薪酬业务举例

计入生产成本的：170×14 000×（1+13%）=2 689 400（元）

计入管理费用的：30×14 000×（1+13%）=474 600（元）

非货币性福利总额：3 164 000元

借：生产成本	2 689 400	
管理费用	474 600	
贷：应付职工薪酬——非货币性福利		3 164 000

支付薪酬（见图6-29，B段）。

借：应付职工薪酬——非货币性福利	3 164 000	
贷：主营业务收入		2 800 000
应交税费——应交增值税（销项税额）		364 000
借：主营业务成本	2 000 000	
贷：库存商品		2 000 000

（2）电暖气的处理：

确认并分配薪酬（见图6-30，A段）。

计入生产成本的金额：170×1 000×（1+13%）=192 100（元）

计入管理费用的金额：30×1 000×（1+13%）=33 900（元）

非货币性福利总额：226 000元

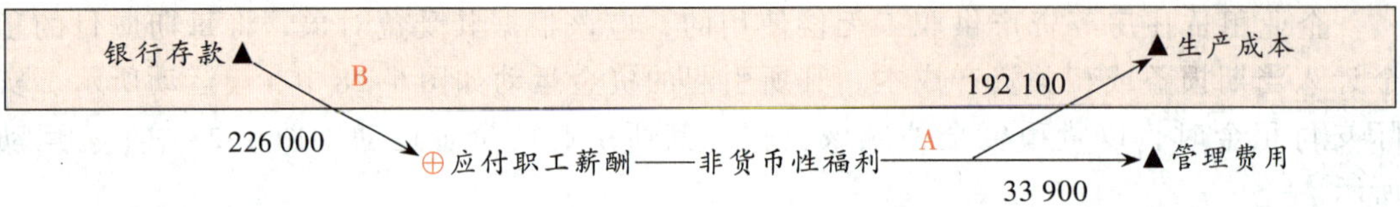

图 6-30　甲公司非货币性职工薪酬业务资金运动分析图

借：生产成本　　192 100

　　管理费用　　33 900

　贷：应付职工薪酬——非货币性福利　　226 000

支付薪酬（见图 6-30，B段）。

借：应付职工薪酬——非货币性福利　　226 000

　贷：银行存款　　226 000

【例 6-24】甲公司为总部各部门经理级别以上职工配备了汽车，供其免费使用，同时为副总裁以上高级管理人员每人租赁一套住房。总部共有部门经理级别以上职工 50 人，副总裁级别以上职工 10 人（均计入管理费用）。每辆汽车每月的折旧费为 1 000 元（该汽车出租的市场价无法确定）。副总裁级别以上的职工，每人租赁一套月租金为 8 000 元的公寓（含 9% 的增值税，并取得增值税专用发票），本月租金甲公司已用银行存款支付。

（1）本月应确认并分配薪酬（见图 6-31，A段）。

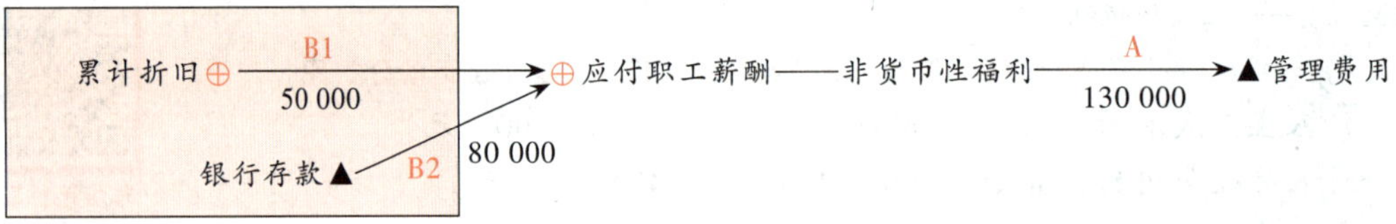

图 6-31　甲公司非货币性职工薪酬业务资金运动分析图

1 000×50+8 000×10=130 000（元）。

借：管理费用　　130 000

　贷：应付职工薪酬——非货币性福利　　130 000

（2）本月支付薪酬（见图 6-31，B1、B2段）。

借：应付职工薪酬——非货币性福利　　130 000

　贷：银行存款　　80 000

　　　累计折旧　　50 000

【例 6-25】甲公司为总部各部门经理级别以上职工提供企业自有住房，供其免费使用，总部共有部门经理级别以上职工 20 人。每套住房每月折旧额为 4 000 元。（该自有住房出租的市场价无法确定）

（1）本月应确认并分配薪酬（见图 6-32，A段）。

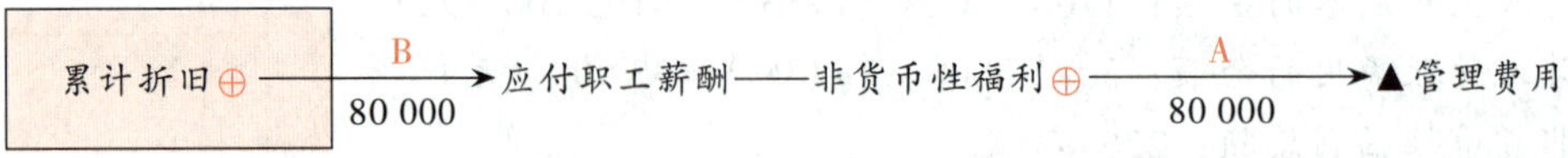

图 6-32　甲公司非货币性职工薪酬业务资金运动分析图

借：管理费用　　80 000

　贷：应付职工薪酬——非货币性福利　　80 000

（2）本月支付薪酬（见图6-32，B段）。

借：应付职工薪酬——非货币性福利　　80 000

　贷：累计折旧　　80 000

三、长期职工薪酬的账务处理

（一）离职后福利

在设定提存计划方面，企业应当根据在资产负债表日为换取职工在会计期间内提供的服务而应向单独主体缴存的提存金确认应付职工薪酬，并计入当期损益或相关资产成本之中，其所引起的资金运动如图6-22中A段运动所示。以后将该提存金交付给独立主体（如人力资源和社会保障局等），以银行存款冲销该债务，其所引起的资金运动如图6-22中E段运动所示。

【例6-26】，接【例6-18】。20×8年9月份，甲公司根据相关规定，分别按照职工工资总额的16%计提基本社会养老保险费，向当地社保机构缴存。其应计提的金额总计112 000元，其中应计入生产成本80 000元，应计入制造费用6 400元，应计入管理费用9 600元，应计入销售费用16 000元。

（1）确认本月应计提的基本养老保险费，并分配相关费用（见图6-33，A段）。

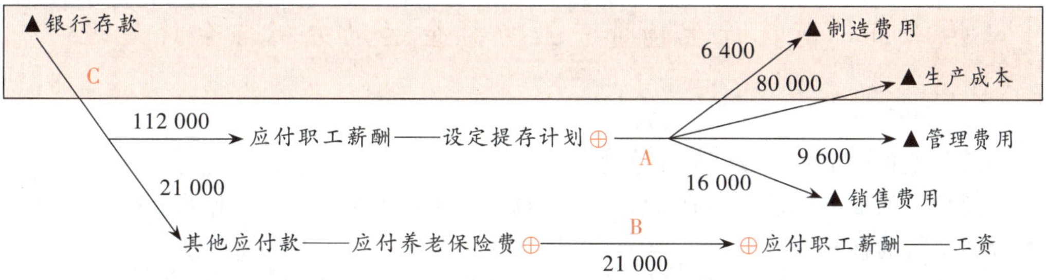

图6-33　甲公司基本养老保险费业务资金运动分析图

借：生产成本——基本生产成本　　80 000

　　制造费用　　6 400

　　管理费用　　9 600

　　销售费用　　16 000

　贷：应付职工薪酬——设定提存计划（基本养老保险）　　112 000

设定提存计划业务

（2）从职工工资中代扣基本养老保险费21 000元（见图6-33，B段）。

借：应付职工薪酬——工资　　21 000

　贷：其他应付款——应付养老保险费　　21 000

（3）20×8年10月25日，甲企业以银行存款缴纳基本养老保险费133 000元（见图6-33，C段）。

借：应付职工薪酬——设定提存计划（基本养老保险）　　112 000

　　其他应付款——应付养老保险费　　21 000

贷：银行存款　　　　133 000

（二）辞退后福利

企业向职工提供辞退福利的，应当在“企业不能单方面撤回因解除劳动关系或裁剪所提供的辞退福利时”和“企业确认涉及支付辞退福利的重组相关的成本或费用时”两者孰早日，确认辞退福利产生的职工薪酬负债，并计入当期损益。其所引起的资金运动如图6-34所示。

应付职工薪酬——辞退福利⊕ ——→ ▲管理费用

图6-34　辞退福利业务资金运动分析图

（三）其他长期职工福利

企业向职工提供的其他长期职工福利，符合设定提存计划条件的，应当按照设定提存计划的有关规定进行会计处理；符合设定受益计划的，应按设定受益计划的有关规定进行会计处理。

长期残疾福利水平取决于职工提供服务期间长短的，企业应在职工提供服务期间确认应付长期残疾福利计划，计量时应当考虑长期福利计划支付的可能性和预期支付的期限；与职工提供服务时间长短没有关系的，企业应当在导致职工长期残疾的事件发生的当期确认应付长期残疾福利。

第四节　消耗性生物资产业务资金运动分析与会计处理

一、消耗性生物资产的确认与计量

消耗性生物资产，是指企业（农、林、牧、渔业）生长中的大田作物、蔬菜、用材林以及存栏待售的牲畜等。

企业自行栽培、营造、繁殖或养殖的消耗性生物资产的成本，应当按照下列规定确定：

（1）自行栽培的大田作物和蔬菜的成本包括：在收获前耗用的种子、肥料、农药等材料费、人工费和应分摊的间接费用。

（2）自行营造的林木类消耗性生物资产的成本包括：郁闭前发生的造林费、抚育费、营林设施费、良种试验费、调查研究费和应分摊的间接费用。

（3）自行繁殖的育肥畜的成本包括：出售前发生的饲料费、人工费和应该分摊的间接费用。

消耗性生物资产理论分析

（4）水产养殖的动物和植物的成本包括：在出售或入库前耗用的苗种、饲料、肥料等材料费、人工费和应分摊的间接费用。

企业应该设置“消耗性生物资产”项目，核算企业持有的消耗性生物资产的实际成本；设置“农产品”项目，核算企业消耗性生物资产收获的农产品。

二、对消耗性生物资产的账务处理

企业首先通过需要外购、自行营造或自行栽培、自行繁育等方式取得消耗性生物资产，然后收获时再确认为农产品，最后出售时再确认收入和费用。

（1）外购的消耗性生物资产，应按照实际支付或应支付的金额确认为“消耗性生物资产”。其所引起的资金运动如图6-35中A段运动所示。

（2）自行栽培的大田作物和蔬菜，应按照收获前发生的必要支出，确认为消耗性生物资产。自行营造的林木类消耗性生物资产，应按照郁闭前发生的必要支出，确认为消耗性生物资产。自行繁育的育肥畜、水产养殖的动植物，应按照出售前发生的必要支出，确认为消耗性生物资产。择伐、间伐或抚育更新性质采伐而补种林木类消耗性生物资产发生的后续支出，应确认为消耗性生物资产。其所引起的资金运动如图6-35中B段运动所示。

（3）农业生产过程中发生的应归属于消耗性生物资产的费用，按照应分配的金额，确认为消耗性生物资产。其所引起的资金运动如图6-35中C段运动所示。

（4）林木类消耗性生物资产达到郁闭后发生的管护费用等后续支出，应直接计入当期的管理费用。其所引起的资金运动如图6-35中D段运动所示。

（5）消耗性生物资产收获为农产品时，按照实际发生的支出确认为农产品。其所引起的资金运动如图6-35中E段运动所示。

（6）企业至少应该于每年年度终了对消耗性生物资产进行检查，有确凿证据表明由于遭受自然灾害、病虫害、动物疫病等侵袭或市场需要发生变化等原因，使消耗性生物资产的可变现净值低于其账面价值的，应当按照可变现净值低于账面价值的差额，计提生物资产跌价准备，并计入当期损益。消耗性生物资产减值的影响因素已经消失的，减记金额应当予以恢复，并在原已计提的跌价准备金额内转回，转回的金额计入当期损益。其所引起的资金运动如图6-35中F段运动所示。

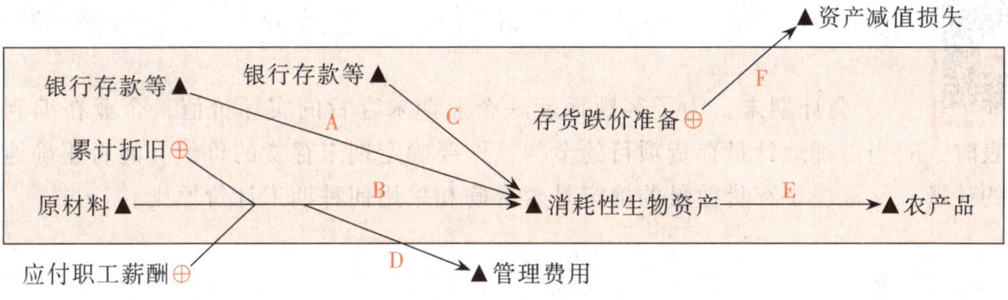

图6-35　消耗性生物资产相关业务资金运动分析图

（7）出售消耗性生物资产或农产品，按实际收到的金额确认收入和增值税，并结转成本。其所引起的资金运动如图6-36所示。

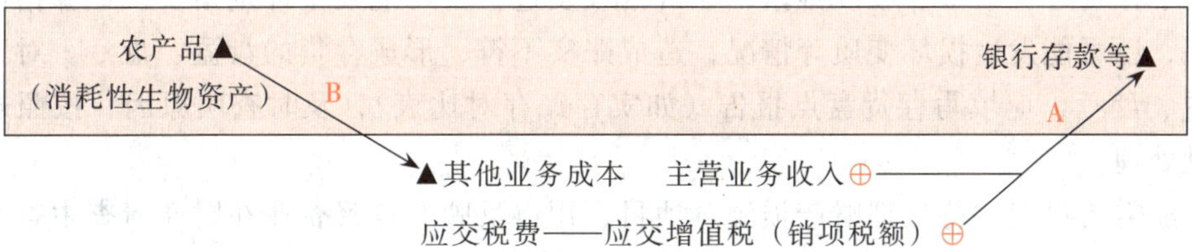

图6-36　农产品等出售业务资金运动分析图

【例6-27】甲公司是一家林业有限责任公司，其下属森林班统一组织培植管护一片森林。20×8年2月，发生森林管护费共计300 000元，其中本月应付人工薪酬200 000元，仓库领用库存肥料80 000元，管护设备折旧20 000元。管护总面积为10 000公顷，其中作为用材林的杨树林共计8 000公顷，已郁闭的占80%，其余的尚未郁闭；作为水土保护林的马尾松共计2 000公顷，已全部郁闭。管护费用按照森林面积比例分配。

未郁闭杨树林应分配共同性费用的比例=8 000×（1-80%）÷10 000=0.16

已郁闭杨树林应分配共同性费用的比例=8 000×80%÷10 000=0.64

已郁闭马尾松林应分摊的共同性费用比例=2 000÷10 000=0.2

未郁闭杨树林应分配共同性费用的比例=300 000×0.16=48 000（元）

已郁闭杨树林应分配共同性费用的比例=300 000×0.64=192 000（元）

已郁闭马尾松林应分摊的共同性费用比例=300 000×0.2=60 000（元）

消耗性生物资产举例

该业务所引起的资金运动如图6-37所示。

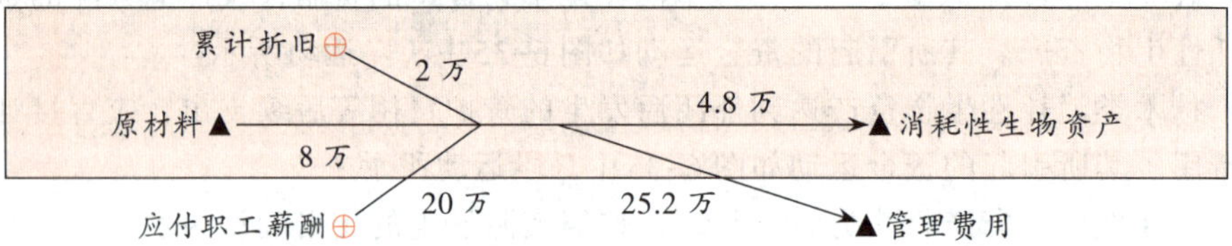

图6-37　消耗性生物资产相关业务资金运动分析图

借：消耗性生物资产——用材林（杨树林）　　48 000

　　管理费用　　252 000

　　贷：应付职工薪酬　　200 000

　　　　原材料　　80 000

　　　　累计折旧　　20 000

知识点自测

第五节　存货期末计价资金运动分析与会计处理

会计期末，为了客观地反映企业期末存货的实际价值，企业在编制资产负债表时，应当准确地计量存货项目的金额，即要确定期末存货的价值。能否正确地进行存货的计量，又取决于存货数量的确定是否准确和采用何种期末计价原则。

一、存货清查

存货清查是指通过对存货的实地盘点，确定存货的实有数量，并与账面结存数核对，从而确定存货实存数与账面结存数是否相符的一种专门方法。

由于存货种类繁多、收发频繁，在日常收发过程中可能发生计量错误、计算错误、自然损耗，还可能发生损坏变质等情况，造成账实不符，形成存货的盘盈、盘亏。对于存货的盘盈、盘亏，应填写存货盘点报告（如实存账存对比表），及时查明原因，按照规定程序报批处理。

企业需要设置“待处理财产损溢”项目，用以反映和监督企业在财产清查中查明的各种存货的盘盈、盘亏和毁损情况。企业清查的各种存货损溢，应在期末结账前处理完毕，期末处理后，“待处理财产损溢”项目应无余额。

（一）存货盘盈的处理

发生盘盈的存货，经查明是由收发、计量或核算上的误差等原因造成的，应及时办理存货入账的手续，调整增加存货的实存数，同时按同类或类似存货的市场价格作为实际成本记入“待处理财产损溢”项目。按规定程序报经有关部门批准之后，转销待处理存货盘盈，冲减管理费用。

【例6-28】20×8年12月31日，甲公司在财产清查中盘盈原材料500千克，市场价格为每千克30元，共计15 000元，属于收发计量方面的错误。

（1）批准处理前（见图6-38，A段）。

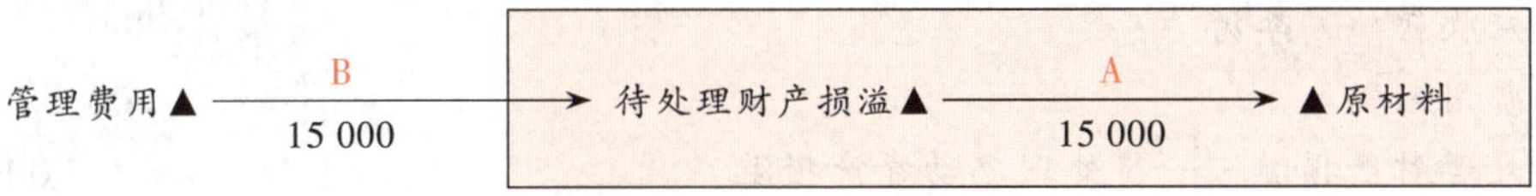

图6-38　甲公司存货盘盈业务资金运动分析图

存货盘盈盘亏业务

借：原材料　　15 000

　　贷：待处理财产损溢——待处理流动资产损溢　　15 000

（2）批准处理后（见图6-38，B段）。

借：待处理财产损溢——待处理流动资产损溢　　15 000

　　贷：管理费用　　15 000

（二）存货盘亏或毁损的处理

企业存货的盘亏或毁损，在报经批准前，应根据“存货盘存报告表”及时办理存货销账手续，调整减少存货的实存数，同时，按盘亏、毁损存货的实际成本，记入“待处理财产损溢”项目，其所引起的资金运动如图6-39中A段运动所示。对于管理不善造成的非正常损失引起的盘亏，其对应的进项税额应一并转入“待处理财产损溢”项目。在报经批准后，对于已经入账的存货盘亏、毁损，应根据不同的情况分别进行处理：（1）属于自然损耗产生的定额内的损耗，经批准后转入管理费用；（2）属于计量、收发差错和管理不善等原因造成的存货短缺或毁损，应先扣除残值价值、可以收回的保险赔偿和过失人的赔偿，然后将净损失计入管理费用；（3）属于自然灾害或意外事故造成的，应先扣除残值和可以收回的保险赔偿，然后将净损失计入营业外支出。其所引起的资金运动如图6-35中B1段、B2段、B3段运动所示。

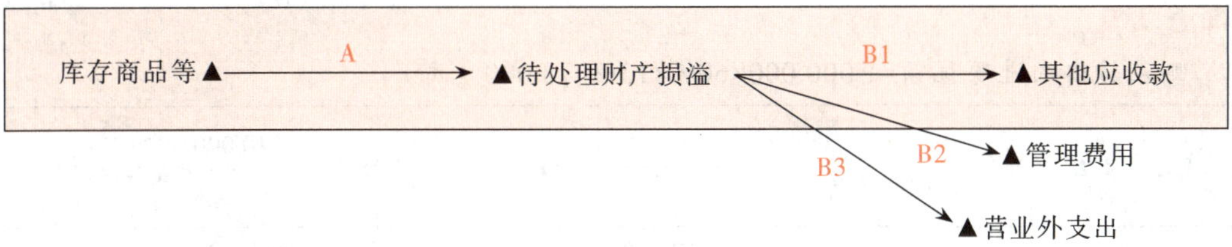

图6-39　存货盘亏业务资金运动分析图

【例6-29】（1）20×8年2月28日，乙公司在财产清查中发现毁损M材料2 000元，该材料的进项税额不需要转出（见图6-40，A段）。

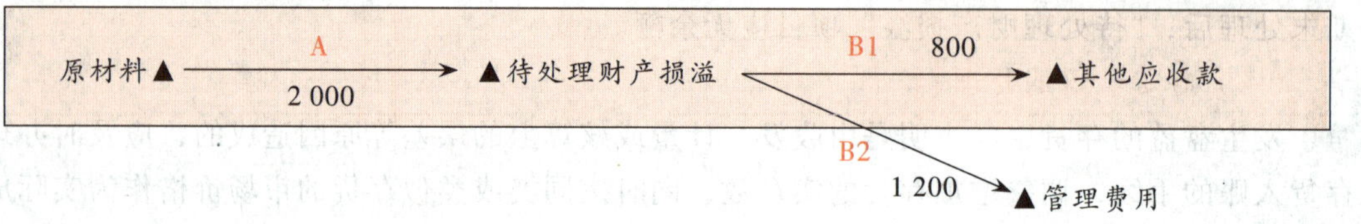

图6-40　甲公司存货盘亏业务资金运动分析图

借：待处理财产损溢——待处理流动资产损溢　　2 000

　贷：原材料　　2 000

（2）经研究决定，保管员李涛应赔偿800元，剩余的由公司承担（见图6-40，B1段、B2段）。

借：其他应收款——李涛　　800

　　管理费用　　1 200

　贷：待处理财产损溢——待处理流动资产损溢　　2 000

【例6-30】（1）20×8年1月25日，甲公司因管理不善造成原材料毁损1 000元，其增值税税率为13%（见图6-41，A段）。

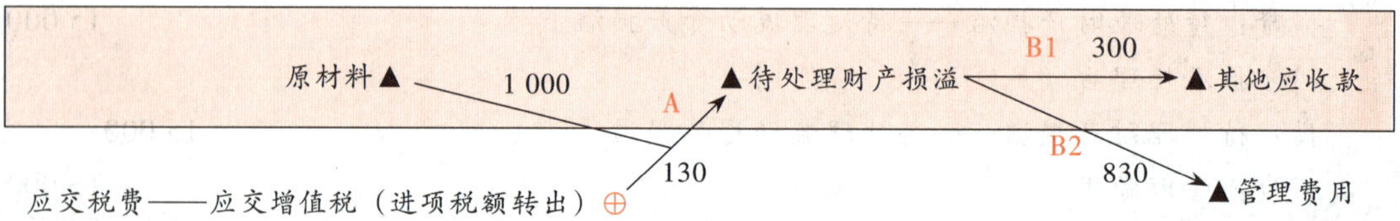

图6-41　甲公司存货盘亏业务资金运动分析图

借：待处理财产损溢——待处理流动资产损溢　　1 130

　贷：原材料　　1 000

　　　应交税费——应交增值税（进项税额转出）　　130

（2）经批准，该损失应由管理员李文赔偿300元，剩下的作管理费用处理（见图6-41，B段）。

借：管理费用　　830

　　其他应收款——李文　　300

　贷：待处理财产损溢——待处理流动资产损溢　　1 130

【例6-31】（1）20×7年1月24日，丁公司因管理不善发生火灾，烧毁成本为100万元的库存商品，其料、工、费的比例为6：3：1，其增值税税率为13%（见图6-42，A段）。

则应转出的进项税额=1 000 000×60%×13%=78 000（元）

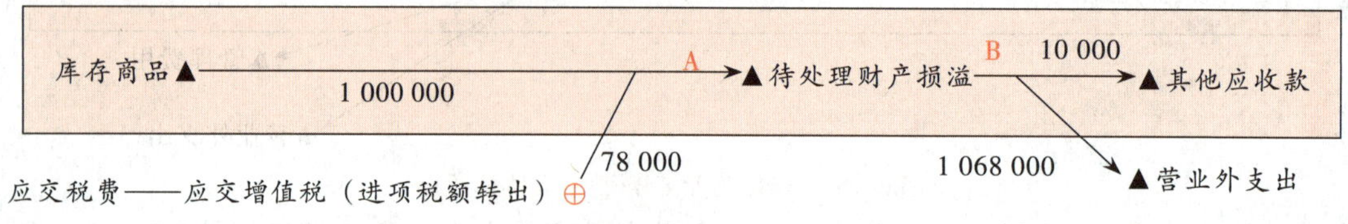

图6-42　丁公司存货盘亏业务资金运动分析图

借：待处理财产损溢——待处理流动资产损溢　　1 078 000

　　贷：库存商品　　1 000 000

　　　　应交税费——应交增值税（进项税额转出）　　78 000

（2）该损失经批准由保管员李东赔偿10 000元，剩余的全部作为营业外支出处理（见图6-42，B段）。

借：其他应收款——李东　　10 000

　　营业外支出　　1 068 000

　　贷：待处理财产损溢——待处理流动资产损溢　　1 078 000

二、存货减值

资产负债表日，存货应当按照成本与可变现净值孰低计量。其中，成本是指期末存货的实际成本，如企业在存货成本的日常核算中采用计划成本法、售价金额核算法等简化核算方法，则成本为经调整后的实际成本。可变现净值是指在正常的生产经营过程中，存货的估计售价减去至完工估计将要发生的成本、估计的销售费用以及相关税金后的金额。可变现净值的特征表现为存货的预计未来现金流量，而不是存货的售价或合同价。

当存货成本低于可变现净值时，存货按成本计量；当存货成本高于可变现净值时，存货按可变现净值计量。当存货成本高于可变现净值时，表明存货发生损失，应该确认这一损失，计入当期损益，并相应减少存货的账面价值，其所引起的资金运动如图6-43中A段运动所示。以前减记存货价值的影响因素已经消失的，减记金额应予以恢复，并在原已计提的存货跌价准备金额内转回，转回的金额计入当期损益，其所引起的资金运动如图6-43中B段运动所示。

图6-43　存货减值业务资金运动分析图

存货减值业务

存货跌价准备仍然是资产项目，只不过是资产抵减项目。以“存货跌价准备”抵减库存商品等存货的原价就可知道库存商品等存货的账面价值。

【例6-32】（1）20×7年12月31日，甲公司M商品的账面余额（成本）为300 000元，其期初未计提存货跌价准备。由于市场价格下跌，预计可变现净值为280 000元，由此应计提的存货跌价准备为20 000元。计提该商品的存货跌价准备（见图6-44，A段中（1））。

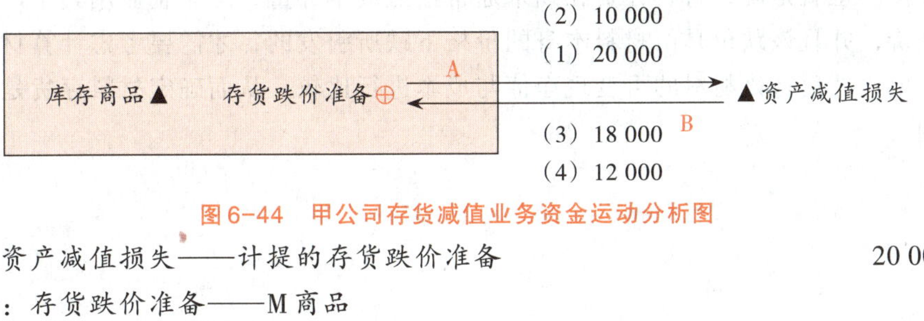

图6-44　甲公司存货减值业务资金运动分析图

借：资产减值损失——计提的存货跌价准备　　20 000

　　贷：存货跌价准备——M商品　　20 000

（2）20×8年3月31日，甲公司M商品的账面余额（成本）为300 000元，已计提存货跌价准备20 000元。由于市场价格进一步下跌，使得M商品的预计可变现净值为270 000元。转回该商品已计提的存货跌价准备（见图6-44，A段中（2））。

借：资产减值损失——计提的存货跌价准备　　10 000

　贷：存货跌价准备——M商品　　10 000

（3）20×8年6月30日，甲公司M商品的账面余额（成本）为300 000元，已计提存货跌价准备30 000元。由于市场价格有所回升，使得M商品的预计可变现净值为288 000元。计提该商品的存货跌价准备（见图6-44，B段中（3））。

借：存货跌价准备——M商品　　18 000

　贷：资产减值损失——计提的存货跌价准备　　18 000

（4）20×8年9月30日，甲公司M商品的账面余额（成本）为300 000元，已计提存货跌价准备12 000元。由于市场价格有所回升，使得M商品的预计可变现净值为310 000元。转回该商品已计提的存货跌价准备（见图6-44，B段中（4））。

借：存货跌价准备——M商品　　12 000

　贷：资产减值损失——计提的存货跌价准备　　12 000

企业结转存货销售成本时，对于已计提存货跌价准备的，应当一并结转，同时调整销售成本。

【例6-33】甲公司期末结转已售产品成本，其账面余额为100万元（成本），已计提存货跌价准备5万元。假设其所计提的减值准备在存货销售时一并结转（如图6-41所示）。

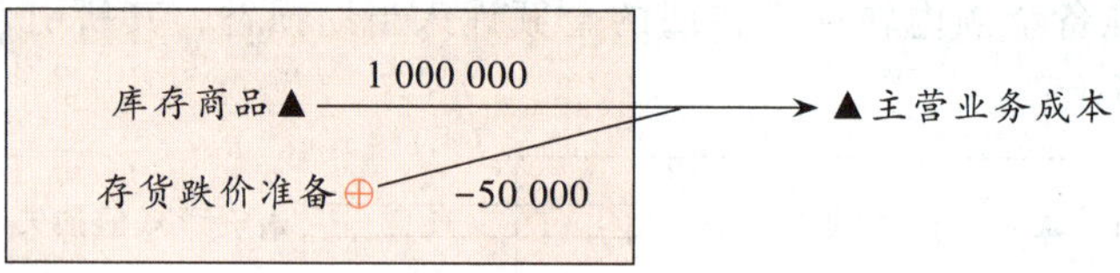

图6-45　甲公司销售已计提减值准备的存货业务的资金运动分析图

借：主营业务成本　　950 000

　　存货跌价准备　　50 000

　贷：库存商品　　1 000 000

需要注意的是，根据《企业会计准则第1号——存货》的规定，在资产负债表日，为生产产品而持有的材料，用其生产的产成品的可变现净值高于成本的，该材料仍然应当按照成本计量；材料价格的下降表明产成品的可变现净值低于成本的，该材料应当按照可变现净值计量。也就是说，材料存货在期末通常按照成本计量，除非企业用其生产的产成品发生了跌价，并且该跌价是由材料本身的价格下跌所引发的，才需要考虑计算材料存货的可变现净值，然后将该材料的可变现净值与成本进行比较，从而确定材料存货是否发生了跌价问题。

第七章　销售环节资金运动分析与会计处理

知识点自测

第一节　销售环节资金运动综合分析

一、销售环节资金运动整体流程

在不考虑增值税的情况下，企业销售环节资金运动整体流程如图7-1所示。

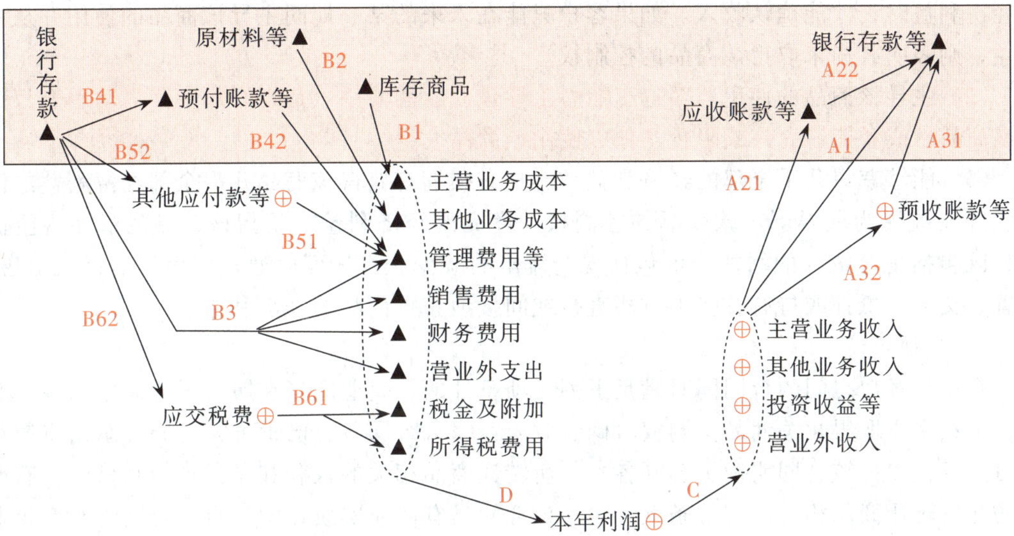

图7-1　销售环节资金运动整体流程图

在考虑增值税的情况下，企业在确认收入的同时，还需要同步确认代国家收缴的增值税税额。增值税在企业代收但尚未代缴之前，形成企业对国家的债务。对于增值税的处理，如果企业采用一般计税方法，该债务应记入“应交税费——应交增值税（销项税额）”账户；若采用简易计税方法，则该债务应记入“应交税费——简易计税”账户；如果涉及投资收益，则该债务应记入“应交税费——转让金融商品应交增值税”账户。其引起的资金运动如图7-2中的B段运动所示。

销售环节资金运动整体分析

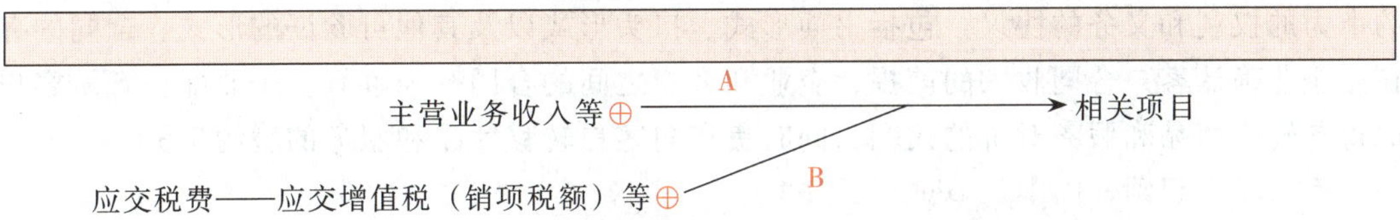

图7-2　销售环节增值税业务资金运动分析图

二、收入的确认与计量

企业在确认和计量收入时，应遵守的基本原则是：确认收入的方式应当反映其向客户转让商品或提供服务的模式，收入的金额应当反映企业因转让商品或提供服务而预期有权收取的对价金额。通过收入确认与计量能进一步如实地反映企业的生产经营成果，准确核算企业实现的损益。

（一）收入确认的原则

企业应当在履行了合同中的履约义务，即在客户取得相关商品控制权时确认收入。取得相关商品控制权，是指能够主导该商品的使用并从中获得几乎全部的经济利益，也包括有能力阻止其他方主导该商品的使用并从中获得经济利益。企业在判断商品的控制权是否发生转移时，应当从客户的角度进行分析，即客户是否取得了相关商品的控制权以及何时取得该控制权。取得商品控制权应同时包括下列三项要素：

（1）能力。企业只有在客户拥有现时权利，能够主导该商品的使用并从中获得几乎全部经济利益时，才能确认收入。如果客户只能在未来的某一期间主导该商品的使用并从中获益，则表明其尚未取得该商品的控制权。

（2）主导该商品的使用。客户有能力主导该商品的使用，是指客户在其活动中有权使用该商品，或者能够允许或阻止其他方使用该商品。

（3）能够获得几乎全部的经济利益。客户必须拥有获得该商品几乎全部经济利益的能力，才能被视为获得了对该商品的控制权。商品的经济利益，是指该商品的潜在现金流量，既包括现金流入的增加，也包括现金流出的减少。客户可以通过使用、消耗、出售、处置、交换、抵押或持有等多种方式直接或间接地获得商品的经济利益。

（二）收入确认的前提条件

企业与客户之间的合同同时满足下列五项条件的，企业应当在履行了合同中的履约义务，即在客户取得相关商品控制权时确认收入：（1）合同各方已批准该合同并承诺将履行各自义务；（2）该合同明确了合同各方与所转让商品相关的权利和义务；（3）该合同有明确的与所转让商品相关的支付条款；（4）该合同具有商业实质，即履行该合同将改变企业未来现金流量的风险、时间分布或金额；（5）企业因向客户转让商品而有权取得的对价很可能收回。

收入的确认与计量

（三）收入确认和计量的步骤

根据《企业会计准则第 14 号——收入》（2018）的规定，收入的确认与计量大致分为五步：

第一步，识别与客户订立的合同。

收入的确认与计量应该以合同为基础。合同是指双方或多方订立有法律约束力的权利和义务的协议，包括书面形式、口头形式以及其他可验证的形式。合同的存在是企业确认客户合同收入的前提，企业和客户之间的合同一经签订，企业即享有从客户取得与转移商品和服务对价的权利，同时负有向客户转移商品和服务的履约义务。

第二步，识别合同中的单项履约义务。

履约义务是指合同中企业向客户转让可明确区分商品或服务的承诺。企业应该将向客户转让可明确区分商品或服务（或商品或服务的组合）的承诺以及向客户转让一系列实质相同且转让模式相同的、可明确区分商品或服务的承诺作为单项履约义务。如企业与客户签订合同，向其销售商品并提供安装服务，该安装服务简单，除企业外其他供应商也可以提供类似安装服务，该合同中销售商品和提供服务为两项单项履约义务。若该安装服务复杂且商品需要按照客户的定制要求进行修改，则合同中销售商品和提供安装服务应合并为单项履约义务。

第三步，确定交易价格。

交易价格，是指企业因向客户转让商品而预期有权收取的对价金额。企业代第三方收取的款项（如增值税）以及企业预期将退还给客户的款项，应当作为负债进行会计处理，不计入交易价格。合同条款所承诺的对价，可能是固定金额、可变金额或两者兼而有之。如甲公司与某客户签订合同为其建造一栋厂房，约定的价格为1 000万元，6个月完工，其交易价格就是固定金额1 000万元。假设合同中约定若甲公司提前一个月完工，该客户将奖励50万元，甲公司估计该项目提前一个月完工的概率为98%，则甲公司有权收取的合同对价为1 050万元，因此该交易价格包括固定金额1 000万元和可变金额50万元，总计为1 050万元。

第四步，将交易价格分摊至各单项履约义务。

当合同中包含两项或多项履约义务时，需要将交易价格分摊至各单项履约义务，以使企业分摊至各单项履约义务（或可明确区分的商品）的交易价格能够反映其因向客户转让已承诺的相关商品而预期有权收取的对价金额。分摊的方法是在合同开始日，按照各单项履约义务所承诺商品的单独售价（企业向客户单独销售商品的价格）的相对比例，将交易价格分摊至各单项履约义务。如企业与某客户签订合同，向其销售A、B、C三件商品，不含增值税的合同总价款为14万元。A、B、C商品的不含增值税单独售价分别为3万元、4.8万元和7.2万元，合计15万元。按照交易价格分摊原则，A商品应该分摊的交易价格为2.8万元（3÷15×14），B商品应该分摊的交易价格为4.48万元（4.8÷15×14），C商品应该分摊的交易价格为6.72万元（7.2÷15×14）。

第五步，履行各单项履约义务时确认收入。

企业应当在履行了合同中的履约义务，即客户取得相关商品控制权时确认收入。当企业将商品转移给客户，客户取得了相关商品的控制权，意味着企业履行了合同所约定的履约义务，此时，企业应该确认收入。企业将商品的控制权转移给客户，该转移可能在某一时段内（即履行履约义务的过程中）发生，也可能在某一时点（即履约义务完成时）发生。企业应当根据实际情况，首先判断履约义务是否满足在某一时段内履行的条件，如不满足，则该履约义务属于在某一时点履行的履约义务。

对于在某一时段内履行的履约义务，企业应当选取恰当的方法来确定履约进度；对于在某一时点履行的履约义务，企业应当综合分析控制权转移的迹象，判断其转移时点。

在收入确认与计量的五个步骤中，第一步、第二步和第五步主要与收入的确认相关；第三步和第四步主要与收入的计量相关。

需要注意的是，一般来说，确认与计量任何一项合同收入都应该考虑全部的五个步骤。但在履行某些合同义务时，确认收入不一定都要经过这五个步骤，如果企业按照第二步确定某项合同仅为单项履约义务时，可以从第三步直接进入第五步，不需要考虑第四步所涉及的分摊交易价格问题。

第二节 销售环节收入确认段资金运动分析与会计处理

一、履行履约义务确认收入的资金运动分析与会计处理

（一）在某一时点履行履约义务确认收入

对于在某一时点履行的履约义务，企业应当在客户取得相关商品控制权的时点确认收入。在判断客户是否已取得商品控制权（即客户是否能够主导该商品的使用并从中获得几乎全部的经济利益）时，企业应当考虑下列迹象：

（1）企业就该商品享有现时收款权利，即客户就该商品负有现时付款义务。如，甲企业与某客户签订销售商品合同，约定客户在收到商品10日内付款。在客户收到甲企业开具的发票、商品验收入库后，客户能够自主确定商品的销售价格或商品的使用情况，此时甲企业享有收款权利，客户负有现时付款义务。

（2）企业已将该商品的法定所有权转移给客户，即客户已拥有该商品的法定所有权。当客户取得了商品的法定所有权时，可能表明其已经有能力主导该商品的使用并从中获得几乎全部的经济利益，或者能够阻止其他企业获得这些经济利益，即客户已取得对该商品的控制权。如果企业仅仅是为了确保到期收回货款而保留商品的法定所有权，那么该权利通常不会对客户取得对该商品的控制权构成阻碍。如房地产企业向客户销售商品房，在客户付款后取得房屋产权证时，表明企业已将该商品房的法定所有权转移给了客户。

（3）企业已将该商品实物转移给客户，即客户已占有该商品实物。如企业与客户签订交款提货合同，在企业销售商品并送货到客户指定地点，客户验收合格并付款，表明企业已将商品实物转移给客户，即客户已占有该商品实物。

（4）企业已将该商品所有权上的主要风险和报酬转移给客户，即客户已取得该商品。如甲房地产企业向客户销售商品房办理产权转移手续后，该商品房价格上涨或下跌带来的利益或损失全部属于客户，这就表明客户已取得该商品房所有权上的主要风险和报酬。

（5）客户已接受该商品。如企业向客户销售一批产品，客户收到并验收合格后办理了验收入库手续，这就表明客户已接受该商品。

（6）其他表明客户已取得商品控制权的迹象。

需要强调的是，在上述迹象中，并没有哪一个或哪几个迹象是决定性的，企业应当根据合同条款和交易实质进行分析，综合判断其是否已将商品的控制权转移给客户以及何时转移，从而确定收入确认的时点。此外，企业应当从客户的角度进行评估，而不应当仅考虑企业自身的看法。

1.一般销售商品业务收入的会计处理

企业在履行了履约义务后就可确认销售收入及增值税销项税额，其所引起的资金运动如图7-3中A段运动所示。同时企业还应结转所售商品的成本，其所引起的资金运动如图7-3中B段运动所示。

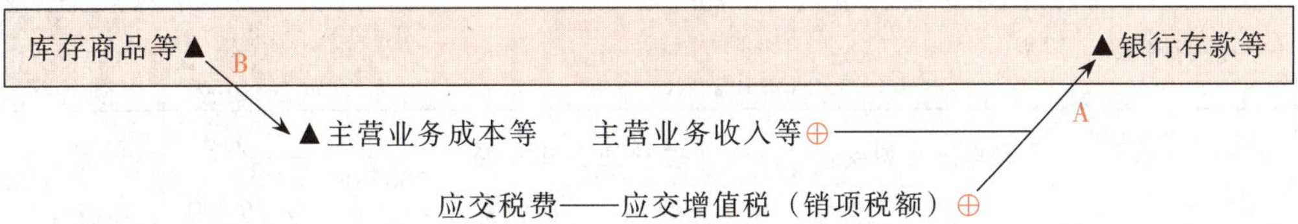

图7-3　一般销售业务资金运动分析图

企业在日常活动中会发生对外销售不需用的原材料、随同商品对外销售单独计价的包装物等业务，企业销售原材料、包装物等存货取得收入的确认与计量原则同商品销售一样。企业销售原材料、包装物等存货确认的收入作为其他业务收入处理，结转的相关成本作为其他业务成本处理。

【例7-1】甲公司向丁公司销售一批产品，开具的增值税专用发票上注明的金额为500 000元，增值税税额为65 000元。甲公司收到丁公司开出的一张不带息银行承兑汇票，金额为565 000元，期限为3个月。甲公司以现金支票支付代垫的运费，增值税专用发票上注明的金额为3 000元，增值税税额为270元，所垫运费尚未收到。该产品成本为300 000元。丁公司收到该产品并已验收入库。

本题中，甲公司已经收到丁公司开出的不带息银行承兑汇票，客户丁公司收到产品并验收入库。因此，该项销售业务为单项履约义务且属于在某一时点履行的履约义务。

（1）确认收入及增值税销项税额。（图7-4，A段）

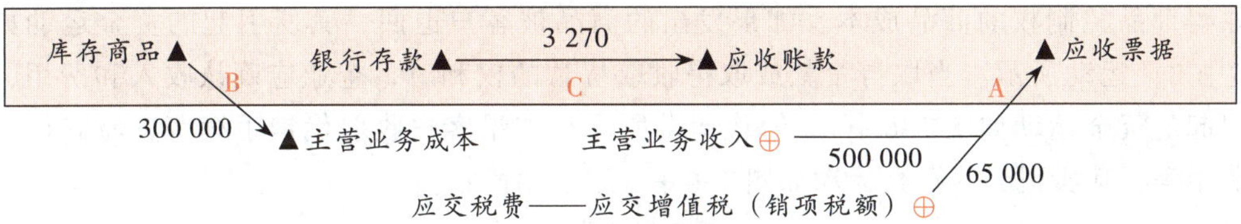

图7-4　甲公司销售产品业务资金运动分析图

借：应收票据　　565 000

　贷：主营业务收入　　500 000

　　　应交税费——应交增值税（销项税额）　　65 000

（2）结转所售产品成本。（图7-4，B段）

借：主营业务成本　　300 000

　贷：库存商品　　300 000

（3）代垫运费。（图7-4，C段）

借：应收账款　　3 270

　贷：银行存款　　3 270

在某一时点履行履约义务—基本业务

【例7-2】甲公司向丙公司销售一批材料，开具的增值税专用发票上注明的金额为200 000元，增值税税额为26 000元。甲公司已收到全部款项并已存入银行。该批材料的成本为120 000元，丙公司收到该材料并已验收入库。

本题中，甲公司已经收到丙公司支付的货款，客户丙公司收到原材料并验收入库，因此，该项销售业务为单项履约义务且属于在某一时点履行的履约义务。

（1）确认材料销售收入及增值税销项税额。（图7-5，A段）

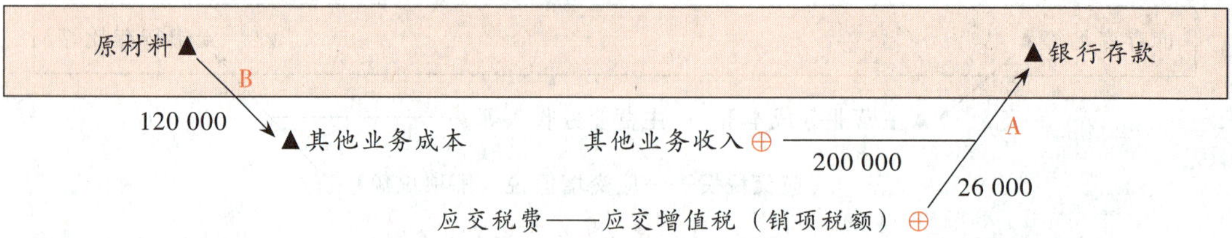

图7-5　甲公司销售材料业务资金运动分析图

借：银行存款　226 000

　贷：其他业务收入　200 000

　　　应交税费——应交增值税（销项税额）　26 000

（2）结转所售材料成本。（图7-5，B段）

借：其他业务成本　120 000

　贷：原材料　120 000

2.已经发出商品但不能确认收入的会计处理

企业按合同发出商品，合同约定，客户只有在将所购买的商品销售并取得价款后才支付本企业的货款。企业向客户转让商品的对价未达到“很可能收回”收入确认条件。在发出商品时，企业不应该确认收入，应将发出商品的成本转入“发出商品”账户，其所引起的资金运动如图7-6中A段运动所示。“发出商品”账户反映企业商品已经发出但客户没有取得商品控制权的商品成本。如果发出的商品被客户退回，其所引起的资金运动如图7-6中B段运动所示。当取得货款或取得收取货款的权利时，企业应确认收入和费用，其所引起的资金运动如图7-6中C、D段运动所示。如果客户收取代销手续费，应确认为销售费用等，其所引起的资金运动如图7-6中E段运动所示。

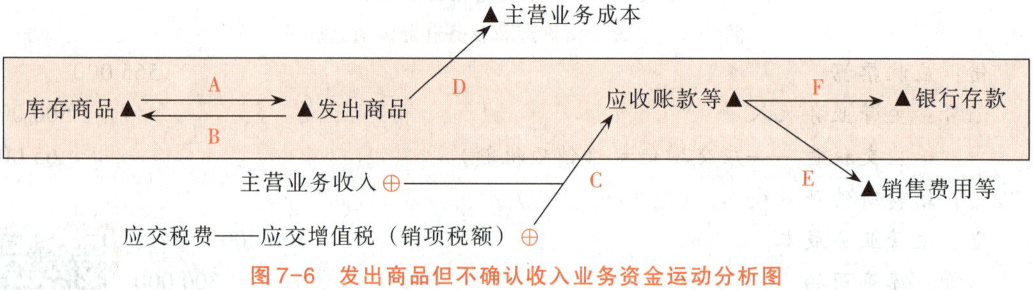

图7-6　发出商品但不确认收入业务资金运动分析图

【例7-3】20×8年1月20日，甲公司委托乙公司销售M商品100件，乙公司按每件200元的价格出售给客户，甲公司按照售价（不含增值税）的10%向乙公司支付手续费（不含增值税，增值税税率为6%）。该商品成本为120元/件，增值税税率为13%。乙公司实际销售时，向买方开出一张增值税专用发票，发票上注明M商品售价20 000元，增值税2 600元。20×8年2月18日，甲公司在收到乙公司交来的代销清单时，向乙公司开具一张相同金额的增值税发票。20×8年2月25日，甲公司收到乙公司扣除手续费后的销售款项，并已将其存入银行，同时还收到乙公司开具的增值税专用发票，发票注明手续费2 000元、增值税120元。

本题中，甲公司将M商品发送至乙公司后，乙公司虽然承担了M商品实物保管责任，但仅为接受甲公司委托销售M商品，并根据实际销售数量赚取一定比例的手续费。甲公司有权要求收回M商品或者将其销售给其他客户，乙公司并不能主导这些商品的销售，这些商品对外销售与否、是否获利或者获利多少等不由乙公司控制，乙公司没有取得这些商品的控制权。因此，甲公司将M商品发送至乙公司时，不应该确认收入，而应该在乙公司将M商品销售给最终客户时确认收入。

(1) 20×8年1月20日，将M商品交付给乙公司。（图7-7，A段）

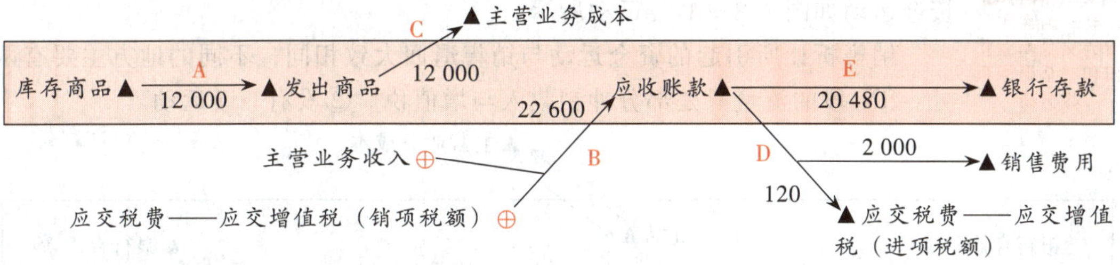

图7-7　甲公司资金运动分析图

借：发出商品　　12 000

　贷：库存商品　　12 000

(2) 20×8年2月18日，甲公司收到乙公司开具的代销清单。（图7-7，B、C段）

借：应收账款——乙公司　　22 600

　贷：主营业务收入　　20 000

　　应交税费——应交增值税（销项税额）　　2 600

借：主营业务成本　　12 000

　贷：发出商品　　12 000

在某一时点履行履约义务-发出但未确认收入

(3) 20×8年2月18日，甲公司确认代销手续费和进项税。（图7-7，D段）

借：销售费用　　2 000

　应交税费——应交增值税（进项税额）　　120

　贷：应收账款——乙公司　　2 120

(4) 20×8年2月25日，甲公司收到货款净额。（图7-7，E段）

借：银行存款　　20 480

　贷：应收账款——乙公司　　20 480

3. 商业折扣和销售退回

(1) 商业折扣

商业折扣是指企业为促进商品销售而给予的价格扣除。如，企业为鼓励客户多购买商品，可能规定购买200件以上商品给予客户10%的折扣。此外，企业为尽快处置一些残次、陈旧、冷背的商品，也可能降价（即打折）销售。商业折扣在销售前就已经发生，并不构成最终交易价格的一部分，企业应当按照扣除商业折扣后的金额确定商品销售价格和销售商品收入金额。因此，商业折扣不影响企业的资金运动，也不影响企业的会计处理。

（2）销售退回

销售退回是指企业因售出商品在质量、规格等方面不符合销售合同规定条款的要求，客户要求企业予以退货。企业销售商品发生退货，表明企业履约义务的减少和客户商品控制权及其相关经济利益的丧失。已确认销售商品收入的售出商品发生退回的，除属于资产负债表日后事项的外，企业收到退回的商品时，应退回货款或冲减应收账款，并冲减主营业务收入和增值税销项税额，其所引起的资金运动如图7-8中C段运动所示。收到退回商品验收入库，按其成本予以确认，其所引起的资金运动如图7-8中D段运动所示。

在某一时点履行履约义务商业折扣和销售退回理论分析

销售折让所引起的资金运动与销售退回大致相同，不同的地方主要有两处：①C段的流量只是部分冲销收入与增值税。②没有D段运动。

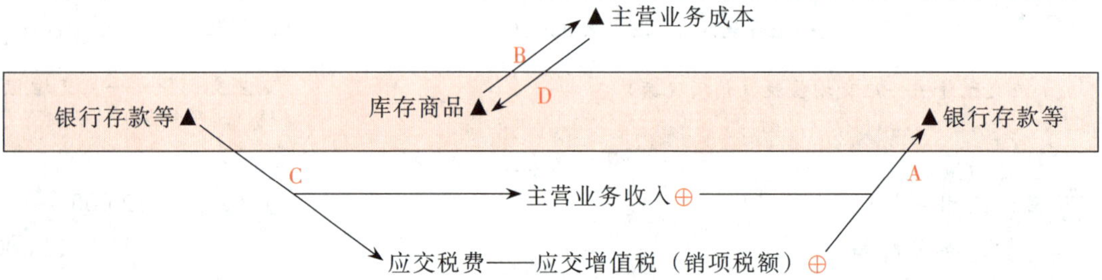

图7-8 销售退回业务资金运动分析图

【例7-4】甲公司20×8年4月18日销售N商品一批，增值税专用发票上注明的售价为300 000元，增值税税额为39 000元，该批商品的成本为140 000元。N商品于20×8年4月18日发出，客户于4月23日付款。该销售业务属于在某一时点履行的履约义务并确认销售收入。20×8年6月3日，该商品质量出现严重问题，客户将该批商品全部退回给甲公司。甲公司同意退货，并于退货当日支付了退货款，并按规定开具了增值税专用发票（红字）。不考虑其他因素。

（1）20×8年4月18日，甲公司确认收入和销售成本。（图7-9，A、B段）

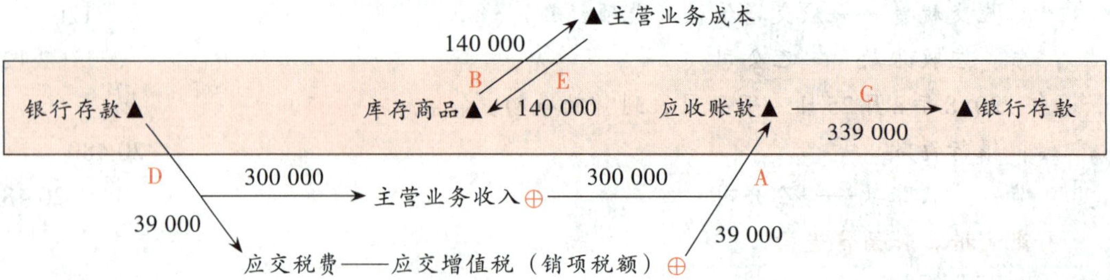

图7-9 甲公司销售退回业务资金运动分析图

借：应收账款　　339 000

　贷：主营业务收入　　300 000

　　应交税费——应交增值税（销项税额）　　39 000

借：主营业务成本　　140 000

　贷：库存商品　　140 000

(2) 20×8年4月23日，甲公司收到货款。（图7-9，C段）

借：银行存款　　339 000

　贷：应收账款　　339 000

(3) 20×8年6月3日，甲公司销售发生退货。（图7-9，D、E段）

借：主营业务收入　　300 000

　　应交税费——应交增值税（销项税额）　　39 000

　贷：银行存款　　339 000

借：库存商品　　140 000

　贷：主营业务成本　　140 000

在某一时点履行履约义务销售退回业务举例

【例7-5】甲公司20×8年4月18日销售N商品一批，增值税专用发票上注明售价300 000元，增值税税额为39 000元，该批商品的成本为140 000元。N商品于20×8年4月18日发出。客户于4月23日付款。该销售业务属于在某一时点履行的履约义务，企业已确认销售收入。20×8年6月3日，该商品出现一些质量问题，但不影响使用，客户要求甲公司给予10%的价格减让。甲公司同意给予折让，于当日支付了折让款，并按规定开具了增值税专用发票（红字）。假设不考虑其他因素。

(1) 20×8年4月18日，甲公司确认收入和销售成本（见图7-10，A、B段）。

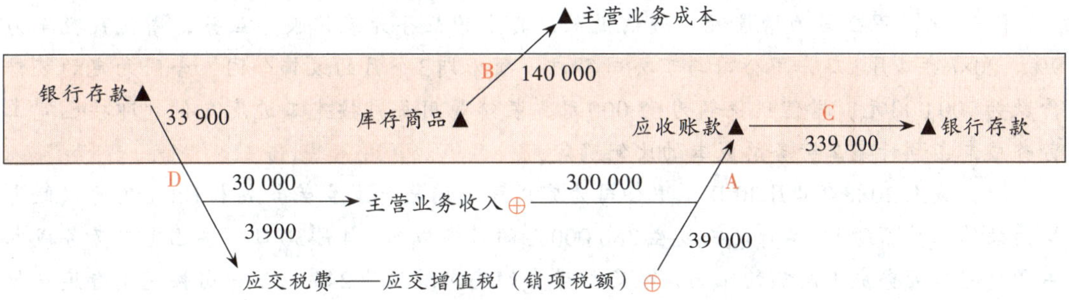

图7-10　甲公司销售折让业务资金运动分析图

借：应收账款　　339 000

　贷：主营业务收入　　300 000

　　　应交税费——应交增值税（销项税额）　　39 000

借：主营业务成本　　140 000

　贷：库存商品　　140 000

(2) 20×8年4月23日，甲公司收到货款（见图7-10，C段）。

借：银行存款　　339 000

　贷：应收账款　　339 000

(3) 20×8年6月3日，甲公司销售发生退货（见图7-10，D段）。

借：主营业务收入　　30 000

　　应交税费——应交增值税（销项税额）　　3 900

贷：银行存款　　33 900

（二）在某一时段内履行履约义务确认收入

在某一时期内履行履约义务确认收入理论分析

对于在某一时段内履行的履约义务，企业应当在该段时间内按照履约进度确认收入，履约进度不能合理确定的除外。满足下列条件之一的，属于在某一时段内履行的履约义务：（1）客户在企业履约的同时即取得并消耗企业履约所带来的经济利益；（2）客户能够控制企业履约过程中在建的商品；（3）企业履约过程中所产出的商品具有不可替代用途，且该企业在整个合同期间内有权就累计至今已完成的履约部分收取款项。

企业应该考虑商品的性质，采用产出法或者投入法确定履约进度。产出法指标主要包括实际测量的完工进度、评估已实现的结果、时间进度、已完工或交付的产品等。投入法指标主要包括采用投入的材料数量、花费的人工工时、机器工时、发生的成本和时间进度等。企业在确定履约进度时，应当扣除那些控制权尚未转移给客户的商品和服务。资产负债表日，企业按照合同的交易价格总额乘以履约进度，再扣除以前会计期间累计已确认的收入后的金额，确认当期收入。

本期应确认的收入=合同总价款×履约进度-以前期间累计已确认的收入

本期应确认的费用=合同预计总成本×履约进度-以前期间累计已确认的费用

最后一期应确认的收入=合同总价款-以前期间累计已确认的收入

最后一期应确认的费用=合同总成本-以前期间累计已确认的费用

【例7-6】甲公司为增值税一般纳税人，其主营业务为装饰服务业务，增值税税率为9%。20×8年4月1日，甲公司与丁公司签订一项为期3个月的装饰合同，合同约定的装饰价款为700 000元，增值税税额为63 000元，装饰费用每月按完工进度支付（即按已完工劳务成本占预计完工劳务总成本的比例确定）。

（1）截至20×8年4月30日，甲公司为完成该合同累计发生劳务成本120 000元（假定均为装饰人员薪酬），估计还将发生380 000元的劳务成本。4月30日，按已完工劳务成本占预计完工劳务成本总额的比例，确定该劳务的完工进度为24%，丁公司按完工进度支付了价款及增值税税款。

假定该业务属于甲公司的主营业务，全部由其自行完成；该装饰服务构成单项履约义务，并属于在某一时段内履行的履约义务；甲公司按照完工进度（已完工劳务成本占预计完工劳务总成本比例）确定履约进度。

①20×8年4月，本期实际发生劳务成本120 000元。（图7-11，A段中（1））

借：合同履约成本　　120 000

　贷：应付职工薪酬　　120 000

在某一时期内履行履约义务业务举例

②20×8年4月30日，确认劳务收入。（图7-11，B段中（1））

本期应确认的收入=合同总价款×履约进度-以前期间累计已确认的收入

=700 000×24%-0=168 000（元）

确认的增值税税款=168 000×9%=15 120（元）

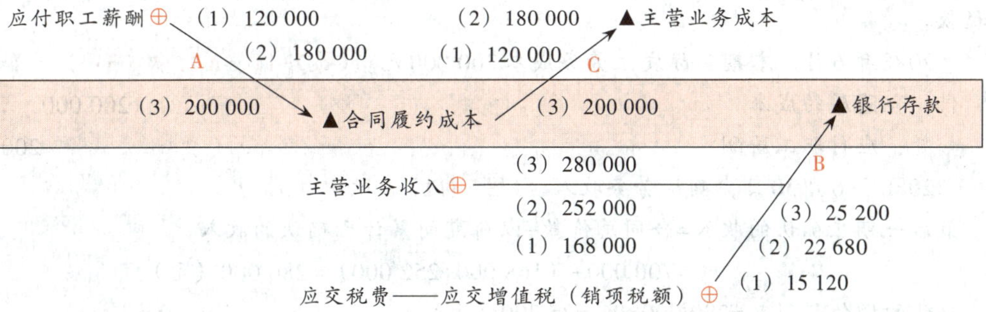

图7-11　甲公司提供装饰服务业务资金运动分析图

借：银行存款　　183 120

　贷：主营业务收入　　168 000

　　应交税费——应交增值税（销项税额）　　15 120

③20×8年4月30日，结转本期劳务成本。（图7-11，C段中（1））

本期应确认的费用=合同预计总成本×履约进度-以前期间累计已确认的费用

=500 000×24%-0=120 000（元）

借：主营业务成本　　120 000

　贷：合同履约成本　　120 000

（2）截至20×8年5月31日，甲公司为完成该合同累计发生劳务成本300 000元（假定均为装饰人员薪酬），估计还将发生200 000元的劳务成本。5月31日，按已完工劳务成本占预计完工劳务成本总额的比例，确定该劳务的累计完工进度为60%，丁公司按完工进度支付了价款及增值税税款。

①20×8年5月，本期实际发生劳务成本180 000元。（图7-11，A段中（2））

借：合同履约成本　　180 000

　贷：应付职工薪酬　　180 000

②20×8年5月31日，确认劳务收入。（图7-11，B段中（2））

本期应确认的收入=合同总价款×履约进度-以前期间累计已确认的收入

=700 000×60%-168 000=252 000（元）

确认的增值税税款=252 000×9%=22 680（元）

借：银行存款　　274 680

　贷：主营业务收入　　252 000

　　应交税费——应交增值税（销项税额）　　22 680

③20×8年5月31日，结转本期劳务成本。（图7-11，C段中（2））

本期应确认的费用=合同预计总成本×履约进度-以前期间累计已确认的费用

=500 000×60%-120 000=180 000（元）

借：主营业务成本　　180 000

　贷：合同履约成本　　180 000

（3）截至20×8年6月30日，装饰完工，丁公司验收合格。甲公司为完成该合同累计发生劳务成本500 000元（假定均为装饰人员薪酬）。6月30日，丁公司支付了价款及增值税税款。

①20×8年6月，本期实际发生劳务成本200 000元。（图7-11，A段中（3））

借：合同履约成本　　200 000

　贷：应付职工薪酬　　200 000

②20×8年6月30日，确认劳务收入。（图7-11，B段中（3））

最后一期应确认的收入=合同总价款-以前期间累计已确认的收入

=700 000-（168 000+252 000）=280 000（元）

确认的增值税税款=280 000×9%=25 200（元）

借：银行存款　　305 200

　贷：主营业务收入　　280 000

　　应交税费——应交增值税（销项税额）　　25 200

③20×8年6月30日，结转本期劳务成本。（图7-11，C段中（3））

最后一期应确认的费用=合同总成本-以前期间累计已确认的费用

=500 000-（120 000+180 000）=200 000（元）

借：主营业务成本　　200 000

　贷：合同履约成本　　200 000

需要注意的是，本题中履约进度是按照已完成劳务成本占预计完工劳务总成本的比例来确定的，因此当期所发生的合同履约成本全部转为主营业务成本。如不是按照这个比例确定，合同履约成本不一定全部转为主营业务成本，很可能造成合同履约成本在期末结转之后还有余额，从而构成期末存货的组成部分。

【例7-7】甲公司经营一家健身俱乐部。20×8年10月1日，某客户与甲公司签订合同，成为甲公司的会员，并向甲公司支付了38 160元的会费（含增值税，增值税税率为6%），可在未来12个月内在该俱乐部健身，且没有次数限制。企业按月确认收入，并同步确认增值税销项税额。

本例中，客户在会员期内可随时来俱乐部健身，且没有次数限制，客户已使用俱乐部健身的次数不会影响其未来继续使用的次数，甲公司在该合同下的履约义务是承诺随时准备在客户需要时为其提供健身服务。因此，该履约义务属于在某一时段内履行的履约义务，并且该履约义务在会员的会员期内随时间的流逝而被履行。因此，甲公司按照直线法确认收入。

（1）20×8年10月1日，收到会费。（图7-12，A段）

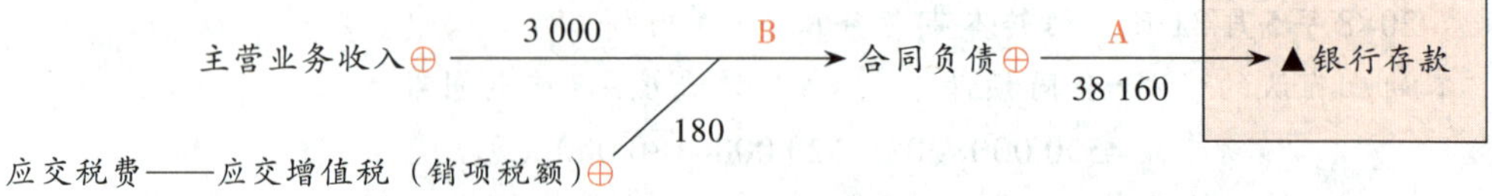

图7-12　甲公司提供健身服务业务资金运动分析图

客户签订合同时支付了合同对价，可在未来12个月内在该俱乐部进行健身消费，且没有次数限制。企业在向客户转让服务之前已经产生了一项负债，即合同负债。

借：银行存款　　38 160

贷：合同负债 38 160

(2) 20×8年10月31日，确认收入并开具增值税专用发票。(图7-12，B段)

不含税年合同价款=38 160÷(1+6%)=36 000(元)

每月应确认收入=36 000÷12=3 000(元)

每月应确认增值税销项税额=3 000×6%=180(元)

借：合同负债 3 180

贷：主营业务收入 3 000

应交税费——应交增值税(销项税额) 180

20×8年11月至20×9年9月，每月确认收入所引起的资金运动如图7-12中B段运动所示，会计处理本处略。

知识点自测

二、与合同成本相关业务资金运动分析与会计处理

企业在与客户之间建立合同关系和履行合同过程中发生的成本主要有合同取得成本和合同履约成本。

(一) 合同取得成本业务会计处理

企业为取得合同发生的增量成本预期能够收回的，应当确认为一项资产——合同取得成本。增量成本是指企业不取得合同就不会发生的成本，也就是企业发生的与合同直接相关，但又不是所签订合同的对象或内容(如建造商品或提供服务)本身直接发生的费用，如销售佣金，若预期可通过未来的相关服务收入予以补偿，该销售佣金(即增量成本)应在发生时确认为一项资产，即合同取得成本，其所引起的资金运动如图7-13中A段运动所示。

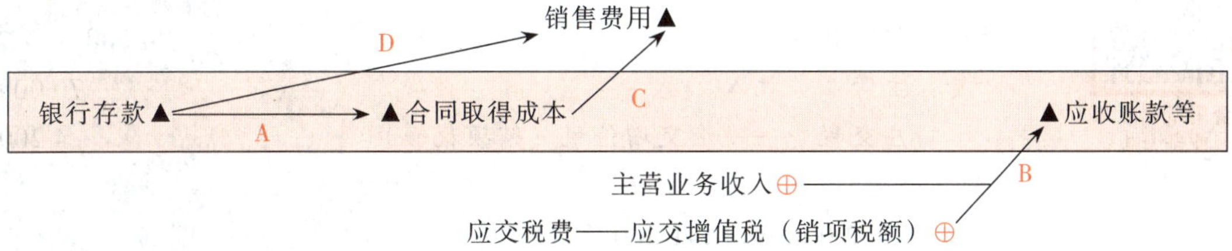

图7-13 合同取得成本业务资金运动分析图

企业取得合同发生的增量成本已经确认为资产的，应当采用与该资产相关的商品收入确认(图7-13，B段)相同的基础进行摊销，计入当期损益，其所引起的资金运动如图7-13中C段运动所示。为简化实务操作，该资产摊销期限不超过1年的，可以在发生时直接计入当期损益，其所引起的资金运动如图7-13中D段运动所示。

企业为取得合同发生的、除预期能够收回的增量成本之外的其他支出，如无论是否取得合同均会发生的差旅费、投标费、为准备投标资料发生的相关费用等，应当在发生时计入当期损益，除非这些支出明确由客户承担。

【例7-8】甲公司是一家咨询公司，通过竞标赢得一个服务期间为4年的客户，该客户每年末支付咨询费890 400元(含增值税，增值税税率为6%)。为取得该合同，甲公司聘请外部律师进行尽职调查，以银行存款支付了相关费用30 000元，为投标而发生差旅费

15 000元，支付销售人员佣金72 000元。甲公司预期这些支出未来均能收回。此外，甲公司根据其年度销售目标、整体盈利情况及个人业绩等，向销售部门经理支付年度奖金15 000元。

本题中，甲公司因签订合同而向销售人员支付的佣金属于取得合同发生的增量成本，应当将其作为合同取得成本，从而确认为一项资产。甲公司聘请外部律师进行尽职调查发生的支出、为投标发生的差旅费以及向销售部门经理支付的年度奖金（该奖金不能直接归属于可识别的合同）不属于增量成本，应当于发生时直接计入当期损益。

（1）支付与取得合同相关的费用。（图7-14，A段）

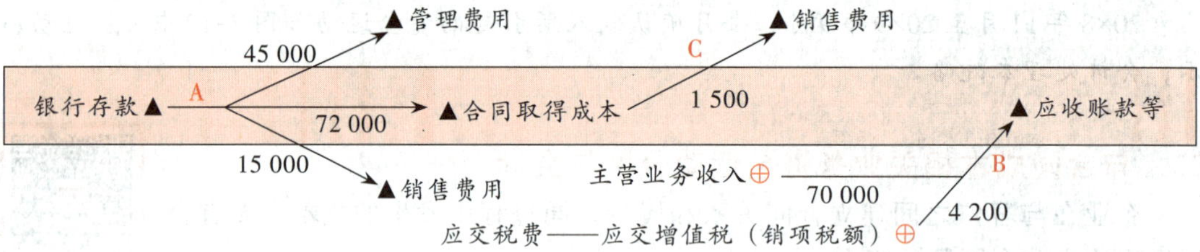

图7-14　甲公司提供咨询服务业务资金运动分析图

借：合同取得成本　　72 000
　　管理费用　　45 000
　　销售费用　　15 000
　贷：银行存款　　132 000

（2）每月确认收入。（图7-14，B段）

不含税年合同金额=890 400÷（1+6%）=840 000（元）

每月确认收入金额=840 000÷12=70 000（元）

借：应收账款等　　74 200
　贷：主营业务收入　　70 000
　　　应交税费——应交增值税（销项税额）　　4 200

合同取得成本业务分析

（3）每月摊销销售佣金。（图7-14，C段）

销售佣金每月摊销额=72 000÷4÷12=1 500（元）

借：销售费用　　1 500
　贷：合同取得成本　　1 500

（二）合同履约成本业务会计处理

企业履约成本是指企业为了履行当前或预期取得的合同所发生的、属于《企业会计准则第14号——收入》（2018）规范范围并且按照该准则应当确认为一项资产的成本。

企业为履行合同可能会发生各种成本，企业在确认收入的同时应当对这些成本进行分析，属于《企业会计准则第14号——收入》（2018）规范范围且同时满足下列条件的，应当作为合同履约成本确认为一项资产：

1.该成本与一份当前或预期取得的合同直接相关

（1）与合同直接相关的成本。预期取得的合同应当是企业能够明确识别的合同，如现有合同续约后的合同、尚未获得批准的特定合同等。与合同直接相关的成本包括：①直接人工（如直接为客户提供所承诺服务的人员的工资、奖金等）；②直接材料（如为履行合同耗用的原材料、辅助材料、构配件、零件、半成品的成本和周转材料的摊销及租赁费用等）；③制造费用或类似费用（如组织和管理相关生产、施工、服务等活动发生的费用，包括车间管理人员的职工薪酬、劳动保护费、固定资产折旧费及修理费、物料消耗、取暖费、水电费、办公费、差旅费、财产保险费、工程保修费、排污费、临时设施摊销费等）。

（2）明确由客户承担的成本以及仅因该合同而发生的其他成本（如支付给分包商的成本、机械使用费、设计和技术援助费用、施工现场二次搬运费、生产工具和用具使用费、检验试验费、工程定位复测费、工程点交费用、场地清理费等）。

2.该成本增加了企业未来用于履行（包括持续履行）履约义务的资源

3.该成本预期能够收回

对于下列支出，企业应当在发生时将其计入当期损益：（1）管理费用，除非这些费用明确由客户承担。（2）非正常消耗的直接材料、直接人工和制造费用（或类似费用），这些支出是为履行合同发生的，但未反映在合同价格中。（3）与履约义务中已履行（包括已全部履行或部分履行）部分相关的支出，即该支出与企业过去的履约活动相关。（4）无法在尚未履行的与已履行（或已部分履行）的履约义务之间区分的相关支出。

企业发生合同履约成本时，其所引起的资金运动如图7-15中A段运动所示。对合同履约成本进行摊销时，其所引起的资金运动如图7-15中C段运动所示。

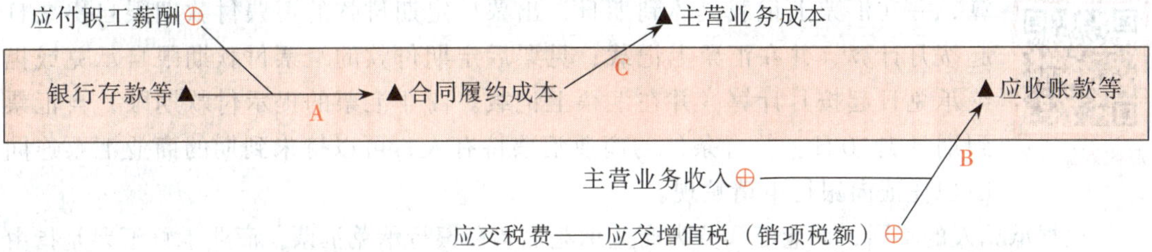

图7-15　合同履约成本业务资金运动分析图

【例7-9】甲公司为增值税一般纳税人，经营一家酒店，适用的增值税税率为6%。该酒店是甲公司的自有资产。20×8年9月甲公司计提与酒店经营直接相关的餐厅、客房以及客房内的设备家具等折旧费100 000元、酒店土地使用权摊销费50 000元、酒店直接服务人员薪酬60 000元。经计算，当月确认住宿、餐饮等服务含税收入636 000元，款项已全部存入银行。

（1）确认资产的折旧费、摊销费和人工薪酬费。（图7-16，A段）

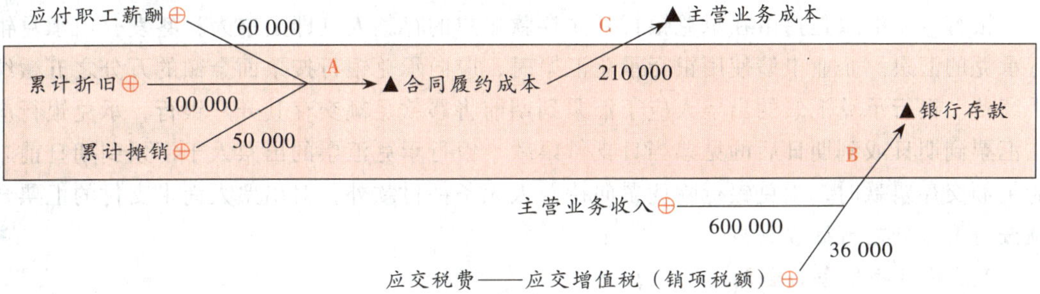

图7-16　甲公司提供酒店服务业务资金运动分析图

合同履约成本业务举例

借：合同履约成本　　210 000

　贷：累计折旧　　100 000

　　　累计摊销　　50 000

　　　应付职工薪酬　　60 000

（2）9月份确认酒店收入。（图7-16，B段）

借：银行存款　　636 000

　贷：主营业务收入　　600 000

　　　应交税费——应交增值税（销项税额）　　36 000

（3）摊销合同履约成本。（图7-16，C段）

借：主营业务成本　　210 000

　贷：合同履约成本　　210 000

知识点自测

三、销售环节款项结算业务资金运动分析与会计处理

（一）应收票据业务会计处理

1.应收票据概述

应收票据是指企业因销售商品、提供劳务等而收到的商业汇票。商业汇票是一种由出票人签发的，委托付款人在指定日期无条件支付确定金额给收款人或持票人的票据。

商业汇票的付款期限最长不得超过6个月。定日付款的汇票付款期限自出票日起计算，并在汇票上记载具体到期日；出票后定期付款的汇票付款期限自出票日起按月计算，并在汇票上记载；见票后定期付款的汇票付款期限自承兑或拒绝承兑日起按月计算，并在汇票上记载。商业汇票的提示付款期限，自汇票到期日起10日。符合条件的商业汇票持有人，可以持未到期的商业汇票连同贴现凭证向银行申请贴现。

应收票据业务理论分析

根据承兑人的不同，商业汇票分为商业承兑汇票和银行承兑汇票。商业承兑汇票是指由付款人签发并承诺，或由收款人签发交由付款人承兑的汇票。商业承兑汇票的付款人收到开户银行的付款通知，应在当日通知银行付款。付款人在接到银行通知日的次日起3日内（遇法定休假日顺延）未通知银行付款的，视同付款人承诺付款。银行将于付款人接到通知日的次日起第四日（遇法定休假日顺延），将票款划给持票人。付款人提前收到由其承兑的商业汇票，应通知银行于汇票到期日付款。银行在办理划款时，付款人存款账户不足支付的，银行应填制付款人未付票款通知书，连同商业承兑汇票邮寄持票人开户银行转交持票人。

银行承兑汇票是指由在承兑银行开立存款账户的存款人（即出票人）签发，由承兑银行承兑的汇票。企业申请使用银行承兑汇票时，应向承兑银行按票面金额的万分之五缴纳手续费。银行承兑汇票的出票人应于汇票到期前将票款足额交存其开户银行，承兑银行应在汇票到期日或到期日后的见票当日支付票款。银行承兑汇票的出票人于汇票到期日前未能足额交存票款时，承兑银行除凭票向持票人无条件付款外，对出票人尚未支付的汇票金额按每天万分之五计收利息。

2.应收票据业务的会计处理

企业应当设置“应收票据”账户，以反映和监督应收票据的取得、票款收回等情况。

应收票据可按开出、承兑商业汇票的单位进行明细核算，并设置"应收票据备查簿"，逐笔登记商业汇票的种类、号数和出票日、票面金额、交易合同号和付款人、承兑人、背书人的姓名或单位名称、到期日、背书转让日、贴现日、贴现率和贴现净额以及收款日和收回金额、退票情况等资料。商业汇票到期结清票款或退票后，在备查簿中应予以注销。

企业销售商品或提供劳务取得商业汇票，其所引起的资金运动如图7-17中A段运动所示。应收票据到期收回票款，其所引起的资金运动如图7-17中B1段运动所示。如应收票据到期未收到票款，但收到一张新的商业汇票（如收到一张新的银行承兑汇票抵偿旧的商业承兑汇票），其所引起的资金运动如图7-17中B2段运动所示。如应收票据到期未收到票款，企业需要将其确认为应收账款，其所引起的资金运动如图7-17中B3段运动所示。如在应收票据尚未到期之前，企业将其背书转让以抵偿所购原材料价款，其所引起的资金运动如图7-17中B4段运动所示。如在应收票据尚未到期之前，企业将其贴现给银行（不负连带责任），应将应收票据的票面金额扣除所得到的银行存款后的差额，确认为财务费用，其所引起的资金运动如图7-17中B5段运动所示。

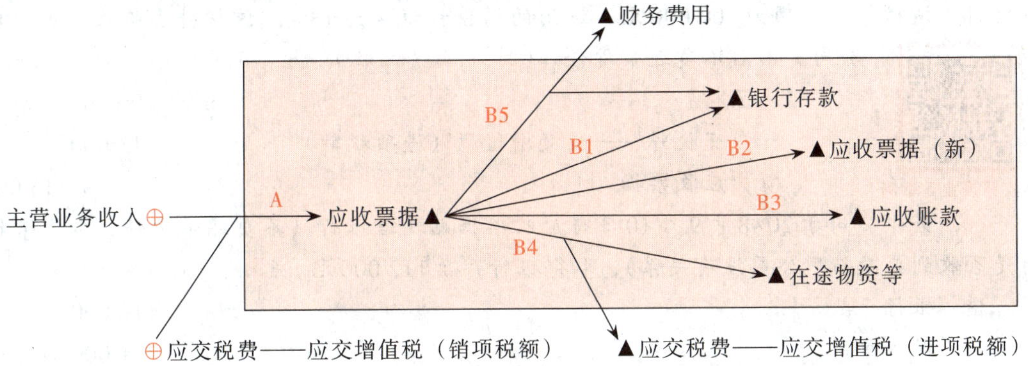

图7-17　应收票据业务资金运动分析图

【例7-10】甲公司发生下列业务：

(1) 20×8年7月1日，向乙公司销售商品一批，货款100 000元尚未收到，已办妥托收手续，适用的增值税税率为13%。（图7-18，A段）

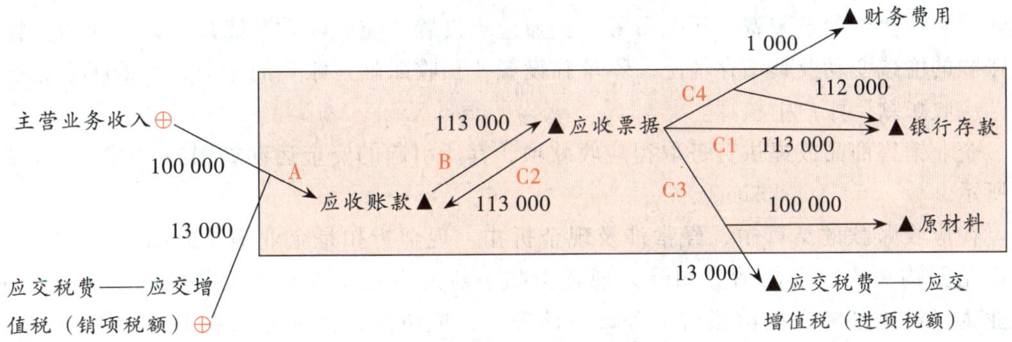

图7-18　甲公司应收票据业务资金运动分析图

借：应收账款	113 000	
贷：主营业务收入		100 000
应交税费——应交增值税（销项税额）		13 000

(2) 20×8年7月10日，收到乙公司寄来的一张3个月的商业承兑汇票，面值为113 000元，抵付产品货款。(图7-18，B段)

借：应收票据　　113 000

　贷：应收账款　　113 000

(3) 20×8年10月10日，应收票据到期，收回票面金额113 000元存入银行。(图7-18，C1段)

借：银行存款　　113 000

　贷：应收票据　　113 000

(4) 20×8年10月10日，若乙公司无力偿还票款，担保人也无力偿还。(图7-18，C2段)

借：应收账款　　113 000

　贷：应收票据　　113 000

(5) 若甲公司于20×8年8月26日将上述应收票据背书转让，以取得生产经营所需的M材料，该材料的金额为100 000元，适用的增值税税率为13%。该材料已验收入库。甲公司背书后不负连带责任。(图7-18，C3段)

借：原材料　　100 000

　　应交税费——应交增值税（进项税额）　　13 000

　贷：应收票据　　113 000

应收票据业务举例

(6) 若甲公司于20×8年9月10日将应收票据贴现给银行（不负连带责任，即未来银行是否收到票款与甲公司没有关系），取得银行存款112 000元。(图7-18，C4段)

借：银行存款　　112 000

　　财务费用　　1 000

　贷：应收票据　　113 000

（二）应收账款业务会计处理

应收账款是指企业因销售商品、提供劳务等经营活动，应向购货单位或接受劳务单位收取的款项，主要包括企业销售商品或提供劳务等应向有关购货方收取的价款、增值税及代购货单位垫付的包装费、运杂费等。企业应当设置“应收账款”账户，以反映和监督应收账款的增减变动及其结存情况。不单独设置“预收账款”账户的企业，预的账款业务也在“应收账款”账户中核算。

企业销售商品或提供劳务取得应收款项，其所引起的资金运动如图7-19中A、B段运动所示。

在应收账款的结算中，经常涉及现金折扣。现金折扣是企业为了鼓励购买方及早付款而给予购买方一定的债务扣除，现金折扣一般发生在企业对外提供的赊销交易之中。企业为了鼓励债务人提前偿付债务，与债务人达成协议，使债务人在不同的付款期限内享受不同比例的折扣。其表达方法为“折扣率/付款期限”，如“2/10，1/20，N/30”，其具体含义是：在10天之内付款可享有2%的折扣，超过10天但在20天内付款的可享受1%的优惠，超过20天则没有优惠，对方应该在30天之内全价付款，否则就属于拖欠货款。

现金折扣发生在商品销售之后的，是否发生以及发生多少要视客户的付款情况而定，企业在确认销售商品收入时，应将现金折扣作为可变对价处理。也就是说，企业应该按照最可能发生的概率预测其有权获取的对价金额，其所引起的资金运动如图7-19中A段、B段运动所示。如果实际收到的款项与所预计的不一样，则应该相应确认收入与增值税，其所引起的资金运动如图7-19中C段、D段运动所示。

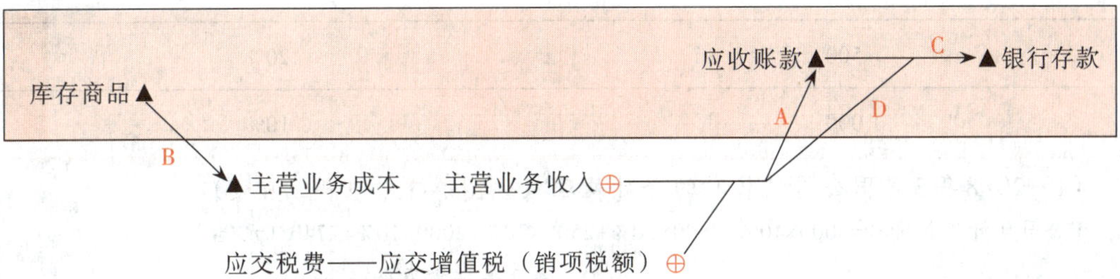

图7-19 现金折扣业务资金运动分析图

【例7-11】甲公司是一般纳税人，增值税税率为13%。20×8年1月2日，甲公司向乙公司赊销一批商品，价款100 000元，以银行存款代垫运杂费400元，付款条件为：2/10，1/20，N/30。该批商品成本为60 000元。

（1）20×8年1月2日对外销售时，按可能性最大的金额确认收入（见图7-20，A、B段）。

商品销售收入确认金额=100 000×（1-2%）=98 000（元）

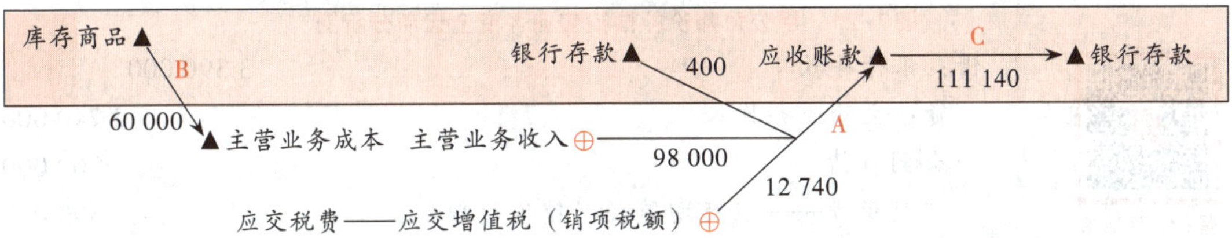

图7-20 甲公司现金折扣业务资金运动分析图

借：应收账款 110 740
　贷：主营业务收入 98 000
　　应交税费——应交增值税（销项税额） 12 740
　　银行存款 400
借：主营业务成本 60 000
　贷：库存商品 60 000

（2）收回货款（见图7-20，C段）。

借：银行存款 111 140
　贷：应收账款 111 140

应收账款业务分析

【例7-12】甲公司生产和销售电视机。20×8年3月甲公司向零售商乙公司销售1 000台电视机。每台售价3 000元，不含增值税，每台成本为2 000元，款项已收到并存入银行。甲公司向乙公司提供价格保护，同意在未来6个月内，如同款电视机售价下降，则按照合同价格与最低售价之间的差额向乙公司支付差价。甲公司根据以往履行类似合同的经验，预计各种结果发生的概率见表7-1。

表7-1　　该电视机未来6个月内降级幅度及概率预测

未来6个月内降价的金额（元/台）	概率
0	40%
200	30%
500	20%
1 000	10%

（1）20×8年3月甲公司销售时的会计处理（见图7-21，A段、B段）。

甲公司估计销售价格=3000×40%+2800×30%+2500×20%+2000×10%=2740（元/台）

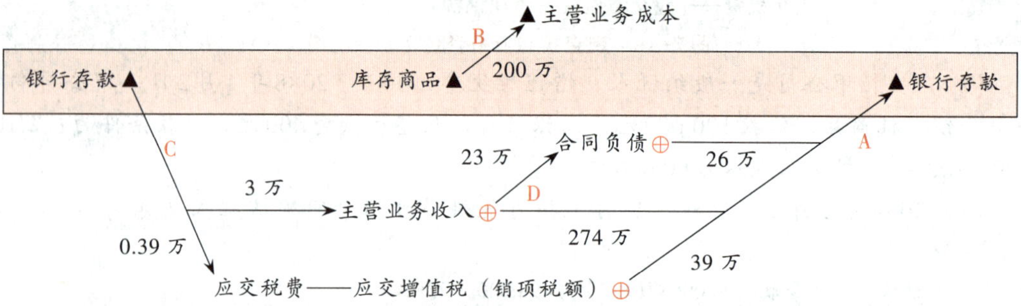

图7-21　甲公司降价补偿销售业务资金运动分析图

降价补偿业务

借：银行存款　　3 390 000

　贷：主营业务收入　　2 740 000

　　合同负债　　260 000

　　应交税费——应交增值税（销项税额）　　390 000

借：主营业务成本　　2 000 000

　贷：库存商品　　2 000 000

（2）6个月到期时，每台电视机的市场售价下降了30元，共下降3万元，甲公司已支付应补偿对方的款项（见图7-21，C段）。

借：合同负债　　30 000

　　应交税费——应交增值税（销项税额）　　3 900

　贷：银行存款　　33 900

（3）剩下的23万元转为收入（见图7-21，D段）。

借：合同负债　　230 000

　贷：主营业务收入　　230 000

（三）合同资产业务会计处理

“合同资产”账户核算企业已向客户转让商品而有权收取对价的权利，且该权利取决于时间流逝之外的其他因素。在客户实际支付合同对价或在该对价到期应付之前，企业如果已向客户转让了商品，则应当将因转让商品而有权收取对价的权利列示为合同资产，但不包括应收账款。应收账款与合同资产的异同见表7-2。

表 7-2　　应收账款与合同资产的异同分析表

项目		应收账款	合同资产
相同之处		都是企业拥有的有权收取合同对价的权利	
不同之处	权利内涵	代表的是无条件收取合同对价的权利，即企业仅仅随着时间的流逝即可收款	不是一项无条件收款的权利，除了时间的流逝之外，还取决于其他条件（如履行合同中的其他条款），这样才能收取相应的合同对价
	风险	信用风险	履约风险、信用风险
	分类	金融资产	非金融资产

当企业获得有条件收取合同对价的权利时，其所引起的资金运动如图 7-22 中 A 段运动所示；以后该权利转换为无条件收取合同对价的权利时，其所引起的资金运动如图 7-22 中 B 段运动所示；以后实际收到款项时，其所引起的资金运动如图 7-22 中 C 段运动所示。合同资产也可以直接转化为企业的银行存款，如果这样的话，图 7-22 中 B 和 C 两段就合二为一。

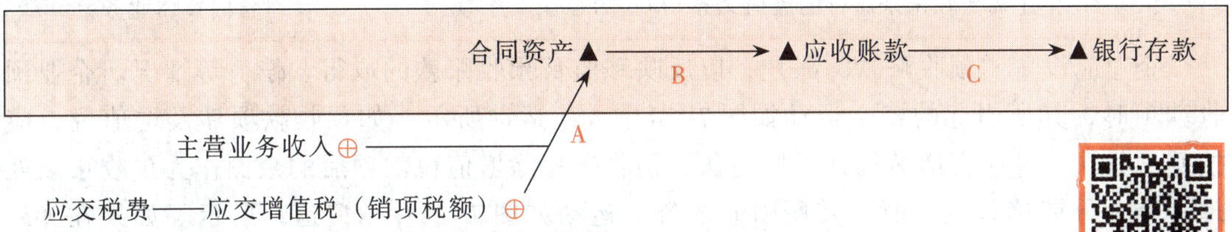

图 7-22　合同资产相关业务资金运动分析图

合同资产业务分析

【例 7-13】20×8 年 3 月 1 日，甲公司与客户签订合同，向其销售 M、N 两种商品，合同价款为 20 万元。合同约定，M 商品于合同开始日交付，N 商品从合同开始日起 1 个月之后交付，只有当 M、N 两种商品全部交付之后，甲公司才有权收取 20 万元的合同对价。假设销售 M 商品和 N 商品构成两项履约义务，其控制权在交付时转移给客户，分摊至 M 商品、N 商品的交易价格分别为 4 万元和 16 万元。上述价格均不包括增值税，增值税税率为 13%。

（1）交付 M 商品时：（图 7-23，A 段）

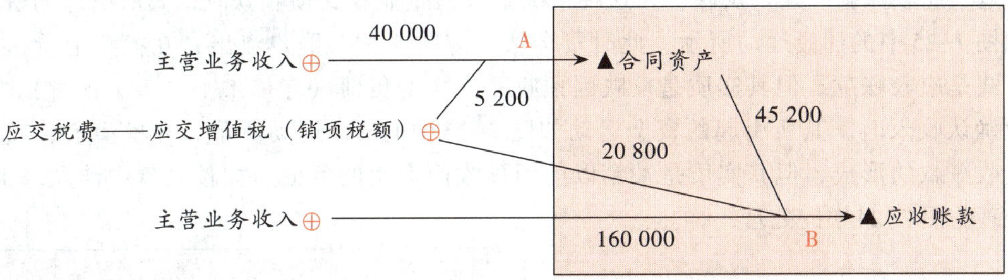

图 7-23　甲公司合同资产业务资金运动分析图

借：合同资产　　45 200
　贷：主营业务收入　　40 000

　　应交税费——应交增值税（销项税额）　　5 200

（2）交付N商品，售价16万元，增值税2.08万元，款项尚未收到。（图7-23，B段）

借：应收账款　　226 000

　贷：主营业务收入　　160 000

　　应交税费——应交增值税（销项税额）　　20 800

　　合同资产　　45 200

（四）预收账款业务会计处理

预收账款是指企业按照合同规定向购货单位预收的款项。预收账款与合同负债的区别见表7-3。

表7-3　　预收账款与合同负债的差异分析表

业务	与履约义务的关系	举例	会计确认
	未产生未来需要履行的履约义务	一些无须退回的初始费用	预收账款业务
预收了一笔款项	与此相关的履约义务正在履行之中	如在某一时期内履行履约义务的过程中预收的款项	预收账款业务
	产生了需要在未来履行的履约义务	预收的延保服务等	合同负债业务

企业应设置“预收账款”账户，以反映和监督预收账款的取得、偿付等情况。企业预收款项时，其所引起的资金运动如图7-24中A段运动所示。如预收款项涉及增值税，应按照预收款计算应交增值税并予以确认，预收款扣除增值税款项后的余额作为预收账款处理。企业分期确认收入时，其所引起的资金运动如图7-24中B段运动所示。如果在A段资金运动中已确认增值税，则B段资金运动不再确认增值税。客户补付货款时，其所引起的资金运动如图7-24中C段运动所示。

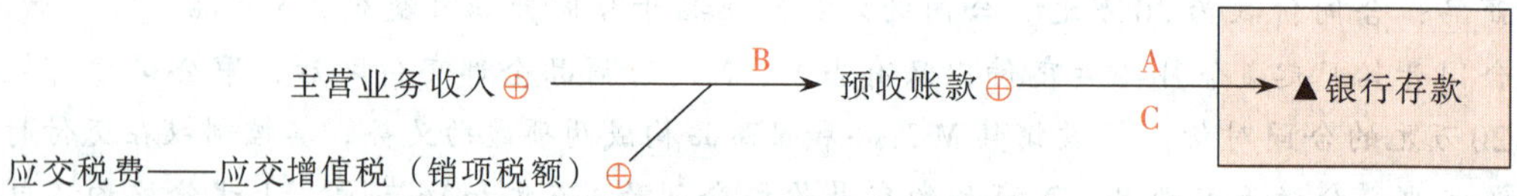

图7-24　预收账款业务资金运动分析图

企业在预收款业务较少的情况下，也可不设“预收账款”账户，如发生预收款业务，可通过“应收账款”账户反映。在这种情况下，当企业收到预收款时，其所引起的资金运动如图7-25中的A段运动所示，此时资金从“应收账款”账户流出，在模型上看，其表现形式是应收账款，但其实质是反映因预收而产生的负债（在模型上是一个沙坑）。以后企业确认收入时，其所引起的资金运动如图7-25中的B段运动所示，在模型上，其表现为应收账款的形成，但其实质是冲销以前因预收而产生的负债。如预收款中涉及增值税，其处理与图7-24中的处理一样。

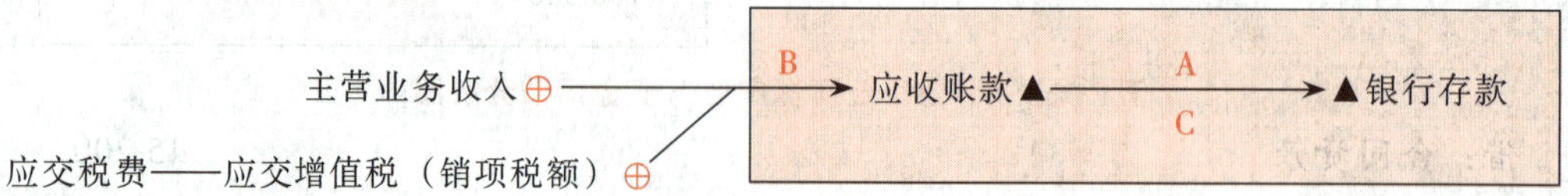

图7-25　预收账款业务资金运动分析图——不设“预收账款”账户

【例7-14】甲公司为增值税一般纳税人，适用的增值税税率为13%。20×8年8月1日，甲公司与丙公司签订经营租赁（非主营业务）吊车合同，向丙公司出租吊车三台，期限为4个月，三台吊车租金（含税）共计90 400元。合同约定，合同签订日预付租金（含税）33 900元，合同到期结清全部租金余款。合同签订日，甲公司收到租金并存入银行，开具的增值税专用发票上注明的租金为30 000元，增值税税款为3 900元。租赁期满时，甲公司收到租金余款及相应增值税税款。

预收账款业务理论分析

（1）20×8年8月1日收到乙公司预付租金。（图7-26，A段中（1））

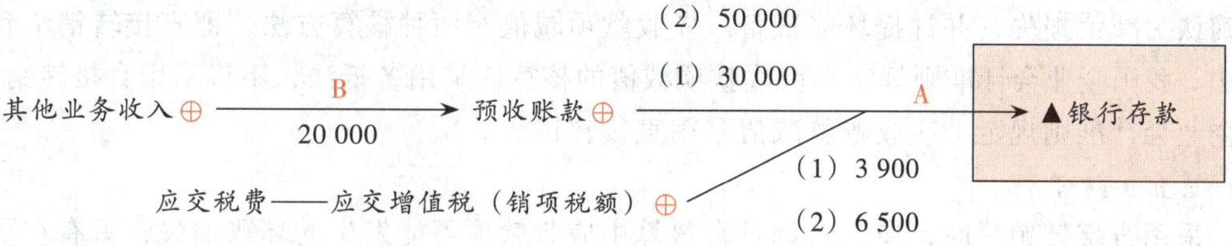

图7-25　甲公司预收账款业务资金运动分析图

借：银行存款　33 900
　贷：预收账款——丙公司　30 000
　　　应交税费——应交增值税（销项税额）　3 900

预收账款业务举例

（2）20×8年8月、9月、10月、11月每月确认租金收入。（图7-26，B段）

借：预收账款　20 000
　贷：其他业务收入　20 000

（3）20×8年11月30日租赁期满，收到租金余款及增值税税款。（图7-26，A段中（2））

借：银行存款　56 500
　贷：预收账款——丙公司　50 000
　　　应交税费——应交增值税（销项税额）　6 500

假设甲公司不设置“预收账款”账户，其预收款业务通过“应收账款”账户进行核算。

（1）20×8年8月1日收到乙公司预付租金。（图7-27，A段中（1））

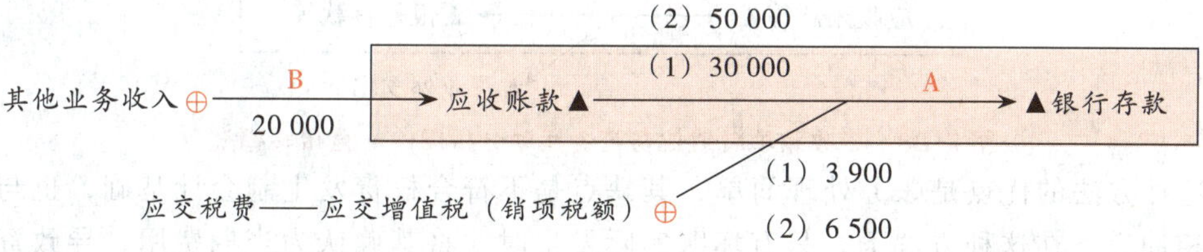

图7-27　甲公司预收账款业务资金运动分析图——不设“预收账款”账户

借：银行存款　33 900
　贷：应收账款——丙公司　30 000
　　　应交税费——应交增值税（销项税额）　3 900

（2）20×8年8月、9月、10月、11月每月确认租金收入。（图7-27，B段）

借：应收账款——丙公司　20 000
　贷：其他业务收入　20 000

（3）20×8年11月30日租赁期满，收到租金余款及增值税税款。（图7-27，A段中（2））

借：银行存款　　　　56 500

　贷：应收账款——丙公司　　　　50 000

　　　应交税费——应交增值税（销项税额）　　　　6 500

（五）应收款项减值业务资金运动分析与会计处理

企业的各项应收款项，可能会因购货人拒付、破产、死亡等原因而无法收回。这些无法收回的应收款项就是坏账。企业因坏账而遭受的损失为坏账损失或减值损失。企业应该在资产负债表日对应收款项的账面价值进行评估，应收款项发生减值的，应该将减记的金额确认为减值损失，并计提坏账准备。应收款项减值有两种核算方法，即直接转销法和备抵法。我国企业会计准则规定，应收款项减值的核算应采用备抵法，不得采用直接转销法。小企业会计准则规定，应收账款减值采用直接转销法。

1.直接转销法

采用直接转销法时，应不考虑日常核算中应收款项可能发生的坏账损失，只有在实际发生坏账时，才将其作为坏账损失计入当期损益，同时直接冲减应收款项。

小企业应收及预付款项符合下列条件之一的，减除可收回的金额后确认的无法收回的应收及预付款，作为坏账损失通过营业外支出计入当期损益：

（1）债务人依法宣告破产、关闭、解散、被撤销，或者被依法注销、吊销营业执照，其清算财产不足清偿的；

（2）债务人死亡，或者依法被宣告失踪、死亡，其财产或者遗产不足清偿的；

（3）债务人逾期3年以上未清偿，且有确凿证据证明已无力清偿债务的；

（4）与债务人达成重组协议或法院批准破产重整计划后，无法追偿的；

（5）因自然灾害、战争等不可抗力导致无法收回的；

（6）国务院财政、税务主管部门规定的其他条件。

按照小企业会计准则，确认应收款项实际发生的坏账损失，应当按照可收回的金额确认“银行存款”等项目，按照其与应收款项账面余额的差额确认为营业外支出。其所引起的资金运动如图7-28所示。

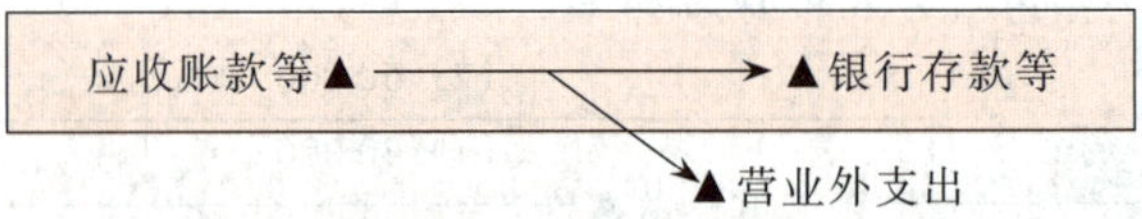

图7-28　应收款项减值业务资金运动分析图——直接转销法

这种方法的优点是账务处理简单，其缺点是不符合权责发生制会计基础，也与资产定义相冲突。在这种方法下，只有坏账实际发生时才将其确认为当期费用，导致资产和各期损益不实；另外，在资产负债表上，应收款项是按账面余额而不是账面价值反映，这在一定程度上歪曲了企业期末的财务状况。

2.备抵法

备抵法是采用一定的方法按期确定逾期信用损失，建立坏账准备，并将该损失计入当期损益；待坏账实际发生时，冲销已计提的坏账准备和相应的应收款项。

（1）预期信用损失的定义

预期信用损失，是指以发生违约的风险为权重的金融工具信用损失的加权平均值。所谓发生违约的风险实际上就是发生违约的概率。信用损失是指企业根据合同应收的现金流量与预期能收到的现金流量之间的差额的现值。根据现值的定义，即使企业能够全额收回合同约定的金额，但如果收款时间晚于合同规定的时间，也会产生信用损失。

(2) 预期信用损失的确定方法

企业对于《企业会计准则第14号——收入》（财会〔2017〕22号）规范的交易形成且不含重大融资成分的应收款项，应始终按照相当于整个存续期内预期信用损失的金额计量其损失准备。

信用风险自初始确认后是否显著增加，应根据以下情况进行判断：

①企业应通过比较应收款项在初始确认时所确定的预计存续期内的违约概率与该金融工具在资产负债表日所确定的预计存续期内的违约概率，来判断金融工具信用风险是否显著增加。

②企业确定应收款项在资产负债表日只具有较低的信用风险的，可以假定该应收款项的信用风险自初始确定后并未显著增加。通常情况下，如果逾期超过30天，则表明应收款项的信用风险已经显著增加；除非企业在无须付出额外成本或努力的情况下即可获得合理且有依据的信息，证明即使逾期超过30天，信用风险自初始确认后仍未显著增加。

③在确定信用风险自初始确认后是否显著增加时，企业应该考虑无须付出额外成本或努力即可获得合理且有依据的信息，包括前瞻性信息；

④对于应收款项，如果企业在单项应收款项层面无法以合理成本获得关于信用风险显著增加的充分证据，而在组合的基础上评估信用风险是否显著增加是可行的，那么企业应按照应收款项的类型、信用风险评级、初始确认日期、剩余合同期限为其共同风险特征，对应收款项进行分组并以组合为基础评估信用风险是否显著增加。

在确定信用风险自初始确认后是否显著增加时，企业应考虑的具体信息包括：①债务人未能按照合同到期日支付款项的情况；②已发生的或预期的债务人的外部或内部信用评级的严重恶化；③已发生的或预期的债务人经营成果的严重恶化；④现存的或预期的技术、市场、经济或法律环境变化，并将对债务人对本企业的还款能力产生重大不利影响。

考虑到应收款项的流动性特征，实务中，企业通常按照应收款项的账面余额和预计可收回金额的差额确定预计信用减值损失。即按照在应收款项初始确认时所确定的预计存续期内的违约概率与该应收款项在资产负债表日所确定的预计存续期内的违约概率，来判断应收账款信用风险是否显著增加。应收款项坏账准备可以分类计算确定，也可以以组合为基础计算确定。

采用备抵法的优点主要有：(1) 预计不能收回的应收账款可作为坏账损失及时计入当期费用，能较好地贯彻权责发生制原则、稳健性原则和配比原则，避免企业虚增利润；(2) 在报表上列示应收款项账面价值，使报表阅读者能更好地了解企业应收款项预期可收回金额或真实的财务状况，防止企业虚增资产价值。

企业应设置“坏账准备”账户，以反映和监督应收款项的坏账准备的计提、转销等事项。坏账准备可按以下公式计算：

$$\text{当期应计提的坏账准备} = \text{当期按应收款项计算的坏账准备金额} - (\text{或}+)\ \text{“坏账准备”账户的贷方（或借方）余额}$$

在每一个会计期末，企业首先应确定应收款项是否存在减值；如果存在，应确认应收款项减值了多少（即坏账准备期末应保留的金额）。然后将应收款项减值的金额与“坏账准备”账户已有余额进行比较，若减值金额大于已提取的金额，企业应予以补提（即坏账准备本期提取的金额），从而增加企业的当期费用，其所引起的资金运动如图7-29中的A段运动所示；若减值金额小于已提取的金额，则说明企业应收款项的价值有所恢复，则减记的金额应当予以恢复，企业应冲销已计提的多余部分金额，其所引起的资金运动如图7-29中的B段运动所示。

当企业实际发生坏账时，将已确认为坏账的应收款项冲销坏账准备，其所引起的资金运动如图7-29中C段运动所示；如原作为坏账冲销的应收款项重新收回，企业有两种处理方法：一种是首先更正原来作为坏账冲销的处理，然后作为正常的应收款收回处理，其所引起的资金运动如图7-29中D11、D12段运动所示；另一种处理就是采取简化措施，直接调整坏账准备与银行存款，其所引起的资金运动如图7-29中的D2段运动所示。

应收款项减值的理论分析

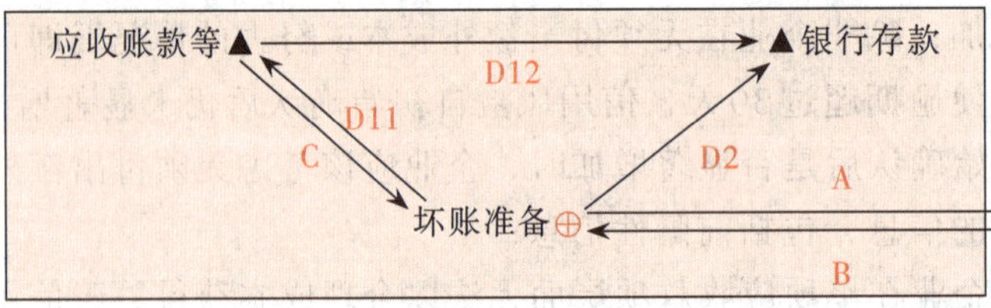

图7-29　应收款项减值业务资金运动分析图——备抵法

从会计沙盘模型上看，坏账准备的表现形式与资产的表现形式不一样，但其仍然是资产项目，属于资产抵减项目。以“坏账准备”抵减应收款项的原价就可得出应收款项的账面价值。

“信用减值损失”账户是一个费用账户。该账户专门用来反映金融资产因预期信用减值可能带来的损失，该账户余额期末应全部结转到“本年利润”账户，结转后期末余额为零。

【例7-15】甲公司在一定时期内连续发生与坏账准备相关的经济业务如下：

(1) 20×6年12月31日，公司应收账款余额为400万元，估计坏账损失率为1%。“坏账准备”账户期初余额为零。（图7-30，A段中（1））

应收款项减值业务举例

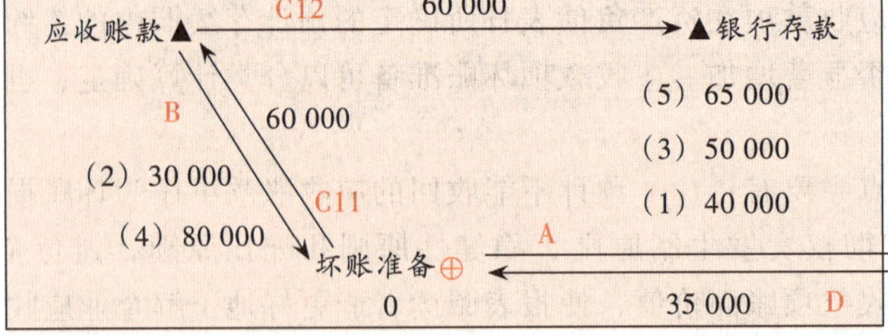

图7-30　甲公司连续几年应收账款减值业务资金运动分析图

借：信用减值损失　　40 000

　贷：坏账准备　　40 000

(2) 20×7年10月30日，公司一笔价值为30 000元的应收款（X企业）经确认无法收回，作为坏账冲销准备金（全年仅此一笔相关业务）。（图7-30，B段中（2））

借：坏账准备　　30 000

贷：应收账款——X　　30 000

（3）20×7年12月31日，公司应收账款余额为600万元，估计坏账率为1%。（图7-30，A段中（3））

坏账准备的保留数=6 000 000×1%=60 000（元）

坏账准备的提取数=保留数-贷方余额（或+借方余额）=60 000-10 000=50 000（元）

借：信用减值损失　　50 000

贷：坏账准备　　50 000

（4）20×8年8月21日，公司一笔价值为80 000元的应收款（Y企业）经确认无法收回，冲销准备金（全年仅此一笔相关业务）。（图7-30，B段中（4））

借：坏账准备　　80 000

贷：应收账款——Y　　80 000

（5）20×8年12月31日，公司应收账款余额为450万元，估计坏账损失率为1%。（图7-30，A段中（5））

坏账准备的保留数=4 500 000×1%=45 000（元）

坏账准备的提取数=保留数-贷方余额（或+借方余额）=45 000+20 000=65 000（元）

借：信用减值损失　　65 000

贷：坏账准备　　65 000

（6）20×9年4月5日，公司一笔原已确认为坏账的60 000元货款（Z企业）重新收回，款项已存入银行（全年仅此一笔相关业务）。（图7-30，C11、C12段）

重新确认应收账款：

借：应收账款——Z　　60 000

贷：坏账准备　　60 000

反映银行存款的增加：

借：银行存款　　60 000

贷：应收账款——Z　　60 000

（7）20×9年12月31日，公司应收账款余额为700万元，估计坏账损失率为1%。（图7-30，D段）

坏账准备的保留数=7 000 000×1%=70 000（元）

坏账准备的提取数=保留数-贷方余额（+借方余额）=70 000-105 000=-35 000（元）

借：坏账准备　　35 000

贷：信用减值损失　　35 000

第三节　销售环节费用确认段资金运动分析与会计处理

费用包括企业日常活动所发生的经济利益的总流出，主要是指企业为取得营业收入进行产品销售等营业活动所发生的营业成本、税金及附加和期间费用。企业为生产产品、提供劳务等发生的可归属于产品成本、劳务成本等的费用，应当在确认销售产品收入、提供劳务收入等时，将已销售商品、已提供劳务的成本确认为营业成本（包括主营业务成本和其他业务成本）。期间费用主要包括销售费用、管理费用和财务费用。

知识点自测

一、常规费用确认业务会计处理

（一）营业成本业务会计处理

营业成本是指企业为生产产品、提供劳务等发生的可归属于产品成本、劳务成本等的费用，企业应当在确认商品销售收入、提供劳务收入等时，将已销售商品、已提供劳务的成本等计入当期损益。营业成本包括主营业务成本和其他业务成本。

1.主营业务成本

主营业务成本是指企业销售商品、提供劳务等经常性活动所发生的成本。企业一般在确认销售商品、提供劳务等主营业务的收入时，或在月末，将已销售商品、已提供劳务的成本转入主营业务成本。企业应该设置“主营业务成本”账户，用以核算企业因销售商品、提供劳务等日常活动而发生的实际成本，该账户按主营业务的种类进行明细核算。企业结转已销售商品或提供劳务成本时，其所引起的资金运动如图7-31中A段运动所示。期末，将主营业务成本的余额转入“本年利润”账户时，其所引起的资金运动如图7-31中B段运动所示。结转后，该账户无余额。

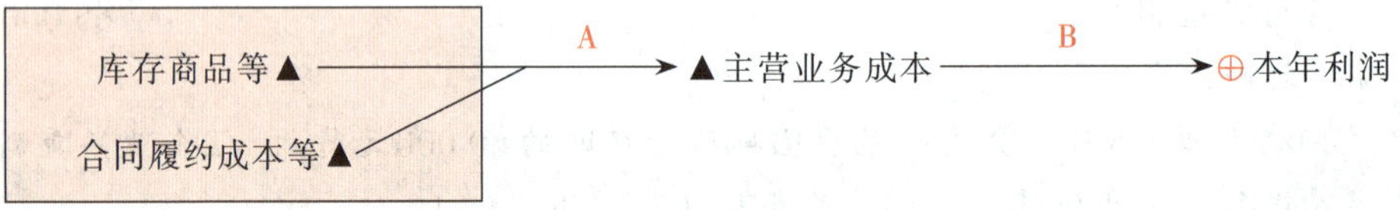

图7-31　主营业务成本业务资金运动分析图

2.其他业务成本

其他业务成本是指企业确认的除主营业务活动之外的其他日常经营活动所发生的支出。其他业务成本包括销售材料的成本、出租固定资产的折旧费、出租无形资产的摊销费、出租包装物的成本或摊销额等。采用成本模式计量投资性房地产的，其投资性房地产计提的折旧额或摊销额也构成其他业务成本。

企业应设置“其他业务成本”账户，用以核算企业确认的除主营业务活动之外的其他日常经营活动所发生的支出。“其他业务成本”账户按其种类进行明细分类核算。企业发生其他业务成本时，其所引起的资金运动如图7-32中A段运动所示。期末，将其他业务成本的余额转入“本年利润”账户时，其所引起的资金运动如图7-32中B段运动所示。结转后，该账户无余额。

营业成本业务理论分析

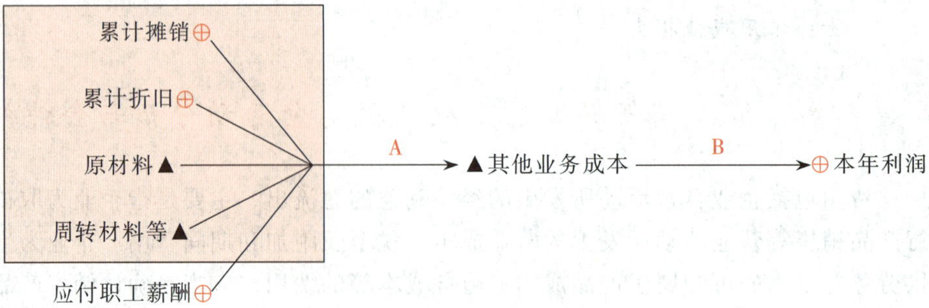

图7-32　其他业务成本业务资金运动分析图

【例7-16】20×8年10月10日，甲公司销售商品领用单独计价的包装物的实际成本为30 000元，开具的增值税专用发票上注明的价款为50 000元，增值税税款为6 500元，款项已由银行收妥。企业销售商品领用单独计价包装物属于销售商品和销售包装物两项履约义务，且属于在某一时点履行的履约义务。销售商品业务略。

（1）20×8年10月10日，出售包装物。（图7-33，A段）

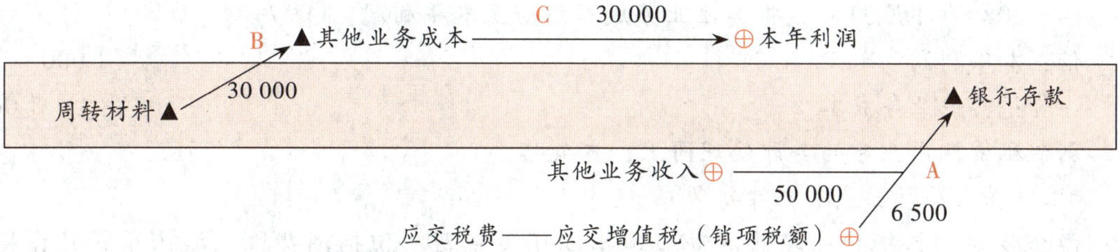

图7-33　甲公司销售包装物业务资金运动分析图

借：银行存款　　56 500

　　贷：其他业务收入　　50 000

　　　　应交税费——应交增值税（销项税额）　　6 500

结转出售包装物成本。（图7-33，B段）

借：其他业务成本　　30 000

　　贷：周转材料——包装物　　30 000

（2）期末，将其他业务成本结转至本年利润。（图7-33，C段）

借：本年利润　　30 000

　　贷：其他业务成本　　30 000

【例7-17】20×8年1月1日，甲公司将自行开发完成并申请获得专利许可的专利技术出租给乙公司，该专利技术成本为120 000元（可使用10年）。双方约定的租赁期为2年，租期为20×8年1月1日至20×9年12月31日，其租金支付方式为每季度的第一天支付本季度租金15 000元及增值税税款900元。甲公司每月应摊销专利技术费1 000元。

（1）20×8年1月1日，收到第一季度租金及增值税税款。（图7-34，A段）

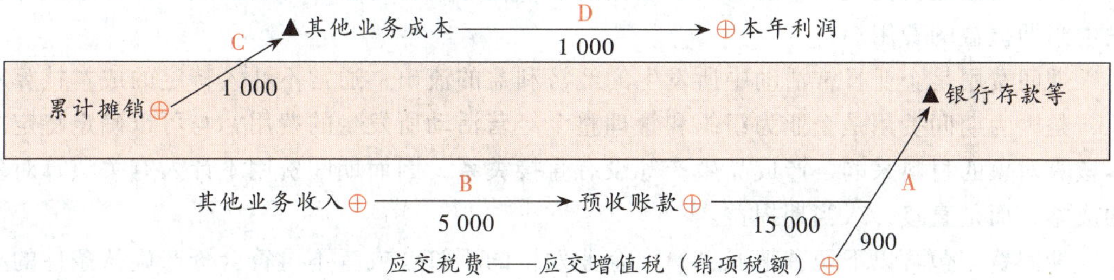

图7-34　甲公司出租专利技术业务资金运动分析图

借：银行存款　　15 900

　　贷：预收账款　　15 000

　　　　应交税费——应交增值税（销项税额）　　900

营业成本业务举例

（2）20×8年1月31日，确认租金收入。（图7-34，B段）

借：预收账款　　5 000

　贷：其他业务收入　　5 000

(3) 20×8年1月31日，结转出租专利技术的成本。(图7-34，C段)

借：其他业务成本　　1 000

　贷：累计摊销　　1 000

(4) 20×8年1月31日，将其他业务成本结转至本年利润。(图7-34，D段)

借：本年利润　　1 000

　贷：其他业务成本　　1 000

剩余租赁期内业务的会计处理同上，本处略。

(二) 税金及附加业务会计处理

税金及附加是指企业经营活动应负担的相关税费，包括消费税、城市维护建设税、教育费附加、资源税、土地增值税、房产税、城镇土地使用税、车船税、印花税等。

企业应当设置“税金及附加”账户，用以核算企业经营活动中所发生的相关税费。企业按规定计算确定与经营活动有关的相关税费，其所引起的资金运动如图7-35中A段运动所示。企业缴纳税费时，其所引起的资金运动如图7-35中B段运动所示。期末，将税金及附加的余额转入“本年利润”账户，其所引起的资金运动如图7-35中C段运动所示。结转后，该账户无余额。企业缴纳的印花税，不会发生应付未付税款的情况，不需要预计应纳税金额，同时也不存在与税务机关结算或者清算的问题。因此，企业缴纳印花税时，不需要通过“应交税费”账户，而是直接记入“税金及附加”账户，其所引起的资金运动如图7-35中D段运动所示。

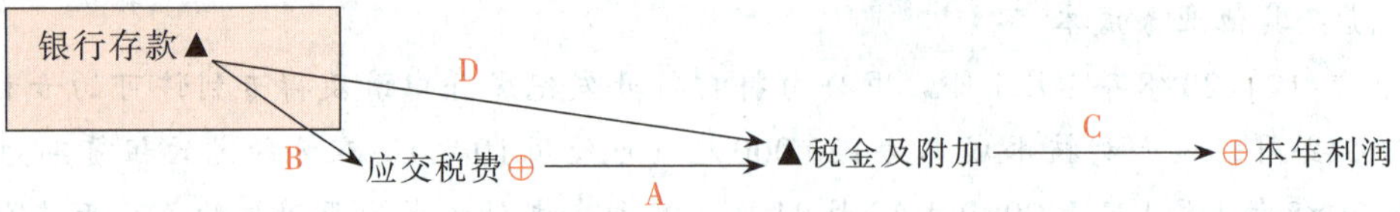

图7-35　税金及附加业务资金运动分析图

(三) 期间费用业务会计处理

期间费用是指企业日常经营活动发生的、不能计入特定核算对象的成本，而应该计入发生当期损益的费用。

期间费用是企业日常活动中所发生的经济利益的流出，通常不计入特定的成本核算对象，是因为期间费用是企业为组织和管理整个经营活动所发生的费用，与可以确定特定成本核算对象的材料采购、产成品生产等没有直接关系，因而期间费用不计入有关核算对象的成本，而是直接计入当期损益。

期间费用包含以下两种情况：(1) 企业发生的不符合或者不再符合资产确认条件的支出，应当在发生时确认为费用，计入当期损益。(2) 企业发生的交易或者事项导致其承担了一项负债，而又不能确认为一项资产的，应当在发生时确认为费用，计入当期损益。期间费用主要包括销售费用、管理费用和财务费用。

1.销售费用

销售费用是指企业在销售产品、提供劳务等日常经营过程中发生的各项费用以及专设销售机构的各项经费，主要包括：因销售产品而发生的运输费、包装费、装卸费、保险费、销售佣金和代销手续费等；为推销产品所支付的宣传费、广告费等；企业的产品参加展览和展销活动而发生的费用；专设销售机构（含销售网点、售后服务网点等）所发生的人员工资及福利费、折旧费、修理费、物料消耗、办公费、差旅费、低值易耗品摊销等费用。企业发生的与专设销售机构相关的固定资产维修费用等后续支出也属于销售费用。

销售费用是与企业销售商品活动有关的费用，但不包括销售商品、提供劳务本身的成本，该成本属于主营业务成本或其他业务成本。

企业应设置“销售费用”账户，用以核算销售费用的发生和结转情况，该账户应按照销售费用的具体项目进行明细核算。当企业发生各种销售费用时，其所引起的资金运动如图7-36中A段运动所示。期末将销售费用的余额转入“本年利润”账户时，其所引起的资金运动如图7-36中B段运动所示。结转后，该账户无余额。涉及增值税的，允许抵扣的要作为进项税额单列，不允许抵扣的要合并在销售费用之中。

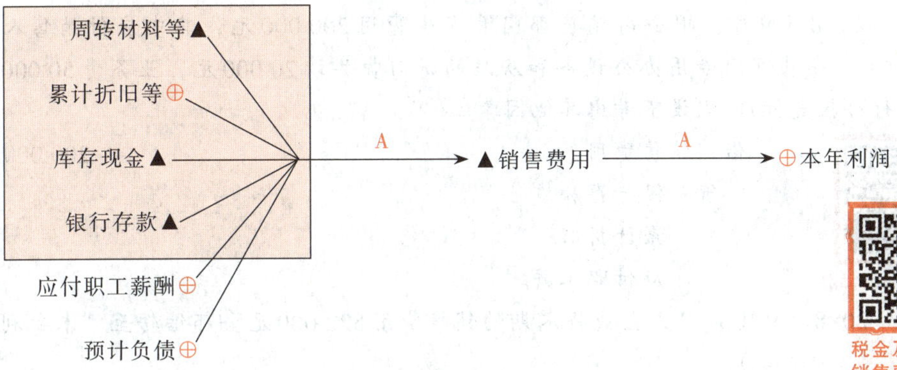

图7-36 销售费用业务资金运动分析图

税金及附加和销售费用业务理论分析

【例7-18】甲公司为增值税一般纳税人。

(1) 20×8年9月1日，为宣传新产品发生广告费，取得的增值税专用发票上注明的价款为300 000元，增值税税款为18 000元。所有款项均以银行存款支付。（图7-37，A段中（1））

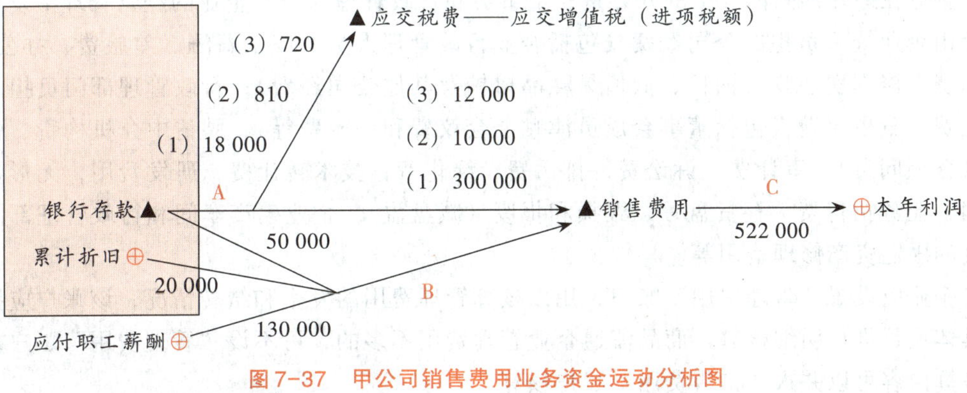

图7-37 甲公司销售费用业务资金运动分析图

借：销售费用——广告费	300 000
应交税费——应交增值税（进项税额）	18 000

贷：银行存款 318 000

(2) 20×8年9月10日，甲公司销售一批产品，取得的增值税专用发票上注明的运输费为9 000元，增值税税款为810元，取得的增值税普通发票上注明的装卸费为1 000元，上述款项全部以银行存款支付。（图7-37，A段中（2））

借：销售费用——运杂费 10 000

应交税费——应交增值税（进项税额） 810

贷：银行存款 10 810

(3) 20×8年9月15日，甲公司以银行存款支付所销产品的保险费合计12 720元，取得的增值税专用发票上注明的保险费为12 000元，增值税税款为720元。（图7-37，A段中（3））

借：销售费用——保险费 12 000

应交税费——应交增值税（进项税额） 720

贷：银行存款 12 720

(4) 20×8年9月，甲公司销售部门共发生费用200 000元，其中应付销售人员薪酬130 000元，销售部门专用办公设备和房屋的折旧费共计20 000元，业务费50 000元（全部以银行存款支付）。假设不考虑其他因素。（图7-37，B段）

借：销售费用 200 000

贷：银行存款 50 000

累计折旧 20 000

应付职工薪酬 130 000

销售费用业务举例

(5) 20×8年9月30日，企业将本期的销售费用522 000元全部结转至“本年利润”账户。（图7-37，C段）

借：本年利润 522 000

贷：销售费用 522 000

2.管理费用

管理费用是指企业行政管理部门为管理和组织企业经营管理活动发生的各项费用，包括：企业在筹建期间内发生的开办费；董事会和行政管理部门在企业的经营管理中发生的或应由企业统一负担的公司经费（包括企业行政管理人员的职工薪酬、差旅费、办公费、折旧费、修理费、物料消耗、低值易耗品摊销及其他公司经费）；行政管理部门负担的工会经费、董事会费（包括董事会成员津贴、会议费和差旅费等）、聘请中介机构费、咨询费（含顾问费）、审计费、诉讼费、排污费、绿化费；技术转让费，研发费用，无形资产摊销，业务招待费，存货盘亏、毁损和报废（减盘盈），企业生产车间和行政管理部门等发生的固定资产修理费用等。

企业应设置“管理费用”账户，用以核算管理费用的发生和结转情况，该账户应按照其具体项目进行明细核算。商品流通企业管理费用不多的，可不设“管理费用”账户，相关核算内容可以并入“销售费用”账户核算。

当企业发生各种管理费用时，其所引起的资金运动如图7-38中A段运动所示。期末将管理费用的余额转入“本年利润”账户时，其所引起的资金运动如图7-38中B段运动所示。结转后，该账户无余额。涉及增值税的，允许抵扣的要作为进项税额单列，不允许抵扣的要合并在管理费用之中。

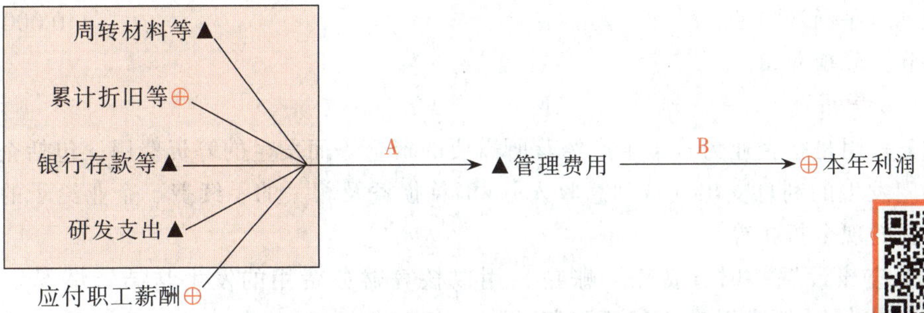

图7-38　管理费用业务资金运动分析图

管理费用业务理论分析

【例7-19】甲公司为增值税一般纳税人。

(1) 20×8年9月10日，甲公司管理部门发生差旅费，取得的增值税专用发票上注明的住宿费为30 000元，增值税税款为1 800元，已用银行存款支付。(图7-39，A段)

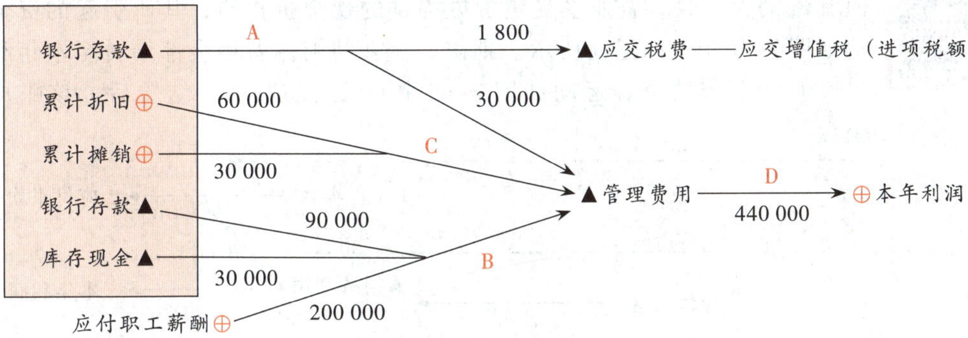

图7-39　甲公司管理费用业务资金运动分析图

借：管理费用——差旅费　　30 000
　　应交税费——应交增值税（进项税额）　　1 800
　贷：银行存款　　31 800

(2) 20×8年9月，甲公司本月共发生管理费用320 000元，其中应付行政管理人员薪酬200 000元，以现金支付各种办公费用共计30 000元，以银行存款支付水电费、其他办公费用90 000元。(图7-39，B段)

管理费用业务举例

借：管理费用　　320 000
　贷：银行存款　　90 000
　　　库存现金　　30 000
　　　应付职工薪酬　　200 000

(3) 20×8年9月，甲公司计提管理部门固定资产折旧费60 000元，摊销公司管理部门无形资产成本30 000元。(图7-39，C段)

借：管理费用　　90 000
　贷：累计折旧　　60 000
　　　累计摊销　　30 000

（4）20×8年9月30日，甲公司将本月“管理费用”账户余额440 000元转入本年利润。（图7-39，D段）

借：本年利润　　440 000

　贷：管理费用　　440 000

3.财务费用

财务费用是指企业为筹集生产经营所需要的资金等而发生的筹资费用，包括企业生产经营期间发生的利息支出（减利息收入）、汇兑损益及相关的手续费、企业给予的现金折扣或享受的现金折扣等。

企业应该设置“财务费用”账户，用以核算财务费用的发生与结转情况。当企业计提本期应付财务费用时，其所引起的资金运动如图7-40中A段运动所示；以后支付该应付未付的利息时，其所引起的资金运动如图7-40中B段运动所示。如本期所确认的财务费用本期直接以银行存款支付，其所引起的资金运动如图7-40中C段运动所示。当企业确认本期利息收入时，其所引起的资金运动如图7-40中C段运动所示，但其流量为负数。企业享受销货方提供的现金折扣的，其所引起的资金运动如图7-40中D段运动所示。期末，企业将财务费用全部结转至本年利润时，其所引起的资金运动如图7-40中E段运动所示。结转后，该账户无余额。

财务费用业务理论分析

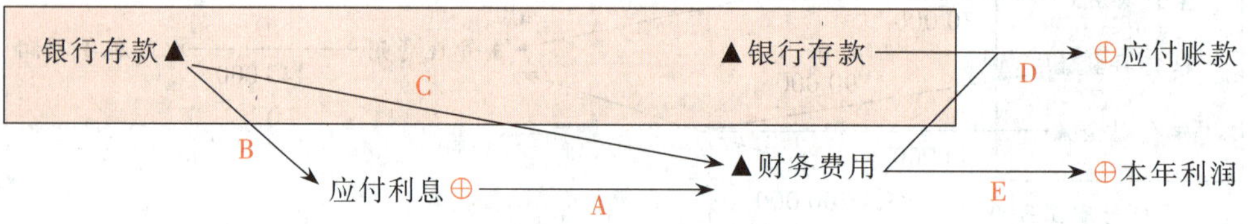

图7-40　财务费用业务资金运动分析图

【例7-20】甲公司为增值税一般纳税人。

（1）20×8年10月5日，甲公司偿还一笔赊购款56 500元，享受现金折扣1 000元，以银行存款支付55 500元。（图7-41，E段）

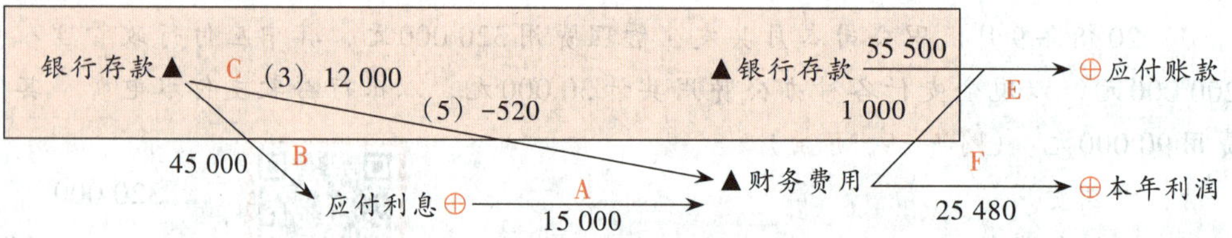

图7-41　甲公司财务费用业务资金运动分析图

借：应付账款　　56 500

　贷：银行存款　　55 500

　　　财务费用　　1 000

（2）20×8年10月31日，甲公司以银行存款支付本期应负担的短期借款利息12 000元。（图7-41，C段中（3））

借：财务费用　　12 000

　贷：银行存款　　12 000

（3）20×8年10月31日，甲公司预计本月应负担的借款利息。该借款于20×8年10月1日向银行借入，借款本金为3 000 000元，期限为6个月，年利率为6%，该借款本金到期一次归还，利息按月预提、按季支付（利息支付日期为本季度结束后的第二天）。（图7-41，A段）

财务费用业务举例

本月末预提当期应付利息=3 000 000×6%÷12=15 000（元）

借：财务费用　　15 000

　贷：应付利息　　15 000

20×9年1月1日支付上年度第四季度应付利息45 000元（其他月份略）。（图7-41，B段）

借：应付利息　　45 000

　贷：银行存款　　45 000

（4）20×8年10月31日，甲公司确认本月银行存款账户利息收入520元。（图7-41，C段中（5））

借：银行存款　　520

　贷：财务费用　　520

（5）20×8年10月31日，甲公司将“财务费用”账户余额25 480元全部转入“本年利润”账户。（图7-41，F段）

借：本年利润　　25 480

　贷：财务费用　　25 480

知识点自测

二、税费业务对费用段资金运动的影响与会计处理

（一）消费税业务会计处理

消费税是指在我国境内生产、委托加工和进口应税消费品的单位和个人，按其流转额征收的一种税。消费税有从价定率、从量定额、从价定率和从量定额复合计税（简称复合计税）三种征收方法。采用从价定率方法征收的消费税，以不含增值税的销售额为税基，按照税法规定的税率计算。企业销售收入包含增值税的，应将其换算为不含增值税的销售额。采用从量定额征收的消费税，按照税法规定的企业应税消费品的数量和单位应税消费品应缴纳的消费税计算确定。采用复合计税计征的消费税，由以不含增值税的销售额为税基、按照税法规定的税率计算的消费税和根据按照税法确定的企业应税消费品的数量和单位应税消费品应缴纳的消费税计算的消费税确定。

1.销售应税消费品的会计处理

企业销售应税消费品时，应确认应交消费税，其所引起的资金运动如图7-42中A段运动所示。以后缴税，以银行存款冲销应交消费税，其所引起的资金运动如图7-42中B段运动所示。期末，将税金及附加结转至“本年利润”账户，其所引起的资金运动如图7-42中C段运动所示。

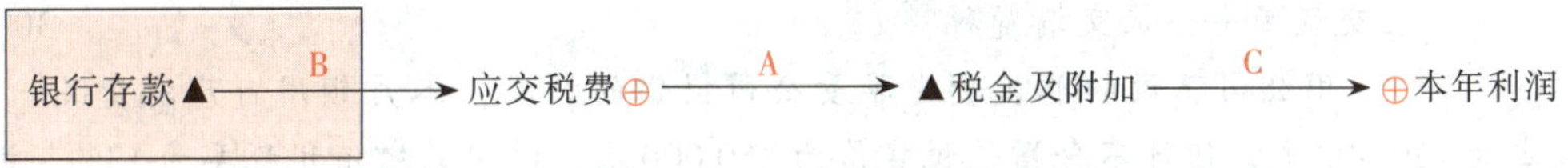

图7-42　消费税业务资金运动分析图

【例 7-21】甲公司销售所生产的化妆品，取得的增值税专用发票上注明的产品售价为200 000元，增值税税款为26 000元。该产品适用的消费税税率为30%。款项已收存银行。该产品的成本为80 000元。

（1）确认销售收入。（图 7-43，A段）

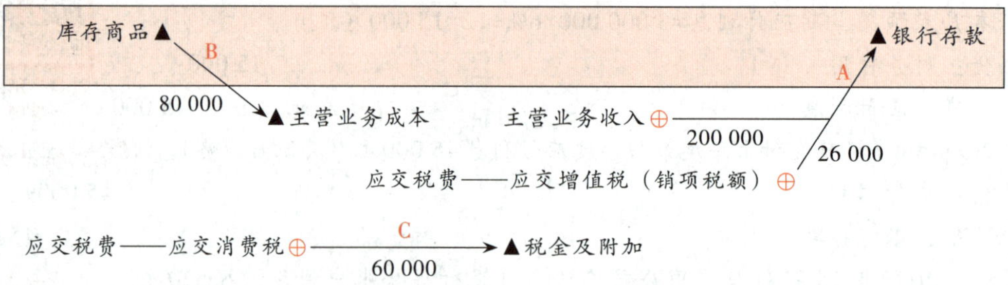

图7-43　甲公司销售应税消费品业务资金运动分析图

借：银行存款　226 000

　贷：主营业务收入　200 000

　　　应交税费——应交增值税（销项税额）　26 000

消费税概述与销售应税消费品举例

（2）结转所售产品成本。（图 7-43，B段）

借：主营业务成本　80 000

　贷：库存商品　80 000

（3）计算并确认应交消费税。（图 7-43，C段）

应纳消费税金额=200 000×30%=60 000（元）

借：税金及附加　60 000

　贷：应交税费——应交消费税　60 000

2. 自产自用应税消费品的会计处理

企业将生产的应税消费品用于在建工程等项目，按规定应确认应交消费税。

【例 7-22】甲公司在建工程项目领用本企业生产的应税消费品，其成本为100 000元，估计售价为150 000元。其适用的消费税税率为20%，不考虑其他相关税费。这项业务所引起的资金运动如图7-44所示。

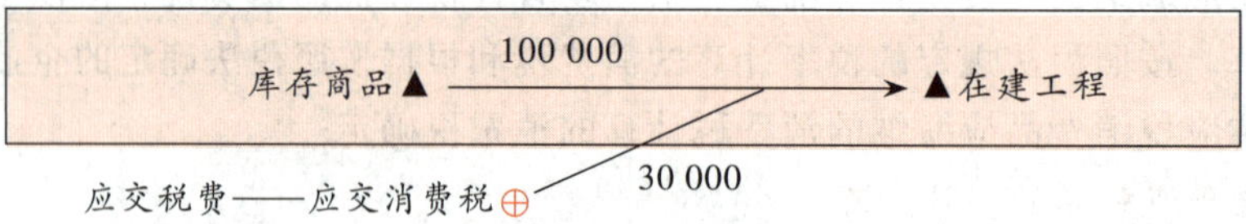

图7-44　甲公司领用应税消费品业务资金运动分析图

应确认的应交消费税=150 000×20%=30 000（元）

借：在建工程　130 000

　贷：库存商品　100 000

　　　应交税费——应交消费税　30 000

【例 7-23】甲公司下设的职工食堂享受公司提供的补贴，本月领用自产消费品一批，其成本为120 000元，估计不含增值税售价为250 000元，适用的增值税税率为13%，适用的消费税税率为20%。

（1）确认销售收入。（图 7-45，A 段）

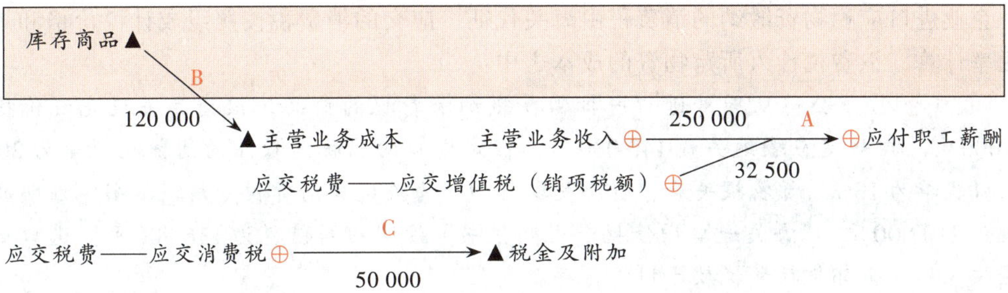

图 7-45 甲公司销售应税消费品业务资金运动分析图

借：应付职工薪酬 282 500

　贷：主营业务收入 250 000

　　应交税费——应交增值税（销项税额） 32 500

自产自用、委托加工物资和进口应税消费品业务

（2）结转产品成本。（图 7-45，B 段）

借：主营业务成本 120 000

　贷：库存商品 120 000

（3）计算并确认应交消费税。（图 7-45，C 段）

应交消费税金额=250 000×20%=50 000（元）

借：税金及附加 50 000

　贷：应交税费——应交消费税 50 000

从本题可知，自产应税消费品用于非生产的集体福利时，该业务实际上视同一个正常的销售业务。

3.委托加工应税消费品的会计处理

企业如有应交消费税的委托加工物资，一般应由受托方代收代缴消费税。委托加工物资收回后，直接用于销售的，应将受托方代收代缴的消费税计入委托加工物资成本（即由受托方代收代缴后，企业未来处理这批物资时，不再涉及消费税），其所引起的资金运动如图 7-46 中 C1 段运动所示。如果委托加工物资收回后用于连续生产应税消费品的，按规定消费税准予抵扣的，应将由受托方代收代缴的消费税作为预缴的消费税单列，待以后用委托加工的应税消费品生产出应纳消费税的产品销售时，再冲销预缴的消费税，其所引起的资金运动如图 7-46 中 C2 段运动所示（类似于增值税中的进项税额抵扣销项税额）。

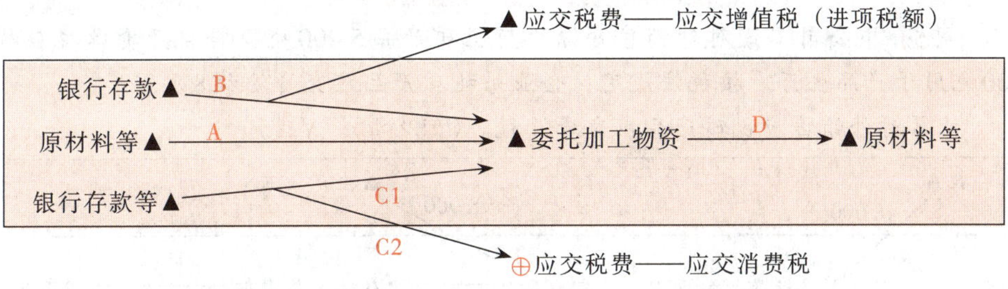

图 7-46 委托加工应税消费品业务资金运动分析图

4.进口应税消费品的会计处理

企业进口应税物资缴纳的消费税由海关代征。应交的消费税按照组成计税价格和规定的税率计算，消费税计入所购物资的成本之中。

【例7-24】甲公司从国外进口一批需要缴纳消费税的商品，该商品关税完税价格为700 000元，按规定应缴纳关税140 000元。假定进口的应税消费品的消费税税率为20%，增值税税率为13%。货物报关后，自海关取得的“海关进口消费税专用缴款书”注明的消费税为210 000元，“海关进口增值税专用缴款书”注明的增值税为136 500元。进口商品已验收入库，全部货款和税款已用银行存款支付。

消费税的计税价格=（700 000+140 000）÷（1−20%）=1 050 000（元）

应交消费税金额=1 050 000×20%=210 000（元）

应交增值税金额=（700 000+140 000+210 000）×13%=1 050 000×13%=136 500（元）

甲公司进口应税消费品所引起的资金运动如图7-46所示。

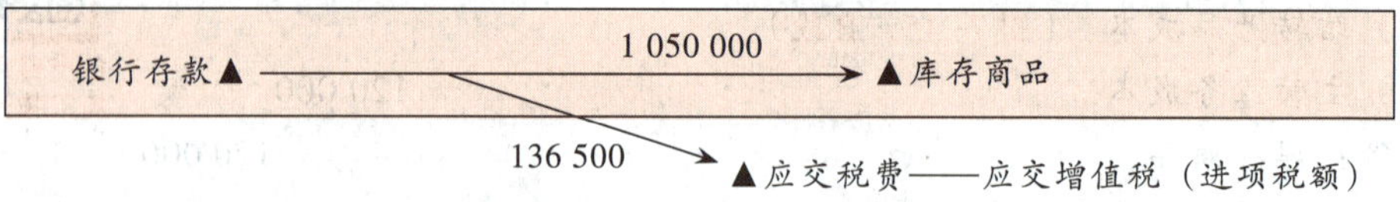

图7-47　甲公司进口应税消费品业务资金运动分析图

借：库存商品　　1 050 000

　　应交税费——应交增值税（进项税额）　　136 500

　贷：银行存款　　1 186 500

（二）资源税业务会计处理

资源税是对在我国境内开采矿产品或者生产盐的单位和个人征收的税。对外销售应税产品应缴纳的资源税应通过“税金及附加”账户计入当期损益，其所引起的资金运动如图7-48中A段运动所示。自产自用应税产品应缴纳的资源税计入相关资产的成本中，其所引起的资金运动如图7-48中B段运动所示。以后缴纳应交资源税时，其所引起的资金运动如图7-48中C段运动所示。期末将税金及附加转入“本年利润”账户时，其所引起的资金运动如图7-48中D段运动所示。

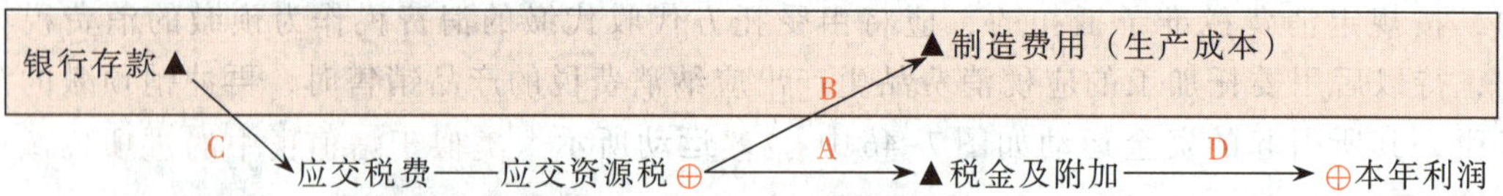

图7-48　资源税业务资金运动分析图

【例7-25】甲公司本期对外销售资源税应税矿产品5 000吨，将自产资源税应税矿产品1 000吨用于产品生产。按税法规定，企业每吨矿产品应交资源税8元。

（1）计算对外销售应税矿产品应交资源税。（图7-49，A段）

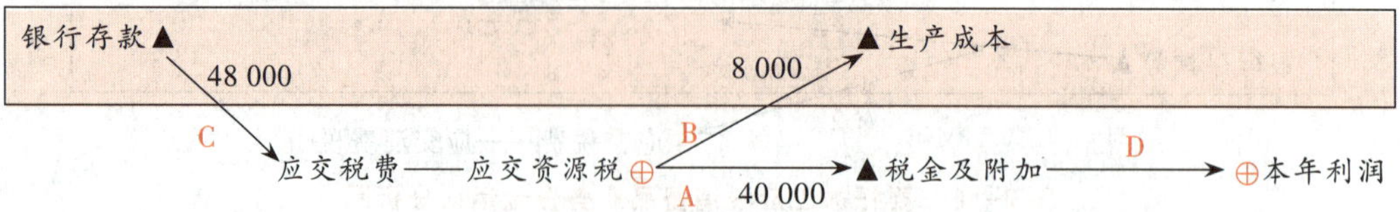

图7-49　甲公司资源税业务资金运动分析图

企业对外销售应税矿产品应缴纳的资源税=5 000×8=40 000（元）

借：税金及附加　　40 000

　贷：应交税费——应交资源税　　40 000

（2）计算自产自用应税矿产品应交资源税。（图7-49，B段）

企业自产自用应税矿产品应缴纳的资源税=1 000×8=8 000（元）

借：生产成本　　8 000

　贷：应交税费——应交资源税　　8 000

资源税业务分析

（3）企业支付应交资源税。（图7-49，C段）

借：应交税费——应交资源税　　48 000

　贷：银行存款　　48 000

（三）城市维护建设税业务会计处理

城市维护建设税是以增值税和消费税为计税依据征收的一种税。其纳税人为缴纳增值税和消费税的单位和个人，以纳税人实际缴纳的增值税和消费税税额为计税依据，并分别与两项税金同时缴纳。城市维护建设税税率因纳税人所在地不同从1%到7%不等。其应纳税额的计算公式为：

应纳税额=（实际缴纳的增值税+实际缴纳的消费税）×适用税率

企业按规定计算并确认应交城市维护建设税时，其所引起的资金运动如图7-50中A段运动所示。以后缴税时，其所引起的资金运动如图7-50中B段运动所示。

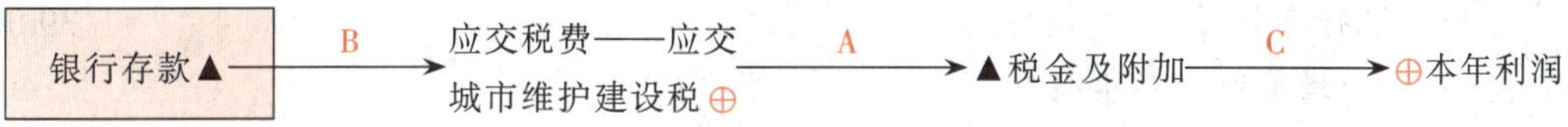

图7-50　城市维护建设税业务资金运动分析图

【例7-26】20×8年9月份，甲公司实际缴纳增值税1 000 000元，实际缴纳消费税300 000元。该公司适用的城市维护建设税税率为7%。

（1）计算并确认应交城市维护建设税。（图7-51，A段）

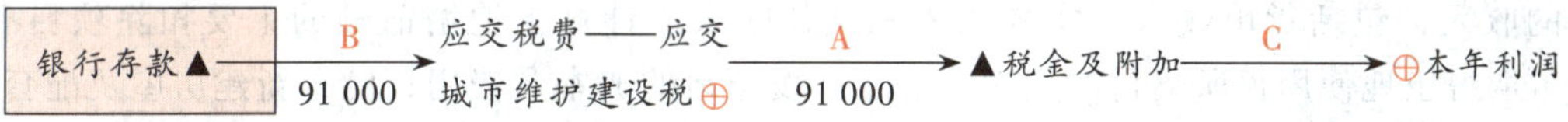

图7-51　甲公司城市维护建设税业务资金运动分析图

应交的城市维护建设税金额=（1 000 000+300 000）×7%=91 000（元）

借：税金及附加　　91 000

　贷：应交税费——应交城市维护建设税　　91 000

（2）用银行存款缴纳城市维护建设税。（图7-51，B段）

借：应交税费——应交城市维护建设税　　91 000

　贷：银行存款　　91 000

城市维护建设税和教育费附加业务分析

（四）教育费附加业务会计处理

教育费附加是指为了加快发展地方教育事业、扩大地方教育经费资金来源而向企业征收的附加费用。教育费附加以各单位实际缴纳的增值税和消费税税额为计税依据，按一定比例计算并分别与两项税金同时缴纳。教育费附加征收比例一般为3%。其应纳税额计算公式为：

应纳税额=（实际缴纳的增值税+实际缴纳的消费税）×适用征收率

企业按规定计算并确认应交教育费附加时，其所引起的资金运动如图7-52中A段运动所示。以后缴纳时，其所引起的资金运动如图7-52中B段运动所示。

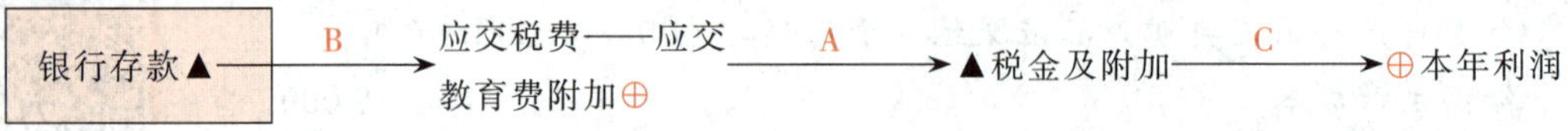

图7-52　教育费附加业务资金运动分析图

【例7-27】20×8年9月份，甲公司实际缴纳增值税1 000 000元，实际缴纳消费税300 000元。该公司适用的教育费附加征收率为3%。

（1）计算并确认应交教育费附加。（图7-53，A段）

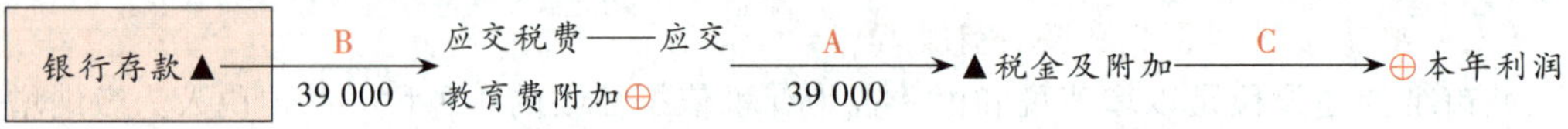

图7-53　甲公司教育费附加业务资金运动分析图

应交教育费附加金额=（1 000 000+300 000）×3%=39 000（元）

借：税金及附加　　39 000

　贷：应交税费——应交教育费附加　　39 000

（2）用银行存款缴纳教育费附加。（图7-53，B段）

借：应交税费——应交教育费附加　　39 000

　贷：银行存款　　39 000

（五）土地增值税业务会计处理

转让国有土地使用权、地上建筑物及其附着物（简称为“转让房地产”）并取得增值性收入的单位和个人，均应缴纳土地增值税。

土地增值税按照转让房地产所取得的增值额和规定的税率计算征收。这里的增值额是指转让房地产所取得的收入减去税法规定扣除项目金额后的余额。企业转让房地产所取得的收入，包括货币收入、实物收入和其他收入。计算土地增值额的主要扣除项目有：（1）取得土地使用权所支付的金额；（2）开发土地的成本及费用；（3）新建房屋及配套设施的成本及费用，或者旧房及建筑物的评估价格；（4）与转让房地产有关的税金；（5）财政部确定的其他扣除项目等。土地增值税采用四级超率累进税率，其中最低税率为30%，最高税率为60%。

企业对房地产核算的方法不同，对应交土地增值税的账务处理也有所不同。企业转让的土地使用权连同地上建筑物及其附着物一并在“固定资产”账户核算的，转让时应交的土地增值税应通过“固定资产清理”账户核算，其所引起的资金运动如图7-54中A段运动所示。土地使用权在“无形资产”账户核算的，应通过“资产处置损益”账户核算，其所引起的资金运动如图7-54中B段运动所示。房地产开发公司销售房地产应缴纳的土地增值税，应通过“税金及附加”账户计入当期损益，其所引起的资金运动如图7-54中C段运动所示。以后缴纳应交土地增值税时，其所引起的资金运动如图7-54中D段运动所示。

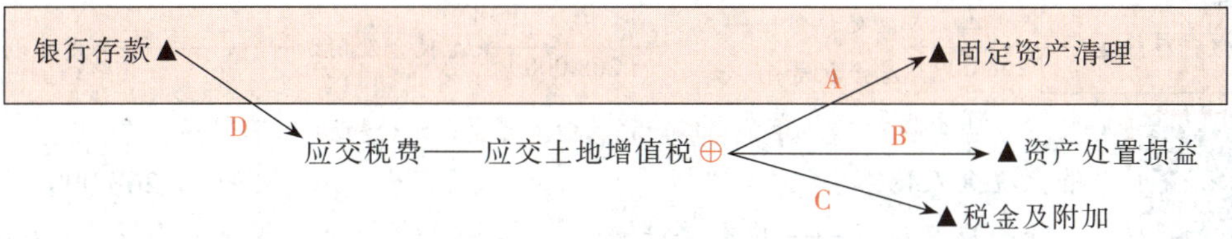

图 7-54　土地增值税业务资金运动分析图

【例 7-28】甲公司对外出售一栋房屋，按照税法规定应缴纳土地增值税 80 000 元。

（1）计算并确认应缴纳的土地增值税。（图 7-55，A 段）

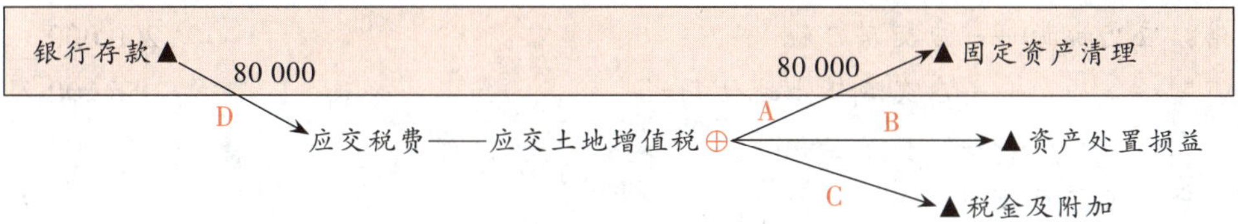

图 7-55　甲公司土地增值税业务资金运动分析图

借：固定资产清理　　80 000

　贷：应交税费——应交土地增值税　　80 000

（2）用银行存款缴纳土地增值税。（图 7-55，D 段）

借：应交税费——应交土地增值税　　80 000

　贷：银行存款　　80 000

土地增值税业务分析

（六）房产税、城镇土地使用税和车船税业务会计处理

房产税是国家对城市、县城、建制镇和工矿区征收的由产权所有人缴纳的一种税。房产税依据房产原值一次扣除 10%～30% 后的余额计算缴纳。没有房产原值作为依据的，由房产所在地税务机关参考同类房产核定；房屋出租的，以房产租金收入作为房产税的计税依据。

城镇土地使用税是以城市、县城、建制镇、工矿区范围内使用土地的单位和个人为纳税人，以其实际占用的土地面积和规定税额计算征收的一种税。

车船税是以车辆、船舶（简称为“车船”）为课税对象，向车船的所有者或者管理者征收的一种税。

企业计算并确认应缴纳的房产税、城镇土地使用税和车船税，其所引起的资金运动如图 7-56 中 A 段运动所示。以后缴纳该税费时，其所引起的资金运动如图 7-56 中 B 段运动所示。

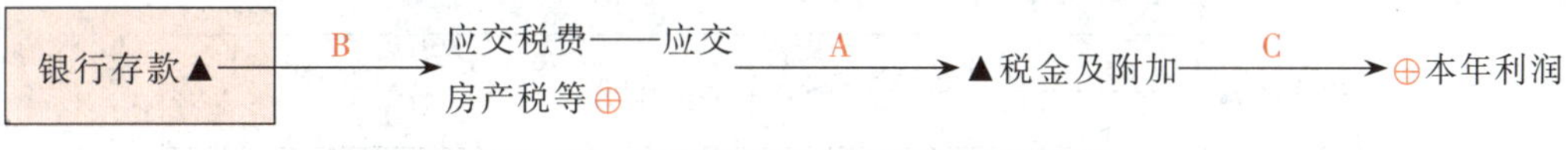

图 7-56　房产税等业务资金运动分析图

【例 7-29】甲公司按税法规定，本期应缴纳房产税 200 000 元、车船税 12 000 元、城镇土地使用税 56 000 元。

（1）计算并确认应交房产税、城镇土地使用税和车船税。（图 7-57，A 段）

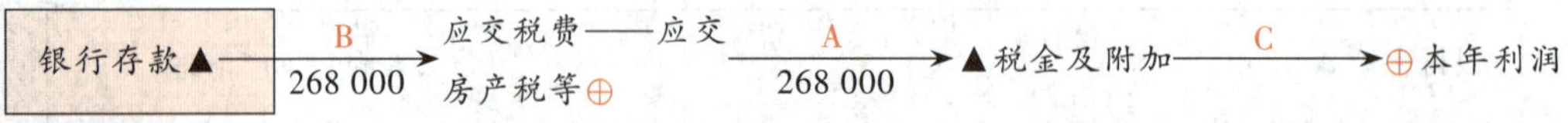

图 7-57　甲公司房产税等业务资金运动分析图

房产税、城镇土地使用税、车船税业务分析

借：税金及附加　　268 000

　贷：应交税费——应交房产税　　200 000

　　　　　　　——应交城镇土地使用税　　56 000

　　　　　　　——应交车船税　　12 000

（2）用银行存款缴纳上述税金。（图 7-57，B 段）

借：应交税费——应交房产税　　200 000

　　　　　——应交城镇土地使用税　　56 000

　　　　　——应交车船税　　12 000

　贷：银行存款　　268 000

（七）耕地占用税和印花税业务会计处理

耕地占用税是国家为了利用土地资源、加强土地管理、保护农用耕地而征收的一种税。耕地占用税以实际占用的耕地面积计税，按照规定税额一次征收，无须通过“应交税费”账户而在以银行存款支付时直接将其计入在建工程成本之中，其所引起的资金运动如图 7-58 中 A 段运动所示。

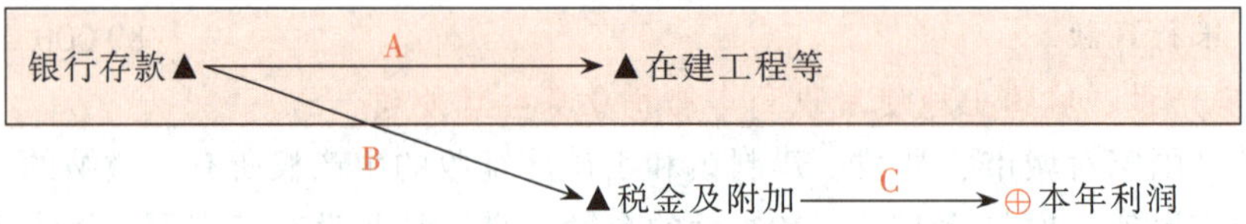

图 7-58　耕地占用税、印花税业务资金运动分析图

印花税是对书立、领受购销合同等凭证的行为征收的税款，实行由纳税人根据规定自行计算应纳税额，购买并一次性贴足印花税票的缴纳方法。应纳税凭证主要包括购销、加工承揽、建设工程承包、财产租赁、货物运输、仓储保管、借款、财产保险、技术合同或者具有合同性质的凭证，产权转移书据，营业账簿，权利、许可证照等。纳税人根据应纳税凭证的性质，分别按比例税率或者按件定额计算应纳税额。企业购买印花税票时一次性将其计入当期的税金及附加，其所引起的资金运动如图 7-58 中 B 段运动所示。

【例 7-30】甲公司以银行存款 8 000 000 元支付耕地占用税，以银行存款购买印花税票 1 000 元，其所引起的资金运动如图 7-58 所示。

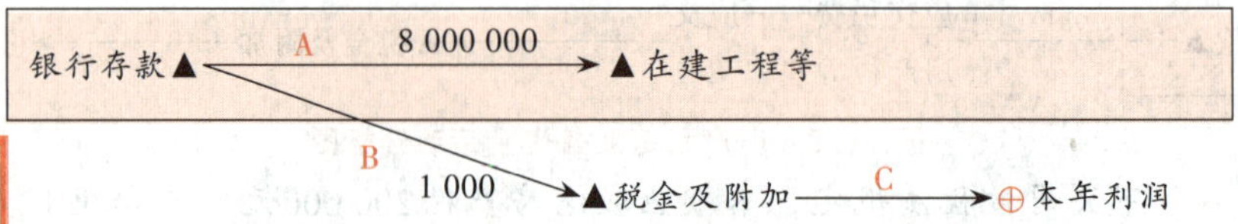

图 7-59　甲公司耕地占用税、印花税业务资金运动分析图

耕地占用税和印花税业务分析

借：在建工程　　8 000 000

　　税金及附加　　1 000

贷：银行存款　　8 001 000

(八) 预扣预缴个人所得税业务会计处理

企业职工按规定应缴纳的个人所得税通常由单位预扣预缴。企业按规定计算的预扣预缴的职工个人所得税，其所引起的资金运动如图7-60中A段运动所示。以后企业以银行存款缴纳个人所得税时，其所引起的资金运动如图7-60中B段运动所示。

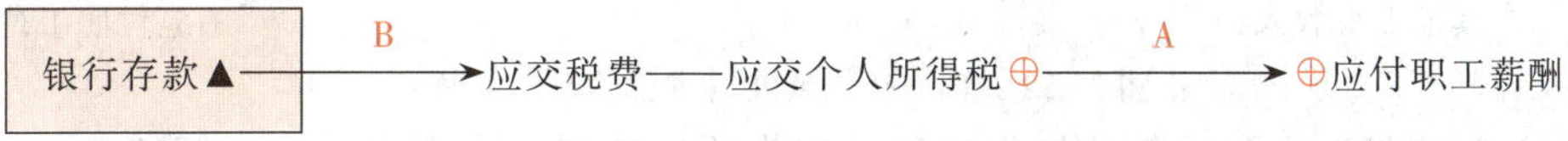

图7-60　预扣预缴个人所得税业务资金运动分析图

【例7-31】甲公司结算本月应付职工工资总额为5 000 000元，按税法规定预扣预缴的职工个人所得税共计130 000元，实发工资4 870 000元。

(1) 预扣个人所得税。(图7-61，A段)

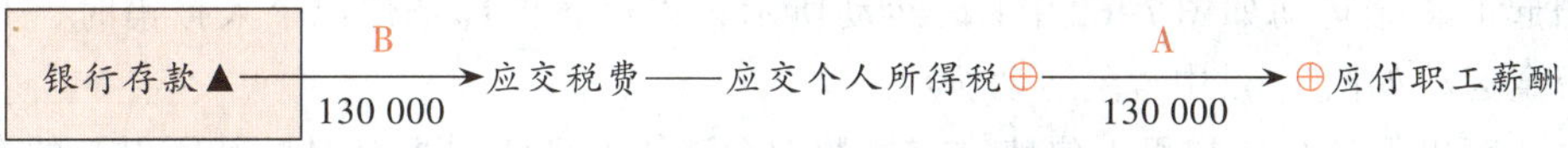

图7-61　甲公司预扣预缴个人所得税业务资金运动分析图

借：应付职工薪酬——工资　　130 000

　贷：应交税费——应交个人所得税　　130 000

(2) 缴纳个人所得税。(图7-61，B段)

借：应交税费——应交个人所得税　　130 000

　贷：银行存款　　130 000

三、其他往来款项业务对费用段资金运动的影响与会计处理

(一) 其他应收款业务的会计处理

1.其他应收款一般业务的会计处理

其他应收款是指除应收票据、应收账款和预付账款（在采购和销售业务中产生的债权）等以外的其他各种应收、暂付款项。

为了反映和监督其他应收款的发生和结算情况，企业应设置“其他应收款”账户。同时，企业应按其他应收款的项目分类，并按不同的债务人设置明细账，期末各明细账的余额合计数应与总账余额核对相等。

其他应收款——一般业务分析

其他应收款包括：

(1) 应收的各种赔款、罚款，如因企业财产等遭受意外损失而应向有关保险公司收取的赔款等。当企业确认应收赔款时，其所引起的资金运动如图7-62中A段运动所示，其资金运动的起点可能是固定资产清理、待处理财产损溢、在途物资等。当企业确认应收的罚款时，其所引起的资金运动如图7-62中B段运动所示。以后收到赔款和罚款时，其所引起的资金运动如图7-62中C段运动所示。

(2) 应收出租包装物租金。当企业确认租金收入时，其所引起的资金运动如图7-62中D段运动所示；以后收到款项时，其所引起的资金运动如图7-62中C段运动所示。

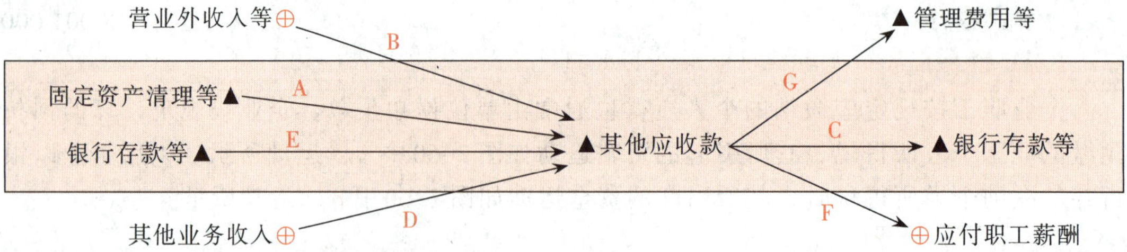

图7-62　其他应收款业务资金运动分析图

(3) 应向职工收取的各种垫付款项，如为职工垫付的水电费、应由职工负担的医药费、房租费等。当企业为职工垫付款项时，其所引起的资金运动如图7-62中E段运动所示；以后收回所垫付的款项时，其所引起的资金运动如图7-62中F段运动所示。

(4) 预付给企业内部单位或个人的备用金。当企业预付给内部单位或个人备用金时，其所引起的资金运动如图7-62中E段运动所示；以后各内部单位或个人报销时，其所引起的资金运动如图7-62中G段运动所示。

(5) 存出保证金，如租入包装物支付的押金。当企业支付押金时，其所引起的资金运动如图7-62中E段运动所示；以后收回押金时，其所引起的资金运动如图7-62中C段运动所示。

(6) 预付账款转入。当预付账款转入时，其所引起的资金运动如图7-62中E段运动所示。

(7) 其他各种应收、暂付款项。

企业应定期对其他应收款进行检查，预计可能发生的坏账损失，并计提坏账准备。

【例7-32】甲公司原材料采用计划成本核算，其在采购过程中发生材料毁损，按保险合同的规定，应由N保险公司赔偿50 000元，赔偿尚未收到。假设甲公司对原材料采用计划成本进行日常核算。

(1) 确认应收N保险公司的赔偿。(图7-63，A段)

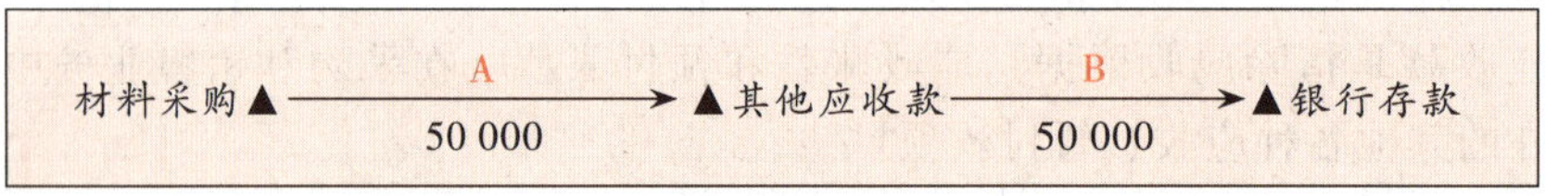

图7-63　甲公司应收赔款业务资金运动分析图

借：其他应收款——N保险公司　　50 000

　贷：材料采购　　50 000

(2) 收到N保险公司的赔偿。(图7-63，B段)

借：银行存款　　50 000

　贷：其他应收款——N保险公司　　50 000

【例7-33】甲公司以银行存款为职工李利支付应由其个人负担的医疗费12 000元，拟从其工资中扣除。

(1) 为李利垫付款项。(图7-64，A段)

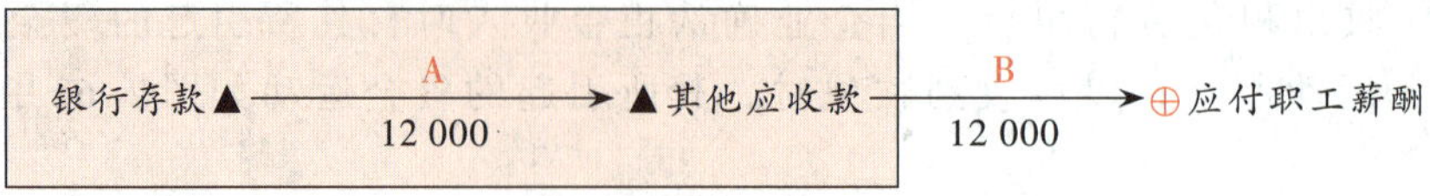

图7-64　甲公司垫付款项业务资金运动分析图

借：其他应收款——李利　　12 000

　贷：银行存款　　12 000

（2）从李利工资中扣款。（图7-64，B段）

借：应付职工薪酬　　12 000

　贷：其他应收款——李利　　12 000

【例7-34】甲公司向丙公司租入包装物一批，以现金支票向丙公司支付押金4 000元。

（1）支付押金。（图7-65，A段）

图7-65　甲公司支付押金业务资金运动分析图

借：其他应收款——丙公司　　4 000

　贷：银行存款　　4 000

（2）甲公司如约向丙公司退还包装物，并收回押金4 000元，款项已存入银行。（图7-65，B段）

借：银行存款　　4 000

　贷：其他应收款——丙公司　　4 000

2.备用金业务的会计处理

备用金制度是一种常见的会计核算方法，是企业预付给内部单位或个人，用于日常零星现金开支的有一定额度的款项，属于其他应收款项。企业零星开支金额较小、发生频繁，为了便于管理、减少工作量，可以建立备用金制度。

企业预付给各业务和职能部门一笔固定金额的库存现金，以备日常开支，其所引起的资金运动如图7-66中A段运动所示；等实际报销时再根据有关凭证补足定额，其所引起的资金运动如图7-66中B段运动所示。以后如取消备用金制度，则从各业务和职能部门手中将备用金收回，其所引起的资金运动如图7-66中C段运动所示。

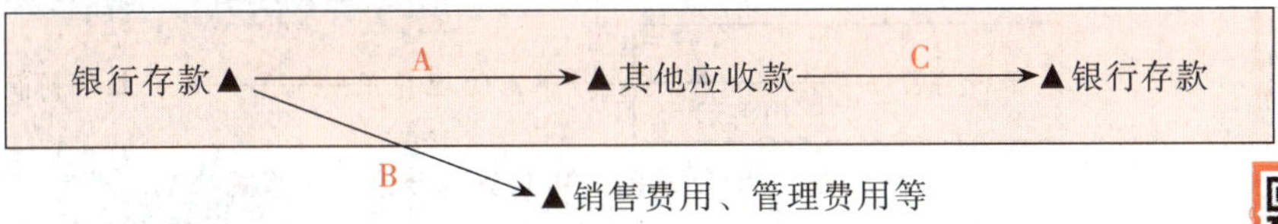

图7-66　备用金业务资金运动分析图

其他应收款——备用金制度业务分析

【例7-36】甲公司发生与备用金制度相关的业务如下：

（1）20×8年5月1日，为其销售部门设立定额备用金，按定额5 000元开出现金支票。（图7-67，A段）

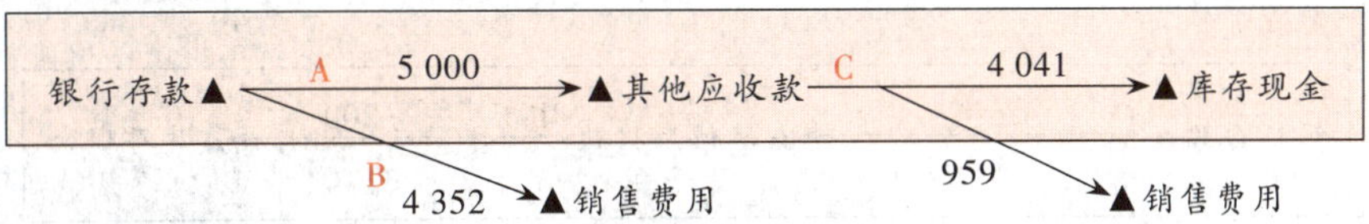

图7-67　甲公司备用金业务资金运动分析图

借：其他应收款——备用金（销售部门）　　5 000

　贷：银行存款　　5 000

（2）20×8年5月31日，备用金经管人员报销已付款凭证，共计4 352元，其中购买办公用品2 638元，市内差旅费1 382元，零星销售产品邮寄费用332元。经审核无误，开出现金支票4 352元。（图7-67，B段）

借：销售费用　　4 352

　贷：银行存款　　4 352

（3）如果甲公司决定取消备用金制度，经管人员清点后，发现有已支付的顾客信访费306元、差旅费653元，剩余现金4 041元。（图7-67，C段）

借：库存现金　　4 041

　　销售费用　　959

　贷：其他应收款——备用金（销售部门）　　5 000

3.差旅费业务的会计处理

差旅费的处理主要有两种情况：

（1）出差人在出差时未借支差旅费，其出差回来后据实报销，所发生的差旅费直接计入当期损益，其所引起的资金运动如图7-68中A段运动所示。

（2）出差人在出差前向企业预借差旅费，出差结束后报销，多退少补。其预借差旅费所引起的资金运动如图7-68中B段运动所示；报销差旅费所引起的资金运动如图7-68中C段运动所示，其中C1段反映多退少补业务，“多退”时其流量为正数，“少补”时其流量为负数。

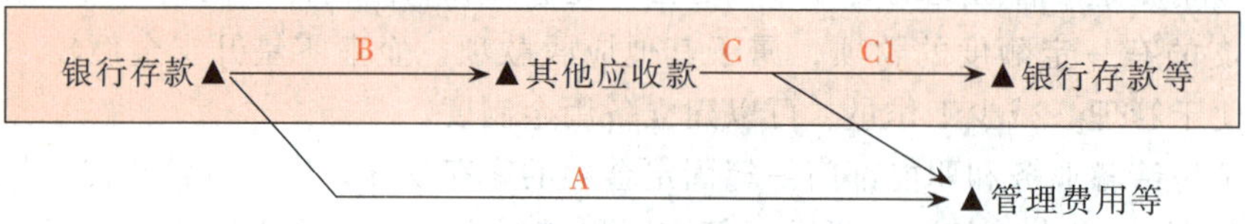

图7-68　差旅费业务资金运动分析图

其他应收款—差旅费业务

【例7-36】甲公司管理部门李潜出差归来，报销差旅费1 832元。李潜未借支差旅费，出纳以现金支票予以支付，其所引起的资金运动如图7-69所示。

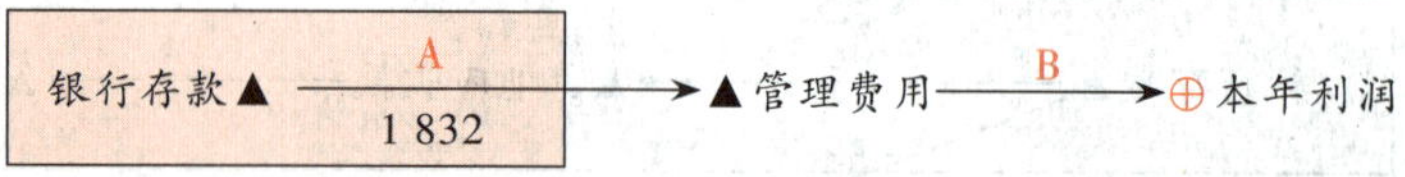

图7-69　甲公司差旅费业务资金运动分析图（1）

借：管理费用　　1 832

　贷：银行存款　　1 832

【例7-37】甲公司管理部门王军报销差旅费。

（1）在出差之前，王军向企业财务部门预借差旅费4 000元，出纳以现金支票支付。（图7-70，A段）

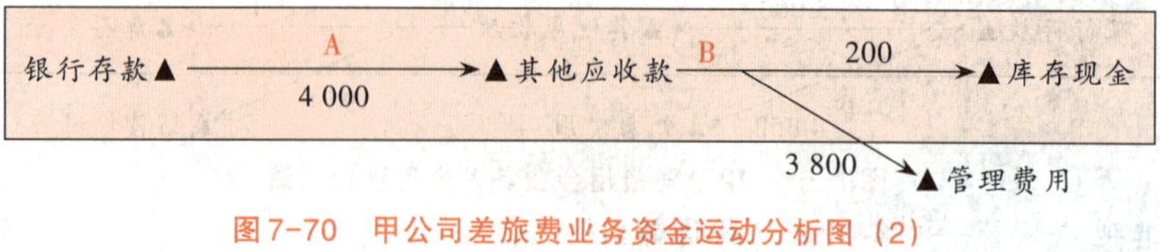

图7-70　甲公司差旅费业务资金运动分析图（2）

借：其他应收款——王军　　4 000

　贷：银行存款　　4 000

（2）王军出差结束，共计报销差旅费3 800元，差额部分200元以现金退还给公司。（图7-70，B段）

借：管理费用　　3 800

　　库存现金　　200

　贷：其他应收款——王军　　4 000

【例7-38】甲公司销售部门张超报销差旅费。

（1）在出差之前，张超向企业财务部门预借差旅费6 000元，出纳以现金支票支付。（图7-71，A段）

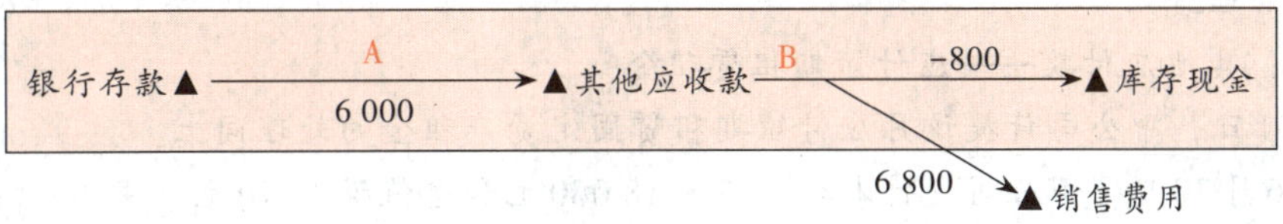

图7-71　甲公司差旅费业务资金运动分析图（3）

借：其他应收款——张超　　6 000

　贷：银行存款　　6 000

（2）张超出差结束，共计报销差旅费6 800元（该差旅费计入销售费用），差额部分800元以现金支付给张超。（图7-71，B段）

借：销售费用　　6 800

　贷：其他应收款——张超　　6 000

　　　库存现金　　800

（二）其他应付款业务的会计处理

企业除了应付票据、应付账款等主要由商品交易所产生的应付款项外，还会发生与商品交易不具有直接关系的应付、暂收款项。其主要内容有应付短期租赁固定资产的租金、应付租入包装物租金、存入保证金、企业为职工代扣但尚未代交的款项（如水电费、托儿费、社会保险费等）等。

当企业确认应付的短期租赁固定资产租金、应付租入包装物的租金时，其所引起的资金运动如图7-72中A段运动所示；以后支付该租金时，其所引起的资金运动如图7-72中B段运动所示。当企业收到押金之类的保证金时，其所引起的资金运动如图7-72中C段运动所示；以后退还对方保证金时，其所引起的资金运动如图7-72中B段运动所示。当企业为职工代扣但尚未代交时，其所引起的资金运动如图7-72中D段运动所示；以后代交时用银行存款冲销该债务，其所引起的资金运动如图7-72中B段运动所示。

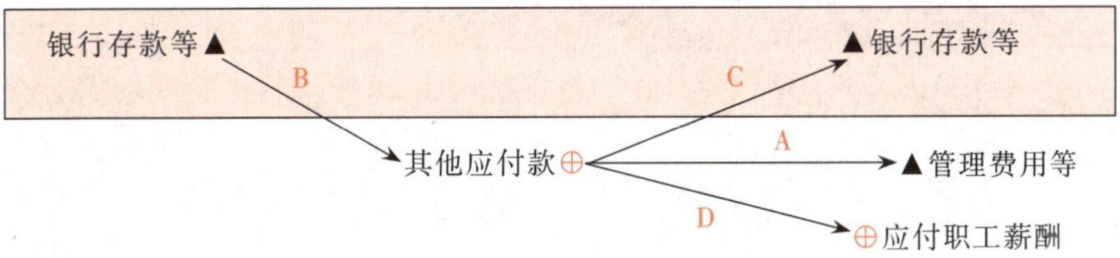

图7-72　其他应付款业务资金运动分析图

其他应付款业务分析

【例7-39】甲公司从20×8年4月1日起，以短期租赁方式租入管理用办公设备一批，租期为3个月，每月租金为6 000元，到期支付。6月30日，甲公司以银行存款支付租金18 000元和增值税税款2 340元。

(1) 4月30日，甲公司计提本月应付短期租赁固定资产租金（图7-73，A段）。

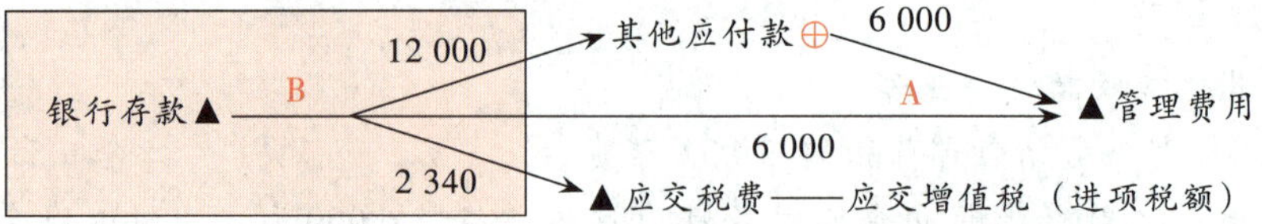

图7-73 甲公司应付租金业务资金运动分析图

借：管理费用　　6 000

　贷：其他应付款——应付短期租赁租金　　6 000

5月31日，甲公司计提该月应付短期租赁固定资产租金的处理同上。

(2) 6月30日，甲公司支付本季度租金18 000元和增值税2 340元（图7-73，B段）。

借：其他应付款——应付短期租赁租金　　12 000

　　管理费用　　6 000

　　应交税费——应交增值税（进项税额）　　2 340

　贷：银行存款　　20 340

【例7-40】20×8年3月10日，甲公司发放职工工资1 000 000元，扣除已为职工垫付的各种款项30 000元，代扣社会保险费50 000元（尚未代交），剩余的920 000元以银行存款支付，其所引起的资金运动如图7-74所示。

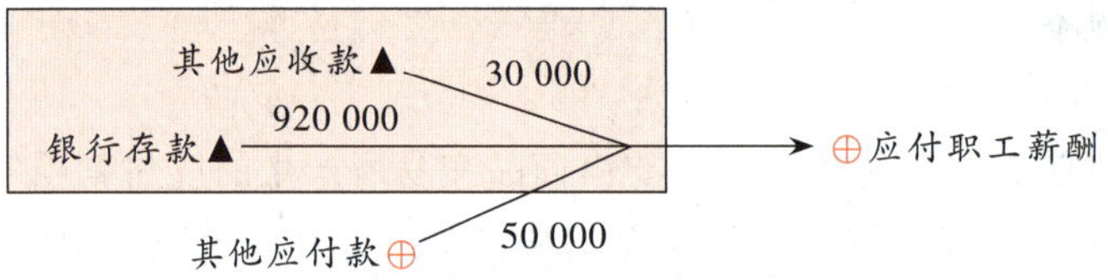

图7-74 甲公司代扣款项业务资金运动分析图

借：应付职工薪酬——工资　　1 000 000

　贷：其他应收款　　30 000

　　其他应付款——应付社会保险费　　50 000

　　银行存款　　920 000

第八章 利润形成与分配环节资金运动分析与会计处理

知识点自测

第一节 利润形成资金运动分析与会计处理

一、利润的构成

企业利润的获得，既包括与企业的生产经营活动有关的所得，又包括与企业非生产经营活动有关系的事项所产生的盈亏。企业的利润包括收入减去费用后的净额、直接计入当期利润的利得和损失等。未计入当期利润的利得和损失扣除所得税的影响后的净额计入其他综合收益项目。净利润与其他综合收益的合计金额为综合收益总额。利得是指由企业非日常经营活动所形成的、会导致企业所有者权益增加的、与所有者投入资本无关的经济利益的流入。损失是指由企业非日常经营活动所发生的、会导致所有者权益减少的、与向所有者分配利润无关的经济利益的流出。这些利得和损失主要体现在营业外收入与营业外支出两个项目上。

（一）营业利润

营业利润 = 营业收入 − 营业成本 − 税金及附加 − 销售费用 − 管理费用 − 研发费用 − 财务费用 + 其他收益 + 投资收益（− 投资损失）+ 净敞口套期收益（− 净敞口套期损失）+ 公允价值变动收益（− 公允价值变动损失）− 信用减值损失 − 资产减值损失 + 资产处置收益（− 资产处置损失）

其中：

营业收入是指企业经营业务所实现的收入总额，包括主营业务收入和其他业务收入。

营业成本是指企业经营业务所发生的实际成本总额，包括主营业务成本和其他业务成本。

研发费用是指企业进行研究与开发过程中所发生的费用化支出，以及计入管理费用的自行开发无形资产的摊销。

其他收益主要是指与企业日常活动相关的，除冲减相关成本费用以外的政府补助。

投资收益（或损失）是指企业以各种方式对外投资所取得的收益（或损失）。

公允价值变动收益（或损失）是指企业交易性金融资产等公允价值变动形成的应计入

当期损益的利得（或损失）。

信用减值损失是指企业计提各项金融工具信用减值准备所确认的信用损失。

资产减值损失是指计提各项资产（非金融资产）减值准备所形成的损失。

资产处置收益（或损失）反映企业出售划分为持有待售的非流动资产（金融工具、长期股权投资和投资性房地产除外）或处置组（子公司和业务除外）时确认的处置利得（或损失），以及处置未划分为持有待售的固定资产、在建工程、生产性生物资产及无形资产而产生的处置利得（或损失），还包括债务重组中因处置非流动资产产生的利得（或损失）和非货币性资产交换中换出资产中非流动资产产生的利得（或损失）。

（二）利润总额

利润总额=营业利润+营业外收入-营业外支出

其中，营业外收入是指企业发生的与日常经营活动无直接关系的各项利得，营业外支出是指企业发生的与日常经营活动无直接关系的各项损失。

利润的构成分析

（三）净利润

净利润=利润总额-所得税费用

其中，所得税费用是指企业确认的应从当期利润总额中扣除的所得税费用。

二、营业外收支业务的会计处理

（一）营业外收入业务的会计处理

营业外收入并不是企业经营资金耗费所产生的，实际上是经济利益的净流入，不需要与有关的费用进行配比。营业外收入主要包括非流动资产毁损报废收益、与企业日常活动无关的政府补助、盘盈利得、捐赠利得等。

其中，非流动资产毁损报废收益，是指因自然灾害等发生毁损、已丧失使用功能而报废的非流动资产所产生的清理收益。

与企业日常活动无关的政府补助是指企业从政府无偿取得货币性资产或非货币性资产，且与企业日常经营活动无关的利得。

盘盈利得，是指企业对库存现金等资产进行清查盘点时发生盘盈，报经批准后计入营业外收入的金额。

捐赠利得是指企业接受捐赠产生的利得。

企业应设置“营业外收入”账户，用以核算营业外收入的取得及结转情况，该账户可按营业外收入项目进行明细核算。

当企业确认处置非流动资产报废毁损收益时，其所引起的资金运动如图8-1中A段运动所示。当企业确认与日常活动无关的政府补助时，其所引起的资金运动如图8-1中B段运动所示。当盘盈的现金等报经批准转入营业外收入时，其所引起的资金运动如图8-1中C段运动所示。当企业接受捐赠时，其所引起的资金运动如图8-1中B段运动所示。期末，将营业外收入的期末余额结转本年利润时，其所引起的资金运动如图8-1中D段运动所示。结转后，“营业外收入”账户无余额。

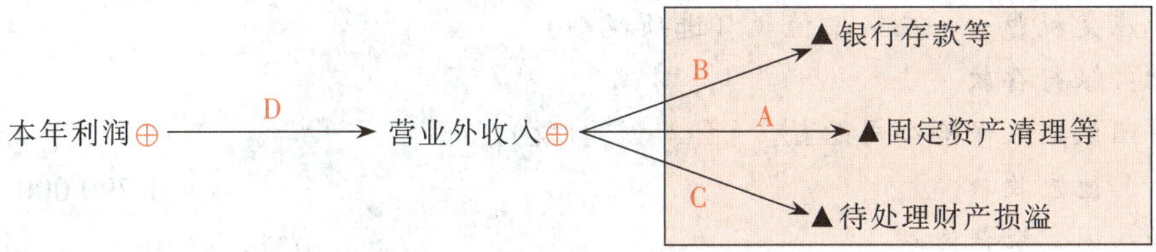

图 8-1　营业外收入业务资金运动分析图

【例 8-1】20×8 年 1 月 15 日，甲公司收到乙公司的违约罚款 40 000 元，款项已存入银行。在此之前，甲公司未对这笔应收赔款做任何会计确认，其所引起的资金运动如图 8-2 所示。

图 8-2　甲公司营业外收入业务资金运动分析图

借：银行存款　　40 000

　贷：营业外收入　　40 000

【例 8-2】乙公司为增值税一般纳税人，因遭受台风袭击毁损一座仓库。该仓库原价为 3 000 000 元，已折旧 1 000 000 元，已计提减值准备 200 000 元。其残料估计价值为 50 000 元，残料已办理入库。发生清理费用并取得增值税专用发票，注明的装卸费为 30 000 元，增值税为 1 800 元，全部款项以银行存款支付。应收保险公司赔款 1 790 000 元。假定不考虑其他相关税费。

(1) 将毁损的仓库转入清理。（图 8-2，A 段）

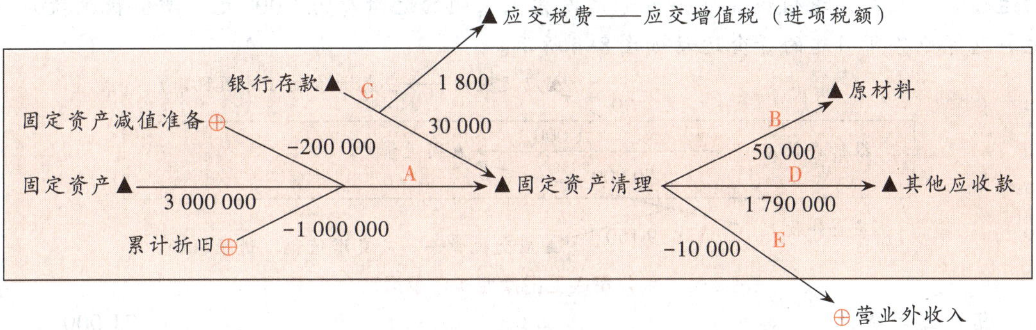

图 8-2　乙公司固定资产毁损业务资金运动分析图

借：固定资产清理　　1 800 000

　　累计折旧　　1 000 000

　　固定资产减值准备　　200 000

　贷：固定资产　　3 000 000

营业外收入业务分析

(2) 残料 50 000 元入库。（图 8-2，B 段）

借：原材料　　50 000

　贷：固定资产清理　　50 000

(3) 支付清理费用及增值税进项税额。（图 8-2，C 段）

借：固定资产清理　　30 000

借：应交税费——应交增值税（进项税额）　　1 800
　贷：银行存款　　31 800

（4）确认应收保险公司赔款。（图 8-2，D 段）

借：其他应收款　　1 790 000
　贷：固定资产清理　　1 790 000

（5）结转毁损固定资产清理结果。（图 8-2，E 段）

借：固定资产清理　　10 000
　贷：营业外收入　　10 000

【例 8-3】甲公司对库存现金进行清查。

（1）在清查中发现盘盈库存现金 800 元。（图 8-3，A 段）

图 8-3　甲公司库存现金盘盈业务资金运动分析图

借：库存现金　　800
　贷：待处理财产损溢　　800

（2）经批准后，将盘盈的库存现金转为营业外收入。（图 8-3，B 段）

借：待处理财产损溢　　800
　贷：营业外收入　　800

【例 8-4】甲公司接受丙公司捐赠不需要安装的新设备一台。所提供的增值税专用发票上注明的货款为 70 000 元，增值税税款为 9 100 元。甲公司以银行存款支付了该笔业务的运输费及相应的增值税，增值税专用发票上注明的运输费为 1 000 元，增值税税款为 90 元。这笔业务所引起的资金运动如图 8-4 所示。

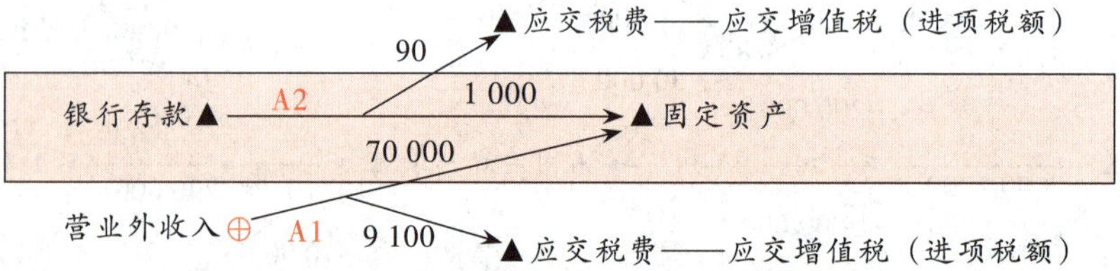

图 8-4　甲公司接受捐赠业务资金运动分析图

借：固定资产　　71 000
　　应交税费——应交增值税（进项税额）　　9 190
　贷：银行存款　　1 090
　　　营业外收入　　79 100

【例 8-5】甲公司本期取得营业外收入总计 120 000 元，期末将其转入本年利润，其所引起的资金运动如图 8-5 所示。

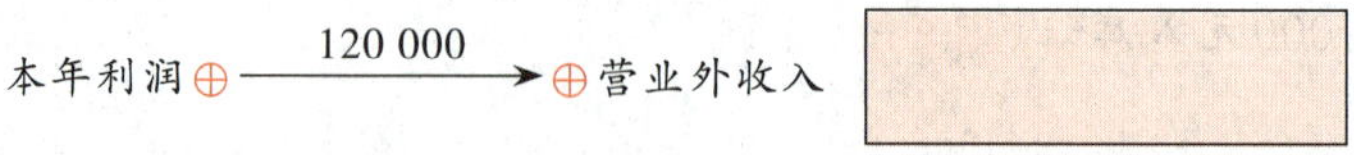

图 8-5　甲公司将营业外收入转入本年利润业务资金运动分析图

借：营业外收入　　120 000
　贷：本年利润　　120 000

（二）营业外支出业务的会计处理

营业外支出主要包括非流动资产毁损报废损失、捐赠支出、盘亏损失、非常损失、罚款支出等。

其中，非流动资产毁损报废损失，是指因自然灾害等发生毁损、已丧失使用功能而报废非流动资产所产生的清理损失。

捐赠支出，是指企业对外捐赠发生的支出。

盘亏损失，主要是指对于财产清查过程中发生的盘亏资产，查明原因并报经批准计入营业外支出的损失。

非常损失，是指企业对于因客观原因（如自然灾害等）造成的损失，扣除保险公司的赔偿后应计入营业外支出的净损失。

罚款支出，是指企业支付的行政罚款、税务罚款，以及其他违反法律法规、合同协议等而支付的罚款、违约金、赔偿金、滞纳金等支出。

企业应设置“营业外支出”账户，用以核算营业外支出的发生与结转情况，该账户可以按支出项目进行明细核算。当企业确认非流动资产毁损报废损失时，其所引起的资金运动如图8-6中A段运动所示。当企业发生对外捐赠时，其所引起的资金运动如图8-6中B段运动所示。当企业因发生盘亏后报经批准而确认营业外支出时，其所引起的资金运动如图8-6中C段运动所示。当企业因发生非常损失而确认营业外支出时，其所引起的资金运动如图8-6中C段运动所示。当企业发生罚款支出时，其所引起的资金运动如图8-6中B段运动所示。期末，当企业将营业外支出转入本年利润时，其所引起的资金运动如图8-6中D段运动所示。结转后，“营业外支出”账户无余额。

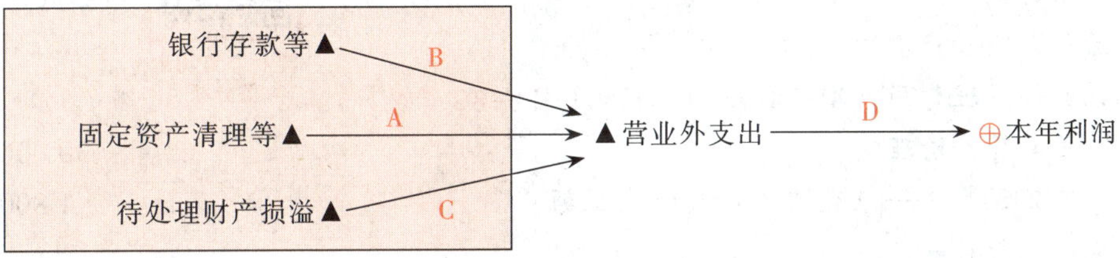

图8-6　营业外支出业务资金运动分析图

【例8-6】20×8年1月，甲公司因违法经营被没收材料的价值为10 000元，增值税税率为13%，罚款15 000元，罚款已以银行存款支付，其所引起的资金运动如图8-7所示。

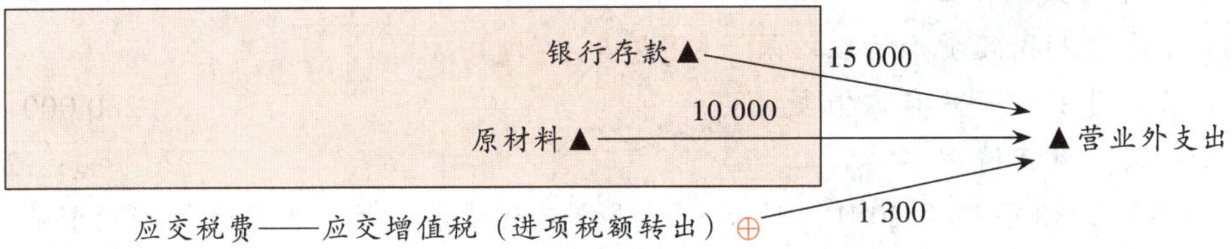

图8-7　甲公司罚款支出业务资金运动分析图

借：营业外支出　　26 300

　贷：原材料　　10 000

　　银行存款　　15 000

　　应交税费——应交增值税（进项税额转出）　　1 300

【例8-7】乙公司为增值税一般纳税人，因遭受台风袭击毁损一座仓库。该仓库原价为3 000 000元，已提折旧1 000 000元，已计提减值准备200 000元。其残料估计价值为50 000元，残料已办理入库。发生清理费用并取得增值税专用发票，注明的装卸费为30 000元，增值税为1 800元，全部款项以银行存款支付。应收保险公司赔款1 500 000元。假定不考虑其他相关税费。

（1）将毁损的仓库转入清理。（图8-8，A段）

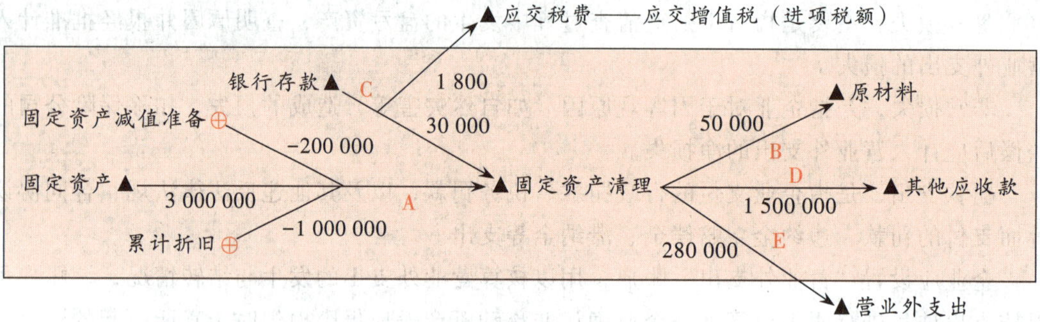

图8-8 乙公司固定资产毁损业务资金运动分析图

借：固定资产清理　　1 800 000
　　累计折旧　　1 000 000
　　固定资产减值准备　　200 000
　贷：固定资产　　3 000 000

（2）残料50 000元入库。（图8-8，B段）

借：原材料　　50 000
　贷：固定资产清理　　50 000

营业外支出业务分析

（3）支付清理费用及增值税进项税额。（图8-8，C段）

借：固定资产清理　　30 000
　　应交税费——应交增值税（进项税额）　　1 800
　贷：银行存款　　31 800

（4）确认应收保险公司赔款。（图8-8，D段）

借：其他应收款　　1 500 000
　贷：固定资产清理　　1 500 000

（5）结转毁损固定资产清理结果。（图8-8，E段）

借：营业外支出——非常损失　　280 000
　贷：固定资产清理　　280 000

【例8-8】20×8年12月20日，甲公司一项非专利技术由于被其他新技术所替代，公司决定将其转入报废处理。报废时已摊销400 000元，已提取减值准备120 000元，其原值为600 000元。这项业务所引起的资金运动如图8-9所示。

借：营业外支出　　80 000
　　累计摊销　　400 000
　　无形资产减值准备　　120 000

贷：无形资产 600 000

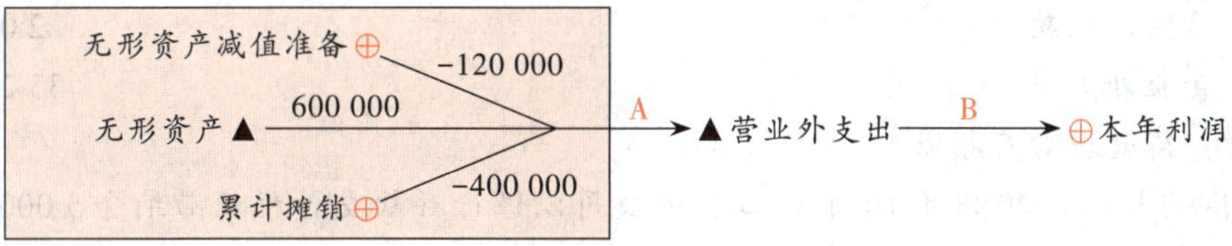

图8-9 甲公司无形资产报废业务资金运动分析图

【例8-9】20×8年10月20日，甲公司发生原材料自然灾害，造成原材料毁损100 000元，报经批准后将其损失全部转入营业外支出。该原材料采用计划成本核算，其材料成本差异率为5%。

(1) 发生原材料自然灾害损失。(图8-10，A段)

图8-10 甲公司材料发生非常损失业务资金运动分析图

借：待处理财产损溢 105 000

　贷：原材料 100 000

　　材料成本差异 5 000

(2) 报经批准后转入营业外支出。(图8-10，B段)

借：营业外支出 105 000

　贷：待处理财产损溢 105 000

【例8-10】20×8年10月31日，甲公司发生固定资产盘亏业务。该固定资产原值为120 000元，已提折旧80 000元，已计提减值准备10 000元，其损失部分（账面净值）对应的增值税进项税额不得抵扣。报经批准后，应由车间设备保管员赔偿2 000元，剩下的全部转入营业外支出。

(1) 发生固定资产盘亏。(图8-11，A段)

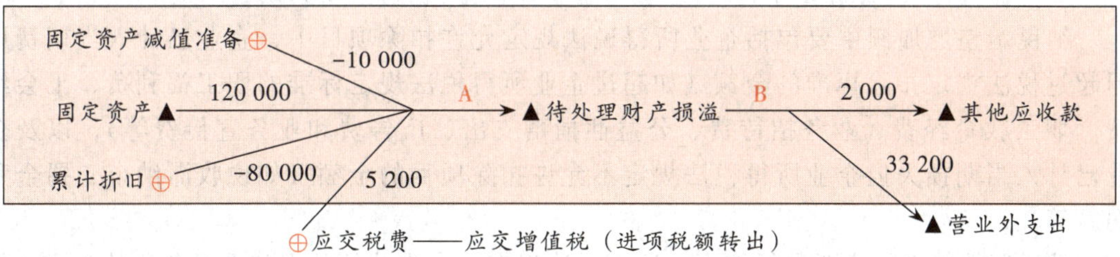

图8-11 甲公司固定资产盘亏业务资金运动分析图

借：待处理财产损溢 35 200

　　累计折旧 80 000

　　固定资产减值准备 10 000

　贷：固定资产 120 000

　　应交税费——应交增值税（进项税额转出） 5 200

（2）报经批准后的处理。（图8-11，B段）

借：其他应收款　　2 000

　　营业外支出　　33 200

　贷：待处理财产损溢　　35 200

【例8-11】（1）20×8年10月31日，丙公司以银行存款支付税款滞纳金5 000元。（图8-12，A段）

图8-12　丙公司税款滞纳金业务资金运动分析图

借：营业外支出　　5 000

　贷：银行存款　　5 000

（2）丙公司本月营业外支出总计65 000元，将其转入本年利润。（图8-12，B段）

借：本年利润　　65 000

　贷：营业外支出　　65 000

三、所得税费用业务的会计处理

企业的所得税费用由两个部分组成：当期所得税费用和递延所得税费用。其中，当期所得税是指当期应交所得税。递延所得税包括递延所得税资产和递延所得税负债本期的变动。递延所得税资产是指以未来期间很可能取得用来抵扣可抵扣暂时性差异的应纳税所得额为限确认的一项资产。递延所得税负债是指根据应纳税暂时性差异计算的未来期间应付所得税的金额。

（一）应交所得税的计算

应交所得税是指企业按照企业所得税法的规定计算确定的针对当期发生的交易或事项，应缴纳给税务部门的所得税金额，即当期应交所得税。应纳税所得额是在企业税前会计利润（即利润总额）的基础上调整确定的，其计算公式为：

应纳税所得额=税前会计利润+纳税调整增加额−纳税调整减少额

纳税调整增加额主要包括企业所得税法规定允许扣除项目中，企业已计入当期费用但超过税法规定扣除标准的金额（如超过企业所得税法规定标准的职工福利费、工会经费、职工教育经费、业务招待费、公益性捐赠支出、广告费和业务宣传费等），以及企业已计入当期损失但企业所得税法规定不允许扣除项目的金额（如税收滞纳金、罚金和罚款等）。

纳税调整减少额主要包括按企业所得税法规定允许弥补的亏损和准予免税的项目，如前5年内未弥补亏损和国债利息收入等。企业当期应交所得税的计算公式为：

应交所得税=应纳税所得额×所得税税率

【例8-12】甲公司20×8年全年税前利润总额为20 000 000元，所得税税率为25%。甲公司全年实发工资、薪金为3 000 000元，职工福利费为600 000元，工会经费为80 000元，职工教育经费为400 000元。经查，甲公司当年营业外支出中有20 000元为税收滞纳金。假设甲公司全年无其他纳税调整事项。

企业所得税法规定，企业发生的合理的工资、薪金支出准予据实扣除；企业发生的职工福利费，不超过职工工资、薪金总额14%的部分准予扣除；企业缴纳的工会经费，不超过工资、薪金总额2%的部分准予扣除；除国务院财政部门、税务部门另有规定外，企业发生的职工教育经费支出，不超过工资、薪金总额8%的部分准予扣除，超过部分准予结转以后纳税年度扣除。

纳税调整增加额＝(600 000−3 000 000×14%)＋(80 000−3 000 000×2%)＋(400 000−3 000 000×8%)＋20 000=380 000（元）

应纳税所得额=税前利润总额+纳税调整增加额=20 000 000+380 000=20 380 000（元）

当期应交所得税=20 380 000×25%=5 095 000（元）

【例8-13】乙公司20×8年全年实现税前利润总额5 000 000元，其中包括本年度实现的国债利息收入300 000元。另外，截至20×8年12月31日，乙公司尚有以前年度发生的累计未弥补亏损1 100 000元，该累计亏损可以用本年度实现的利润弥补。乙公司适用的所得税税率为25%。

应纳税所得额=税前会计利润−纳税调整减少额=5 000 000−300 000−1 100 000
=3 600 000（元）

当期应交所得税=3 600 000×25%=900 000（元）

（二）所得税费用的会计处理

应交所得税金额的确定

企业计算确定的当期所得税和递延所得税之和，即为应从当期实现的税前利润总额中扣除的所得税费用。即：所得税费用=当期所得税费用+递延所得税费用。

企业根据当期应交所得税确认当期所得税费用时，其所引起的资金运动如图8-13中A段运动所示。递延所得税负债和递延所得税资产两个项目本期的变化共同决定本期的递延所得税费用，即图8-13中B段流量与C段流量之和。其中，B段流量=递延所得税负债期末余额−递延所得税负债期初余额；C段流量=递延所得税资产期初余额−递延所得税资产期末余额。即：

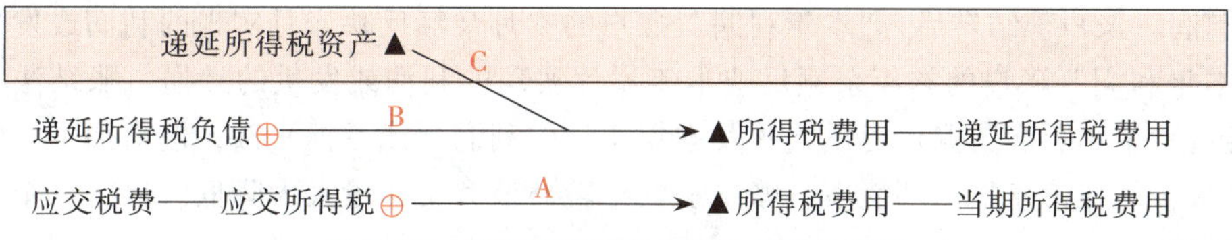

图8-13　所得税费用业务资金运动分析图

递延所得税费用＝(递延所得税负债的期末余额−递延所得税负债的期初余额)＋(递延所得税资产的期初余额−递延所得税资产的期末余额)

或者：

递延所得税费用＝(递延所得税负债的期末余额−递延所得税负债的期初余额)−(递延所得税资产的期末余额−递延所得税资产的期初余额)

【例8-14】20×8年，甲公司当年应交所得税6 000 000元。递延所得税负债年初余额为300 000元，年末余额为400 000元；递延所得税资产年初余额为580 000元，年末余额为600 000元。这项业务所引起的资金运动如图8-14所示。

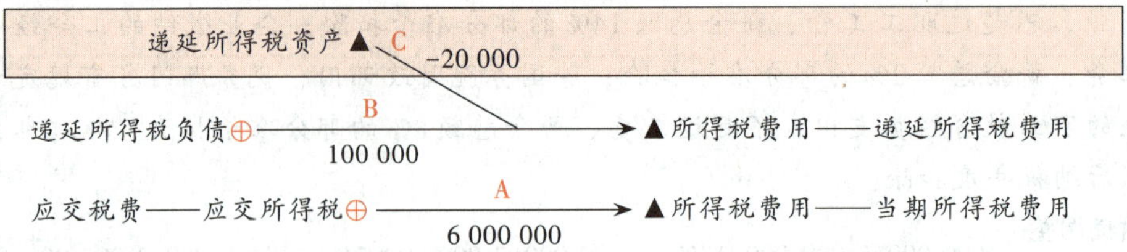

t 图8-14　甲公司所得税费用业务资金运动分析图

递延所得税费用=（400 000-300 000）-（600 000-580 000）=80 000（元）

所得税费用=6 000 000+80 000=6 080 000（元）

借：所得税费用　　6 080 000
　　递延所得税资产　　20 000
　贷：应交税费——应交所得税　　6 000 000
　　　递延所得税负债　　100 000

所得税费用业务分析

四、本年利润业务资金运动分析与会计处理

（一）结转本年利润的方法

会计期末，结转本年利润的方法有表结法和账结法两种。

1.表结法

在表结法下，各损益类账户每月末只需结出本期发生额和月末累计余额，不结转到“本年利润”账户，只有在年末时才将全年累计余额转入“本年利润”账户。但每月末要将损益类账户的本期发生额合计数填入利润表的本月数栏中，同时将本月末累计余额数填入利润表的本年累计数栏中，通过利润表的计算来反映各期的利润（或亏损）。在表结法下，年中损益类账户余额无须转入“本年利润”账户，从而减少了结转环节和工作量，同时并不影响利润表的编制及有关损益指标的利用。

2.账结法

在账结法下，每月均需编制记账凭证，将在账上结计出的各损益类账户的余额转入“本年利润”账户。结转后，“本年利润”账户的本月余额反映当月实现的利润或发生的亏损，“本年利润”账户的本年余额反映本年累计实现的利润或发生的亏损。账结法在各月均可通过“本年利润”账户提供当月及本年累计的利润（或亏损）额，但增加了结转环节和工作量。但在信息技术环境下，账结法的结转环节和工作量大大降低。目前，企业基本采用账结法。

（二）本年利润结转业务的会计处理

利润总额是企业从事生产经营活动以及非生产经营活动所取得的财务成果，利润总额扣除所得税后的差额，即为企业的净利润。净利润的大小最终体现为企业的盈利能力。在会计处理上，企业净利润是通过“本年利润”账户来核算的。

企业当期发生的收入、费用，日常通过有关账户予以归集后，在期末（按月）将其全部转入“本年利润”账户，其所引起的资金运动如图8-15中A段、B段和D段运动所示。

【例 8-15】20×8 年 1 月 31 日，甲公司计算并结转本期损益类账户。

（1）甲公司将所有收入类账户结转到“本年利润”账户，其中，主营业务收入 3 000 000 元、其他业务收入 600 000 元、投资净收益 620 000 元、营业外收入 280 000 元，公允价值变动损益贷方余额 500 000 元。（图 8-15，A 段）

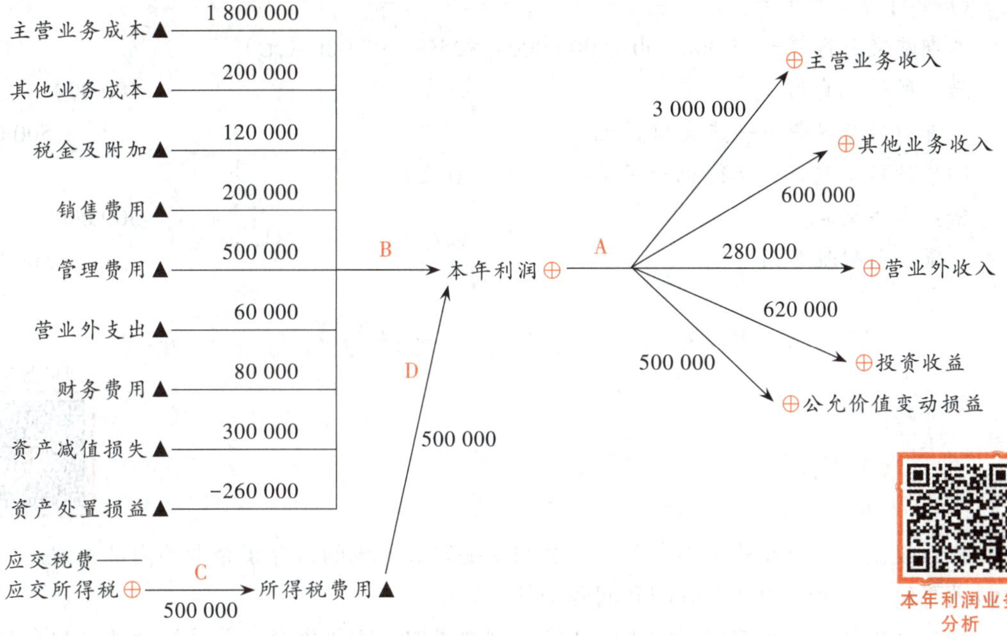

本年利润业务分析

图 8-15　甲公司利润形成业务资金运动分析图

借：主营业务收入	3 000 000	
其他业务收入	600 000	
投资收益	620 000	
营业外收入	280 000	
公允价值变动损益	500 000	
贷：本年利润		5 000 000

（2）甲公司将费用类账户全部结转到“本年利润”账户，其中，主营业务成本 1 800 000 元、税金及附加 120 000 元、销售费用 200 000 元、管理费用 500 000 元、财务费用 80 000 元、其他业务成本 200 000 元、营业外支出 60 000 元、资产减值损失 300 000 元，资产处置损益贷方余额 260 000 元。（图 8-15，B 段）

借：本年利润	3 000 000	
资产处置损益	260 000	
贷：主营业务成本		1 800 000
税金及附加		120 000
其他业务成本		200 000
管理费用		500 000

贷：财务费用　　80 000

销售费用　　200 000

营业外支出　　60 000

资产减值损失　　300 000

(3) 计提本期应缴纳的企业所得税，所得税税率为25%。假设企业利润与税务利润一致。（图8-15，C段）

本期应交所得税=（5 000 000-3 000 000）×25%=500 000（元）

借：所得税费用　　500 000

贷：应交税费——应交所得税　　500 000

(4) 结转本期企业所得税费用。（图8-15，D段）

借：本年利润　　500 000

贷：所得税费用　　500 000

第二节　利润分配业务资金运动分析与会计处理

知识点自测

一、留存收益概述

（一）留存收益的概念和构成

留存收益是指企业从历年实现的净利润中提取或形成的留存于企业的内部积累。留存收益主要包括盈余公积和未分配利润两个部分。

盈余公积是指企业按照有关规定从净利润中提取的积累资金。公司制企业的盈余公积一般分为法定盈余公积和任意盈余公积两种。法定盈余公积是指企业按照公司法规定的比例从净利润中提取的盈余公积。任意盈余公积是指企业根据股东会或股东大会决议提取的盈余公积。

公司提取的盈余公积主要用于弥补亏损和转增资本金，也可以用于发放现金股利，但其余额不得少于注册资本的25%。

未分配利润是指企业实现的净利润经过弥补亏损、提取盈余公积和向投资者分配利润后留存企业的、历年结存的利润。相对于所有者权益的其他部分来讲，企业对于未分配利润的使用和分配有较大的自主权。

留存收益概述

（二）利润分配的顺序

利润分配是指企业根据国家有关规定和企业章程、投资者协议等，对企业当年可供分配的利润所进行的分配。

可供分配利润=当年实现的净利润（或净亏损）+年初未分配利润（或-年初未弥补亏损）+其他转入

具体而言，企业当年实现的净利润应按照下列顺序分配：

1.提取盈余公积

企业提取的盈余公积主要由法定盈余公积和任意盈余公积构成。根据《中华人民共和国公司法》的有关规定，公司制企业应当按照净利润（减弥补以前年度亏损，下同）的10%提取法定盈余公积。非公司制企业法定盈余公积的提取比例可超过净利润的10%。法定盈余公积累计额已达到注册资本的50%时可以不再提取。但是，如果以前年度未分配利润有盈余的（即年初未分配利润为正数，贷方余额），在计算提取盈余公积的基数时，不应包括企业年初未分配利润；如果以前年度有亏损的（即年初未分配利润为负数，借方余额），应先弥补以前年度亏损后再提取盈余公积。

公司制企业可根据股东会或股东大会的决议提取任意盈余公积。非公司制企业经类似权力机构批准，也可以提取任意盈余公积。法定盈余公积和任意盈余公积的区别在于其各自提取的依据不同，前者以国家法律法规为依据，后者由企业的权力机构自行决定。

2. 向投资者分配股利或利润

企业按照股东大会的决议向投资者分配的股利包括现金股利和股票股利。现金股利，企业在未来以货币资金的形式支付；股票股利，企业在未来以股票的形式支付，企业货币资金并没有流出企业，但企业的股本或实收资本增加。

利润分配业务理论分析

二、利润分配业务资金运动分析

利润分配所引起的资金运动如图8-16所示。

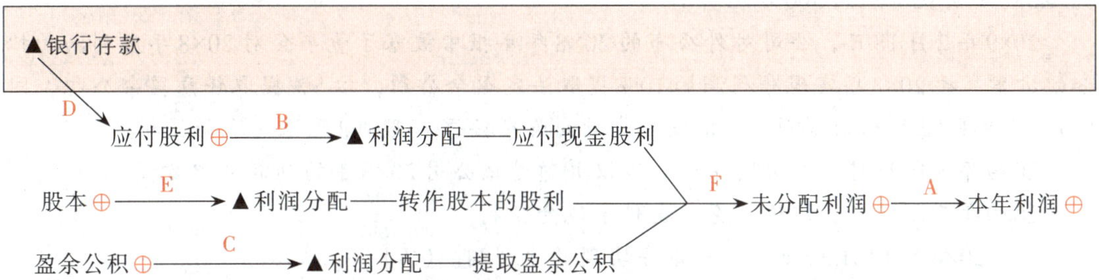

图8-16　利润分配业务资金运动分析图

图8-16中各段资金运动所反映的经济业务内容以及该经济业务确认发生的时点见表8-1。

从余额角度看，“未分配利润”账户金额反映截至目前累计未分配利润余额，其在模型上的形态是变化的。当“未分配利润”项目在模型上以沙坑的形态存在时，其金额代表截至目前累计尚未分配的利润，相应的“未分配利润”账户的余额应该在贷方；当“未分配利润”项目在模型上以沙堆的形态存在时，其金额代表截至目前累计的、留待以后弥补的亏损，相应的“未分配利润”账户的余额应该在借方。“未分配利润”账户属于所有者权益类账户，当其余额为负数时，该账户属于所有者权益抵减项目。

企业可以不设置“未分配利润”账户，而是在“利润分配”账户下设“未分配利润”明细账户，即“利润分配——未分配利润”账户。在这种情况下，企业期末“利润分配”账户的余额就是企业未分配的利润余额。在这种情况下，图8-16中的F段资金运动实际上只是在“利润分配”账户所属的几个明细账户之间进行结转。

表8-1　　各段资金运动经济业务内容与发生时点分析表

案例资料	资金运动段落	经济业务	发生时点：时点	发生时点：举例
甲企业20×7年度财务报告对外公布日为20×8年2月9日。股东大会在3月8日召开并于同日宣布利润分配政策，现金股利支付日是4月7日，办理好股票股利工商登记的时间为5月3日	A	将本年已实现利润全部结转至未分配利润	资产负债表日	20×7年12月31日
	B	确认现金股利	股东大会决议日（股利宣告日）	20×8年3月8日
	C	提取盈余公积		
	D	支付现金股利	股利支付日	20×8年4月7日
	E	确认股票股利	在市场监督管理部门办理好注册资本变更手续之日	20×8年5月3日
	F	将本年已分配利润全部结转至未分配利润	利润分配结束日	20×8年5月3日（含）之后

【例8-16】甲公司股本为1亿元，每股面值为1元。20×8年期初未分配利润的余额为0。20×8年实现净利润500万元。

20×9年2月18日，公司对外公布的20×8年年报中披露了董事会对20×8年度利润的拟分配方案：按20×8年实现净利润的10%提取法定盈余公积，按5%提取任意盈余公积，同时以20×8年12月31日总股本1亿股为基数向股东按每10股0.2元派发现金股利。

20×9年3月25日，公司股东大会审议并通过该公司20×8年的利润分配方案。

20×9年5月15日，以银行存款支付了现金股利。

（1）20×8年12月31日，结转本年实现的净利润。（图8-17，A段）

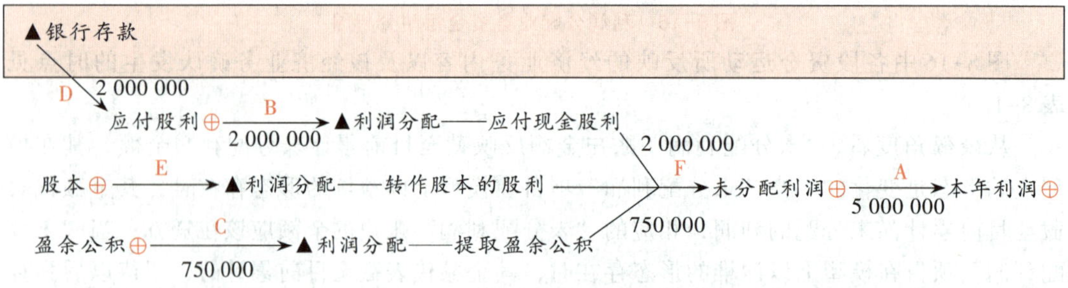

图8-17　甲公司利润分配业务资金运动分析图

借：本年利润　　　　　　　　　　　　　　　　　　　　5 000 000

　贷：未分配利润（或利润分配——未分配利润）　　　　　　　　5 000 000

（2）20×9年2月18日，对外公布报表，不进行任何账务处理。

（3）20×9年3月25日，确认应发放现金股利200万元。（图8-17，B段）

借：利润分配——应付现金股利　　　　　　　　　　　　2 000 000

贷：应付股利　　2 000 000

同时按净利润的10%和5%提取法定盈余公积和任意盈余公积。（图8-17，C段）

借：利润分配——提取法定盈余公积　　500 000
　　　　　——提取任意盈余公积　　250 000
　贷：盈余公积——法定盈余公积　　500 000
　　　　　　——任意盈余公积　　250 000

利润分配业务举例

（4）20×9年5月15日，实际发放现金股利。（图8-17，D段）

借：应付股利　　2 000 000
　贷：银行存款　　2 000 000

（5）将已分配利润全部结转至未分配利润。（图8-17，F段）

借：未分配利润（或利润分配——未分配利润）　　2 750 000
　贷：利润分配——应付现金股利　　2 000 000
　　　　　　——提取法定盈余公积　　500 000
　　　　　　——提取任意盈余公积　　250 000

分配结束后，“未分配利润（利润分配——未分配利润）”项目的余额为2 250 000元（即沙坑容积），反映甲公司本年年末的累计未分配利润。其相应账户的余额为贷方余额1 400 000元。

【例8-17】乙公司20×8年年初未分配利润余额为贷方300 000元。20×8年全年亏损380 000元。20×8年12月31日，企业将本年发生的亏损全部结转至“未分配利润”账户，其所引起的资金运动如图8-18所示。

图8-18　乙公司结转本年利润业务资金运动分析图

借：未分配利润（或利润分配——未分配利润）　　380 000
　贷：本年利润　　380 000

将本年利润结转后，“未分配利润（利润分配——未分配利润）”项目的余额为-80 000元（即沙堆体积），反映乙公司截止到20×8年12月31日未弥补的累计亏损。其相应账户的余额为借方余额80 000元。

【例8-18】丙公司股本为1亿元，每股面值为1元。20×8年期初未分配利润的余额为借方余额200万元，20×8年实现净利润600万元。

20×9年2月28日，公司对外公布的20×8年年报中披露了董事会对于20×8年度利润分配的拟分配方案：按可供分配利润总额的10%提取法定盈余公积，按5%提取任意盈余公积，同时以20×8年12月31日总股本1亿股为基数向股东按每10股0.2元派发现金股利。

20×9年4月5日，公司股东大会审议并通过该公司20×8年的利润分配方案。

20×9年5月10日，以银行存款支付了现金股利。

（1）20×8年12月31日，结转本年实现的净利润（图8-19，A段）。

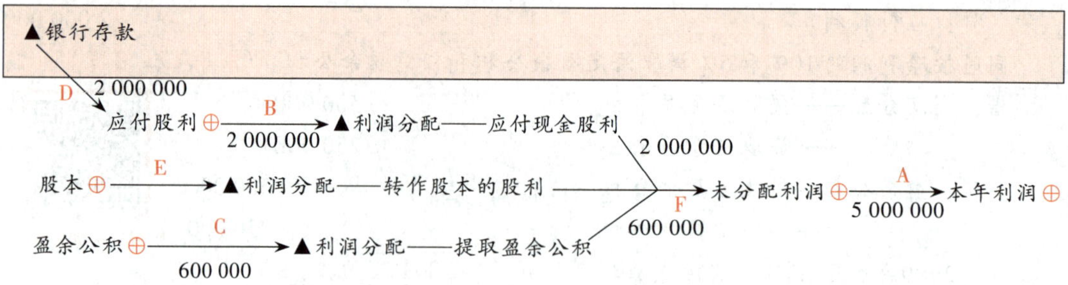

图8-19 丙公司利润分配资金运动分析图

借：本年利润　　6 000 000

　贷：未分配利润（或利润分配——未分配利润）　　6 000 000

（2）20×9年2月28日对外公布报表，不进行任何账务处理。

（3）20×9年4月5日，确认应发放现金股利200万元（图8-19，B段）。

本年可供分配利润总额=本年实现的净利润-以前年度的累计亏损

=6 000 000-2 000 000=4 000 000（元）

借：利润分配——应付现金股利　　2 000 000

　贷：应付股利　　2 000 000

同时按可供分配利润总额的10%和5%提取法定盈余公积和任意盈余公积（图8-19，C段）。

借：利润分配——提取法定盈余公积　　400 000

　　　　　——提取任意盈余公积　　200 000

　贷：盈余公积——法定盈余公积　　400 000

　　　　　——任意盈余公积　　200 000

（4）20×9年5月10日，实际发放现金股利（图8-19，D段）。

借：应付股利　　2 000 000

　贷：银行存款　　2 000 000

（5）将已分配利润全部结转至未分配利润（图8-19，F段）。

借：未分配利润（或利润分配——未分配利润）　　2 600 000

　贷：利润分配——应付现金股利　　2 000 000

　　　　　——提取法定盈余公积　　400 000

　　　　　——提取任意盈余公积　　200 000

分配结束后，“未分配利润（利润分配——未分配利润）”项目的余额为1 400 000元（即沙坑容积），反映丙公司本年年末的累计未分配利润。其相应账户的余额为贷方余额1 400 000元。

三、盈余公积使用业务资金运动分析

盈余公积主要用于弥补亏损、转增资本金和发放现金股利等。

在企业历年累计亏损的情况下，“未分配利润（或利润分配——未分配利润）”项目在模型上以沙堆的形式存在。当企业用盈余公积弥补以前年度亏损时，资金并没有直接从

"未分配利润（或利润分配——未分配利润）"项目流向盈余公积，而是将其进行固化处理，资金从其下方流出（类似于累计折旧的产生），从而产生一个新的项目（沙坑），该项目即为"利润分配——盈余公积补亏"项目。其所引起的资金运动如图8-19中A段运动所示。

当企业用盈余公积转增资本时，其所引起的资金运动如图8-19中B段运动所示。企业用盈余公积弥补亏损、用盈余公积转增资本，在数量关系上并不影响所有者权益的总额，但改变了所有者权益的内部结构。

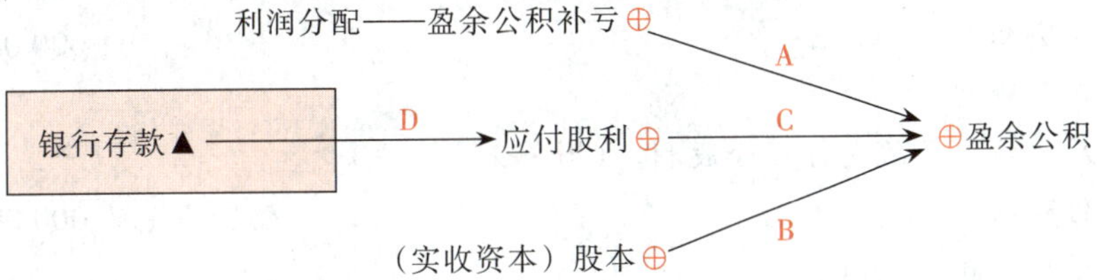

图8-19　盈余公积使用业务资金运动分析图

当企业宣布用盈余公积发放现金股利时，其所引起的资金运动如图8-19中C段运动所示；以后以银行存款支付现金股利时，其所引起的资金运动如图8-19中D段运动所示。

【例8-19】截至20×8年1月1日，甲公司有500万元的亏损尚未弥补，按照规定超过了税前弥补亏损的期限。20×8年3月25日，经公司股东大会批准，以盈余公积500万元弥补该亏损，其所引起的资金运动如图8-20所示。

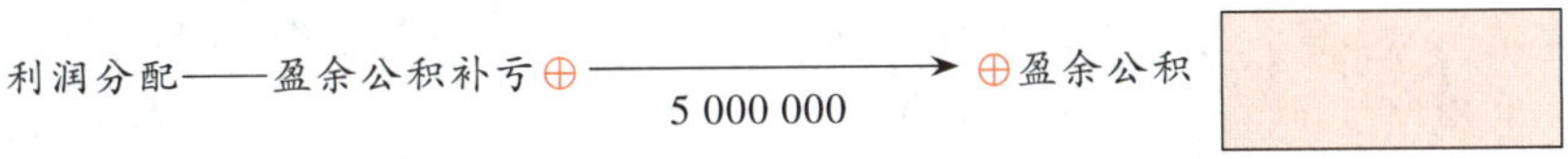

图8-20　甲公司盈余公积补亏业务资金运动分析图

借：盈余公积　　5 000 000

　贷：利润分配——盈余公积补亏　　5 000 000

【例8-20】经公司股东大会批准，乙公司将盈余公积20 000 000元转增股本，其所引起的资金运动如图8-21所示。假定不考虑其他因素。

图8-21　乙公司盈余公积转增资本业务资金运动分析图

借：盈余公积　　20 000 000

　贷：股本　　20 000 000

企业用盈余公积转增资本后，必须向原登记机关办理变更登记。在会计处理时，还应当按照转增股本前的资本结构比例，将盈余公积转增资本的数额记入"实收资本（或股本）"账户下相关投资者的明细账户中。

【例8-21】甲公司20×8年12月31日的股本为40 000 000元（每股面值1元），可供投资者分配的利润总额为5 000 000元，盈余公积总额为35 000 000元。20×9年3月24日，甲公司股东大会批准了20×8年的利润分配方案，按每10股发放1.5元派发现金股利。甲公司共计要分配6 000 000元现金股利，其中动用可供分配利润总额5 000 000元、以盈余公积发放1 000 000元。假设不考虑其他因素。

（1）20×9年3月24日，宣布发放现金股利。（图8-22，A段）

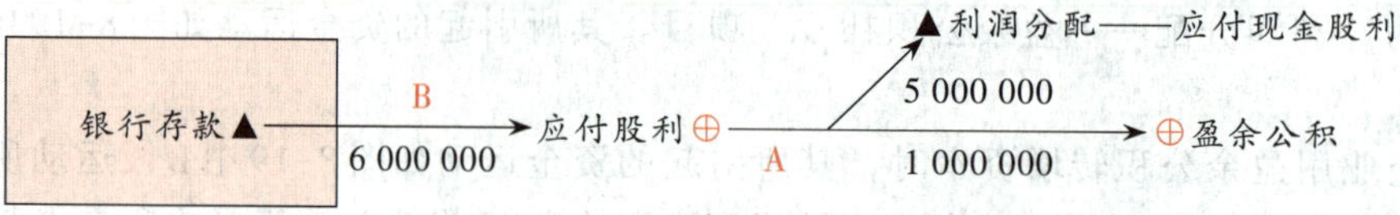

图8-22　甲公司现金股利分配业务资金运动分析图

借：利润分配——应付现金股利　　5 000 000

　　盈余公积　　1 000 000

　贷：应付股利　　6 000 000

（2）以后以银行存款支付现金股利。（图8-22，B段）

借：应付股利　　6 000 000

　贷：银行存款　　6 000 000

盈余公积使用业务分析

第九章 财务报表

财务报表是对企业财务状况、经营成果和现金流量的结构性表述。一套完整的财务报表至少应该包括资产负债表、利润表、现金流量表、所有者权益（或股权权益）变动表以及附注。

知识点自测

第一节 资产负债表

一、资产负债表的概念与作用

资产负债表是反映企业某一特定日期财务状况的报表，该表也称为财务状况表。资产负债表的数字为时点数，反映的内容是资金运动相对静止状态下的表现形式，属于静态报表。资产负债表是根据“资产=负债+所有者权益”这一基本的会计恒等式，按照一定的分类标准和次序，把企业特定日期的资产、负债和所有者权益三个要素的所属项目予以适当排列编制而成。

资产负债表主要反映资产、负债和所有者权益三方面的内容，即反映企业在某一特定日期所拥有或控制的经济资源、所承担的现时义务和所有者对净资产的要求权，帮助财务报表使用者全面了解企业的财务状况、分析企业的偿债能力等情况，从而为其作出经济决策提供依据。

资产负债表的概念与结构

二、资产负债表的基本结构

资产负债表一般由表头和表体两部分组成。表头部分应列明报表名称、编制单位名称、资产负债表日（编表时间）和货币计量单位四个要素。表体是资产负债表的主体部分，包括资产、负债和所有者权益各项目的名称及其期末余额和年初余额，列示了用以说明企业财务状况的各个项目。

资产负债表的表体格式一般有两种：报告式资产负债表和账户式资产负债表。报告式资产负债表是上下结构，上半部分列示资产各项目，下半部分列示负债和所有者权益各项目。账户式资产负债表是左右结构，左边列示资产各项目，反映全部资产的分布及其存在状态；右边列示负债和所有者权益各项目，反映全部负债和所有者权益的内容及其构成情况。不管采用什么格式，资产各项目的合计一定等于负债和所有者权益各项目的合计。

我国的资产负债表采用账户式，分为左右两边，左边为资产项目，大体按照资产的流动性从大到小排列，流动性大的资产如“货币资金”“交易性金融资产”“应收账款”等排在前面，流动性小的资产如“长期股权投资”“固定资产”“无形资产”等排在后面。右边为负债和所有者权益项目，一般按要求清偿时间从短到长的顺序排列，“短期借款”“应付票据”“应付账款”等需要在一年以内或者长于一年的一个正常营业周期内偿还的流动负债排在前面，“长期借款”等在一年以上才需要偿还的非流动负债排在中间，在企业清算之前不需要偿还的所有者权益项目排在后面。

账户式资产负债表中的资产各项目的合计等于负债和所有者权益各项目的合计，即资产负债表左方和右方平衡。账户式资产负债表可以反映资产、负债、所有者权益之间的内在关系，即“资产=负债+所有者权益”。我国一般企业资产负债表的格式见表9-1。

表9-1　　资产负债表　　会企01表

编制单位：　　年　月　日　　单位：元

资　产	期末余额	上年年末余额	负债和所有者权益（或股东权益）	期末余额	上年年末余额
流动资产：			流动负债：		
货币资金			短期借款		
交易性金融资产			交易性金融负债		
衍生金融资产			衍生金融负债		
应收票据			应付票据		
应收账款			应付账款		
应收款项融资			预收款项		
预付款项			合同负债		
其他应收款			应付职工薪酬		
存货			应交税费		
合同资产			其他应付款		
持有待售资产			持有待售负债		
一年内到期的非流动资产			一年内到期的非流动负债		
其他流动资产			其他流动负债		
流动资产合计			流动负债合计		
非流动资产：			非流动负债：		
债权投资			长期借款		
其他债权投资			应付债券		

续表

资　产	期末余额	上年年末余额	负债和所有者权益（或股东权益）	期末余额	上年年末余额
长期应收款			其中：优先股		
长期股权投资			永续债		
其他权益工具投资			租赁负债		
其他非流动金融资产			长期应付款		
投资性房地产			预计负债		
固定资产			递延收益		
在建工程			递延所得税负债		
生产性生物资产			其他非流动负债		
油气资产			非流动负债合计		
使用权资产			负债合计		
无形资产			所有者权益（或股东权益）：		
开发支出			实收资本（或股本）		
商誉			其他权益工具		
长期待摊费用			其中：优先股		
递延所得税资产			永续债		
其他非流动资产			资本公积		
非流动资产合计			减：库存股		
			其他综合收益		
			专项储备		
			盈余公积		
			未分配利润		
			所有者权益（或股东权益）合计		
资产总计			负债和所有者权益（或股东权益）总计		

三、资产负债表的编制

（一）资产负债表的填列方法

资产负债表各项目均需填列“期末余额”和“上年年末余额”两栏。

资产负债表的“上年年末余额”栏内各项数字，应根据上年年末资产负债表的“期末余额”栏内所列数字填列。如果上年度资产负债表规定的各个项目的名称和内容与本年度不相一致，应按照本年度的规定对上年年末资产负债表各项目的名称和数字进行调整，填入本表的“上年年末余额”栏内。

资产负债表的“期末余额”栏主要有以下几种填列方法：

（1）根据总账科目余额填列。如“短期借款”“资本公积”等项目，根据“短期借款”“资本公积”总账科目的余额直接填列；有些项目则需要根据几个总账科目的期末余额计算填列，如“货币资金”项目，应根据“库存现金”“银行存款”“其他货币资金”三个总账科目期末余额的合计数填列。

（2）根据明细账科目余额计算填列。如“应付账款”项目，需要根据“应付账款”“预付账款”科目所属相关明细科目的期末贷方余额计算填列；“预付款项”项目，应根据“应付账款”“预付账款”科目所属相关明细科目的期末借方余额减去与“预付账款”有关的坏账准备贷方余额计算填列。“预收款项”项目，应根据“应收账款”“预收账款”科目所属相关明细科目的期末贷方余额合计填列。“开发支出”项目，应根据“研发支出”科目所属“资本化支出”明细科目期末余额计算填列。“应付职工薪酬”项目，应根据“应付职工薪酬”科目的明细科目期末余额计算填列。“一年内到期的非流动资产”“一年内到期的非流动负债”项目，应根据相关的非流动资产和非流动负债的明细科目余额计算填列。“未分配利润”项目，应根据“利润分配”科目所属“未分配利润”明细科目余额计算填列。

（3）根据总账科目和明细账科目余额分析填列。如“长期借款”项目，需要根据“长期借款”总账科目余额扣除“长期借款”科目所属明细科目中将在一年内到期且企业不能自主地将该清偿义务展期的长期借款后的金额计算填列。“其他非流动资产”项目，应根据有关科目的期末余额减去将于一年内（含一年）收回数后的金额计算填列。“其他非流动负债”项目，应根据有关科目的期末余额减去将于一年内（含一年）到期偿还数后的金额计算填列。

（4）根据有关科目余额减去其备抵科目余额后的净额填列。如资产负债表中的“应收账款”“应收票据”“长期股权投资”“在建工程”等项目，应根据这些对应科目的期末余额减去“坏账准备”“长期股权投资减值准备”“在建工程减值准备”等备抵科目余额后的净额填列。“投资性房地产”（采用成本模式计量的）、“固定资产”项目，应根据“投资性房地产”“固定资产”科目的期末余额，减去“投资性房地产累计折旧”“投资性房地产减值准备”“累计折旧”“固定资产减值准备”等备抵科目的期末余额，以及“固定资产清理”科目期末余额后的净额填列。“无形资产”项目，应根据“无形资产”科目的期末余额，减去“累计摊销”“无形资产减值准备”等备抵科目余额后的净额填列。

（5）综合应用上述方法分析填列。如资产负债表中的“存货”项目，需要根据“原材料”“库存商品”“生产成本”“制造费用”“材料采购”“在途物资”“发出商品”“委托加工物资”“材料成本差异”等总账科目期末余额的汇总数，减去“存货跌价准备”科目余额后的净额填列。

（二）资产负债表“期末余额”栏的填列说明

资产负债表的填列方法

1.资产项目的填列说明

（1）流动资产项目的填列说明（见表9-2）

表9-2　流动资产项目的填列说明

报表项目	数据来源（账户期末余额）
货币资金	银行存款+库存现金+其他货币资金
交易性金融资产	交易性金融资产（反映资产负债表日企业分类为以公允价值计量且其变动计入当期损益的金融资产，以及企业持有的指定为以公允价值计量且其变动计入当期损益的金融资产的期末账面价值）。 但自资产负债表日起超过一年到期且预期持有超过一年的以公允价值计量且其变动计入当期损益的非流动金融资产的期末账面价值，在“其他非流动金融资产”项目反映
衍生金融资产	衍生金融资产
应收票据	资产负债表日以摊余成本计量的应收票据-对应的坏账准备
应收账款	资产负债表日以摊余成本计量的应收账款-对应的坏账准备
应收款项融资	资产负债表日以公允价值计量且其变动计入其他综合收益的应收票据和应收账款等
预付款项	预付账款与应付账款明细账户的借方余额-对应的坏账准备
其他应收款	应收股利+应收利息+其他应收款-对应的坏账准备（其中，“应收利息”仅反映相关金融工具已到期可收取但于资产负债表日尚未收到的利息。基于实际利率法计提的金融工具的利息应包含在相应金融工具的账面余额中）
存货	原材料+材料采购+在途物资+包装物+低值易耗品+委托加工物资+材料成本差异+生产成本+制造费用+合同履约成本+合同取得成本+库存商品+发出商品+委托代销商品等-（存货跌价准备+商品进销差价+合同履约成本减值准备+合同取得成本减值准备）
合同资产	应分别根据“合同资产”科目的相关明细科目的期末余额分析填列。 同一合同下的合同资产和合同负债应当以净额列示，净额为借方余额的，应当根据其流动性在“合同资产”或“其他非流动资产”项目中填列，已计提减值准备的，还应减去“合同资产减值准备”科目中相关的期末余额后的金额填列；净额为贷方余额的，应当根据其流动性在“合同负债”或“其他非流动负债”项目中填列。 企业也可以设置“合同结算”科目（或其他类似科目），以核算同一合同下属于在某一时段内履行履约义务涉及与客户结算对价的合同资产或合同负债，并在此科目下设置“合同结算——价款结算”科目反映定期与客户进行结算的金额，设置“合同结算——收入结转”科目反映按履约进度结转的收入金额。资产负债表日，“合同结算”科目的期末余额在借方的，根据其流动性在“合同资产”或“其他非流动资产”项目中填列；期末余额在贷方的，根据其流动性在“合同负债”或“其他非流动负债”项目中填列
持有待售资产	持有待售资产-持有待售资产减值准备

续表

报表项目	数据来源（账户期末余额）
一年内到期的非流动资产	通常反映预计自资产负债表日起一年内变现的非流动资产。 但对于按照相关会计准则采用折旧（或摊销、折耗）方法进行后续计量的固定资产、使用权资产、无形资产和长期待摊费用等非流动资产，折旧（或摊销、折耗）年限（或期限）只剩一年或不足一年的，或预计在一年内（含一年）进行折旧（或摊销、折耗）的部分，不得归类为流动资产，仍在各该非流动资产项目中填列，不转入“一年内到期的非流动资产”项目
其他流动资产	其他流动资产。如属于流动资产的应收退货成本、某些应交税费借方余额等。 根据“合同取得成本”“合同履约成本”科目的明细科目初始确认时摊销期限是否超过一年或超过一年的一个正常营业周期，在“其他流动资产”或“其他非流动资产”项目中填列，已计提减值准备的，还应减去“合同取得成本减值准备”“合同履约成本减值准备”科目中相关的期末余额后的金额填列。 应当根据“应收退货成本”科目是否在一年或超过一年的一个正常营业周期内出售，在“其他流动资产”或“其他非流动资产”项目中填列

（2）非流动资产项目的填列说明（见表9-3）

表9-3　非流动资产项目的填列说明

报表项目	数据来源（账户期末余额）
债权投资	债权投资-债权投资减值准备-自资产负债表日起一年内将要到期的债权投资。 但企业购入的以摊余成本计量的一年内到期的债权投资的期末账面价值，在“其他流动资产”项目反映
其他债权投资	其他债权投资-其他债权投资减值准备-自资产负债表日起一年内将要到期的其他债权投资。 但企业购入的以公允价值计量且其变动计入其他综合收益的一年内到期的债权投资的期末账面价值，在“其他流动资产”项目反映
长期应收款	长期应收款-未实现融资收益-对应的坏账准备
长期股权投资	长期股权投资-长期股权投资减值准备
其他权益工具投资	其他权益工具投资
其他非流动金融资产	其他非流动金融资产
投资性房地产	公允价值模式：投资性房地产 成本模式：投资性房地产-其累计折旧-投资性房地产减值准备
固定资产	固定资产-其累计折旧-固定资产减值准备+固定资产清理
在建工程	在建工程+工程物资-其减值准备（含在建工程、工程物资）
生产性生物资产	生产性生物资产-其累计摊销-其减值准备
油气资产	油气资产-其累计折旧-其减值准备
使用权资产	使用权资产-其累计折旧-其减值准备
无形资产	无形资产-其累计摊销-无形资产减值准备
开发支出	研发支出——资本化支出
商誉	商誉-商誉减值准备
长期待摊费用	长期待摊费用
递延所得税资产	递延所得税资产
其他非流动资产	其他非流动资产，如属于非流动资产部分的应收退货成本

2. 负债项目的填列说明

（1）流动负债项目的填列说明（见表9-4）

表9-4　　流动负债项目的填列说明

报表项目	数据来源（账户期末余额）
短期借款	短期借款
交易性金融负债	交易性金融负债（反映资产负债表日企业承担的交易性金融负债，以及企业持有的指定为以公允价值计量且其变动计入当期损益的金融负债的期末账面价值）
衍生金融负债	衍生金融负债
应付票据	资产负债表日以摊余成本计量的应付票据
应付账款	资产负债表日以摊余成本计量的应付账款和预付账款明细科目的期末贷方余额
预收款项	预收账款与应收账款明细科目的贷方余额
合同负债	应分别根据“合同负债”科目的相关明细科目的期末余额分析填列。 同一合同下的合同资产和合同负债应当以净额列示，净额为借方余额的，应当根据其流动性在“合同资产”或“其他非流动资产”项目中填列，已计提减值准备的，还应减去“合同资产减值准备”科目中相关的期末余额后的金额填列；净额为贷方余额的，应当根据其流动性在“合同负债”或“其他非流动负债”项目中填列
应付职工薪酬	应付职工薪酬
应交税费	一般应根据“应交税费”账户的期末贷方余额填列，如为借方余额，应根据其性质在“其他流动资产”或“其他非流动资产”中填写。 具体而言，“应交税费”科目下的“应交增值税”“未交增值税”“待抵扣进项税额”“待认证进项税额”“增值税留抵税额”等明细科目期末借方余额应根据情况在“其他流动资产”或“其他非流动资产”项目列示。 “应交税费”科目下的“待转销项税额”等明细科目期末贷方余额应根据情况在“其他流动负债”或“其他非流动负债”项目列示。 “应交税费”科目下的“未交增值税”“简易计税”“转让金融商品应交增值税”“代扣代交增值税”等明细科目期末贷方余额应在“应交税费”项目列示
其他应付款	应付利息+应付股利+其他应付款（其中，“应付利息”仅反映相关金融工具已到期应支付但于资产负债表日尚未支付的利息。基于实际利率法计提的金融工具的利息应包含在相应金融工具的账面余额中）
持有待售负债	持有待售负债
一年内到期的非流动负债	一年内到期的各种非流动负债合计
其他流动负债	其他各种流动负债合计

（2）非流动负债项目的填列说明（见表9-5）

表9-5 非流动负债项目的填列说明

报表项目	数据来源（账户期末余额）
长期借款	长期借款-自资产负债表日起一年内将要到期的长期借款
应付债券	应付债券-自资产负债表日起一年内将要到期的应付债券
租赁负债	租赁负债-自资产负债表日起一年内到期的租赁负债
长期应付款	长期应付款-未确认融资费用+专项应付款
预计负债	预计负债。 应当根据“预计负债”科目下的“应付退货款”明细科目是否在一年或超过一年的一个正常营业周期内清偿，在“其他流动负债”或“预计负债”项目中填列。 企业按照《企业会计准则第22号——金融工具确认和计量》（财会〔2017〕7号）的相关规定对贷款承诺、财务担保合同等项目计提的损失准备，应当在“预计负债”项目中填列
递延收益	递延收益（“递延收益”项目中摊销期限只剩一年或不足一年的，或预计在一年内（含一年）进行摊销的部分，不得归类为流动负债，仍在该项目中填列，不转入“一年内到期的非流动负债”项目）
递延所得税负债	递延所得税负债
其他非流动负债	其他各种非流动负债合计

3.所有者权益项目的填列说明

所有者权益项目的填列说明见表9-6。

表9-6 所有者权益项目的填列说明

报表项目	数据来源（账户发生额）
实收资本（或股本）	实收资本（或股本）
其他权益工具	其他权益工具
资本公积	资本公积
库存股	库存股
其他综合收益	其他综合收益
专项储备	反映高危行业企业按照国家规定提取的安全生产费的期末账面价值
盈余公积	盈余公积
未分配利润	利润分配——未分配利润（或“利润分配——未分配利润”+“本年利润”）

【例9-1】甲公司编制20×8年12月31日资产负债表的有关资料如下，根据这些资料计算20×8年12月31日资产负债表中相关项目的期末余额。

（1）“库存现金”账户余额为3 000元，“银行存款”账户余额为750 000元，“其他货币资金”账户余额为350 000元。

资产负债表的编制举例（1）

报表中“货币资金”项目=3 000+750 000+350 000=1 103 000（元）

（2）“应收票据”账户余额为8 000 000元；坏账准备中有关应收票据计提的坏账准备为240 000元。

报表中“应收票据”项目=8 000 000−240 000=7 760 000（元）

（3）“发出商品”账户余额为2 000 000元，“生产成本”账户余额为4 000 000元，“制造费用”账户余额为200 000元，“周转材料”账户余额为130 000元，“材料采购”账户余额为400 000元，“原材料”账户余额为2 000 000元，“委托加工物资”账户余额为100 000元，“材料成本差异”账户贷方余额为220 000元，“存货跌价准备”账户贷方余额为250 000元，“受托代销商品”账户余额为400 000元，“受托代销商品款”账户余额为400 000元。

报表中“存货”项目=2 000 000+4 000 000+200 000+130 000+400 000+2 000 000+100 000−220 000−250 000+400 000−400 000=8 360 000（元）

（4）公司计划出售一项固定资产，该固定资产被划分为持有待售资产，在划转之前其账面原值为1 000 000元，已计提折旧800 000元，已计提减值准备50 000元。从划归持有待售的下月起停止计提折旧，不考虑其他因素。

报表中“持有待售资产”项目=1 000 000−800 000−50 000=150 000（元）

（5）“固定资产”账户余额为20 000 000元，“累计折旧”账户余额为8 000 000元，“固定资产减值准备”账户余额为1 000 000元，“固定资产清理”账户借方余额为1 100 000元。

报表中“固定资产”项目=20 000 000−8 000 000−1 000 000+1 100 000=12 100 000（元）

（6）“无形资产”账户余额为6 000 000元，“累计摊销”账户余额为1 500 000元，“无形资产减值准备”账户余额为500 000元。

报表中“无形资产”项目=6 000 000−1 500 000−500 000=4 000 000（元）

（7）“短期借款”账户余额明细如下：银行质押借款800 000元，信用借款350 000元。

报表中“短期借款”项目=800 000+350 000=1 150 000（元）

（8）“应付票据”账户余额明细如下：银行承兑汇票450 000元，商业承兑汇票330 000元。

报表中“应付票据”项目=450 000+330 000=780 000（元）

（9）“应付职工薪酬”账户余额明细如下：工资1 200 000元，社会保险费50 000元，设定提存计划120 000元，住房公积金180 000元，工会经费和职工教育经费120 000元。

报表中“应付职工薪酬”项目=1 200 000+50 000+120 000+180 000+120 000=1 670 000（元）

（10）“长期借款”账户余额为12 500 000元，其中从乙银行借款的2 500 000元将于1年内到期，甲公司不具有自主展期清偿的权利。

报表中“长期借款”项目=12 500 000−2 500 000=10 000 000（元）

（11）“应收股利”账户余额为3 000 000元，“应收利息”账户余额为400 000元，“其他应收款”账户余额为130 000元，坏账准备中与其他应收款有关的备抵金额为30 000元。

报表中“其他应收款”项目=3 000 000+400 000+130 000−30 000=3 500 000（元）

（12）“在建工程”账户余额为4 000 000元，“在建工程减值准备”账户余额为400 000元，“工程物资”账户余额为300 000元，“工程物资减值准备”账户余额为30 000元。

报表中“在建工程”项目=4 000 000−400 000+300 000−30 000=3 870 000（元）

（13）“利润分配——未分配利润”账户余额为10 000 000元，“研发支出——资本化支出”账户余额为4 000 000元。

报表中“未分配利润”项目=10 000 000元

报表中“开发支出”项目=4 000 000元

（14）“应收账款”总账账户余额为15 000 000元，其中“应收账款——M公司”明细账户为贷方余额500 000元，“应收账款——N公司”明细账户为贷方余额380 000元，其余应收账款明细账户都为借方余额。“预收账款”总账账户余额为2 000 000元，其中“预收账款——X公司”明细账户为借方余额200 000元，“预收账款——Y公司”明细账户为借方余额120 000元，其余预收账款明细账户都为贷方余额。“坏账准备”账户余额为1 000 000元，其中与应收账款有关的备抵金额为600 000元。

报表中“应收账款”项目=［15 000 000+（500 000+380 000）］+（200 000+120 000）−600 000=15 600 000（元）

报表中“预收款项”项目=［2 000 000+（200 000+120 000）］+（500 000+380 000）=3 200 000（元）

资产负债表编制举例（2）

（15）“应付账款”总账账户余额为11 000 000元，其中“应付账款——P公司”明细账户为借方余额300 000元，“应付账款——Q公司”明细账户为借方余额180 000元，其余的应付账款明细账户都为贷方余额。“预付账款”总账账户余额为1 500 000元，其中“预付账款——W公司”明细账户为贷方余额140 000元，“预付账款——Z公司”明细账户为贷方余额80 000元，其余的预付账款明细账户都为借方余额。“坏账准备”账户余额为1 000 000元，其中与预付账款有关的备抵金额为10 000元。

报表中“应付账款”项目=［11 000 000+（300 000+180 000）］+（140 000+80 000）=11 700 000（元）

报表中“预付款项”项目=［1 500 000+（140 000+80 000）］+（300 000+180 000）−10 000=2 190 000（元）

知识点自测

第二节　利润表

利润表，又称损益表，是反映企业在一定会计期间的经营成果的报表。

通过利润表，可以反映企业在一定会计期间的收入、费用、利润（或亏损）的金额和构成情况，为财务报表的使用者全面了解企业的经营成果、分析企业的获利能力及盈利能力增长趋势、作出经济决策提供依据。

一、利润表的结构

利润表的格式一般有两种：单步式和多步式。单步式利润表是将当期所有的收入列在一起，将所有的费用列在一起，然后两者相减得出当期净损益。多步式利润表是通过对当期的收入、费用、支出项目按性质加以归类，按利润形成的主要环节列示一些中间性利润指标，分步计算当期净损益，以便财务报表使用者理解企业经营成果的不同来源。我国企业的利润表采用的是多步式格式。

利润表一般由表头、表体两部分构成。表头部分应列明报表名称、编制单位名称、编制日期、报表编号和计量单位。表体部分为利润表的主体，列示了形成经营成果的各个项目和计算过程。

为了使财务报表使用者通过比较不同期间利润的实现情况，判断企业经营成果的未来发展趋势，企业需要提供比较利润表。为此，利润表金额栏分为“本期金额”和“上期金额”两栏填列。我国一般企业利润表的格式见表9-7。

表9-7　　利润表　　会企02表

编制单位：　　年度　　单位：元

项　目	本期金额	上期金额
一、营业收入		
减：营业成本		
税金及附加		
销售费用		
管理费用		
研发费用		
财务费用		
其中：利息费用		
利息收入		
加：其他收益		
投资收益（损失以“-”号填列）		
其中：对联营企业和合营企业的投资收益		
以摊余成本计量的金融资产终止确认收益（损失以“-”号填列）		
净敞口套期收益（损失以“-”号填列）		
公允价值变动收益（损失以“-”号填列）		
信用减值损失（损失以“-”号填列）		
资产减值损失（损失以“-”号填列）		
资产处置收益（损失以“-”号填列）		

续表

项　目	本期金额	上期金额
二、营业利润（亏损以“-”号填列）		
加：营业外收入		
减：营业外支出		
三、利润总额（亏损总额以“-”号填列）		
减：所得税费用		
四、净利润（净亏损以“-”号填列）		
（一）持续经营净利润（净亏损以“-”号填列）		
（二）终止经营净利润（净亏损以“-”号填列）		
五、其他综合收益的税后净额		
（一）不能重分类进损益的其他综合收益		
1.重新计量设定受益计划变动额		
2.权益法下不能转损益的其他综合收益		
3.其他权益工具投资公允价值变动		
4.企业自身信用风险公允价值变动		
……		
（二）将重分类进损益的其他综合收益		
1.权益法下可转损益的其他综合收益		
2.其他债权投资公允价值变动		
3.金融资产重分类计入其他综合收益的金额		
4.其他债权投资信用减值准备		
5.现金流量套期储备		
6.外币财务报表折算差额		
……		
六、综合收益总额		
七、每股收益：		
（一）基本每股收益		
（二）稀释每股收益		

二、利润表的编制

利润表的编制原理是“收入-费用=利润”的会计平衡公式和收入与费用的配比原则。企业在生产经营过程中不断取得各项收入，同时发生各种费用，收入减去费用的剩余部分为企业的盈利。如果企业经营不善，发生的生产经营费用超过所取得的收入，超过部分作为企业的亏损。将取得的收入和发生的费用进行对比，对比结果表现为企业的经营成果。企业将经营成果的核算过程和结果编成报表，即为利润表。

（一）利润表项目的填列方法

我国一般企业利润表的主要编制步骤和内容如下：

第一步，以营业收入为基础，减去营业成本、税金及附加、销售费用、管理费用、研发费用、财务费用，加上其他收益、投资收益（或减去投资损失）、净敞口套期收益（或减去净敞口套期损失）、公允价值变动收益（或减去公允价值变动损失）、信用减值损失（损失以“-”号列示）、资产减值损失（损失以“-”号列示）、资产处置收益（或减去资产处置损失），计算出企业的营业利润。

第二步，以营业利润为基础，加上营业外收入，减去营业外支出，计算出利润总额。

第三步，以利润总额为基础，减去所得税费用，计算出净利润（或净亏损）。

第四步，以净利润（或净亏损）为基础，计算出每股收益。

第五步，以净利润（或净亏损）加上其他综合收益的税后净额，计算出综合收益总额。

利润表各项目均需填列“本期金额”和“上期金额”两栏。其中“上期金额”栏内各项数字，应根据上年该期利润表的“本期金额”栏内所列数字填列。“本期金额”栏内各期数字，除“基本每股收益”和“稀释每股收益”项目外，应当按照相关科目的发生额分析填列。

（二）利润表主要项目的填列说明

利润表分析

利润表主要项目的填列说明如下：

（1）“营业收入”项目，反映企业经营主要业务和其他业务所确认的收入总额。本项目应根据“主营业务收入”和“其他业务收入”科目的发生额分析填列。

（2）“营业成本”项目，反映企业经营主要业务和其他业务所发生的成本总额。本项目应根据“主营业务成本”和“其他业务成本”科目的发生额分析填列。

（3）“税金及附加”项目，反映企业经营活动发生的消费税、城市维护建设税、资源税、教育费附加、房产税、城镇土地使用税、车船税、印花税等相关税费。本项目应根据“税金及附加”科目的发生额分析填列。

（4）“销售费用”项目，反映企业在销售商品过程中发生的包装费、广告费等费用和为销售本企业商品而专设的销售机构的职工薪酬、业务费等经营费用。本项目应根据“销售费用”科目的发生额分析填列。

（5）“管理费用”项目，反映企业为组织和管理生产经营发生的管理费用。本项目应根据“管理费用”科目的发生额分析填列。

（6）“研发费用”项目，反映企业进行研究与开发过程中发生的费用化支出，以及计入管理费用的自行开发无形资产的摊销。该项目应根据“管理费用”科目下的“研发费用”明细科目和“无形资产摊销”明细科目的发生额分析填列。

（7）“财务费用”项目，反映企业筹集生产经营所需资金等而发生的筹资费用。本项目应根据“财务费用”科目的发生额分析填列。

其中，“利息费用”项目，反映企业为筹集生产经营所需资金等而发生的应予费用化的利息支出，该项目应根据“财务费用”科目相关明细科目的发生额分析填列。“利息收入”项目，反映企业确认的利息收入，该项目应根据“财务费用”科目相关明细科目的发生额分析填列。

（8）“其他收益”项目，反映计入其他收益的政府补助，以及其他与日常活动相关且计入其他收益的项目。如企业作为个人所得税的扣缴义务人收到的扣缴税款手续费收入，应作为其他与日常经营相关的收益在本项目中反映。该项目应根据“其他收益”科目的发生额分析填列。

（9）“投资收益”项目，反映企业以各种方式对外投资所取得的净收益。本项目应根据“投资收益”科目的发生额分析计算填列；如为投资净损失，以“-”号填列。其中“对联营企业和合营企业的投资收益”项目，反映企业对联营企业和合营企业投资所确认的投资净收益，应根据“投资收益”明细科目的发生额分析填列；如为投资净损失，以“-”号填列。

（10）“净敞口套期收益”项目，反映净敞口套期下被套期项目累计公允价值变动转入当期损益的金额或现金流量套期储备转入当期损益的金额。本项目应根据“净敞口套期收益”科目的发生额分析填列。

（11）“公允价值变动收益”项目，反映企业以公允价值计量且其变动计入当期损益的金融资产、以公允价值计量且其变动计入当期损益的金融负债，以及采用公允价值模式计量的投资性房地产、衍生工具、套期保值业务等公允价值变动形成的应计入当期损益的净利得。本项目应根据“公允价值变动损益”科目的发生额分析填列；如为净损失，以“-”号填列。

（12）“信用减值损失”项目，反映企业计提的各项金融工具减值准备所形成的预期信用损失。本项目应根据“信用减值损失”科目的发生额分析填列。

（13）“资产减值损失”项目，反映企业各项资产发生的减值损失。本项目应根据“资产减值损失”科目的发生额分析填列。

（14）“资产处置收益”项目，反映企业出售划分为持有待售的非流动资产（金融工具、长期股权投资和投资性房地产除外）或处置组时确认的处置利得或损失，以及处置未划分为持有待售的固定资产、在建工程、生产性生物资产及无形资产而产生的处置利得或损失。债务重组中因处置非流动资产产生的利得或损失和非货币性资产交换产生的利得或损失也包括在本项目内。该项目应根据“资产处置损益”科目的发生额分析填列；如为处置损失，以“-”号填列。

（15）“营业利润”项目，反映企业实现的营业利润总额。

（16）“营业外收入”项目，反映企业发生的营业利润以外的收益，主要包括与企业日常经营活动无关的政府补助、盘盈利得、捐赠利得（企业接受股东或股东的子公司直接或间接的捐赠，经济实质属于股东对企业的资本性投入的除外）等。该项目应根据“营业外收入”科目的发生额分析填列。

（17）“营业外支出”项目，反映企业发生的营业利润以外的支出，主要包括公益性捐赠支出、非常损失、盘亏损失、非流动资产毁损报废损失等。该项目应根据“营业外支出”科目的发生额分析填列。“非流动资产毁损报废损失”通常包括因自然灾害发生毁损、已丧失使用功能等原因而报废清理产生的损失。

企业在不同交易中形成的非流动资产毁损报废利得和损失不得相互抵销，应分别在“营业外收入”项目和“营业外支出”项目进行填列。

（18）“利润总额”项目，反映企业实现的利润总额。本项目应根据营业利润加上营业外收入，再减去营业外支出后的余额填列；若余额为负数，则为亏损总额，应以“-”号填列。

（19）“所得税费用”项目，反映企业应从当期利润总额中扣除的所得税费用。本项目应根据“所得税费用”科目的发生额分析填列。

（20）“净利润”项目，反映企业实现的净利润。如为亏损，本项目以“-”号填列。其中，“持续经营净利润”和“终止经营净利润”项目，分别反映净利润中与持续经营相关的净利润和与终止经营相关的净利润；如为净亏损，以“-”号填列。该两个项目应按照《企业会计准则第42号——持有待售的非流动资产、处置组和终止经营》的相关规定分别列报。

（21）“其他综合收益的税后净额”项目，反映企业根据企业会计准则规定未在损益中确认的各项利得和损失扣除所得税影响后的净额。企业应当按照其他综合收益项目以后是否能重分类进损益区分为以后会计期间不能重分类进损益的其他综合收益项目和以后会计期间在满足规定条件时将重分类进损益的其他综合收益项目两类分别列报。

（22）“综合收益总额”项目，反映企业净利润与其他综合收益的税后净额的合计金额。

（23）“每股收益”项目，反映普通股或潜在普通股已公开交易的企业，以及正处于公开发行普通股或潜在普通股过程中的企业的基本每股收益和稀释每股收益。如果企业不存在稀释性潜在普通股，那么在利润表中只需列示基本每股收益；否则，企业应同时列示基本每股收益和稀释每股收益。

【例9-2】丙公司20×8年度有关利润表相关资料如下，根据给出的相关资料计算利润表相关项目的金额。

（1）丙公司本年度“主营业务收入”账户总额合计50 000 000元，“其他业务收入”账户总额合计8 000 000元。

利润表中“营业收入”项目=50 000 000+8 000 000=58 000 000（元）

（2）丙公司本年度“主营业务成本”账户总额合计24 000 000元，“其他业务成本”账户总额合计5 000 000元。

利润表中“营业成本”项目=24 000 000+5 000 000=29 000 000（元）

（3）丙公司本年度“税金及附加”账户的发生额资料如下：城市维护建设税合计

420 000元，教育费附加合计180 000元，消费税合计800 000元，房产税合计200 000元，城镇土地使用税合计80 000元，车船税合计12 000元，印花税合计1 000元。

利润表中“税金及附加”项目

=420 000+180 000+800 000+200 000+80 000+12 000+1 000=1 693 000（元）

（4）丙公司本年度“管理费用”账户总计1 500 000元，其中研发费用合计300 000元，自行研发无形资产摊销费180 000元。

利润表中“管理费用”项目=1 500 000-（300 000+180 000）=1 020 000（元）

利润表中“研发费用”项目=300 000+180 000=480 000（元）

（5）丙公司本年度“财务费用”账户的发生额资料如下：银行长期借款利息费用合计600 000元，银行短期借款利息费用合计210 000元，银行存款利息收入合计32 000元，银行手续费支出合计12 000元。

利润表中“财务费用”项目=600 000+210 000-32 000+12 000=790 000（元）

（6）丙公司本年度“投资收益”账户的发生额资料如下：按权益法核算的长期股权投资所获得的投资收益2 000 000元，按成本法核算的长期股权投资所获得的投资收益500 000元，处置长期股权投资发生投资损失300 000元。

利润表中“投资收益”项目=2 000 000+500 000-300 000=2 200 000（元）

（7）丙公司本年度“资产减值损失”账户的发生额资料如下：存货减值损失合计200 000元，固定资产减值损失100 000元，无形资产减值损失50 000元。信用减值损失本年度发生应收账款减值损失300 000元。

利润表中“资产减值损失”项目=200 000+100 000+50 000=350 000（元）

利润表中“信用减值损失”项目=300 000元

（8）丙公司本年度“营业外收入”账户发生额资料如下：接受无偿捐赠利得300 000元，获得罚款收入140 000元，库存现金盘盈利得1 100元。

利润表编制举例

利润表中“营业外收入”项目=300 000+140 000+1 100=441 100（元）

（9）丙公司本年度“营业外支出”账户发生额资料如下：固定资产盘亏损失50 000元，固定资产报废毁损损失80 000元，捐赠支出120 000元，罚没支出12 000元。

利润表中“营业外支出”项目=50 000+80 000+120 000+12 000=262 000（元）

第三节 现金流量表

一、现金流量表概述

现金流量表是反映企业在一定会计期间现金和现金等价物流入和流出的报表。它是以资产负债表和利润表等会计核算资料为依据，按照收付实现制会计基础要求对现金流量的结构性表述，揭示了企业在一定会计期间获取现金及其等价物的能力。

现金，是指企业库存现金以及可以随时用于支付的存款。不能随时用于支付的存款不属于现金。现金等价物是指企业持有的期限短、流动性强、易于转换为已知金额的现金、价值变动风险很小的短期投资。根据上述定义，在实务中，现金等价物通常是指企业购买的在3个月或更短时间内即可到期或即可转换为现金的债券投资。

现金流量表的作用主要表现在以下几个方面：

（1）现金流量表提供了企业一定会计期间内现金和现金等价物流入和流出的现金流量信息，可以弥补基于权责发生制原则编报提供的资产负债表和利润表的某些固有缺陷，可以在资产负债表和利润表之间架起一座桥梁，揭示企业财务状况与经营成果之间的内在联系，便于会计报表使用者了解企业净利润的质量。

（2）现金流量表分别提供了经营活动、投资活动和筹资活动产生的现金流量，每类又分为若干具体项目，分别从不同角度反映企业业务活动的现金流入、流出及其影响现金净流量的因素，弥补了资产负债表和利润表分类列报内容的某些不足，从而帮助使用者了解和评价企业获得现金及其等价物的能力，包括企业的支付能力、偿债能力和周转能力，进而预测企业未来的现金流量情况，为其决策提供有力依据。

（3）现金流量表以收付实现制为基础，对现金的确认与计量在不同企业间基本一致，因此现金流量表产生的会计信息更便于企业间相互比较，有利于会计报表使用者提高决策的质量与效率。

（4）现金流量表以收付实现制为基础编制，降低了企业盈余管理的程度，提高了会计信息质量，有利于更好地发挥会计监督职能作用，改善公司治理状况，进而促进提升会计决策有用性，有助于维护经济资源配置秩序，提高企业的经济效益。

二、现金流量的结构

（一）现金流量的结构内容

现金流量是指一定会计期间内企业现金流入和流出的数量。反映现金流量的指标有现金流入量、现金流出量和现金净流量。现金流入量是指一定会计期间企业现金流入的数量；现金流出量是指一定会计期间现金流出的数量；现金净流量是指一定会计期间现金流入量减去现金流出量后的差额。

现金流量表的概念与结构

1.经营活动产生的现金流量

经营活动是指企业投资活动和筹资活动以外的所有交易和事项。对于工商企业而言，经营活动主要包括：销售商品、提供劳务、购买商品、接受劳务、支付税费等。经营活动产生的现金流量是企业运用所拥有或控制的经济资源从事生产经营活动所形成的，而且主要是与企业营业利润有关的交易或事项所产生的现金流量。

2.投资活动产生的现金流量

投资活动是指企业对长期资产的购建和不包括在现金等价物范围内的投资及其处置活动。这里所说的投资活动，既包括实物资产投资，也包括金融资产投资。长期资产是指固定资产、无形资产、在建工程、其他资产等持有期限在一年或一个营业周期以上的资产。

3.筹资活动产生的现金流量

筹资活动是指导致企业资本及债务规模和构成发生变化的活动。这里所说的资本，既包括实收资本（股本），也包括资本溢价（股本溢价）；这里所说的债务，指对外举债，包括向银行借款、发行债券以及偿还债务等。应付账款、应付票据等商业应付款属于经营活动，不属于筹资活动。

(二)现金流量表的格式

目前我国现金流量表包括正表和补充资料两部分。其结构见表9-8、表9-9。

表9-8 现金流量表 会企03表

编制单位: 年度 单位:元

项目	行次	本年金额	上年金额
一、经营活动产生的现金流量:			
销售商品、提供劳务收到的现金			
收到的税费返还			
收到其他与经营活动有关的现金			
经营活动现金流入小计			
购买商品、接受劳务支付的现金			
支付给职工以及为职工支付的现金			
支付的各项税费			
支付其他与经营活动有关的现金			
经营活动现金流出小计			
经营活动产生的现金流量净额			
二、投资活动产生的现金流量:			
收回投资收到的现金			
取得投资收益收到的现金			
处置固定资产、无形资产和其他长期资产收回的现金净额			
处置子公司及其他营业单位收到的现金净额			
收到其他与投资活动有关的现金			
投资活动现金流入小计			
购建固定资产、无形资产和其他长期资产支付的现金			
投资支付的现金			
取得子公司及其他营业单位支付的现金净额			
支付其他与投资活动有关的现金			
投资活动现金流出小计			
投资活动产生的现金流量净额			

续表

项 目	行次	本年金额	上年金额
三、筹资活动产生的现金流量：			
吸收投资收到的现金			
取得借款收到的现金			
收到其他与筹资活动有关的现金			
筹资活动现金流入小计			
偿还债务支付的现金			
分配股利、利润或偿付利息支付的现金			
支付其他与筹资活动有关的现金			
筹资活动现金流出小计			
筹资活动产生的现金流量净额			
四、汇率变动对现金的影响			
五、现金及现金等价物净增加额			
加：期初现金及现金等价物余额			
六、期末现金及现金等价物余额			

表 9-9 **现金流量表补充资料**

补充资料	行次	本年金额	上年金额
1.将净利润调节为经营活动现金流量：			
净利润			
加：资产减值准备			
固定资产折旧、油气资产折耗、生产性生物资产折旧			
无形资产摊销			
长期待摊费用摊销			
待摊费用减少（增加以“－”号填列）			
预提费用增加（减少以“－”号填列）			
处置固定资产、无形资产和其他长期资产的损失（收益以“－”号填列）			

续表

补充资料	行次	本年金额	上年金额
固定资产报废损失（收益以“－”号填列）			
公允价值变动损失（收益以“－”号填列）			
财务费用（收益以“－”号填列）			
投资损失（收益以“－”号填列）			
递延所得税资产减少（增加以“－”号填列）			
递延所得税负债增加（减少以“－”号填列）			
存货的减少（增加以“－”号填列）			
经营性应收项目的减少（增加以“－”号填列）			
经营性应付项目的增加（减少以“－”号填列）			
其他			
经营活动产生的现金流量净额			
2.不涉及现金收支的重大投资和筹资活动：			
债务转为资本			
一年内到期的可转换公司债券			
融资租入固定资产			
3.现金及现金等价物净变动情况：			
现金的期末余额			
减：现金的期初余额			
加：现金等价物的期末余额			
减：现金等价物的期初余额			
现金及现金等价物净增加额			

正表部分包括表头和表体两部分。现金流量表的表头部分包括四个要素：表名、编制单位、时间和货币计量单位。现金流量表为动态报表，其时间为时期（如××年度）。现金流量表的表体部分分为五大内容：（1）经营活动产生的现金流量；（2）投资活动产生的现金流量；（3）筹资活动产生的现金流量；（4）汇率变动对现金的影响额；（5）现金流量表的结果——现金及现金等价物净增加额。

现金流量表的补充资料有三项内容：一是将净利润调节为经营活动的现金流量（即按间接法编制的经营活动的现金流量）；二是不涉及现金收支的投资和筹资活动；三

是现金及现金等价物的增减情况（即直接按现金及现金等价物的期末余额计算的净变化额）。

三、现金流量表编制的调整方法

现金流量表是将以权责发生制为基础生成的会计核算资料按照收付实现制进行调整和计算，为反映现金流量增减变化情况及其结果而编制的。实际工作中，企业将以权责发生制为基础编制的资产负债表和利润表中的相关资料按照收付实现制计算编制现金流量表，相应的调整方法通常有直接法和间接法两种。

直接列报法是指通过现金收入和现金支出的主要类别直接反映来自企业经营活动的现金流量的一种列报方法。采用这种方法列报经营活动现金流量时，企业一般以利润表中的本期营业收入为起点，按照各个具体的现金流入和现金流出项目进行列报。采用直接法列报的经营活动的现金流量信息有助于投资人和债权人分析、评价和预测企业未来的现金流量，所以国际会计准则主张企业采用直接法列报企业的经营活动现金流量信息。在我国，现金流量表的正表就是以直接法来列报企业经营活动的现金流量的。

现金流量表的编制及调整方法

间接列报法是指以本期利润为起点，通过调整不涉及现金的收入、费用、营业外收支以及应收、应付等项目的增减变动，调整不属于经营活动的现金收支项目，据此计算并列示经营活动的现金流量的一种方法。采用间接法列报的经营活动的现金流量信息，有助于信息使用者分析企业当期净利润与经营活动的现金流量之间产生差异的原因，评价企业净利润的质量，但是不便于分析、评价和预测企业未来的现金流量。在我国，现金流量表的补充资料中应按照间接列报法反映企业经营活动现金流量的情况，以对正表中按直接列报法反映的经营活动现金流量信息起到相互印证和补充说明的作用。

四、现金流量表的编制程序

企业在具体编制现金流量表时，应根据企业经济业务量的大小及复杂程度，采用不同的编制程序。按其编制程序的不同，现金流量表的编制方法可以分为直接分析填列法、工作底稿法和T形账户法等三种方法。

（一）直接分析填列法

该方法是直接根据资产负债表、利润表和有关会计科目的记录，分析计算出现金流量表各项目的金额，并据以填列报表项目编制现金流量表的一种方法。

（二）工作底稿法

工作底稿法是以工作底稿为手段（或“桥梁”），以利润表和资产负债表数据为基础，结合有关科目的记录，对现金流量表的每一项目进行分析并编制调整分录，最后根据调整后的结果编制出现金流量表的一种编制方法。

现金流量表的编制程序

采用工作底稿法编制现金流量表的具体步骤是：

（1）将资产负债表的期初数和期末数过入工作底稿的期初栏和期末栏，将利润表的本年实际数过入工作底稿的期末栏。

（2）对当期业务进行分析并编制调整分录。调整分录大致有以下几类：第一类是涉及利润表中的收入、费用项目以及资产负债表中资产、负债及所有者权益项目，通过调整，将权责发生制下的收入、费用转换为现金收付制下的收入和费用；第二类是涉及资产负债表和现金流量表中的投资和筹资项目，反映投资和筹资活动的现金流量；第三类是涉及利润表和现金流量表中的投资和筹资项目，目的是将利润表中有关投资和筹资方面的收入和费用列入现金流量表相应项目。此外，还有一些调整分录并不涉及现金收支，只是为了核对资产负债表项目的期末数。

在调整分录中，有关现金和现金等价物的事项，并不直接借记或贷记现金，而是分别记入“经营活动产生的现金流量”“投资活动产生的现金流量”“筹资活动产生的现金流量”有关项目，借记反映现金流入，贷记反映现金流出。

(3) 根据调整分录内容，在工作底稿的相应部分进行记录。

(4) 核对调整分录，借贷合计应该相等，资产负债表项目期初数加减调整分录中的借贷金额后，应当等于期末数。

(5) 根据工作底稿中的现金流量表项目部分编制正式的现金流量表。

(三) T形账户法

采用T形账户法，就是以T形账户为手段（或“桥梁”），以利润表和资产负债表数据为基础，结合有关科目的记录，对现金流量表的每一个项目进行分析并编制调整分录，最后根据调整后的结果编制现金流量表。

采用T形账户法编制现金流量表的程序如下：

(1) 为所有非现金项目（包括资产负债表和利润表项目）分别开设T形账户，并将各自的期末、期初变动数记入对应科目；

(2) 开设一个大的“现金及现金等价物”T形账户，左右两边均分为经营活动、投资活动和筹资活动三个部分，左边记现金流入，右边记现金流出。与其他账户一样，需誊写期末、期初变动数；

(3) 以利润表项目为基础，结合资产负债表分析每一个非现金项目的增减变动，并据此编制调整分录；

(4) 将调整分录内容记入T形账户，并进行核对，该账户借贷相抵后的余额与原先记入的期末、期初变动数应当一致；

(5) 根据“现金及现金等价物”T形账户编制正式的现金流量表。

第四节 所有者权益变动表

所有者权益变动表是反映构成所有者权益的各组成部分当期的增减变动情况的报表。所有者权益变动表应当全面反映一定时期所有者权益变动的情况，不仅包括所有者权益总量的增减变动，还包括所有者权益增减变动的重要结构性信息，目的是使报表使用者准确理解所有者权益增减变动的根源。

一、所有者权益变动表的结构

在所有者权益变动表上，企业至少应该单独列示反映下列信息的项目：(1) 综合收益总额；(2) 会计政策变更和差错更正的累积影响金额；(3) 所有者投入资本和向所有者分配利润；(4) 提取的盈余公积；(5) 实收资本（或股本）、其他权益工具、资本公积、其他综合收益、专项储备、盈余公积和未分配利润的期初和期末余额及其变动情况。

为了清楚地表明构成所有者权益的各组成部分当期的增减变动情况，所有者权益变动表应以矩阵的形式列示：一方面，列示导致所有者权益变动的交易或事项，是从所有者权益变动的来源对一定时期所有者权益变动情况进行全面反映；另一方面，按照所有者权益各组成部分（包括实收资本或股本、其他权益工具、资本公积、库存股、其他综合收益、专项储备、盈余公积和未分配利润）及其总额的影响列示交易或事项对所有者权益的影响。

此外，企业还需要提供比较所有者权益变动表，所有者权益变动表按照各项目再分为“本年金额”和“上年金额”两栏分别填列。所有者权益变动表的结构见表9-10。

二、所有者权益变动表的编制

所有者权益变动表概述

(一) 所有者权益变动表项目的填列方法

所有者权益变动表各项目均需填列“本年金额”和“上年金额”两栏。

所有者权益变动表中“上年金额”栏内各项数字，应根据上年度所有者权益变动表“本年金额”栏内所列数字填列。如果上年度所有者权益变动表规定的各个项目的名称和内容同本年度不相一致，应对上年度所有者权益变动表各项目的名称和数字按本年度的规定进行调整，填入所有者权益变动表“上年金额”栏内。

所有者权益变动表“本年金额”栏内各项数字一般应根据“实收资本（或股本）”“其他权益工具”“资本公积”“库存股”“其他综合收益”“专项储备”“盈余公积”“利润分配”“以前年度损益调整”等科目的发生额分析填列。

企业的净利润及其分配情况作为所有者权益变动的组成部分，不需要单独编制利润分配表列示。

(二) 所有者权益变动表各项目的列报说明

1. “上年年末余额”项目

反映企业上年资产负债表中实收资本（或股本）、其他权益工具、资本公积、库存股、其他综合收益、专项储备、盈余公积、未分配利润的年末余额。

2. “会计政策变更”和“前期差错更正”项目

分别反映企业采用追溯调整法处理的会计政策变更的累积影响金额和采用追溯重述法处理的会计差错更正的累积影响金额。

为了体现会计政策变更和前期差错更正的影响，企业应当在上期期末所有者权益余额的基础上进行调整，得出本期期初所有者权益，根据“盈余公积”“利润分配”“以前年度损益调整”等科目的发生额分析填列。

3. “本年增减变动额（减少以“-”号填列）”项目

(1) “综合收益总额”项目，反映净利润和其他综合收益扣除所得税影响后的净额相加后的合计金额。

(2) “所有者投入和减少资本”项目，反映企业当年所有者投入的资本和减少的资本，其中：

表 9-10

所有者权益变动表

会企 04 表

编制单位：　　　　年度　　　　单位：元

项目	本年金额											上年金额										
	实收资本（或股本）	其他权益工具			资本公积	减：库存股	其他综合收益	专项储备	盈余公积	未分配利润	所有者权益合计	实收资本（或股本）	其他权益工具			资本公积	减：库存股	其他综合收益	专项储备	盈余公积	未分配利润	所有者权益合计
		优先股	永续债	其他									优先股	永续债	其他							
一、上年年末余额																						
加：会计政策变更																						
前期差错更正																						
其他																						
二、本年年初余额																						
三、本年增减变动金额（减少以“-”号填列）																						
（一）综合收益总额																						
（二）所有者投入和减少资本																						
1.所有者投入的普通股																						
2.其他权益工具持有者投入资本																						
3.股份支付计入所有者权益的金额																						
4.其他																						
（三）利润分配																						
1.提取盈余公积																						
2.对所有者（或股东）的分配																						
3.其他																						
（四）所有者权益内部结转																						
1.资本公积转增资本（或股本）																						
2.盈余公积转增资本（或股本）																						
3.盈余公积弥补亏损																						
4.设定受益计划变动额结转留存收益																						
5.其他综合收益结转留存收益																						
6.其他																						
四、本年年末余额																						

①“所有者投入的普通股”项目，反映企业接受投资者投入形成的实收资本（或股本）和资本溢价或股本溢价，并对应填列在“实收资本”和“资本公积”栏。

②“其他权益工具持有者投入资本”项目，反映企业发行的除普通股以外分类为权益工具的金融工具的持有者投入资本的金额。该项目应根据金融工具类科目的相关明细科目的发生额分析填列。

③“股份支付计入所有者权益的金额”项目，反映企业处于等待期中的权益结算的股份支付当年计入资本公积的金额，并对应填列在“资本公积”栏。

(3)“利润分配”下各项目，反映当年对所有者（或股东）分配的利润（或股利）金额和按照规定提取的盈余公积金额，并对应填列在“未分配利润”和“盈余公积”栏。其中：“提取盈余公积”项目，反映企业按照规定提取的盈余公积；“对所有者（或股东）的分配”项目，反映对所有者（或股东）分配的利润（或股利）金额。

(4)“所有者权益内部结转”下各项目，反映不影响当年所有者权益总额的所有者权益各组成部分之间当年的增减变动。

①“资本公积转增资本（或股本）”项目，反映企业以资本公积转增资本（或股本）的金额。

②“盈余公积转增资本（或股本）”项目，反映企业以盈余公积转增资本（或股本）的金额。

③“盈余公积弥补亏损”项目，反映企业以盈余公积弥补亏损的金额。

④“设定受益计划变动额结转留存收益”项目，反映企业以设定受益计划变动额结转留存收益的金额。

⑤“其他综合收益结转留存收益”项目，主要反映：第一，企业指定为以公允价值计量且其变动计入其他综合收益的非交易性权益工具投资终止确认时，之前计入其他综合收益的累计利得或损失从其他综合收益中转入留存收益的金额；第二，企业指定为以公允价值计量且其变动计入当期损益的金融负债终止确认时，之前由企业自身信用风险变动引起而计入其他综合收益的累计利得或损失从其他综合收益中转入留存收益的金额等。该项目应根据“其他综合收益”科目相关明细科目的发生额分析填列。

第五节 附 注

一、财务报表附注概述

财务报表附注（以下简称“附注”）是财务报表不可或缺的组成部分，是对在资产负债表、利润表、现金流量表和所有者权益变动表等报表中列示项目的文字描述或明细资料，以及对未能在这些报表中列示项目的说明等。

附注主要有两方面作用：(1) 附注的披露，是对资产负债表、利润表、现金流量表和所有者权益变动表列示项目含义的补充说明，以帮助财务报表的使用者更准确地把握其含义。如通过阅读附注中披露的无形资产摊销政策的说明，使用者可以掌握报告企业与其他企业在无形资产摊销政策上的差异，以便进行更为准确的比较与分析。(2) 附注提供了对资产负债表、利润表、现金流量表和所有者权益变动表中未列示项目的详细或明细说明。如通过阅读附注中披露的应收账款增减变化情况，财务报表使用者可以了解资产负债表中未单列的应收账款的具体分类信息。

通过附注与资产负债表、利润表、现金流量表和所有者权益变动表列示项目的相互参照关系，以及对未能在财务报表中列示项目的说明，财务报表使用者可以全面了解企业的财务状况、经营成果、现金流量以及所有者权益的情况。

财务报表附注

二、附注披露的内容

附注是财务报表的重要组成部分，企业应当按照如下顺序披露附注的内容：

（一）企业的基本情况

企业的基本情况包括：(1) 企业名称、注册地、组织形式和总部地址；(2) 企业的业务性质和主要经营活动；(3) 母公司以及集团最终母公司的名称；(4) 财务报告的批准报出者和财务报告批准报出日；(5) 营业期限有限的企业，还应当披露有关其营业期限的信息；(6) 截至报告期末近3年的主要会计数据和财务指标。

（二）财务报表的编制基础

财务报表的编制基础是指财务报表是在持续经营基础上还是非持续经营基础上编制的。企业一般应该在持续经营的基础上编制财务报表。企业处于破产、清算的，应以非持续经营为基础。

（三）遵循企业会计准则的声明

企业应当声明编制的财务报表符合企业会计准则的要求，真实、完整地反映了企业的财务状况、经营成果和现金流量等有关信息，以此明确企业编制财务报表所依据的制度基础。如果企业编制的财务报表只是部分遵循了企业会计准则，那么附注中不得作出上述声明。

（四）重要会计政策和会计估计

企业应当披露采用的重要会计政策和会计估计，不重要的会计政策和会计估计可以不披露。在披露重要会计政策和会计估计时，企业应当披露重要会计政策的确定依据和财务报表项目的计量基础，以及会计估计中所采用的关键假设和不确定因素。

1.对重要会计政策的说明

由于企业经济业务的复杂性和多样化，某些经济业务可以有多种会计处理方法，存在着不止一种可供选择的会计政策。例如，存货的计价可以有先进先出法、加权平均法、个别计价法等。企业在发生某项经济业务时，必须从允许的会计处理方法中选择适合本企业特点的会计政策，企业选择不同的会计处理方法，可能极大地影响企业的财务状况和经营成果，进而编制出不同的财务报表。为了有助于报表使用者进行理解，有必要对这些会计政策加以披露。

需要特别指出的是，说明会计政策时还需要披露下列两项内容：

(1) 财务报表项目的计量基础。会计计量属性包括历史成本、重置成本、可变现净值、现值和公允价值，这项披露要求便于报表使用者了解企业财务报表中的项目是按何种计量基础予以计量的，如存货是按成本还是可变现净值计量等。

（2）会计政策的确定依据，主要是指企业在运用会计政策过程中所做的对报表中确认的项目金额最具影响的判断。这些判断对在报表中确认的项目金额具有重要影响，因此这项披露要求有助于报表使用者理解企业选择和运用会计政策的背景，增强财务报表的可理解性。

2.重要会计估计的说明

财务报表列报准则强调了对会计估计不确定因素的披露要求，企业应当披露会计估计中所采用的关键假设和不确定因素的确认依据，这些关键假设和不确定因素在下一会计期间内很可能导致企业对资产、负债账面价值进行重大调整。

在确定报表中的资产和负债账面金额的过程中，企业有时需要估计不确定的未来事项在资产负债表日对资产和负债的影响。这些假设的变动对这些资产和负债项目金额的确定影响很大，有可能会在下一个会计年度内作出重大调整。因此，强调这一披露要求，有助于提高财务报表的可理解性。

（五）会计政策和会计估计变更以及差错更正的说明

企业应当按照《企业会计准则第28号——会计政策、会计估计变更和差错更正》及其应用指南的规定，披露会计政策和会计估计变更以及差错更正的有关情况。

（六）报表重要项目的说明

企业对于报表重要项目的说明，应当按照资产负债表、利润表、现金流量表和所有者权益变动表及其项目列示的顺序，采用文字描述和数字描述相结合的方式进行披露。报表重要项目的明细金额合计，应当与报表项目金额相一致。这些重要项目主要包括：应收账款、存货、长期股权投资、投资性房地产、固定资产、无形资产、应付职工薪酬、应交税费、短期借款、长期借款、应付债券、长期应付款、营业收入、公允价值变动收益、投资收益、信用减值损失、资产减值损失、营业外收入、营业外支出、所得税费用、其他综合收益、政府补助、借款费用等。

（七）其他需要说明的重要事项

其他需要说明的重要事项主要包括或有和承诺事项、资产负债表日后非调整事项、关联方关系及其交易，以及企业资本管理的目标、政策及程序信息等。

第十章 管理会计基础与政府会计基础

第一节 成本会计基础

成本会计，是基于商品经济条件下，为求得产品的总成本和单位成本而核算全部生产成本和费用的活动。成本会计核算的对象是产品成本，是对成本计划执行的结果进行事后的反映。产品成本，是指企业在生产产品（包括提供劳务）过程中所发生的材料费用、职工薪酬等，以及不能直接计入而按一定标准分配计入的各种间接费用。

产品成本核算，是对生产经营过程中实际发生的成本、费用进行计算，并进行相应的账务处理。企业通过产品成本核算，一方面可以审核各项生产费用和经营管理费用的支出，分析和考核产品成本计划的执行情况，促进企业降低成本和费用；另一方面可以为计算利润、进行成本核算和利润预测提供参考数据，有助于提高企业的生产技术和经营管理水平。

企业生产类型不同、管理要求不同，对产品成本计算的影响也不同，并将影响甚至决定产品成本核算对象的确定。

一、产品成本核算的要求

企业成本核算的要求主要包括：

（1）做好各项基础工作

为进行成本核算，企业应当建立、健全各种原始记录；建立、健全财产物资计量、收发、领退、转移、报废和盘点工作制度；建立、健全定额制度等。

（2）正确划分各种费用支出的界限

企业应根据受益原则对成本费用进行分配，受益原则是指谁受益谁承担费用，何时受益何时承担费用，承担费用的多少应与受益程度成正比。为正确计算产品成本，必须正确划分以下五个方面的费用界限：①正确划分收益性支出与资本性支出的界限；②正确划分成本费用、期间费用与营业外支出的界限；③正确划分本期成本费用和以后期间成本费用的界限；④正确划分各种产品成本费用的界限；⑤正确划分本期完工产品与期末在产品成本的界限。

（3）根据生产特点和管理要求选择适当的成本计算方法

产品成本的计算，关键是选择适当的产品成本计算方法。产品成本计算方法必须根据产品的生产特点、管理要求及工艺过程等予以确定。目前，企业常用的产品成本计算方法主要有品种法、分批法、分步法、分类法、定额法、标准成本法等。

（4）遵守一致性原则

企业产品成本核算所采用的会计政策和会计估计一经确定，不得随意变动，以保证各种会计处理方法前后一致，从而使得各期的成本资料相互可比。

（5）编制产品报表

企业应按月编制产品成本报表，全面反映企业生产成本、成本计划执行情况、产品成本及其变动情况等。

二、产品成本核算的一般程序

产品成本核算的一般程序，是指对企业在生产经营过程中发生的各种生产费用和期间费用，按照企业成本核算的管理要求，逐步进行归集和分配，最后计算出各种产品的生产成本和各项期间费用的过程。企业成本核算的一般程序如下：

产品成本核算的要求与程序

（1）根据生产特点和成本管理的要求，确定成本核算对象。

（2）确定成本项目。企业计算产品成本，一般应设置“原材料”“燃料及动力”“直接人工”“制造费用”四个成本项目。

（3）设置有关成本和费用明细账。如生产成本明细账、制造费用明细账、产成品明细账和自制半成品明细账等。

（4）收集确定各种产品的生产量、入库量、在产品盘存量以及材料、工时、动力消耗等，并对所有已经发生的生产费用进行审核。

（5）归集所发生的全部生产费用，并按照确定的成本计算对象予以分配，按成本项目计算各种产品的在产品成本、产成品成本和单位成本。

（6）结转产品销售成本。对于已经销售的产品，企业应及时结转其生产成本。

三、产品成本核算对象

（一）产品成本核算对象的概念

产品成本核算对象，是指确定归集和分配生产费用的具体对象，即生产费用承担的客体。成本核算对象的确定，是设立成本明细账户、归集和分配生产费用以及正确计算产品成本的前提。

（二）产品成本核算对象的确定

企业应根据生产经营特点和管理要求来确定成本核算对象。一般情况下，对制造企业而言，大批、大量、单步骤生产产品或管理上不要求提供生产步骤成本信息的，以产品品种为成本核算对象；小批、单件生产产品的，以每批或每件产品作为成本核算对象；多步骤连续加工产品且管理上要求提供有关生产步骤成本信息的，以每种产品及各生产步骤为成本核算对象；产品品种繁多的，可将产品结构、耗用原材料和工艺过程基本相同的各种产品，适当合并作为成本核算对象。

农业企业一般按照生物资产的品种、成长期、批别（群别、批次）、与农业生产相关的劳务作业等确定成本核算对象。

批发零售企业一般按照商品的品种、批次、订单、类别等确定成本核算对象。

建筑企业一般按照订立的单项合同确定成本计算对象。单项合同包括多项资产的，企业应当按照企业会计准则规定的合同分立原则，确定建筑合同的成本核算对象；为建造一项或多项资产而签订一组合同的，按照合同合并的原则，确定合同的成本核算对象。

房地产企业一般按照开发项目、综合开发期数并兼顾产品类型等确定成本核算对象。

采矿企业一般按照所采掘的产品确定成本核算对象。

产品成本核算对象

交通运输企业以运输工具从事货物、旅客运输的，一般按照航线、航次、单船（机）、基层站段等确定成本核算对象；从事货物等装卸业务的，可以按照货物、成本责任部门、作业场所等确定成本核算对象；从事仓储、堆放、港务管理业务的，一般按照码头、仓库、堆场、油罐、筒仓、货棚或主要货物的种类、成本责任部门等确定成本核算对象。

信息传播企业一般按照基础电信业务、电信增值业务和其他信息传输业务等确定成本核算对象。

软件及信息技术服务企业的科研设计与软件开发等人工成本比重较高的，一般按照科研课题、承接的单项合同项目、开发项目、技术服务客户等确定成本核算对象。合同项目规模大的、开发周期长的，可以分段确定成本核算对象。

文化企业一般按照制作产品的种类、批次、刊次等确定成本核算对象。

四、产品成本项目

（一）产品成本项目的概念

为具体反映计入产品生产成本的生产费用的各种经济用途，还应将产品成本进一步划分为若干项目，即产品生产成本项目，简称产品成本项目或成本项目。

（二）产品成本项目的设置

企业应当根据生产经营特点和管理要求，按照成本的经济用途和生产要素内容相结合的原则或者按照成本性态等设置成本项目。制造企业一般设置直接材料、燃料和动力、直接人工和制造费用等成本项目。

（1）直接材料。直接材料是指构成产品实体的原材料以及有助于产品形成的主要材料和辅助材料，其主要包括原材料、辅助材料、备品配件、外购半成品、包装物、低值易耗品等。

（2）燃料和动力。燃料和动力是指直接用于产品生产的燃料和动力。

（3）直接人工。直接人工是指直接从事产品生产的工人的薪酬。

（4）制造费用。制造费用是指企业为生产产品和提供劳务而发生的各项间接费用，包括企业生产部门（如生产车间）发生的水电费、固定资产折旧、无形资产摊销、管理人员的职工薪酬、劳动保护费、国家规定的有关环保费用、季节性和修理期间的停工损失等。

由于生产的特点、各种费用支出的比重及成本管理和核算的要求不同，企业可根据具体情况，适当增加一些项目，如“废品损失”等成本项目。企业内部管理有相关要求的，还可以按照现代企业多维度、多层次的成本管理要求，利用现代信息技术对有关成本项目进行组合，输出有关成本信息。

五、产品成本的归集和分配

企业所发生的生产费用，能确定由某一成本核算对象负担的，应当按照所对应的产品成本项目类别，直接计入产品成本核算对象的生产成本；由几个成本核算对象共同负担的，应当选择合理的分配标准分配计入生产成本。

企业应该按照权责发生制的原则，根据产品的生产特点和管理要求结转成本。企业不得以计划成本、标准成本、定额成本等代替实际成本。企业采用计划成本、标准成本、定额成本等类似成本进行直接材料日常核算的，期末应当将耗用直接材料的计划成本或定额成本等类似成本调整为实际成本。

企业内部管理有相关要求的，还可以利用现代信息技术，在确定多维度、多层次成本核算对象的基础上，对有关费用进行归集、分配和结转。

产品成本的归集与分配

六、产品成本计算方法

适应各种类型生产的特点和管理要求，产品成本计算方法主要包括品种法、分批法、分步法三种。其中，品种法是以产品品种作为成本计算对象；分批法是以产品批别作为成本计算对象；分步法是以产品生产步骤作为成本计算对象。各种产品成本计算方法的使用范围见表10-1。

表10-1　产品成本计算方法分类表

产品成本计算方法	成本计算对象	生产类型		成本管理
		生产组织特点	生产工艺特点	
品种法	产品品种	大量、大批生产	单步骤生产	
			多步骤生	不要求分步计算成本
分批法	产品批别	单件、小批生产	单步骤生产	
			多步骤生产	不要求分步计算成本
分步法	生产步骤	大量、大批生产	多步骤生产	要求分步计算成本

（一）品种法

品种法是以产品品种作为成本核算对象，归集和分配生产成本，计算产品成本的一种方法。这种方法适用于单步骤、大量生产的企业，如发电、供水、采掘等企业。

企业采用品种法计算成本时应注意：（1）成本核算对象是产品品种。如果企业只生产一种产品，全部生产成本都是直接成本，那么可直接计入该产品生产成本明细账的有关成本项目中，没有在各种成本计算对象之间分配成本的问题。如果企业生产多种产品，间接生产成本则要采用适当的方法在各成本核算对象之间进行分配。（2）品种法下，企业一般定期（或每月月末）计算产品成本。（3）采用品种法计算成本的企业，月末一般没有在产品，如果有在产品，数量也很少，所以一般不需要将生产费用在完工产品和在产品之间进行分配，当期发生的生产费用总和就是该种完工产品的总成本。如果企业月末有在产品，要将生产成本在完工产品和在产品之间进行分配。

（二）分批法

分批法是以产品的批别作为产品成本核算对象，归集和分配生产成本，计算产品成本的一种方法。这种方法主要适用于单件、小批量生产的企业，如造船、重型机械制造、精密仪器制造等企业，也可用于一般企业的新产品试制或试验生产、在建工程以及设备维修作业等。

企业采用分批法计算产品成本时应注意：（1）成本核算对象是产品的批别。由于产品的批别大多数是根据销货订单确定的，因此这种方法又称为订单法。成本核算对象是购买者事先订货或企业规定的产品批别。（2）产品成本的计算是与生产任务通知单的签发和结束紧密结合的，因此产品成本计算是不定期的。成本计算期与产品生产周期基本一致，但与财务报告期不一致。（3）由于成本计算期与产品的生产周期基本一致，因此在计算月末在产品成本时，一般没有在完工产品和在产品之间分配成本的问题。

（三）分步法

分步法是按照生产过程中各个加工步骤（分品种）为成本核算对象，归集和分配生产成本，计算各步骤半成品和最后产成品成本的一种方法。这种方法主要适用于大量、大批的多步骤生产，如冶金、纺织、机械制造等。

企业采用分步法计算成本时应注意：（1）成本核算对象是各种产品的生产步骤。（2）月末为计算完工产品成本，还需要将汇集在生产成本明细账中的生产成本在完工产品和在产品之间进行分配。（3）除了按品种计算和结转产品成本外，还需要计算和结转产品的各步骤成本。其成本核算对象，是各种产品及其经过的各个加工步骤。如果企业只生产一种产品，则成本核算对象就是该种产品及其经过的各个生产步骤。其成本计算期是固定的，与产品的生产周期不一致。

在实际工作中，根据成本管理对各生产步骤成本资料的不同要求（如是否要求计算半成品成本）和简化核算的要求，各生产步骤成本的计算和结转一般采用逐步结转分步法和平行结转分步法。

逐步结转分步法是为了分步计算半成品成本而采用的一种分步法，也称为计算半成品成本分步法。它是按照产品加工的顺序，逐步计算并结转半成品成本，直到最后加工步骤完成才能计算产成品成本的一种方法。

逐步结转分步法需要在完工产品和在产品之间分配生产成本，即在各步骤完工产品和在产品之间进行分配。

产品成本计算方法

平行结转分步法也称不计算半成品成本分步法。它是指在计算各步骤成本时，不计算各步骤所产半成品的成本，也不计算各步骤所耗上一步骤的半成品成本，而只计算本步骤发生的各项其他成本，以及这些成本中应计入产成品的份额，将相同产品的各步骤成本明细账中的这些份额平行结转、汇总，即可计算出该种产品的产成品成本。

第二节　管理会计基础

一、管理会计概念与目标

作为会计学的重要分支之一，管理会计主要服务于企业内部管理需要。管理会计通过利用相关信息，能够有机融合业务与财务活动，在企业规划、决策、控制和评价等方面发挥重要作用，是企业管理活动的重要组成部分。管理会计的目标是指通过运用管理会计工具方法，参与企业规划、决策、控制、评价活动并为之提供有用信息，推动企业实现战略规划。

管理会计概述

二、管理会计体系

管理会计指引体系是在管理会计理论研究成果的基础上形成的具备操作性的系列标准。管理会计指引体系包括基本指引、应用指引和案例库。

（一）管理会计基本指引

在管理会计指引体系中，基本指引起着统御的作用，是制定应用指引和建设案例库的基础。基本指引是对管理会计基本概念、基本原则、基本方法、基本目标等内容的总结、提炼。但是，不同于《企业会计准则——基本准则》，管理会计基本指引不对应用指引中未作出描述的新问题提供处理依据。

（二）管理会计应用指引

在管理会计指引体系中，应用指引居于主体地位，是对企业管理会计工作的具体指导。管理会计应用指引既要遵循基本指引，又要体现其实践特征；既要形成一批普遍适用、具有广泛指导意义的基本工具方法，又要有特殊行业的应用指引；既要考虑企业，又要考虑行政事业单位。

（三）管理会计案例库

案例库是对国内外管理会计经验的总结与提炼，是对如何应用《管理会计应用指引》的实际示范。建立管理会计案例库，为企业提供直观的参考借鉴，是管理会计指引体系指导实践的重要内容和有效途径，也是管理会计体系建设区别于企业会计准则体系建设的一个特色。

三、管理会计要素

管理会计要素包括以下四项：应用环境、管理会计活动、工具方法、信息与报告。这四项要素构成了管理会计应用的有机体系。企业在分析管理会计应用环境的基础上，合理运用管理会计工具方法，全面开展管理会计活动，并提供有用信息，生成管理会计报告，支持企业决策，推动企业实现战略规划。

管理会计要素

（一）应用环境

管理会计应用环境是企业应用管理会计的基础。企业应用管理会计，首先应充分了解和分析其应用环境，包括外部环境和内部环境。外部环境主要包括国内外经济、市场、法律、行业等因素。

（二）管理会计活动

企业管理会计活动是企业管理会计工作的具体展开，是单位利用管理会计信息，运用管理会计工具、方法，在规划、决策、控制、评价等方面服务于企业管理需要的相关活动。在了解和分析其应用环境的基础上，企业应将管理会计活动嵌入规划、决策、控制、评价等环节，形成完整的管理会计闭环。

（三）工具方法

管理会计工具方法是实现管理会计目标的具体手段，是对企业应用管理会计时所采用的战略地图、滚动预算、作业成本法、本量利分析、平衡计分卡等的统称。

1.战略地图

战略地图是指为描述企业各维度战略目标之间因果关系而绘制的可视化的战略因果关系图。战略地图通常以财务、客户、内部业务流程、学习与成长等四个维度为主要内容，通过分析各维度的相互关系，绘制战略因果关系图。

2.滚动预算

滚动预算，是指企业根据上一期预算执行情况和新的预测结果，按既定的预算编制周期和滚动频率，对原有的预算方案进行调整和补充，逐期滚动，持续推进的预算编制方法。滚动预算一般由中期滚动预算和短期滚动预算组成。中期滚动预算的预算编制周期通常为3年或5年，以年度作为预算滚动频率。短期滚动预算通常以1年为预算编制周期，以月度、季度作为预算滚动频率。

3.作业成本法

作业成本法，是指以“作业消耗资源、产出消耗作业”为原则，按照资源动因将资源费用追溯或分配至各项作业，计算出作业成本，然后根据作业动因，将作业成本追溯或分配至各成本对象，最终完成成本计算的成本管理方法。

资源费用，是指企业在一定期间内开展经济活动所发生的各项资源耗费。资源费用包括房屋及建筑物、设备、材料、商品等有形资源的耗费，也包括信息、知识产权、土地使用权等各种无形资源的耗费，还包括人力资源耗费以及其他各种税费支出等。

作业，是指企业基于特定目的重复执行的任务或活动，是连接资源和成本对象的桥梁。一项作业既可以是一项非常具体的任务或活动，也可以泛指一类任务或活动。按消耗对象不同，作业可分为主要作业和次要作业。主要作业是被产品、服务或客户等最终成本对象消耗的作业。次要作业是被原材料、主要作业等介于中间地位的成本对象消耗的作业。

成本对象，是指企业追溯或分配资源费用、计算成本的对象物。成本对象可以是工艺、流程、零部件、产品、服务、分销渠道、客户、作业、作业链等需要计量和分配成本的项目。

成本动因，是指诱导成本发生的原因，是成本对象与其直接关联的作业和最终关联的资源之间的中介。按其在资源流动中所处的位置和作用，成本动因可分为资源动因和作业动因。

作业成本法一般适用于具备以下特征的企业：作业类型较多且作业链较长；同一生产线生产多种产品；企业规模较大且管理层对产品成本准确性的要求较高；产品、客户和生产过程多样化程度较高；间接或辅助资源费用所占比重较大等。

4.本量利分析

本量利分析，是指以成本性态分析和变动成本法为基础，运用数学模型和图式，对成本、利润、业务量与单价等因素之间的依存关系进行分析，发现变动的规律性，为企业进行预测、决策、计划和控制等活动提供支持的一种方法。其中，“本”是指成本，包括固定成本和变动成本；“量”是指业务量，一般指销售量；“利”一般指营业利润。

本量利分析的基本公式如下：

营业利润＝（单价－单位变动成本）×业务量－固定成本

本量利分析主要用于企业生产决策、成本决策和定价决策，也可以广泛地用于投融资决策等。企业在营运计划的制订、调整以及营运监控分析等程序中通常会应用到本量利分析。

5.平衡计分卡

平衡计分卡，是指基于企业战略，从财务、客户、内部业务流程、学习与成长四个维度，将战略目标逐层分解转化为具体的、相互平衡的绩效指标体系，并据此进行绩效管理的方法。平衡计分卡通常与战略地图等其他工具结合使用。

平衡计分卡适用于战略目标明确、管理制度比较完善、管理水平相对较高的企业。平衡计分卡的应用对象可为企业、所属单位（部门）和员工。

（四）信息与报告

管理会计信息包括管理会计应用过程中所使用和生成的财务信息和非财务信息，是管理会计报告的基本元素。企业生成的管理会计信息应相关、可靠、及时、可理解。

管理会计报告是管理会计活动成果的重要表现形式，旨在为报告使用者提供满足管理需要的信息。管理会计报告按期间可以分为定期报告和不定期报告，按内容可以分为综合性报告和专项报告等类别。

第三节　政府会计基础

一、政府会计概述

（一）政府会计的概念

政府会计是会计体系的重要分支，它是指运用会计专门方法对政府及其组成主体（包括政府所属的行政事业单位等）的财务状况、运行情况（含运行成本，下同）、现金流量、预算执行等情况进行全面核算、监督和报告的会计体系。

政府会计概述

我国政府会计标准体系由政府会计基本准则、政府会计具体准则及应用指南和政府会计制度等组成。

1.政府会计基本准则

政府会计基本准则用于规范政府会计目标、政府会计主体、政府会计信息质量要求、政府会计核算基础，以及政府会计要素定义、确认和计量原则、列报要求等原则事项。基本准则指导具体准则和政府会计制度的制定，并为政府会计实务问题提供处理原则。2015年10月，财政部印发了《政府会计准则——基本准则》（以下简称《基本准则》）。

2.政府会计具体准则及应用指南

政府会计具体准则依据《基本准则》制定，用于规范政府发生的经济业务或事项的会计处理原则，详细规定经济业务或事项引起的会计要素变动的确认、计量和报告。应用指南是对具体准则的实际应用作出的操作性规定。2016年以来，财政部相继出台了关于存货、投资、固定资产、无形资产、公共基础设施、政府储备物资、会计调整、负债、财务报表编制和列报等的政府会计具体准则和固定资产准则应用指南。

3.政府会计制度

政府会计制度依据基本准则制定，主要规定政府会计科目及账务处理、报表体系及编制说明等。按照政府会计主体不同，政府会计制度主要由政府财政会计制度和政府单位会计制度组成。2017年财政部印发的《政府会计制度——行政事业单位会计科目和报表》（以下简称《政府会计制度》）适用于各级行政事业单位。单位应当根据政府会计准则（包括基本准则和具体准则）规定的原则和《政府会计制度》的要求，对其发生的各项经济业务或事项进行会计核算。

为解决政府会计准则执行中出现的问题，进一步补充和完善政府会计标准体系，财政部还出台了政府会计准则制度解释，并于2019年7月印发了《政府会计准则制度解释第1号》。

政府会计主体应当根据政府会计准则（包括基本准则和具体准则）规定的原则和政府会计制度及其解释的要求，对其发生的各项经济业务或事项进行会计核算。根据《基本准则》，政府会计主体主要包括各级政府、各部门、各单位。各级政府具体指各级政府财政部门，具体负责财政总预算会计的核算。各部门、各单位是指与本级政府财政部门直接或者间接发生预算拨款关系的国家机关、军队、政党组织、社会团体、事业单位和其他单位。军队、已纳入企业财务管理体系的单位和执行《民间非营利组织会计制度》的社会团体，其会计核算不适用政府会计准则、制度。

（二）政府会计的特点

相对于企业会计而言，政府会计具有以下特点：

1.双功能

政府会计应当实现预算会计和财务会计双重功能。预算会计应准确、完整地反映政府预算收入、预算支出和预算结余等预算执行信息，主要反映和监督预算收支执行情况。财务会计对政府会计主体发生的各项经济业务或者事项进行会计核算，主要反映和监督政府会计主体的财务状况、运行情况和现金流量等。

2.双基础

预算会计实行收付实现制，国务院另有规定的，从其规定；财务会计实行权责发生制。

3.双报告

政府会计主体应当编制决算报告和财务报告。政府决算报告的编制以收付实现制为基础，以预算会计核算生成的数据为准。政府财务报告的编制主要以权责发生制为基础，以财务会计核算生成的数据为准。

二、政府会计要素概要

（一）政府会计要素及其确认与计量

政府会计要素包括预算会计要素和财务会计要素。预算会计要素包括预算收入、预算支出与预算结余；财务会计要素包括资产、负债、净资产、收入和费用。

1.政府预算会计要素

政府预算会计要素

（1）预算收入

预算收入是指政府会计主体在预算年度内依法取得的并纳入预算管理的现金流入。预算收入一般在实际收到时予以确认，以实际收到的金额计量。

（2）预算支出

预算支出是指政府会计主体在预算年度内依法发生并纳入预算管理的现金流出。预算支出一般在实际支付时予以确认，以实际支付的金额计量。

（3）预算结余

预算结余是指政府会计主体预算年度内预算收入扣除预算支出后的资金余额，以及历年滚存的资金余额。

预算结余包括结余资金和结转资金。结余资金是指年度预算执行终了，预算收入实际完成数扣除预算支出和结转资金后剩余的资金。结转资金是指预算安排项目的支出年终尚未执行完毕或者因故未执行，且下年需要按原用途继续使用的资金。

2.政府财务会计要素

政府财务会计要素：资产

（1）资产

①资产定义

资产是指政府会计主体过去的经济业务或者事项形成的，由政府会计主体控制的，预期能够产生服务潜力或者带来经济利益流入的经济资源。服务潜力是指政府会计主体利用资产提供公共产品和服务以履行政府职能的潜在能力。经济利益流入表现为现金及现金等价物的流入，或者现金及现金等价物流出的减少。

②资产的确认条件

符合政府资产定义的经济资源，在同时满足以下条件时，确认为资产：A.与该经济资源相关的服务潜力很可能实现或者经济利益很可能流入政府会计主体；B.该经济资源的成本或者价值能够可靠地计量。

③资产的计量属性

政府资产的计量属性主要包括历史成本、重置成本、现值、公允价值和名义金额。

在历史成本计量属性下，资产按照取得时支付的现金金额或支付对价的公允价值计量。在重置成本计量属性下，资产按照现在购买相同或者相似资产所需要支付的现金金额计量。在现值计量属性下，资产按照预计从其持续使用和最终处置中所产生的未来净现金流入量的折现金额计量。在公允价值计量属性下，资产按照市场参与者在计量日发生的有序交易中，出售资产所能收到的价格计量。

政府会计主体在对资产进行计量时，一般应当采用历史成本。采用重置成本、现值、公允价值计量的，应当保证所确定的资产金额能够持续、可靠计量。无法采用历史成本、重置成本、现值或公允价值计量的，采用名义金额（即人民币1元）计量。

④资产的类别

按照流动性划分，政府会计主体的资产可以分为流动资产和非流动资产。流动资产是指预计在1年内（含1年）耗用或者可以变现的资产，其主要包括货币资金、短期投资、应收及预付款项、存货等。非流动资产是指流动资产以外的资产，其主要包括固定资产、在建工程、无形资产、长期股权投资、公共基础设施、政府储备资产、文物文化资产、保障性住房和自然资源资产等。

政府财务会计要素：负债

（2）负债

①负债的定义

负债是指政府会计主体过去的经济业务或者事项形成的，预期会导致经济资源流出政府会计主体的现时义务。现时义务是指政府会计主体在现行条件下已承担的义务。未来发生的经济业务或者事项形成的义务不属于现时义务，不应当确认为负债。

②负债的确认

符合政府负债定义的义务，在同时满足以下条件时，可确认为负债：A.履行该义务很可能导致含有服务潜力或者经济利益的经济资源流出政府会计主体；B.该义务的金额能够可靠地计量。

③负债的计量属性

政府负债的计量属性主要包括历史成本、现值和公允价值。

在历史成本计量属性下，负债按照因承担现时义务而实际收到的款项或者资产的金额，或者承担现时义务的合同金额，或者按照为偿还负债预期需要支付的现金计量。在现值计量下，负债按照预计期限内需要偿还的未来净现金流出量的折现金额计量。在公允价值计量下，负债按照市场参与者在计量日发生的有序交易中，转移负债所需要支付的价格计量。

政府会计主体在对负债进行计量时，一般应当采用历史成本。采用现值、公允价值计量的，应当保证所确定的负债金额能够持续、可靠地计量。

④负债的分类

政府会计主体的负债，按照流动性分为流动负债和非流动负债。流动负债是指预计在1年内（含1年）偿还的负债，其主要包括短期借款、应付短期政府债券、应付及预收款项、应缴款项等。非流动负债是指流动负债以外的负债，包括长期借款、长期应付款、应付长期政府债券等。

政府会计主体的负债，还可以分为偿还时间与金额基本确定的负债和由或有事项形成的预计负债。偿还时间与金额基本确定的负债按照政府会计主体的业务性质及其风险程度，可以分为融资活动形成的举借债务及其应付利息、运营活动形成的应付及预收款项和暂收款负债。政策举借的债务包括政府发行的政府债券，向国外政府、国际经济组织等借入的款项，以及向上级政府借入转贷资金形成的借入转贷款。应付及预收款项主要包括应付职工薪酬、应付账款、预收账款、应交税费、应付国库集中支付结余和其他应付未付款项。暂收性负债主要是指政府会计主体暂时收款，随后应作为上缴、退回、转拨等处理的款项，其主要包括应缴财政款和其他暂收款项。通常政府会计主体的或有事项主要有未决诉讼或未决仲裁、对外国政府或者国际经济组织的贷款担保、承诺（补贴、代偿）、自然灾害或公共事件的救助等。

（3）净资产

净资产是指政府会计主体资产扣除负债后的净额，其金额取决于资产和负债的计量。

（4）收入

收入是指报告期内导致政府会计主体净资产增加的、含有服务潜力或者经济利益的经济资源的流入。收入的确认应当同时满足以下条件：①与收入相关的含有服务潜力或者经济利益的经济资源很可能流入政府会计主体；②含有服务潜力或者经济利益的经济资源流入会导致政府会计主体资产增加或者负债减少；③流入金额能够可靠地计量。

政府财务会计要素：其他要素

（5）费用

费用是指报告期内导致政府会计主体净资产减少的、含有服务潜力或者经济利益的经济资源的流出。费用的确认应当同时满足以下条件：①与费用相关的含有服务潜力或者经济利益的经济资源很可能流出政府会计主体；②含有服务潜力或者经济利益的经济资源流出会导致政府会计主体资产减少或者负债增加；③流出金额能够可靠地计量。

（二）政府会计核算模式

政府会计由预算会计和财务会计构成。政府会计核算应当实现预算会计与财务会计适度分离并相互衔接，全面、清晰反映政府财务信息和预算执行信息。通过这种适度分离又相互衔接的政府会计核算模式，使公共资金管理中预算管理、财务管理和绩效管理相互联结、融合，全面提高管理水平和资金使用效率，对于规范政府会计行为，夯实政府会计主体预算和财务管理基础，强化政府绩效管理具有深远的影响。

政府会计核算模式

【例10-1】20×8年12月，某科研所根据经过批准的部门预算和用款计划，向同级财政部门申请财政授权，支付用款额度1 800 000元。12月6日，经审核后，财政部门以财政授权支付方式划拨了1 700 000元用款额度。12月8日，该科研所收到了代理银行转来的“授权支付到账通知书”。

20×8年12月25日，该科研所发生人工薪酬费1 100 000元，“三公”费用300 000元，购买办公用库存物品200 000元。科研所以授权支付的方式予以支付。

20×8年12月31日，某科研所经与代理银行提供的对账单核对无误后，将100 000元的零余额账户用款额度予以注销。另外，本年度财政授权支付预算指标数大于零余额账户用款额度下达数，未下达的用款额度为400 000元。20×9年度，该科研所收到代理银行提供的额度恢复到账通知书及财政部门批复的上年末未下达零余额账户用款额度。

(1) 20×8年12月8日，收到“授权支付到账通知书”。

财务会计处理如下（见图10-1，A段）：

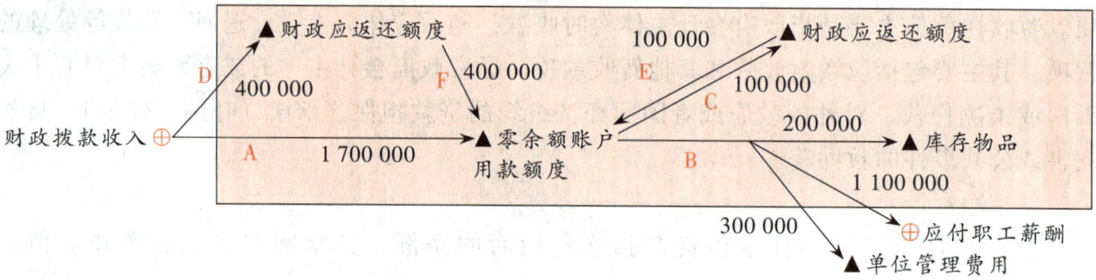

图10-1 国库授权支付业务资金运动分析图——财务会计视角

借：零余额账户用款额度 1 700 000

　贷：财政拨款收入 1 700 000

预算会计处理如下（见图10-2，A段）：

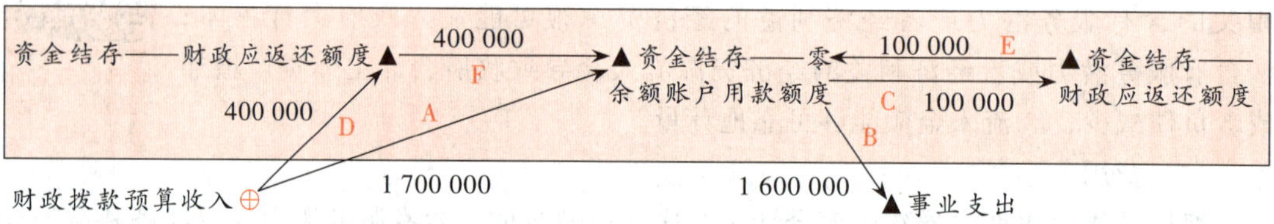

图10-2 国库授权支付业务资金运动分析图——预算会计视角

借：资金结存——零余额账户用款额度 1 700 000

　贷：财政拨款预算收入 1 700 000

(2) 20×8年12月25日，发生相关支付1 600 000元。

财务会计处理如下（见图10-1，B段）：

借：应付职工薪酬 1 100 000

　　库存物品 200 000

　　单位管理费用 300 000

　贷：零余额账户用款额度 1 600 000

预算会计处理如下（见图10-2，B段）：

借：事业支出 1 600 000

　贷：资金结存——零余额账户用款额度 1 600 000

(3) 20×8年12月31日注销额度。

财务会计处理如下（见图10-1，C段）：

借：财政应返还额度——财政授权支付 100 000

　贷：零余额账户用款额度 100 000

预算会计处理如下（见图10-2，C段）：

借：资金结存——财政应返还额度 100 000

　贷：资金结存——零余额账户用款额度 100 000

（4）20×8年12月31日补记指标数。

财务会计处理如下（见图10-1，D段）：

借：财政应返还额度——财政授权支付　　400 000

　贷：财政拨款收入　　400 000

预算会计处理如下（见图10-2，D段）：

借：资金结存——财政应返还额度　　400 000

　贷：财政拨款预算收入　　400 000

（5）20×9年1月恢复额度。

财务会计处理如下（见图10-1，E段）：

借：零余额账户用款额度　　100 000

　贷：财政应返还额度——财政授权支付　　100 000

预算会计处理如下（见图10-2，E段）：

借：资金结存——零余额账户用款额度　　100 000

　贷：资金结存——财政应返还额度　　100 000

（6）20×9年1月，收到财政部门批复的上年末未划拨的额度。

财务会计处理如下（见图10-1，F段）：

借：零余额账户用款额度　　400 000

　贷：财政应返还额度——财政授权支付　　400 000

预算会计处理如下（见图10-2，F段）：

借：资金结存——零余额账户用款额度　　400 000

　贷：资金结存——财政应返还额度　　400 000

本例中，财务会计反映了政府的财务状况和运行情况，预算会计则反映了政府预算的执行情况。

业财合一 · 流程管控

业财合一 · 流程管控系列教材

《会计学原理》(第二版)	施先旺　龚翔　主编	2021年8月出版
《会计学原理习题与解析》(第二版)	施先旺　常法亮　主编	2021年12月出版
《中级财务会计》(第二版)	施先旺　季华　主编	2021年9月出版
《中级财务会计习题与解析》	施先旺　张汨红　主编	2019年10月出版
《高级财务会计》	施先旺　马荣贵　主编	2020年3月出版
《高级财务会计习题与解析》	施先旺　李盈超　主编	2020年7月出版
《初级会计实务》(会计资格考试辅导教材)	施先旺　尚俊　主编	2020年11月出版
《初级会计实务习题与解析》(会计资格考试辅导教材)	施先旺　张娇姝　主编	2020年12月出版

《非盈利企业会计》	拟出版
《非盈利企业会计习题与解析》	拟出版
《会计学》	拟出版
《会计学习题与解析》	拟出版
《会计与税法差异分析》	拟出版
《会计与税法差异分析习题与解析》	拟出版
《中级会计实务》(会计资格考试辅导教材)	拟出版
《中级会计实务习题与解析》(会计资格考试辅导教材)	拟出版
《会计》(CPA考试辅导教材)	拟出版
《会计习题与解析》(CPA考试辅导教材)	拟出版
《会计》(注册税务师考试辅导教材)	拟出版
《会计习题与解析》(注册税务师考试辅导教材)	拟出版